Hilde Schmölzer

Revolte
der Frauen

Porträts aus 200 Jahren Emanzipation

Ueberreuter

Die Deutsche Bibliothek – CIP-Einheitsaufnahme

Schmölzer, Hilde:
Revolte der Frauen : Porträts aus 200 Jahren Emanzipation /
Hilde Schmölzer. - Wien : Ueberreuter, 1999
ISBN 3-8000-3738-6

AU 0502/1
Coverfoto: Privatarchiv
Printed in Austria
7 6 5 4 3 2 1

Ueberreuter im Internet: www.ueberreuter.de

Inhalt

Vorwort

Der nun bereits über 200 Jahre dauernde emanzipatorische Kampf von Frauen, ihr Mut, ihre Ausdauer, die ungeheuren Widerstände, die dabei zu überwinden waren, aber auch die Erfolge, die sich allmählich einstellten, sind im allgemeinen Bewußtsein immer noch zu wenig präsent. Jede Bewegung, jeder Freiheitskampf hat seine – zumeist männlichen – Helden. Aber von jenen »Heldinnen«, deren Kampf um Gleichberechtigung häufig zum Verlust ihrer Existenz, ihrer Gesundheit, sogar ihres Lebens führte, ist nach wie vor wenig die Rede.

Die Gründe für diese immer noch bestehende Nichtbeachtung liegen auf der Hand: Sind diese Frauen doch bei ihren Forderungen nach Freiheit und Selbstbestimmung stets zu den Wurzeln von *Herr*schaftsverhältnissen vorgedrungen, womit sie unser gesamtes patriarchales System in Frage stellen und eine Radikalität besitzen, die von keiner Freiheitsbewegung, die im Grunde männlichen Herrschaftsanspruch stets unangetastet ließ, je erreicht wurde. Der oft geradezu absurde und zutiefst menschenverachtende Widerstand, der auch in sogenannten Demokratien gegen frauenemanzipatorische Forderungen von Männern, aber auch von Frauen, die von diesem System in irgendeiner Form profitieren, geleistet wurde und wird, ist als Angstreaktion gegen den Umsturz ungleicher Machtverhältnisse zu verstehen, die nach wie vor zu einem großen Teil auf der physischen, psychischen und sexuellen Ausbeutung von Frauen beruhen.

Darum werden ihre Leistungen immer noch heruntergespielt, ist das Leben dieser Kämpferinnen immer noch in keinen Schulbüchern zu finden, lediglich an den Universitäten dürfen sie seit etlichen Jahren unter der Rubrik »Frauenforschung« so etwas wie ein Ghettodasein fristen. Und doch haben wir ihnen zu verdanken, was heute selbstverständlich geworden ist: das Recht auf Bildung, auf einen Beruf, Rechte in der Ehe und der Familie.

Ich habe mich bemüht, in diesem Buch das Leben von Frauen darzustellen, die seit der Französischen Revolution emanzipatorisch gewirkt haben. Ein Anspruch auf Vollständigkeit kann dabei nicht erhoben werden, aus Platzmangel mußten viele, zum Teil auch wichtige Frauen unerwähnt bleiben.

Trotzdem hoffe ich, mit diesen Kurzbiographien am Ende unseres Jahrtausends einen Eindruck von einer Entwicklung vermittelt zu haben, die noch keinesfalls abgeschlossen ist.

Manche dieser Frauenleben wurden bereits ausführlich behandelt, andere existieren lediglich in Fragmenten, Beiträgen, Artikeln. Ziel dieses Buches war keine lückenlose Darstellung, sondern Zusammenhänge deutlich, Gegenwärtiges durch einen Blick in die Vergangenheit verständlich zu machen und Anregungen für eine intensivere Auseinandersetzung zu liefern.

Hilde Schmölzer

Geburtsstunde des Feminismus: Die Französische Revolution

»Frauen erwachet«: Olympe de Gouges (1748–1793)

Die Versorgungslage im Frankreich des Jahres 1789 war katastrophal.

Nachdem bereits im vergangenen Sommer Überschwemmungen und eine anschließende Dürre zu einer schlechten Ernte geführt hatten, vernichteten jetzt heftige Unwetter und Hagelschläge einen großen Teil des Getreides, eine enorme Verteuerung des Brotpreises war die Folge. Auf dem Land kam es zu Bauernaufständen, in den Städten zu Plünderungen und sozialen Unruhen.

Diese Not des Volkes war nur der letzte Tropfen, der das Faß zum Überlaufen brachte. Denn im Grunde gärte es in dem Land schon lange. Die Unfähigkeit des »Ancien régime«, seine Strukturen den veränderten sozialen und geistigen Strömungen anzupassen, die hohen Steuern, die dem »dritten Stand« aufgebürdet wurden, während Adel und Klerus das Privileg der Steuerbefreiung genießen durften, die Ablehnung der Reformversuche der Notabelnversammlung und der schließliche Staatsbankrott von 1788 hatten seit Jahren zu Unzufriedenheit, Wut und Verzweiflung in der Bevölkerung geführt. Wobei – wie in einer patriarchalen Gesellschaft nicht anders zu erwarten – das Elend unter den Frauen am schlimmsten war. Ihre Rechtlosigkeit und Abhängigkeit, der Mangel an Schul-und Berufsbildung, der fehlende Zugang zu den Zünften, die Schwierigkeit, einen Erwerb außer Haus zu finden, der ihnen half zu überleben, und die schlechtere Bezahlung gegenüber den Männern verschärften die allgemeine Lage. Tausende wurden in die Prostitution getrieben, viele begingen Selbstmord, verhungerten mitsamt ihren Kindern oder überließen diese den Findelhäusern. Louis Sébastian Mercier spricht in seinen berühmten »Tableau de Paris« (1782) von jährlich 7000 bis 8000 Findelkindern, die allein im Pariser Findelhaus abgegeben wurden.

Die bedeutende, von der Geschichtsschreibung immer noch unterschlagene Rolle, die Frauen während der Französischen Revolution gespielt haben, verwundert daher nicht. Versprach dieser alllgemeine, aus Not und Verzweiflung geborene Aufbruch doch eine Besserung der Situation der Benachteiligten, Unterdrückten, Ausgebeuteten, und das waren vornehmlich Frauen, die immer eine doppelte Unterdrückung zu tragen hatten: jene der Obrigkeit und jene des (Ehe-)Mannes.

Trotzdem wurde diese zweite Hälfte der Menschheit von der damals aufgestellten allgemeinen Menschenrechtserklärung ausgeschlossen. Freiheit, Gleichheit und Brüderlichkeit galten lediglich für den Mann. Denn gleiche Rechte für Frauen hätten das patriarchale System gefährdet, und daran zeigten sich Männer nicht interessiert. So wie stets in der Geschichte waren Frauen nur in den revolutionären Anfangszeiten als Helferinnen willkommen, aber als es um die Forderung nach Gleichberechtigung ging, kühlte die anfängliche Begeisterung für die streitbare Revolutionärin sehr schnell ab. Die Frauenklubs wurden aufgelöst, die Frauenversammlungen verboten und die wenigen Erleichterungen, die Frauen zugestanden worden waren, im berühmten Code civil, dem Gesetzbuch Napoleons, wieder gestrichen.

Daß die sogenannte Menschenrechtserklärung von 1789, die allgemein als die Grundlage unserer heutigen Demokratie bezeichnet wird, eine reine Männerrechtserklärung war, hat schon damals eine Frau, Olympe de Gouges, sehr klar erkannt. Anfang September 1791, als die Verfassung, beruhend auf dieser »Déclaration des droits de l'homme et du citoyen«, verabschiedet und Frankreich zur konstitutionellen Monarchie erklärt wurde, publizierte sie ihre »Déclaration des droits de la femme et de la citoyenne«, die Deklaration der Rechte der Frau und Bürgerin, und schickte sie an die Nationalversammlung. Ein zweites Exemplar bekam die Königin, so wie auch der dritte Stand seine Deklaration an den König gesandt hatte.

Die unerhörte Radikalität und Kühnheit, die in der Abfassung dieses Dokuments liegt, wird nur vor dem Hintergrund der damaligen gesellschaftlichen Verhältnisse und der Rechtlosigkeit der Frauen verständlich. Denn diese betraf die Frau jedes Standes, nicht nur jene der ausgehungerten und ausgebeuteten Unterschicht. Auch die Frauen der herrschenden Stände, der Geistlichkeit und des Adels, waren in zivilrechtlicher, ökonomischer und politischer Hinsicht gegenüber den Männern benachteiligt. Innerhalb des Klerus konnten Frauen nur in eng abgesteckten Grenzen, in Klöstern oder karitativen Einrichtungen, tätig werden, die Adelige wurde bei Ehebruch in ein Kloster gesteckt, während die Seitensprünge des Ehemannes zum guten Ton gehörten. Die Frau aus dem Bürgertum hingegen durfte kein eigenes Geschäft führen, es sei denn als Witwe im Falle einer fehlenden männlichen Nachkommenschaft, sie durfte kein Eigentum erwerben und konnte sich nicht scheiden lassen außer in Ausnahmefällen, wenn dem Ehemann besondere Grausamkeiten nachgewiesen werden konnten. Die Töchter wurden nie mündig, sie wechselten lediglich von der Vormundschaft des Vaters in jene des Gatten und waren gegenüber ihren Brüdern im Erbe benachteiligt.

Es ist also keinesfalls verwunderlich, wenn der kühne, in seinen konsequenten Forderungen bis heute nicht völlig eingelöste Entwurf der Olympe de Gouges in der damaligen Zeit nicht einmal ernst genommen wurde. Es kam gar nicht zu jenem Aufschrei, den Olympe selbst befürchtet hatte (»Ich sehe schon jetzt die Heuchler, die Prüden, den Klerus und die ganze teuflische Brut, wie sie sich bei der Lektüre dieser außergewöhnlichen Schrift gegen mich empören«). Dieses Dokument von »welthistorischer Bedeutung« (Hannelore Schröder) wurde ganz einfach totgeschwiegen und ruhte fast 200 Jahre unbeachtet in den Pariser Archiven, bis es in den siebziger Jahren des 20. Jahrhunderts von feministischen Historikerinnen wiederentdeckt wurde.

»Die Frau ist frei geboren und bleibt dem Manne gleich an Rechten«, stellt Olympe gleich im ersten Punkt ihres 17 Artikel umfassenden Katalogs fest. Sie fordert u. a. das Recht auf Freiheit, Eigentum, Sicherheit und Widerstand gegen Unterdrückung auch für die Frau, weiters gleichen Zugang zu allen Würden, Stellen und öffentlichen Ämtern. Sie bezeichnet Gedanken und Meinungsfreiheit als eines der »kostbarsten Rechte der Frauen« und fordert in diesem

Zusammenhang das Recht, die Vaterschaft der Männer an ihren Kindern offenzulegen. Womit de Gouges eine wichtige, Frauen diskriminierende Gesetzeslage anspricht: Im Falle der Geburt eines unehelichen Kindes hatte die Frau Schande und Verantwortung für das Kind alleine zu tragen.

»Mann, bist du imstande, gerecht zu sein?« fragt sie provokant in der Präambel und fordert gleichzeitig die politische Beteiligung der Frauen: »Die Mütter, die Töchter, die Schwestern, Vertreterinnen der Nation, verlangen als Nationalversammlung konstituiert zu werden.« Damit wird klar gemacht, daß nicht nur Männer die Vertreter des französischen Volkes sind, sondern ebenso Frauen, eine Forderung, die patriarchale Macht und Herrschaft grundsätzlich anzweifelt und in dieser kühnen Form bislang in der Geschichte nicht gestellt wurde. Des weiteren formuliert de Gouges in einer Postambel eine Art Gesellschaftsvertrag, in dem sie die privaten Beziehungen zwischen Mann und Frau neu regelt, die Ehe als »das Grab des Vertrauens und der Liebe« bezeichnet und an die Stelle der Zwangsehe die freie Liebesbeziehung setzt. »Frauen«, heißt es hier u. a., »erwachet! Die Sturmglocke der Vernunft ist auf der ganzen Welt zu hören; erkennet eure Rechte«.

Nicht die berühmte Menschenrechtserklärung von 1789 postuliert also wirkliche Demokratie, sondern dieses Dokument einer heute fast vergessenen Frau, das nach wie vor in keinen Lehrplänen und kaum in wissenschaftlichen Abhandlungen zu finden ist. Von Demokratie konnte auch für die nächsten 100 bis 150 Jahre, in denen Frauen unmündige Anhängsel ihrer Männer blieben (in Frankreich etwa erhielten sie das Wahlrecht erst 1946), keine Rede sein. Und selbst jetzt sind Frauen von einer gleichberechtigten Mitgestaltung des politischen, wirtschaftlichen und kulturellen Lebens immer noch weit entfernt.

»Meine Stimme wird sich noch aus des Grabes Tiefe Gehör zu verschaffen wissen«, schrieb sie hellsichtig bereits im Angesicht des Todes. Und: »Mein Leben habe ich eingesetzt, um keines anderen Lohnes willen als den meines Herzens, mit dem sicheren Wissen, daß ich in Zukunft weiterleben würde«.

Von der »femmes galante« zur »femmes de lettre«

Wer war diese unerschrockene, fast möchten wir sagen tollkühne

Frau, die es nicht nur wagte, sich öffentlich und radikal für Frauenrechte einzusetzen, sondern die auch die Schreckensherrschaft der Revolution anprangerte, bis sie selbst unter der Guillotine starb?

Marie Gouze wurde am 7. Mai 1748 in Montauban, Languedoc, als Tochter von Anne-Olympe Mouisset, verheiratete Gouze, und Pierre Gouze, eines ortsansässigen Fleischers, geboren. So steht es zumindest in der Geburtsurkunde des Kirchenregisters von Montauban. Marie, die sich später Olympe nach ihrer Mutter und de Gouges in Abwandlung ihres Familiennamens Gouze nannte, (das Adelsprädikat sollte den Klassenunterschied kaschieren), bezeichnet allerdings in ihrem autobiographischen Roman »Mémoire de Valmont« den Marquis Le Franc Pompignan, Feudalherrn des Ortes und bekannten Schriftsteller, als ihren natürlichen Vater. Eine Behauptung, die nie bewiesen, aber auch nicht widerlegt werden konnte.

Wie die meisten Frauen dieser Gegend konnte auch sie kaum lesen und schreiben. »Man hat mir nichts beigebracht«, meint sie selbst dazu. »Aufgewachsen in einem Land, wo man schlecht Französisch spricht, kenne ich nicht seine Grundlagen«. Denn das war ein weiterer Hemmschuh für ihren Aufstieg zur Schriftstellerin: Ihre Muttersprache war Oczitanisch, eine Sprache, die sich vom Französischen des Nordens stark unterschied. Daß sie daher einen großen Teil ihrer Schriften Sekretären diktierte, wurde ihr von gehässigen Zeitgenossen oft zum Vorwurf gemacht – ungeachtet der Tatsache, daß derartiges durchaus üblich war und auch von berühmten Schriftstellerkollegen praktiziert wurde.

Marie Gouze war nach eigenen Angaben 14, tatsächlich jedoch 17 Jahre alt, als sie gegen ihren Willen an Louis-Yves Aubry, einen Wirt im Dienst eines Adeligen, verheiratet wurde, einen Mann, »den ich durchaus nicht liebte, der weder wohlhabend noch guter Herkunft war. Ich wurde geopfert ohne ersichtlichen Grund.« Ein knappes Jahr danach wurde der Sohn Pierre geboren. Als allerdings kurz darauf Aubry starb, dürfte Marie keine übermäßig trauernde Witwe gewesen sein. Noch nicht 20 Jahre alt, wechselte sie ihren Namen und zog nach Paris, in »diesen Strudel von Gut und Böse«. Von der Ehe hatte sie genug, sie bevorzugte das Leben einer »femme galante«, also einer Kurtisane, und das war zu ihrer Zeit und unter diesen Bedingungen wahrscheinlich ziemlich vernünftig, denn andere Aufstiegsmöglichkeiten besaßen Mädchen aus bescheidenen Verhältnissen nicht. Auch war sie offenbar so klug, sich vornehmlich auf einen einzigen wohlhabenden Mann zu konzentrieren, der so großzügig war, ihr eine Rente auf Lebenszeit auszustellen. Denn Olympe hatte das Glück, nicht nur intelligent, sondern auch schön zu sein. In einer Dokumentation ihrer Zeit wird sie immerhin »unter den hübschesten Frauen von Paris« angeführt.

Später hat sie sich über dieses Leben und seine oberflächliche Geselligkeit recht kritisch geäußert. Sie begann auch bald, intellektuelle Verehrer zu bevorzugen, Journalisten, Dramatiker, Schauspieler und Philosophen. Zu ihren engen Freunden gehörte etwa der bereits erwähnte Schriftsteller Louis-Sébastien Mercier, der sich in anschaulichen Skizzen dem Pariser Alltagsleben gewidmet hat, in dem Frauen eine beachtliche Rolle spielen.

Den Sprung von der »femme galante« zur »femme de lettres« gelang Olympe mit dem bereits erwähnten autobiographischen Roman »Mémoires de Valmont«, kurz darauf brachte sie sich bereits mit einem Theaterstück, das die Sklaverei anprangerte, in den Brennpunkt hitziger Diskussionen. Es kam nach jahrelangen vergeblichen Bemühungen 1790 unter dem Titel » L'Esclavage des noir, ou l'heureux naufrage« (»Die Sklaverei der Schwarzen oder der glückliche Schiffbruch«) endlich zur Aufführung und hatte derart heftige Reaktionen zur Folge, daß es bereits nach der dritten Vorstellung abgesagt werden mußte. Die Sklaverei in den Kolonien war im vorrevolutionären Frankreich ein brisantes Thema, es gab Befürworter und Gegner, wobei sich letztere wiederum in jene teilten, die Sklaverei aus humanistischen, und solche, die sie aus ökonomischen Überlegungen ablehnten.

Die Frage der Entrechtung, Unterdrückung und Ausbeutung zieht sich leitmotivisch durch ihr gesamtes schriftstellerisches Werk. Nach dem Ausbruch der Revolution trat dann die Schriftstellerei zugunsten eines intensiveren politischen und sozialen Engagements etwas in den Hintergrund. Olympe verfaßte zahlreiche patriotische Schriften, Traktate und Pamphlete, entwarf Sozialprogramme zur Bekämpfung des Elends, forderte eine Luxussteuer auf Schmuck und übertriebene Kleidung sowie eine Abgabe für Spielbanken, sie schlug Hospitäler für arme Frauen vor, Werkstätten für Arbeitslose und Herbergen für alte Menschen, Waisenkinder und verlassene Ehefrauen. Nicht alle ihrer Vorschläge waren realitätsgerecht, manches mutet naiv und kurzsichtig an, anderes wieder beweist einen erstaunlichen Scharfblick. In Ludwig XVI. sah sie lange den »tugendhaften König« und »guten Vater«, dem es um das Wohl seiner Kinder geht, was angesichts der ungeheuren Verschwendung am Königshof unverständlich wirkt. Erst nach der Flucht Ludwigs XVI. nach Varenne bezeichnete sie ihn als »Verräter«. Trotzdem hat sie, die lange an eine humane, philosophische Revolution glaubte, sich gegen seine Hinrichtung ausgesprochen. In einem Brief an den Konvent meinte sie weitsichtig, es genüge nicht, »den Kopf eines Königs rollen zu lassen, um ihn zu töten, er lebt noch lange nach seinem Tod. Wirklich tot ist er, wenn er seinen Sturz überlebt.«

De Gouges sympathisierte mit den Girondisten und hat sicherlich den der Gironde nahestehenden Mathematiker und Philosophen Jean Antoine de Condorcet gekannt, der sich als einziger Revolutionär mit seiner 1789 verfaßten Schrift »Sur l'admission des femmes au droit de cité« (»Über die Zulassung der Frauen zum Bürgerrecht«) für Frauen einsetzte und damit eine radikale Gegenposition zu der gängigen, von Rousseau beeinflußten Vorstellung der Unterordnung der Frau bezog, wie sie etwa von den Jakobinern vertreten wurde. Wahrscheinlich wurde auch Olympe durch diese Schrift inspiriert, ehe sie ihre »Erklärung der Rechte der Frau und Bürgerin« als Antwort auf die allgemeine »Menschenrechtserklärung« verfaßte.

Olympe de Gouges hat sich für die Solidarität unter Frauen stark gemacht (»Frauen, wäre es nicht an der Zeit, daß auch unter uns eine Revolution stattfände? Werden die Frauen immer isoliert voneinander sein?«), womit sie eine Einzelposition bezog und sich von anderen herausragenden Frauenpersönlichkeiten ihrer Zeit, wie etwa Manon Roland oder Germaine de Staël, deutlich unterschied. Solidarität mit politisch gleichgesinnten Männern schien diesen Frauen zielführender zu sein.

Zum Tag des Gesetzes, am 3. Juni 1792, organisierte Olympe einen Frauenzug und forderte ganz allgemein die Beteiligung der Frauen an den Feierlichkeiten, was bei den frauenfeindlichen Jakobinern schnell zu entsprechenden Reaktionen führte. »Es ist das erste Mal, zumindest in Frankreich, daß man Frauen so zu Männern hat sprechen hören … Die Ehre der Frauen besteht darin, in aller Stille die Tugenden ihres Geschlechts zu kultivieren, und zwar unter dem Schleier der Bescheidenheit und im Schatten ihres Heimes …« empören sich die »Révolution de Paris«.

Aber Olympe dachte nicht daran, sich aus der Politik zurückzuziehen. Ganz im Gegenteil! Nach den furchtbaren Septembermorden des Jahres 1792, bei denen das Volk über 1000 Menschen in den Gefängnissen niedermetzelte (angeblich sollen die gefangenen Priester und Aristokraten mit dem Feind in Verbindung gestanden sein), verfaßte sie zahlreiche Pamphlete und Plakate, die sie überall in den Straßen affichieren ließ. So wie die Girondisten war auch Olympe von der Verstrickung Marats und Robespierres in die Septembermassaker überzeugt: »Du behauptest, der alleinige Schöpfer der Revolution zu sein, warst aber, bist und wirst auch in alle Ewigkeit nur deren Schandfleck und Greuel bleiben«, attackiert sie Robespierre auf einem Wandanschlag. »Dein Atem verpestet die reine Luft, die wir heute einatmen, deine zuckenden Lider verraten wider deinen Willen die Niedertracht deiner Seele, und jedes einzelne deiner Haare steht für ein Verbrechen … Was willst du? … An wem willst du dich rächen? … Du möchtest Ludwig den Letzten umbringen … sie alle möchtest du umbringen, Pétion, Roland, Vergniaud, Condorcet, Louvet, Brissot, Lasource, Guadet, Gensonné, Hérault-Séchelles, mit einem Wort: die Leuchten der Republik und des Patriotismus.«

Olympe sollte auch hier recht behalten. Alle – mit Ausnahme von Louvet – fielen der Revolution zum Opfer.

»Ich sterbe, mein lieber Sohn …«

Doch hat Olympe de Gouges in jenen überhitzten Tagen, als das Blutgerüst der Guillotine fast täglich neue Opfer forderte, auch sich selbst ein Denkmal gesetzt: »Ich bin ein Lebewesen ohnegleichen; ich bin nicht Mann noch Frau. Ich habe allen Mut des einen und zuweilen die Schwächen des anderen … Ich bin stolz, einfach, loyal und sensibel«, stellt sie sich gleichzeitig mit dem Angriff auf Robespierre vor. Und in einem kurz darauf verfaßten zweiten Pamphlet: »Ich bin es, Maximilian, die die Prognose geschrieben hat; ich, Olympe de Gouges.«

Es ist klar, daß dieser Mut und diese Offenherzigkeit einer Frau noch weniger verziehen wurde als einem Mann. Hatte sie damit doch die Grenzen, die ihrem Geschlecht gesetzt wurden, auf eklatante Weise übertreten, das Gebot des Stillschweigens verletzt. Die Empörung über diese Grenzüberschreitung kommt auch ganz klar in den Reaktionen etlicher Politiker nach de Gouges Tod zum Ausdruck.

Als sie daher nach dem Sturz der Gironde und der Machtübernahme durch die Jakobiner ein Plakat mit dem Titel »Die drei Urnen« veröffentlichte, in dem zu einer Volksabstimmung für die kommende Regierung aufgerufen wurde, die dem Volk die Möglichkeit geben sollte, sich entweder für die republikanische Regierung, die föderative Regierung oder aber die Monarchie zu entscheiden, war ihr Schicksal bereits besiegelt. Denn was für Olympe in demokratischer, friedensstiftender Absicht geschah, bedeutete für die jakobinische Revolutionsregierung höchstes Vergehen. War doch wenige Monate zuvor die französische Republik als Staatsform festgelegt worden, weshalb Olympe mit ihrem Pamphlet die bestehende Regierung in Frage stellte. Es ist heute nicht mehr nachvollziehbar, warum sie eine derartige Unvorsichtigkeit begehen konnte. Wahrscheinlich war es in diesen revolutionären Wirren schwierig geworden, die Situation klar zu durchschauen.

Olympe de Gouges wurde am 17. Juli 1793 wegen angeblicher royalistischer Verschwörung verhaftet und nach Monaten qualvollen Wartens am 3. November nach einem Schnellverfahren ohne Verteidiger hingerichtet. Zuvor noch hatte sie zahlreiche Briefe an die Pariser Kommune, den Sicherheitsausschuß, das Revolutionstribunal und schließlich auch eine Flugschrift an die Öffentlichkeit gerichtet, in denen sie das ihr widerfahrene Unrecht betont, ihr, der »ein republikanisches Herz schon in die Wiege gelegt wurde«.

»Ich sterbe, mein lieber Sohn«, schrieb sie in ihrem letzten Brief an den einzigen Menschen, der ihr noch etwas bedeutete, »als Opfer meiner abgöttischen Liebe zum Vaterland und zum Volk. Seine Feinde haben mich ohne Gewissensbisse, unter dem Mantel des Republikanertums verborgen, nach fünf Monaten Gefangenschaft aufs Schafott geführt ... Adieu mein Sohn, ich werde nicht mehr sein, wenn du diesen Brief erhältst ... Wenn das Schicksal Dich verschont, um mich zu trösten ... so komm als aufrechter Republikaner, um es den Verfolgern Deiner Mutter heimzuzahlen ... Ich sterbe, mein Sohn, mein lieber Sohn, ich sterbe unschuldig ...«

Doch ihr Wunsch, von Sohn Pierre Aubry gerächt zu werden, erfüllte sich nicht. Vielmehr hat dieser aus Sorge, kompromittiert zu
werden, und vielleicht auch aus Angst um sein Leben seine Mutter
verleumdet und verraten. Nach Bekanntwerden des Urteils ließ er
in Tours, wo er sich eben befand, in den Straßen Anschläge anbrin-
gen, in denen er ihre Hinrichtung als gerecht bezeichnete. Außerdem unterschrieb er etwa zwölf Tage nach der Exekution von
Olympe ein »Bekenntnis der Bürgertreue«, in dem er betonte, ihre
Ansichten nicht zu teilen und sich auch darüber hinaus von ihr
distanziert zu haben. Erst nach dem Ende der Schreckensherrschaft,
als es seiner Karriere dienlich schien, hat er seine Haltung revidiert
und 1795 den Konvent aufgefordert, Olympe zu rehabilitieren.
Die Geschichte hat uns von Olympe de Gouges das Bild eines hy-
sterischen, kranken Weibes hinterlassen, einer »Furie«, einer »Ver-
rückten« wie bereits der zeitgenössische Schriftsteller Restif de la
Bretonne meinte. Und noch zu Beginn des 20. Jahrhunderts stellte
ein Mediziner in seiner Doktorarbeit fest, daß die »psychischen
Stigmata (Hysterie, geistige Degeneration), weiter gewisse psychi-
sche Symptome wie vasomotorische Störungen, Menstruations-
störungen … bei Olympe de Gouges ein Delirium hervorgerufen
… haben«, das »in die Kategorie der ›Paranoia Reformatoria‹ (also
reformatorischer Ideen) zu passen« scheint. Damit nicht genug, will
der honorige Mediziner gleich sämtliche Frauen, die in der Revolution eine aktive Rolle spielten, in diese Beurteilung einbeziehen:
»Der Fall von Olympe de Gouges kann nicht isoliert gesehen werden; man darf sagen, daß zahlreiche Frauen, vorwiegend jene, die
aktiv an der Revolution mitgewirkt und dabei eine grausame, blutrünstige Rolle gespielt haben, geistig verwirrt waren«.
Es bedurfte fast 200 Jahre, um das verzerrte Bild dieser Frau, die ihrer Zeit weit voraus gewesen ist, in seine richtigen Dimensionen zu
rücken.

Wir wollen keine »dienenden Frauen, keine Haustiere« sein

Die Gründung von Frauenklubs

Wenige Tage vor Olympe de Gouges Hinrichtung wurden die zahlreichen Frauenklubs, die sich inzwischen gebildet hatten, verboten, und ein knappes halbes Jahr später untersagte der Konvent auch die Zulassung von Frauen bei öffentlichen Versammlungen. Gleichzeitig setzte eine publizistische Hetzjagd gegen politisch aktive Frauen ein. Politiker und öffentliche Kommentatoren wurden nicht müde, auf die tatsächliche, von der Natur vorgesehene Bestimmung der Frau hinzuweisen, die im Bereich des Privaten, der Familie und Kindererziehung liege, hingegen jegliche politische Betätigung des Weibes unnatürlich und daher abzulehnen sei. Diese an Gehässigkeiten und unverblümt geäußerter Frauenverachtung reiche Kampagne zeigte vor allem eins: daß eine Revolution der Frauen stattgefunden hat und daß sie die von Männern dominierte Gesellschaft in tiefe Beunruhigung versetzte.

Dabei wurden die »Heldinnen der Freiheit« zu Beginn der Ereignisse durchaus willkommen geheißen. Noch im Juli 1793 waren sie vom Département von Paris mit folgenden Worten gefeiert worden: »Mut, Bürgerinnen, die Beamten des Volkes anerkennen die Rechte der Vertreterinnen der Natur ... es ist an Euch ... auf die öffentlichen Plätze zu laufen, um die Jugend zu begeistern ... Ihr werdet es schaffen. Es wäre eine Beleidigung, daran zu zweifeln ...«. Aber je selbstbewußter das Auftreten der Frauen wurde und je mehr sie patriarchale Macht bedrohten, mit umso heftigeren Gegenreaktionen mußten sie rechnen. Wobei die schließliche Ausschaltung der Frauen parallel zur allgemeinen politischen Entwicklung erfolgte, in der die gemäßigten Kräfte erneut an Einfluß gewannen.

Frauenzeitungen und Frauenklubs waren ab 1789, als sich der »dritte Stand« in einem revolutionären Akt zur Nationalversammlung konstituierte, nicht nur in Paris, sondern auch in vielen Städten der Provinz nach dem Vorbild einschlägiger Männerorganisationen gegründet worden. Zunächst versuchten vor allem Frauen aus dem gebildeten Bürgertum, sich damit ein Forum zu schaffen, wo sie über tagespolitische, aber auch frauenspezifische Themen diskutieren oder sich karitativen Tätigkeiten widmen konnten. Später setzten sich radikalere Verbindungen u. a. für Frauenbildung, die Verbesserung der Arbeitsmöglichkeiten für Frauen oder ganz allgemein für eine Veränderung der Gesetzeslage ein. So veröffentlichten die Redakteurinnen der Zeitschrift »Les Etennes Nationales des Dames« während des Jahres 1791 Gesetzesvorschläge zum Scheidungsrecht, sie forderten weibliche Geschworene und das Frauenwahlrecht.

Frauen verfaßten zahlreiche Petitionen, die anläßlich der Einberufung der Generalstände im ganzen Land gesammelt wurden. Eine anonym gebliebene Madame B. B. etwa hat Frauen sehr klarsichtig als den »dritten Stand des dritten Standes« bezeichnet und die ungerechte Ordnung beklagt (»digne de ces siècles d'ignorance«), die Frauen dazu verurteilt zu arbeiten, zu gehorchen und zu schweigen. Und in einem anderen »Antrag der Damen an die Nationalversammlung« heißt es unmißverständlich: »Sie haben die überlieferten Vorurteile zerstört, aber Sie lassen das älteste und umfassendste bestehen, (das Vorurteil,) das die Hälfte der Bewohner des Königreichs von den Stellungen, den Würden und Ehrenämtern ausschließt ... «

In der Provinz waren u. a. der »Club feminin« in Dijon und die »Légion d'Amazones Nationales« in Aunay aktiv, und Manon Roland, Frau des zeitweiligen Innenministers Jean Marie-Roland, berichtet aus Lyon von mehreren – zum Teil bewaffneten – Frauengruppen, die an Versammlungen und Festivitäten teilnahmen.

In Paris hingegen zählten zu den bekanntesten Frauenklubs die 1790 von der Freiheitskämpferin Théroigne de Méricourt gegründeten »Amis de la Loi« (Freundinnen des Gesetzes), weiters die »Société patriotique et de bienfaisance des amies de la vérité« (Patriotische Wohlfahrtsgesellschaft der Freundinnen der Wahrheit) von Etta Palm, ehemalige Baronin d'Aelders, und der »Club des citoyennes républicaines révolutionaires« (Gesellschaft der revolutionären Republikanerinnen) unter Leitung von Claire Lacombe und Pauline Léon.

Alle diese Frauen waren schillernde Persönlichkeiten, Außenseiterinnen, die ein unabhängiges Leben mit seinen Gefahren und Brüchen einer eher abgesicherten Existenz als Ehefrau vorzogen. Am meisten provozierte Théroigne, die mit ihrem auffallenden

Amazonenkostüm, ihrer Bereitschaft zu öffentlichen Diskussionen und Ansprachen und ihrer Forderung nach dem Waffenrecht für jede Frau auf freiwilliger Basis zu einer teils bewunderten, teils angegriffenen Berühmtheit wurde. Die holländische Baronin *Etta Palm*, die den ersten Pariser Frauenklub, den »Amies de la Vérité« (1791), gegründet hatte und sich vor allem für eine bessere Mädchenerziehung und das Recht auf Scheidung einsetzte, genoß infolge ihrer Bildung und ihres gewandten Auftretens in der Anfangsphase der Revolution durchaus Respekt. Sie wurde sogar als Gesandte in die Niederlande geschickt, um dort für die Ideen der Revolution zu werben. Auch sie, obwohl dem bürgerlichen Lager angehörend, verlangte in einer Rede im Mai 1791, daß als Beitrag der Frauen zur Verteidigung der Revolution in einem der Départements ein Amazonenkorps ausgehoben werden sollte. Außerdem forderte sie in demselben Jahr in einem Appell »… die Notwendigkeit des Einflusses der Frauen auf eine freie Regierung«. Sie hat auch mehrfach durch Anfragen und Vorschläge vor der Nationalversammlung und der »Assemblé Législative« die Notwendigkeit einer rechtlichen, gleichsam »offiziellen« Anerkennung der politischen Aktivitäten von Frauen betont und ihr Mitspracherecht verlangt.

Die Schauspielerin *Claire Lacombe* hingegen war so wie Olympe de Gouges vor 25 Jahren aus der Provinz nach Paris gekommen, wo sie eine Karriere als Darstellerin großer Heldinnen machte. Nach Ausbruch der Revolution vertauschte sie die Rolle mit der Wirklichkeit: Bereits in ihrer ersten Petition vor der Nationalversammlung im Juli 1792 bot sie sich an, für das Vaterland zu kämpfen, und forderte die sofortige Absetzung des Führers der Nationalgarde Lafayette. Bei der Erstürmung der Tuilerien im August 1792 wurde sie dann für ihren besonderen Einsatz mit der Bürgerkrone ausgezeichnet. *Pauline Leon* hingegen, 1768 in Paris als Tochter eines Schokoladeherstellers geboren, führte nach dem Tod ihres Vaters zuerst gemeinsam mit ihrer Mutter und später alleine den Betrieb weiter. Sie besuchte regelmäßig den radikalen politischen Klub der Cordeliers ebenso wie die »Brüderliche Gesellschaft beider Geschlechter« (»Société fraternelle de l'un et l'autre sexe«), die auch Frauen als Mitglieder aufnahm, ihre Zahl jedoch von vornherein auf ein Viertel beschränkte. Außerdem gehörte sie zu den UnterzeichnerInnen der republikanischen Petition auf dem Marsfeld. Die Erstürmung der Bastille erlebte sie nach eigenen Aussagen »in einem Gefühl lebhaftester Begeisterung«, und am 6. März 1792 brachte sie im Namen von 315 Frauen in der Nationalversammlung eine Petition zur Frauenbewaffnung ein, in der das Recht gefordert wird, »das jedes Individuum hat, für die Verteidigung seines Lebens und seiner Freiheit zu sorgen«.

Pauline Leon und Claire Lacombe waren die beiden führenden Persönlichkeiten der »Gesellschaft der Revolutionären Republikanerinnen«, dem trotz seines kurzen Bestehens (Mai–September 1793) wohl bedeutendsten Frauenklub während der Revolutionszeit. Ihre Mitglieder stammten vorwiegend aus kleinbürgerlich-sansculottischem Milieu, die Zahl wird auf 200 bis 300 geschätzt, darunter Wäscherinnen, Kleinhändlerinnen, Texilarbeiterinnen und Schauspielerinnen. Schon im Gründungsaufruf des Klubs kommt ein radikaler, vor bewaffnetem Widerstand nicht zurückschreckender Tenor zum Ausdruck, der sich in den folgenden Monaten noch verstärkt. Ende Mai stellte eine Bürgerin Lecointre selbstbewußt fest, daß die Revolutionären Republikanerinnen »keine dienenden Frauen, keine Haustiere seien, sondern eine Phalanx zur Vernichtung der Aristokratie bilden würden«. Sie setzten sich für Preiskontrollen, Festpreise und harte Maßnahmen gegen Wucherer und Spekulanten ein. Außerdem forderten sie Werkstätten für die Frauen von Freiwilligen und arbeiteten Projekte zur Bekämpfung der Prostitution aus. Trotzdem hat es den Anschein, als seien ihnen die allgemeinen revolutionären Ziele wichtiger gewesen als geschlechtsspezifische Forderungen, womit sie sich in voller Übereinstimmung mit den Zielen männlicher Revolutionäre befanden, was ihrem Ansehen durchaus dienlich war. Mit ihren roten Hosen, der blauweißroten Kokarde, dem Erkennungszeichen der Revolution, und den roten Jakobinermützen, die eigentlich Männern vorbehalten waren, erregten sie überall Aufsehen, in das sich teils Bewunderung, teils Ablehnung mischte.

Der Kokardenstreit

Im September 1793 starteten sie eine Kampagne, die als »Kokardenstreit« in die Geschichte eingegangen ist. Danach sollten sämtliche Frauen verpflichtet werden, die Kokarde zu tragen, so wie es den Männern bereits im April dieses Jahres per Gesetz aufgetragen worden war. Das eigentliche Ziel dieser Aktion war natürlich die politische Gleichberechtigung für Frauen, und so war es von den Männern auch verstanden worden, die neuerlich und verstärkt das traditionelle Frauenbild beschworen, in dem die Politik keinen Platz hatte. Der größte Widerstand aber kam von Frauen selbst, die sich vielfach durch eine derartige Verordnung in ihren Interessen beeinträchtigt fühlten, wie etwa die einflußreichen Markt- und Fischfrauen in den Pariser Hallen, die so provokante revolutionäre Äußerungen nicht nur als geschäftsschädigend empfanden, sondern Forderungen der Republikanerinnen wie jene nach festen Preisen und Kontrollen über Vorräte ganz generell ablehnten, weil sie selbst darüber bestimmen wollten. Es gab aber auch Frauengruppen, die sich für die Ziele der Republikanischen Frauen einsetzten, wie etwa die Sektion Unité und die Brüderliche Gesellschaft, die ebenfalls vom Konvent forderten, das Tragen der Kokarde verbindlich zu machen. Schließlich wurden die öffentlichen Tumulte, Schlägereien, Aufläufe in den Straßen und heftigen politischen Diskussionen so bedrohlich, daß der Konvent am 21. September 1793 allen Frauen das Tragen der Kokarde per Gesetz verordnete, andernfalls sie mit Gefängnisstrafen zu rechnen hatten.

Dieser scheinbare Sieg, über den die Republikanerinnen und Mitstreiterinnen jubelten, wurde allerdings zum Bumerang, und feministische Historikerinnen hegen aus heutiger Sicht den Verdacht, daß dieses Zugeständnis bereits mit dem Hintergedanken eines allgemeinen Scheiterns gewährt worden war. Die Empörung unter vielen Frauen, die sich entweder aus der traditionellen Frauenrolle gedrängt, zu einem Modediktat verpflichtet oder in ihren Interessen geschädigt fühlten, ebenso wie die Irritation und Ablehnung vieler Männer, die Hetze der Jakobiner und sogar des noch weiter links stehenden Cordelierklubs boten den willkommenen Vorwand, wegen Gefährdung der öffentlichen Ordnung nicht nur die »Gesellschaft der Republikanerinnen«, sondern gleich sämtliche inzwischen lästig gewordene Frauenklubs pauschal zu verbieten.

Womit sich erneut die Gelegenheit ergeben hatte, Frauen wegen fehlender Kompetenzen zu politisch unmündigen Wesen zu erklären, wie im Oktober 1793 von dem Deputierten Amar, der das weibliche Geschlecht als generell unfähig bezeichnete, den schwierigen Anforderungen der Regierungsgeschäfte gerecht zu werden.

»Im allgemeinen sind die Frauen kaum zu hochherzigen Ideen und ernsthaften Überlegungen fähig.«

Jene Frauen, die es wagten, Jakobinermützen aufzusetzen, wurden verfolgt und diffamiert, als »schamlos«, »sittenwidrig«, »unschicklich« und »denaturiert« bezeichnet. Und schließlich wurde auch noch das Schicksal bedeutender Frauen, die kurz nacheinander hingerichtet worden waren, wie Marie Antoinette, Olympe de Gouges und Manon Roland, als warnendes Beispiel angeführt für alle jene Frauen, die es weiter wagten, sich in politische Angelegenheiten zu mischen.

»In kurzer Zeit«, schrieb der »Moniteur« am 17. November 1793, »hat das Revolutionstribunal den Frauen ein großes Beispiel gegeben, das ihnen zweifellos nicht entgehen wird … Marie Antoinette … brachte die Sünden ihrer Familie nach Frankreich … Sie war eine schlechte Mutter, eine zur Ausschweifung neigende Gattin … Olympe de Gouges … wollte ein Staatsmann sein, und es hat den Anschein, als habe das Gesetz diese Verschwörerin dafür bestraft, daß sie die Tugenden, die ihrem Geschlecht eigen sind, vergaß. Frau Roland, Schöngeist mit großen Plänen, Philosophin … Königin des Augenblicks … war ein Monster … Das Verlangen, eine Wissenschaftlerin zu sein, führte sie dazu, die Tugenden ihres Geschlechts zu vergessen, und dieses Vergessen, das immer gefährlich ist, endete damit, daß sie auf dem Schafott zugrunde ging.

Frauen! Wollt ihr Republikanerinnen sein? Liebt, befolgt und lehrt die Gesetze, die Eure Ehemänner und Eure Kinder zur Ausübung ihrer Rechte rufen … Seid einfach in Eurer äußeren Erscheinung, fleißig in Eurem Haushalt. Folgt niemals den Volksversammlungen in dem Wunsch, dort zu sprechen … So wird Euch das Vaterland segnen, weil Ihr dann wirklich das gemacht haben werdet, was es mit Recht von Euch erwarten kann.«

Das kurze Zwischenspiel, in dem Frauen in begrenztem Rahmen die Möglichkeit eingeräumt worden war, öffentlich zu wirken, war beendet. Sie hatten ihre Schuldigkeit getan, jetzt schien es wieder opportun, sich auf ihre »natürlichen« Kräfte zu besinnen, die das Wirken im Haus und in der Familie vorsahen. Die strenge Trennung in einen »privaten« und einen »öffentlichen« Bereich, der geschlechtsspezifisch zu besetzen war, wurde damals, in der Zeit beginnender Industrialisierung, durchgesetzt. Mit dem langsamen Prozeß des

Abbaus der Familienökonomie des »Ganzen Hauses« und der wachsenden Herstellung fertiger Waren, in dem die Frau von der Produzentin überlebenswichtiger Güter zur Konsumentin wurde, verfestigte sich auch die Ideologie von der Gattin, Hausfrau und Mutter, die – in Abhängigkeit vom Ehemann – für den Innenbereich zuständig ist, während er die Familie zu versorgen hat. Die »Hausfrauisierung« im Sinne der bürgerlich-kapitalistischen Gesellschaft bildete in der Folgezeit die Voraussetzung für die politische, wirtschaftliche und kulturelle Herrschaft der Bürger-Patriarchen, die in vielen Aspekten bis heute besteht.

Auch die wenigen, allerdings wichtigen Bürgerrechte, die Frauen in dieser kurzen Phase gewährt worden waren, wie das Recht auf Scheidung, ein Erbe in gleicher Höhe für Töchter und Söhne und ein Mündigkeitsalter von 21 Jahren auch für Mädchen, wurden in den folgenden Jahren, spätestens im Code civil, dem berühmten Gesetzbuch Napoleons, wieder zurückgenommen. Das Scheidungsrecht wurde 1816 im Zuge der Restauration ersatzlos gestrichen.

Trotzdem haben sich diese, wenn auch kurzfristigen Erfolge der Frauen im kollektiven Gedächtnis erhalten und boten den kommenden Generationen die Möglichkeit, in ihrem Kampf gegen Unterdrückung und Benachteiligung daran anzuknüpfen.

Der Marsch der Marktfrauen nach Versailles

Obwohl die Streiterinnen für Frauenrechte und gegen weibliche Benachteiligung und Unterdrückung damals die Geburtsstunde des Feminismus einleiteten, waren sie, insgesamt betrachtet, doch nur eine kleine, zahlenmäßig kaum ins Gewicht fallende Minderheit.

Es waren Frauen, die sich eine gewisse Bildung entweder selbst angeeignet oder durch Geburt und Stand aus dem Elternhaus mitbekommen hatten, kühne Außenseiterinnen, die im Zuge einer allgemeinen revolutionären Erhebung spezielle Fraueninteressen vertraten.

Aber der breiten Masse der meist armen Frauen ging es schlicht ums Überleben. Die überwiegende Mehrheit von ihnen, nämlich über 70 Prozent, lebte auf dem Land, diese Frauen arbeiteten härter und länger als die Männer, verrichteten fast überall auch Feldarbeit und wurden darüber hinaus von ihren Ehemännern schlecht behandelt.

Doch ging es den Frauen in den städtischen Unterschichten auch nicht viel besser. Um das tägliche Überleben der Familie zu ermöglichen, mußten sie trotz häuslicher Pflichten jede Arbeit annehmen, die stets schlechter entlohnt wurde als jene der Männer. Sie arbeiteten im Textil- und Bekleidungsgewerbe, als Markt- und Fischfrauen, Wäscherinnen und Hausangestellte. Ihre Notlage zwang sie aber auch zu schweren körperlichen Arbeiten, die dem bürgerlichen Ideal der schwachen Weiblichkeit keinesfalls entsprachen: in Bergwerken beispielsweise, bei der Eisengewinnung oder als Lastträgerinnen.

Diese Frauen zeigten wenig Interesse für den Feminismus, aber auch, wenn sie nicht direkt für Frauenrechte kämpften, haben sie als Trägerinnen der Brotunruhen doch ein gewisses politisches Mitspracherecht errungen. Denn da sie die hauptsächliche Verantwortung für die Versorgung der Familie trugen und daher durch kritische Versorgungslagen, Hungerperioden und Preissteigerungen für Lebensmittel am härtesten betroffen waren, haben sie bei Hungerrevolten auch immer ihren Protest am lautesten formuliert. Da der Ausbruch der Revolution zweifellos ursächlich mit der Subsistenzkrise zusammenhängt, ergibt sich die führende Rolle der Frauen dabei von selbst.

Der Ruf nach Brot, wie er nicht nur in den zahlreichen Petitionen, sondern auch bei Aufständen und Tumulten, in den Sektionsversammlungen, in der Pariser Kommune und sogar in der Nationalversammlung lautstark geäußert wurde, hatte einen handfesten Grund: Brot und Käse waren das hauptsächliche, manchmal einzige Nahrungsmittel der armen Leute, weshalb auch eine durchschnittliche Familie von vier bis fünf Personen täglich die beachtliche Menge von fünf bis sieben Pfund Brot brauchte, um sich ausreichend ernähren zu können, und jede Verknappung zu Hungerkatastrophen führen mußte. In schwierigen Zeiten standen die Frauen daher oft schon gegen Mitternacht vor den Bäckereien, um vom ersten Backschub genügend zu erhalten, es kam zu Schlägereien und Tumulten, weshalb häufig Wachposten vor den Läden aufgestellt wurden, um die Bäcker vor Angriffen zu schützen. Im allgemeinen jedoch konnten die um Brot kämpfenden Frauen mit relativer Milde rechnen, wurde ihnen doch das moralische Recht zugestanden, ihren Familien das Überleben zu sichern, und sei es auch auf ungesetzliche Art und Weise, die oft recht drastisch und ungeniert gewesen ist: Wenn die Getreidehändler das Korn nicht zum alten Preis verkaufen wollten, plünderten sie die Läden und verkauften die Getreidesäcke zu selbstbestimmten Preisen. Diese durchaus kämpferischen Frauen, die vor allem ein Ziel vor Augen hatten, nämlich die hungrigen Mäuler zu Hause zu stopfen, paßten also noch keinesfalls in das Bild der tugendhaften, sittsamen und bescheidenen Hausfrau, wie es bereits damals an Konturen gewann und im 19. Jahrhundert endgültig gefordert wurde. Es gibt zahlreiche Berichte von Zeitgenossen, die das revolutionäre und kompromißlose Auftreten der Frauen bestätigen. Gleichzeitig werden sie als wilde »Furien«, »ekelhafte Weiber« und kreischende »Unholdinnen« beschimpft, so wie etwa von dem deutschen Pädagogen und Reiseberichterstatter Joachim Heinrich Campe, der damit ein abschreckendes Beispiel an die Frauen seiner Heimat liefern wollte.

An jenem denkwürdigen Morgen des 5. Oktober 1789, der nach Stefan Zweig das Ende der Monarchie eingeleitet hat, brachen die Unruhen gleichzeitig auf den Pariser Märkten und im Faubourg Saint-Antoine aus. Das Brot war so teuer geworden, daß eine fünfköpfige Durchschnittsfamilie über 80 Prozent des Familienbudgets dafür aufwenden mußte. Gleichzeitig waren die Löhne im ganzen Land gefallen, oder es gab überhaupt keine Arbeit. Wie stets, waren vor allem Frauen von der steigenden Arbeitslosigkeit betroffen, und weil viele von ihnen ihre Kinder alleine erhalten mußten, bedeutete Arbeitslosigkeit in einer Zeit mangelhafter oder fehlender sozialer Einrichtungen häufig den Abstieg in den Bettel oder in die Prostitution. Mercier spricht von 30 000 öffentlichen Mädchen in Paris, dazu kämen noch etwa 10 000 Kurtisanen, die sich von wechselnden Liebhabern aushalten ließen, was bei etwa 600 000 Einwohnern ein gravierendes Problem darstellen mußte.

Vor diesem Hintergrund muß der Zorn und die Verzweiflung der Frauen verstanden werden, die sich an jenem Tag spontan und ohne besondere Vorbereitungen zusammenrotteten, um den Marsch nach Versailles anzutreten, wo der König residierte und die Nationalversammlung tagte. Zusätzlich aufgeheizt wurde die Stimmung durch das Gerücht, die Müller des Pariser Umlandes wären bestochen worden, die Mehlzufuhr nach Paris einzustellen. Auch hatte die Anordnung König Ludwigs XVI., das 1 000 Mann starke Flandernregiment nach Versailles zu überstellen, für Unruhe gesorgt, weil die Bevölkerung einen militärischen Angriff auf die Nationalversammlung fürchtete. Schließlich platzte dann in diese angespannte Situation noch die Nachricht, die Nationalkokarde sei von Angehörigen des verhaßten Flandernregiments besudelt worden, was die aufgeregten Menschenmassen endgültig in Bewegung setzte. Der Zug wälzte sich zuerst in Richtung Rathaus, wo sich die Frauen unter Androhung von Gewalt Waffen beschafften und einen der »Sieger der Bastille«, den Gerichtsboten Maillard, überredeten, die Führung zu übernehmen.

Auf dem sechsstündigem Marsch nach Versailles nahmen die Massen zu, es waren etwa 8 000 bis 10 000 Menschen, überwiegend Frauen, die in strömendem Regen gingen, Arme und Reiche, gutgekleidete Bürgerinnen neben Taglöhnerinnen. Am späten Nachmittag in Versailles angelangt, wurde eine Abordnung von 12 bis 15 Frauen in die eben tagende Nationalversammlung eingelassen, wo Maillard ihre Forderung nach Brot und Abzug des Flandernregiments vortrug. Anschließend wurde dieselbe Abordnung direkt zum König geschickt, der ausreichend Mehllieferungen und Festpreise zusagte, was aber die Frauen nicht restlos befriedigte. Inzwischen hatte sich auch die Pariser Nationalgarde auf den Weg nach Versailles gemacht, was den König bewog, endlich die »Augustdekrete« sowie die Menschenrechtserklärung anzunehmen, ein großer bleibender politischer und historischer Erfolg der Frauen.

Aber es gab noch eine weitere Forderung, die bislang unerfüllt geblieben war: Der König sollte mit seiner Familie nach Paris ziehen, weil dort eine direktere Einwirkung der revolutionären Politik auf das Königshaus leichter möglich war.

Nach einer teilweise durchwachten Nacht, in der die Nationalversammlung weiter tagte und die Frauen zu Tausenden vollkommen durchnäßt, hungrig und müde auf den Morgen warteten, kam es dann am 6. Oktober zu gewaltsamen Ausschreitungen, und bei dem Versuch, der verhaßten Königin Marie Antoinette habhaft zu werden, wurden zwei Leibwächter getötet.

Jetzt blieb dem König nichts anderes mehr übrig als dem Ruf »Nach

Paris« Folge zu leisten. Er wurde am frühen Nachmittag in einem mit Zweigen und Broten geschmückten Zug zusammen mit 100 Abgeordneten der Nationalversammlung, unbewaffneten Wachsoldaten und den Angehörigen des Flandernregiments in die Hauptstadt geführt.

Die Bedeutung der Frauen bei diesem Marsch von Versailles, der zu weitreichenden politischen Konsequenzen führte und in der Geschichte stets stiefmütterlich behandelt wurde, war den Zeitgenossen wohl bewußt. Als »Heldinnen der Revolution« gefeiert und geehrt, erhielten viele von ihnen Auszeichnungen und öffentliche Belobigungen. Frauen waren von diesem Zeitpunkt an auch zur Nationalversammlung zugelassen und besaßen dort das Rederecht.

Als jedoch unter dem Druck der Ereignisse die allgemeine revolutionäre Begeisterung nachgelassen hatte, sich die Versorgungslage nach kurzfristigen Erleichterungen neuerlich verschlechterte, Gewalt und Terror um sich griffen, Frauenklubs verboten und die Zulassung der Frauen zu öffentlichen Versammlungen aufgehoben wurden, begannen politische Aktivitäten von Frauen unmöglich zu werden.

Einmal noch, im Frühjahr 1795, gingen sie zum Angriff über. Nachdem der vorangegangene Winter Hunderte von Hungertoten gefordert hatte, stürmten sie mit dem Ruf »Brot und die Verfassung von 1793« den Konvent der Thermidorianer, worauf sie mit Waffengewalt zurückgeschlagen wurden und man über Paris das Kriegsrecht verhängte. Als »Fanatikerinnen« und »jakobinische Blutsäuferinnen« wanderten viele ins Gefängnis. Und nachdem den Frauen dann auch noch mit dem individuellen Petitionsrecht das Recht zur Beschwerde entzogen worden war, verschwanden sie endgültig aus dem politischen, öffentlichen Leben.

»Heldin der Freiheit« und »blutrünstige Furie«: Théroigne de Méricourt (1762–1817)

Am 14. Juli 1792, dem Jahrestag der Erstürmung der Bastille marschierten Olympe de Gouges, Etta Palm und Théroigne de Méricourt als Anführerinnen einer Frauenparade, was sogleich einige

Beobachter zu der Bemerkung veranlaßte, es handle sich dabei um »eine ebenso ausgefallen wie lächerliche Schar nationaler Jungfrauen«.

Dieser gemeinsame Auftritt von drei herausragenden Frauen der Revolution ist der einzige, der entsprechend dokumentiert und daher überliefert wurde. Frauensolidarität war damals noch wesentlich schwerer zu verwirklichen als heute, und die wenigen Frauen, die sich dafür einsetzten, wie etwa Olympe und Théroigne, blieben einsame Ruferinnen in der Wüste. Waren doch die Standes- und Klassenunterschiede in dieser Zeit noch viel größer, gutsituierte Bürgerliche oder der Aristokratie Angehörende wie etwa Madame Roland und Germaine de Staël hatten nichts gemeinsam mit hungernden Marktfrauen, gesellschaftlich geächteten Halbweltdamen und dubiosen Schauspielerinnen. Wirtschaftliche Interessen waren wichtiger als spezielle Fraueninteressen, Rangunterschiede bestimmten nach wie vor das öffentliche Leben. Daneben trugen unterschiedliche politische Meinungen dazu bei, daß gemeisame Aktionen von Frauen meist scheitern mußten.

Théroigne de Méricourt gehörte zu den wenigen Frauen der Französischen Revolution, die dezidiert für weibliche Emanzipation eintraten. Eine Außenseiterin wie Olympe de Gouges oder Claire Lacombe, hatte sie nichts zu verlieren, denn den Ruf bürgerlicher Anständigkeit, den etwa eine Manon Roland so besorgt zu wahren suchte, konnte das arme, ungebildete Bauernmädchen aus dem kleinen Luxemburger Dorf Marcourt südlich von Lüttich von Anfang an nicht für sich beanspruchen. Das traditionelle Weiblichkeitsbild, in das Frauen gepreßt wurden, war also für sie sehr viel weniger relevant. So wie Olympe hatte sie nicht die geringste Chance auf ein Leben in einigem Wohlstand, es sei denn als Mätresse eines wohlhabenden Mannes. Auch Théroigne machte von dieser Möglichkeit Gebrauch, aber obwohl sie nicht zu jenen Frauen zählte, die ihre Liebhaber ständig wechselten, sondern ihren Lebensunterhalt durch eine einmalige, großzügige Abfindung bestritt, war sie als Kurtisane für ihr Leben gezeichnet und diffamiert.

Wenige Frauen der Französischen Revolution haben so viel öffentliches Interesse erregt wie Théroigne de Méricourt. Sie wurde gefeiert und verhöhnt, gepriesen und verteufelt. In den ersten Revolutionsjahren als »Heldin« und »Amazone« der Freiheit verehrt, war

Théroigne de Méricourt

sie später einer beispiellosen medialen Hetzkampagne ausgesetzt, in deren Verlauf ihr die unglaublichsten, absurdesten Vergehen angedichtet wurden.

Anne-Josèph-Théroigne (de Méricourt, vermutlich eine Abwandlung ihres Heimatortes Marcourt, war eine spätere Erfindung der Royalisten, die ihr Bild in jeder Hinsicht verzerrten) wurde am 13. August 1762 geboren. Bereits als Sechsjährige mußte sie nach dem Tod ihrer Mutter bei einer Tante im Haushalt mithelfen, wurde von dieser mißhandelt und zu schwerer, ihrem Alter nicht gemäßen Arbeit gezwungen – eine Behandlung, die sie auch später in den verschiedensten Arbeitsverhältnissen als Hausangestellte, Kuhhirtin und Näherin ebenso wie von ihrer Stiefmutter ertragen mußte. Schließlich ließ sie noch eine Frau, die sie als Kindermädchen engagiert hatte, in Antwerpen, wohin sie auf eigene Kosten gefahren war, völlig mittellos in einer Herberge sitzen. Aber dann hatte sie doch Glück: Sie wurde von einer Mme Colbert, Engländerin, die sie in diesem Gasthaus kennengelernt hatte, als Kindermädchen angestellt und das erste Mal in ihrem Leben gut, mit der »Fürsorge einer Mutter«, wie Théroigne selbst meinte, behandelt.

Bei den Colberts, die bald darauf nach London zogen, lernte sie auch ihren späteren Liebhaber kennen, über den kaum etwas bekannt ist, weil sich Théroigne über diese Affäre zeitlebens in diskretes Schweigen hüllte. Es muß sich um einen reichen, noch nicht volljährigen Adeligen gehandelt haben, der ihr die Heirat versprach. Sie verließ also die Colberts und lebte mehrere Jahre im Luxus auf seinen Gütern, worauf sie das Schicksal so vieler Mädchen erfuhr, die sich auf eine derartige Liaison eingelassen hatten: Der Liebhaber erfüllte sein Heiratsversprechen nicht, und sie drohte endgültig in die Welt der Mätressen abzugleiten.

Wohl aus diesem Grund hat sie das Verhältnis dann beendet, wobei ihr der Liebhaber allerdings einen beachtlichen Betrag ausbezahlte, der künftig ihren Lebensunterhalt sicherte, was für ein armes Bauernmädchen eine erstaunliche Karriere bedeutete.

Wir kennen diese Geschichte durch einen Lebensbericht, den Théroigne – widerstrebend und nur auf ausdrücklichen Befehl des Untersuchungsrichters – in der Festung Kufstein verfaßte, wo sie im Auftrag des österreichischen Kaisers, der in ihr eine willkommene Informantin sah, festgehalten wurde. Natürlich sind die Aufzeichnungen, bei denen sie unter mehrfachem Druck gestanden ist, mit vorsichtiger Distanz zu betrachten. Aber ihre Biographinnen Helga Grubitsch und Roswitha Bockholt haben in mühevoller Kleinarbeit und unter Berücksichtung von Über- oder Untertreibungen recherchiert, daß es sich im eigentlichen so zugetragen haben muß. Verschwiegen hat Théroigne die Geburt einer Tochter, die allerdings bereits 1788, also im Alter von etwa zwei oder drei Jahren, an Pocken starb. Ihre Schwangerschaft würde auch die Höhe des Betrages, der ihr von ihrem Liebhaber ausgezahlt wurde, erklären.

Nach der gescheiterten Liebesbeziehung – Théroigne war etwa 25 Jahre alt – wollte sie eine Karriere als Sängerin starten. Diesmal jedoch wurde sie von ihrem damals berühmten, aber völlig verschuldeten Gesangslehrer namens Tenducci, von dessen finanziellen Schwierigkeiten sie nichts wußte, hinters Licht geführt. Er ließ die des Schreibens und Lesens Unkundige nämlich einen Vertrag unterzeichnen, der vorschrieb, daß sie nicht nur in Konzerten, sondern auch auf Theaterbühnen singen mußte – eine Bestimmung, die sie aus moralischen Gründen ablehnte, wurde doch der Auftritt an Theatern häufig mit Prostitution gleichgesetzt. In Paris galten die »filles d'Opéra« im allgemeinen Selbstverständnis als Kurtisanen.

Obwohl es Théroigne gelang, sich einigermaßen geschickt aus dieser Affäre zu ziehen, erlitt sie finanzielle Einbußen. Trotzdem hat sie nach einem Besuch in ihrem Heimatland Belgien die Ausbildung ihrer drei jüngeren Brüder übernommen. Ihrem Vater konnte sie den für ihn vorgesehenen Betrag nicht mehr übergeben, da er inzwischen gestorben war. Daß auch ihre Schwiegermutter Geld erhielt, die sie als Kind so schlecht behandelt hatte, beweist Théroignes durchgehend zu beobachtende Großzügigkeit, die ihr später, als sie selbst in großer Not war, in keiner Hinsicht vergolten wurde. Das Debakel mit Tenducci, die Belastungen durch ihre Brüder und säumige Auszahlungen einer Leibrente aus dem Betrag ihres Liebhabers haben Théroigne auch bald in finanzielle Schwierigkeiten gebracht.

Der Revolution verschrieben

Sie mußte sich also nach ihrer Rückkehr nach Paris mit bescheideneren Verhältnissen abfinden, was ihr nicht weiter schwer gefallen sein dürfte, da die Revolution, der sie sich bald mit Haut und Haaren verschrieb, ohnedies den einfachen Bürger propagierte. Künftig begegnen wir ihr in dem legendären Amazonenkostüm, das Thiébault 1792 so beschreibt: »Auf dem Kopf hatte sie einen schwarzen Filzhut nach Art Heinrichs IV hochgeklappt, von Federn in der gleichen Farbe gekrönt; sie trug ein Reitkleid aus blauem Tuch … mit einem Paar Pistolen und einem Dolch im Gürtel.« Im Grunde handelte es sich dabei um eine Art Reitkleid, das damals viele Damen auch als Tageskleid benutzten.

Unüblich war bei einer Frau lediglich das Tragen von Waffen, allerdings auch nicht in dem Maße, wie es vor allem von Historikern des 19. Jahrhunderts suggeriert wird: Während der Französischen Revolution waren waffentragende Frauen keine Seltenheit, es gibt zahlreiche zeitgenössische Darstellungen von Frauen, die sich mit Piken, Säbeln, Speeren, aber auch Dreschflegeln und Heugabeln bewaffnet haben.

»… etwas männliches in Miene und Geberden« stellte demnach auch der deutsche Revolutionsbeobachter Konrad Oelser an Théroigne fest. Trotzdem findet er sie »nicht nur hübsch, sondern auch sehr pikant«. Er bescheinigt ihr »lebhafte Augen, scharfe und reine Gesichtszüge, klare Haut, die durch keine Schminke, und nußbraune Haare, die durch keinen Puder unscheinbar gemacht werden«.

Théroigne war also bald zu einer bekannten Persönlichkeit geworden, die nicht nur regelmäßig an der Nationalversammlung teilnahm, sondern darüber hinaus eine Vielzahl von Aktivitäten entwickelte.

Der Ausbruch der Revolution bedeutete sicher einen entscheidenden Einschnitt in Théroignes Dasein. Ihr ganzes bisheriges Leben, ihre harten Kindheits- und Jugendjahre, die Demütigungen als Mätresse und der mit der Laufbahn einer Sängerin drohende Abstieg in die Welt der Kurtisanen, muß ihr plötzlich in einem anderen Licht erschienen sein. »Den stärksten Eindruck auf mich machte die Stimmung eines allgemeinen Wohlwollens«, heißt es in ihrer Autobiographie ein wenig unbeholfen und mit vielen orthographischen Fehlern – sie hatte sich das Schreiben ja erst relativ spät beigebracht –, »in diesem Augenblick der Bewegung mischten sich die Reichen unter die Armen und verschmähten es nicht, mit ihnen wie mit ihresgleichen zu reden …« Und an anderer Stelle: »Ich hatte keinerlei Vorstellungen von den Rechten des Volkes, aber ich liebte die Freiheit von Natur aus. Ein Instinkt, ein lebhaftes Gefühl, das ich nicht genau benennen kann, ließ mich die Französische Revolution gutheißen, ohne genau zu wissen, warum. Denn ich hatte keinerlei Bildung, und das Wenige, was ich weiß, lernte ich allmählich in der Nationalversammlung.«

Zu Beginn des Jahres 1790 trat Théroigne als Initiatorin des Klubs »Amis de la loi« (Gesetzesfreunde) hervor, dessen besonderes Anliegen die Volksbildung war. Ihr Einfluß als einziges weibliches Mitglied mußte jedoch schnell abnehmen, und nach nur vierwöchiger Tätigkeit als Archivarin hatte sie dieses Amt an einen männlichen Kollegen abzutreten. Daß sie hier als Pionierin gewirkt und mit diesem Klub die später entstehende Bewegung der Volksgesellschaften eingeleitet hatte, wurde bislang wenig gewürdigt. Ebenso ist der anschließend von Théroigne gegründete »Club des droits de l'homme« (Klub der Menschenrechte) als Vorläufer des später sehr bekannten Cordelier-Clubs anzusehen, was ebenfalls von der Historie verschwiegen wurde.

Im Februar 1790 stellte sie dann einen vielbeachteten Antrag im Distrikt der Cordeliers*, in dem sie den Bau eines Palastes für die Nationalversammlung auf dem Platz der Bastille vorschlug. Als sie jedoch, ermutigt durch die allgemeine Akzeptanz, anschließend um Zulassung zur Distriktversammlung mit beratender (nicht beschlußfähiger) Stimme bat, erlebte sie eine wesentlich zurückhaltendere Reaktion. Die Versammlung, so wurde sie belehrt, sei nicht kompetent, dies zu entscheiden, und halte es auch nicht für angebracht, darüber zu beraten.

Wahre Schmutzkübel allerdings schüttete die royalistische Presse über Théroigne aus. Ihr ginge es gar nicht um Politik, sondern lediglich um die Frau als Geschlechtswesen. Von einer »Heldin des Schlafzimmers« ist die Rede, deren politische Erfolge bloß durch die »Blicke der Schönen« zu erklären seien, die jedoch auf jeden Fall »… besser in den Grenzen eines bescheidenen Schweigens … verharren, als sich voller Ehrgeiz öffentlich zur Schau stellen« solle.

Daß Théroigne in der Folge zu einer der bekanntesten Spottfiguren der royalistischen Presse wurde, läßt sich jedoch nicht nur auf ihre offen geäußerte Begeisterung für die Revolution zurückführen, sondern auch auf den Umstand, daß sie ohne Ehemann, Vater oder eine sonstige männliche Begleitperson als »Freiwild« galt, das infolge sexueller Unnahbarkeit trotzdem nicht zu haben war, wodurch sich auch viele Männer aus den eigenen Reihen vor den Kopf gestoßen fühlten. Sie hatte von niemandem Unterstützung zu erwarten, weder von den Parteigenossen noch infolge mangelnder Solidarität von den Frauen.

Als sie Paris im Mai 1790 neuerlich in Richtung Heimat verließ, sind die Gründe dafür also nicht nur in finanziellen Schwierigkeiten zu suchen, sondern auch in einer zunehmenden Diffamierungskampagne. Doch sollte sie auch in Belgien nicht zur Ruhe kommen. Inzwischen war nämlich ein Haftbefehl gegen sie erlassen worden wegen Beteiligung am Oktoberaufstand 1789, wobei ihr bei diesem Marsch nach Versailles und dem angeblichen Mordversuch an der Königin eine führende Rolle zugeschrieben wurde. Die mediale

---

* Radikaler politischer Klub, dem u. a. Marat, Danton und Herbert angehörten.

Hetzkampage hatte also bereits ihre Wirkung getan, denn von diesen Behauptungen stimmte nichts. Théroigne hatte sich an dem Marsch überhaupt nicht beteiligt, sondern lediglich an den Sitzungen in der Nationalversammlung und Diskussionen auf der Straße. Trotzdem wurde von aristokratischen Kreisen in völliger Verkennung der Lage ein für Théroigne verhängnisvoller Plan entwickelt: Mit Zustimmung der österreichischen Regierung – die belgischen Provinzen standen damals unter österreichischer Herrschaft – wurde sie von französischen Aristokraten in der Nähe von Lüttich entführt und unter falschem Namen in die Festung Kufstein gebracht. Die Anklage lautete auf Hochverrat und Beteiligung an den Attentatsplänen gegen Marie Antoinette, wobei von vornherein feststand, daß eine Beweisführung schwierig sein würde. Aber Théroigne schien wichtig als Informantin über die politischen Verhältnisse in Frankreich und Belgien.

Insgesamt sechs Monate wurde sie in Kufstein festgehalten, bis dem Untersuchungsrichter endgültig klar geworden war, daß die gegen sie gerichteten Beschuldigungen nicht zutrafen. Sie litt dabei sehr unter den Haftbedingungen und hatte gesundheitliche Probleme. Anschließend mußte sie noch nach Wien reisen, bis sie nach einer Audienz bei Kaiser Leopold und weiteren drei Monaten Hausarrest endlich nach Paris zurückkehren konnte.

Für die Bewaffnung von Frauen

Dort wurde Théroigne, nachdem der Haftbefehl gegen sie nach einer Generalamnestie aufgehoben worden war, noch einmal als »Märtyrerin der Freiheit«, »mutige Bürgerin« und als »Apostel der Freiheit und der Gleichheit« gefeiert. Der mächtige Jakobinerklub überschlug sich in Lobpreisungen und erklärte sie zum Ehrengast der Sitzung, und auch die patriotische Presse erging sich in verbalen Huldigungen.

Gestärkt und ermutigt, stürzte sich die so Gefeierte im Frühjahr 1792 erneut in vielfache politische Aktivitäten. Sie schrieb Petitionen, hielt Reden auf der Straße und in Klubs und organisierte patriotische Feste. Ende März setzte sie sich mit dem Argument, daß »Frauen die gleichen natürlichen Rechte wie die Männer haben«, öffentlich für Frauenbewaffnung und die Bildung von Amazonenlegionen ein. Eine Forderung, mit der die »Märtyrerin der Freiheit«

allerdings zu weit gegangen war. Das Recht, Waffen zu tragen, war ein Privileg der Männer und wurde stets mit der Erringung allgemeiner Bürgerrechte verknüpft. Théroigne war sich absolut im klaren, worauf sie sich da eingelassen hatte: »Bürgerinnen, warum sollten wir nicht in Konkurrenz zu den Männern treten? Haben sie allein den Anspruch, ein Recht auf Ruhm zu haben? Nein, nein ... Auch wir wollen uns eine Bürgerkrone verdienen und nach der Ehre suchen, für eine Freiheit sterben, die uns vielleicht teurer ist als ihnen, da die Auswirkungen des Despotismus auf unseren Häuptern noch stärker lasten als auf den ihrigen ...« Und weiter: »Laßt uns unsere Ketten zerbrechen! Es ist schließlich an der Zeit, daß Frauen aus ihrer schmählichen Nichtswürdigkeit heraustreten, in der die Ignoranz, der Stolz und die Ungerechtigkeit der Männer sie solange versklavt hielten«.

Nur noch Olympe de Gouges hat ähnlich radikale Töne angeschlagen, aber über eine Zusammenarbeit der beiden wissen wir nichts.

Es gab damals viele Frauen, die sich für eine Frauenbewaffnung einsetzten. Wenige Wochen zuvor hatte Pauline Leon im Namen von über 300 Unterzeichnerinnen eine diesbezügliche Petition eingebracht, wobei sich die Unterzeichnerinnen jedoch bemühten, den Schock dieses unweiblichen Verhaltens durch eine besondere Betonung der Mutter- und Hausfrauenpflichten (»die uns immer lieb und teuer sein werden«) abzuschwächen. Auch eine Mme Peutat, die am gleichen Tag in Avallon eine Rede mit ähnlichen Forderungen hielt, beeilte sich – ganz im Unterschied zu Théroigne –, gleichzeitig die Aufgaben der Mütter hervorzuheben, die ihre Kinder zu freien, kämpferischen Revolutionären zu erziehen hätten, und jene der Ehefrauen, die mit einem »Hilfstrupp« den Kampf der Männer auf dem Schlachtfeld unterstützen sollen.

Keiner dieser Anträge brachte ein Ergebnis. Doch wurden die gemäßigten, in einem gewissen Rahmen verbleibenden Forderungen zumindest von den Patrioten teilweise mit Wohlwollen kommentiert. Théroigne hingegen, die auf derartige Beschwichtigungsversuche verzichtet hatte, wurde wegen »Unruhestiftung« im Jakobinerklub angezeigt, worauf sie dort sogleich einen entsprechenden Verweis erhielt.

Wahrscheinlich hat Théroigne nach diesem Vorfall das Projekt der Frauenbewaffnung ebenso wie den Plan, einen »Volksklub bewaffneter Frauen« zu gründen, aufgegeben. Trotzdem war sie weiter politisch aktiv. Am 10. August 1792 beteiligte sie sich an dem Sturm auf die Tuilerien und wurde ebenso wie Claire Lacombe und Reine Audu für ihren mutigen Einsatz mit der »Bürgerkrone« ausgezeichnet. Daß an diesen Kämpfen zahlreiche Frauen teilgenommen haben, bestätigt auch Konrad Oelser, der von 85 Frauen unter den Verwundeten spricht.

Einmal noch, Anfang des Jahres 1793, meldete sich Théroigne zu Wort. Angesichts des erbitterten Kampfes zwischen Girondisten und Montagnards rief sie zur Einheit auf, womit sie automatisch Partei für die gemäßigtere Gironde* ergriff. »Haltet sie gut fest, diese Demokratie, damit sie uns niemals entgleiten kann.« Mit diesen eindringlichen Worten und ihrer Furcht vor einer neuen Diktatur distanzierte sie sich von der radikalen Volksbewegung. Das wurde ihr zum Verhängnis. Als Anhängerin der Gironde wurde sie im Mai 1793 von ihren eigenen Geschlechtsgenossinnen öffentlich vor dem Konvent verprügelt. »Sie zerschlugen«, berichtet der deutsche Republikaner Georg Forster »ihr mit Steinen den Kopf und wollten sie im Bassin ersäufen«. Obwohl sie noch lange danach über heftige Kopfschmerzen klagte, ist die Behauptung etlicher Historiker, sie sei bereits als Folge dieser Mißhandlungen irrsinnig geworden, auf Grund der Quellenlage auszuschließen.

Allerdings hat sich Théroigne nach diesem Vorfall aus einer aktiven Beteiligung am politischen Geschehen zurückgezogen. Dafür setzte nun die Legendenbildung erst so richtig ein, die dann im 19. Jahrhundert geradezu phantastische Blüten trieb. Jetzt erschien sie endgültig als blutrünstige, männermordende »Hure der Nation«. Es wurden ihr nicht nur zahlreiche Liebschaften, u. a. mit dem Marqis de Sade und Mirabeau, angedichtet, sondern auch Beteiligungen an Kampfhandlungen und Morden. So soll sie am 19. Februar 1791, also bereits drei Tage nach ihrer Entführung aus Belgien, eine »Bande von Banditen« angeführt haben, die das Schloß Bellevue belagerten. Weiters wurde sie nach fast sämtlichen Aussagen der Royalisten für die Ermordung des Journalisten und Gegners der Revolution Jean Francois Suleau verantwortlich gemacht, den sie während des Auf-

---

* Bezeichnung für die Partei um Brissot, Vergniand und Condorcet, weil die berühmtesten Redner aus dem Departement Gironde stammten.

standes am 10. August eigenhändig umgebracht haben soll, eine Version, die von Historikern des 19. Jahrhunderts übernommen wurde (siehe u. a. Peltier, Prudhomme, Lombarde de Langres, Duval, Gebrüder Concourt). Auch eine Beteiligung an den Septembermassakern wurde ihr nachgesagt, u. a. als Mörderin des »schönen Blumenmädchens vom Palais Royal«, das angeblich in dem Gefängnis der Conciergerie auf entsetzliche Art und Weise umgekommen ist.

Im Wahn die Revolution bewahrt

Im Juni 1794 wurde Théroigne aus unbekannten Gründen verhaftet. Sie galt als Parteigängerin der Girondisten und wurde außerdem verdächtigt, für Österreich zu arbeiten. Wenige Tage später stellte ihr Bruder Nicolas-Joseph den Antrag auf Entmündigung, da sie sich »in einem Zustand des Wahnsinns« befinde. Ob er sich aus Sorge um die Schwester dazu entschloß, weil er sie aus dem Gefängnis befreien wollte, oder ob er sich durch ihre offenen Reden gefährdet fühlte und außerdem an ein immer noch vorhandenes Vermögen herankommen wollte, kann heute nicht mehr geklärt werden. Da er sich weder im Gefängnis, wo sie in großer Not lebte, noch in der Irrenanstalt, in die er sie wenige Monate, nachdem Théroigne in häusliche Pflege entlassen worden war, abgeschoben hat, in irgendeiner Weise um sie kümmerte, darf letzteres vermutet werden.

Daß von einem »Zustand des Wahnsinn« zu diesem Zeitpunkt noch keine Rede sein konnte, ist durch Aussagen von Zeitzeugen belegt. Ebenso, daß dieser Wahnsinn nach einigen Jahren Aufenthalt in den verschiedensten Anstalten tatsächlich eintrat.

Die furchtbaren Qualen Théroignes in den folgenden 23 Jahren (sie starb 1817 in der Salpêtrière) können hier nur andeutungsweise wiedergegeben werden. Psychisch Kranke wurden damals vielfach schlechter behandelt als Tiere. Sie waren ständig oder zeitweise angekettet, ihre Exkremente wurden mit einem Rechen entfernt oder mit Wasser weggeschwemmt. Den Kettenzwang hat der Arzt Pinel in der als fortschrittlich geltenden Salpêtrière zwar 1795 aufgehoben, doch galt diese Anordnung nur für jene, die sich der Anstaltsordnung anpaßten. Tobsüchtige, Rebellierende wurden nach wie vor angebunden und durch Züchtigung und Dunkelarrest bestraft. Wenn die Kranken arm waren wie Théroigne und sich niemand um sie kümmerte, trugen sie ihre Kleider, bis sie ihnen in Fetzen herunterfielen. Anschließend ließ man sie nackt. Die Strohmatratzen waren naß, unsauber und stanken. Das Armenhospital Hôtel-Dieu, in dem Théroigne zwei Jahre verbrachte, wird von einem Zeitgenossen als das »schlechteste Krankenhaus, das er jemals gesehen habe« beschrieben. Ein anderer berichtet davon, daß es üblich war, vier bis sechs Menschen in ein Bett zu legen, Genesende zusammen mit Kranken, Sterbenden und Toten. Die meisten waren in den Betten angebunden, konnten sich nicht bewegen. 1807 wurde Théroigne endgültig in die Salpetrière eingeliefert. Obwohl es hier inzwischen zu einigen Neuerungen gekommen war und sich die Zustände ein wenig gebessert hatten, herrschten immer noch rigide Zwangsmaßnahmen, Hunger und »Therapien«, die nicht nur zu schweren physischen, sondern auch psychischen Schäden führen mußten.

Nach dem Gutachten des leitenden Arztes Esquirol, der Théroigne zu einem Zeitpunkt kennenlernte, als sie bereits 16 Jahre Hölle hinter sich hatte, lief sie meist nackt herum oder lediglich mit einem Hemd bedeckt, »ohne beim Anblick von Männern zu erröten«, übergoß im Sommer ebenso wie im Winter ihre Strohmatratze und ihren Körper mehrmals täglich mit mehreren Eimern Wasser, verließ ihre Zelle selten, kroch dann oft auf allen vieren am Boden herum, um alles aufzusammeln und zu essen, was sie fand: Stroh, Federn, Blätter, Fleischstückchen, die im Schmutz lagen. Außerdem »spricht sie zu sich selbst mit leiser Stimme; sie artikuliert Sätze, die von den Worten ›Schicksal‹, ›Freiheit‹, ›Ausschuß‹, ›Revolution‹, ›Idioten‹, ›Beschluß‹, ›Erlaß‹ usw. unterbrochen werden.«

Ihre Biographinnen haben, gestützt auf moderne psychlogische und medizinische Erkenntnisse, dieses Verhalten als Ergebnis der menschenunwürdigen Bedingungen erklärt, unter denen sie jahrelang gelebt hat und weiter leben mußte: ihre Weigerung, Kleider zu tragen, aus einer tief verinnerlichten Gewohnheit der ersten Anstaltsjahre, den Waschzwang als Folge der sogenannten Hydrotherapie, in deren Verlauf die verschiedensten, meist eiskalten Dusch-, »Übergießungs«- und »Überraschungs«-Bäder zur Anwendung kamen (u. a. wurden Kranken dabei etwa 50 Eimer Wasser über den Kopf ausgeschüttet, was nach Esquirols Angaben zu »Erbrechen« und »bleicher, manchmal gelber« Hautfarbe führte). Möglicherweise tat sie das aber auch aus hygienischen Gründen, um sich gegen Ungeziefer, Hautausschläge und ähnliches zu schützen. Ihre Suche nach Eßbarem schließlich gibt Aufschlüsse über den entsetzlichen Hunger, dem die Kranken ausgeliefert waren.

Die Ideen der Revolution allerdings haben Théroigne selbst im Wahn nicht verlassen. Darüber berichtet nicht nur Esquirol, sondern das bestätigen auch weitere Zeitzeugen. »Die Worte ›Freiheit‹, ›Gleichheit‹ kamen oft aus ihrem Mund«, meint etwa der Schriftsteller Pierre Villiers, der 1797 mit ihr im Hôtel-Dieu gesprochen hat. Wofür sie seit Beginn der Revolution lebte, hat das Irrenhaus überdauert.

Drahtzieherin der Politik ihres Mannes
Manon Roland (1754–1793)

Vor diesem Hintergrund wird es verständlich, warum eine Frau aus dem Bürgertum wie Manon Roland so ängstlich bemüht war, ihre Tugendhaftigkeit und Wohlanständigkeit nicht nur bei jeder Gelegenheit zu betonen, sondern auch danach zu leben. Trotzdem wurde auch sie von ihren Gegnern zur Hure gemacht, zur alten »Vettel«, »zahnlosen Schlampe« (sie war damals Ende Dreißig), zur »Madame Coco«, um die sich zahlreiche Verehrer scharen und die durch ihren Einfluß die Girondisten lächerlich macht, weil damit bewiesen ist, daß ihnen für die Geschäfte der Politik die richtigen Männer fehlen.

Manon Roland wird häufig als die einflußreichste Frau der Französischen Revolution bezeichnet. Ihr Bemühen, im Rahmen traditioneller Weiblichkeit zu agieren, hat sich in dieser Hinsicht bezahlt gemacht. Denn als respektable, aus einem relativ wohlhabenden Elternhaus stammende Bürgerliche hat sie sich nie für frauenemanzipatorische Belange eingesetzt, was doch verwundern muß angesichts ihres sicheren Gespürs für soziale Ungerechtigkeiten, das sie bereits in ihrer Kindheit entwickelt hatte.

Manon war eine begeisterte Politikerin und glühende Revolutionärin, aber sie wirkte hinter den Kulissen, wie es für Frauen geboten schien, als Ratgeberin berühmter Männer, vor allem ihres eigenen Mannes, als unterstützende Kraft, Sekretärin, Mitarbeiterin. In ihrem Salon, dem tolerierten Freiraum für die Entfaltung weiblicher Intelligenz, hat sie die Fäden geknüpft, Ideen geboren, Begegnungen herbeigeführt und so Geist und Doktrin der Girondisten wesentlich mitbestimmt. Von ihren politischen Gegnern, die sie zum machtgierigen »Monster« und ihren Mann zur hilflosen Marionette stilisierten, wurde ihr Einfluß sogar überschätzt. Vor allem das Ende der Gironde wird von Historikern oft ihrem unüberlegten, impulsiven Handeln zugeschrieben.

Dieses Urteil ist zweifellos übertrieben. Wohl hat Manon durch ihr Fehlverhalten gegenüber Danton zum Scheitern der Girondisten beigetragen, aber sie hat es nicht herbeigeführt. Der Einfluß einer Frau, selbst wenn er versteckt und über Männer ausgeübt wurde, war eben so ungewöhnlich, daß er in seiner Bedeutung übersteigert dargestellt wurde. Daß ihre Aktivitäten in einem Bereich, der Männern vorbehalten war, als unüberlegt interpretiert wurden, war also nur zu naheliegend.

Ihr Desinteresse an den Benachteiligungen und Ungerechtigkeiten, unter denen Frauen damals litten, ist aber auch auf den Einfluß der Philosophie Jean Jaques Rousseaus zurückzuführen, der die Unterlegenheit der Frau als »natürlich« bezeichnete, eine Ansicht, mit der sie wahrscheinlich noch besser zurechtkam als mit seiner Ablehnung der »hochtalentierten Frau«, die er eine »Geißel ihres Mannes, ihrer Freunde, ihrer Diener, aller Welt« nannte.

Ihr manchmal geradezu übersteigert wirkendes Bemühen, ausschließlich um das Wohl anderer besorgt zu sein und eigene Ansprüche herunterzuspielen oder ganz auszuschalten, wie es besonders in ihren letzten Lebensmonaten auffällt, mag hier seine Wurzeln haben.

Denn Manon war eine Hochtalentierte. Bereits mit acht Jahren hat sie Plutarch gelesen, der sie nach eigenen Worten zur »Republikanerin werden ließ«. Etwas später Voltaire, Descartes, Diderot, Montaigne, Pascal und Malebranche – meist heimlich, aus Angst, deswegen für zu wenig weiblich gehalten zu werden. Erst mit 21 Jahren wurde sie mit Rousseau bekannt, der ihr »das häusliche Glück vor Augen« führte, »nach dem ich streben konnte, und die unaussprechlichen Wonnen, die zu genießen mir offenstanden«.

Marie-Jeanne Philipon, später zärtlich Manon gerufen, wurde am 17. März 1754 in Paris als Tochter des Graveurs Gatien Philipon und seiner Frau Marguerite geboren. Ihre Kindheit verlief in ruhigen, geregelten Bahnen. Als einzig überlebendes von sieben Kindern konnte sie mit entsprechender Zuwendung rechnen. Der Vater wird von ihr als stolz beschrieben, dabei eher ungebildet und heftig, an der Mutter hing sie mit großer Zärtlichkeit. Ein Erlebnis, von dem sie in ihren Memoiren berichtet, scheint für ihren Charakter bezeichnend: Weil sie während einer leichten Krankheit eine Medizin wegen ihres schlechten Geschmacks nicht schlucken wollte, verlor der Vater die Geduld und begann sie zu schlagen. Manon, außer sich, schrie, schluchzte, schlug um sich und wollte das Getränk vergießen, was den Vater zu noch mehr Schlägen reizte. Da, unvermittelt, hörte sie auf zu weinen, »und in einer plötzlchen Ruhe sammelte ich alle meine Kräfte zu einem festen Entschluß: Ich erhob mich im Bett, wandte mich zur Wand, neigte den Kopf gegen die Mauer, hob mein Hemd und erwartete schweigend die Schläge: Man hätte mich totschlagen können, ohne mir ein Stöhnen zu entlocken.«

Noch ein weiteres, für ihr Leben wahrscheinlich folgenschweres Ereignis hat sie in ihren Memoiren beschrieben: den versuchten sexuellen Mißbrauch eines Gesellen ihres Vaters, der sie – noch keine zehn Jahre alt –, in tiefe Verwirrung, Angst und Schuldgefühle stürzte. Wobei das, was heute öffentlich diskutiert und psychotherapeutisch behandelt wird, damals in aller Heimlichkeit bewältigt werden mußte: in einem ausführlichen Gespräch mit einer glücklicherweise verständigen Mutter und einem anschließenden Aufenthalt im Kloster, in dem das Mädchen in eine religiöse Schwärmerei verfiel, von der sie sich später entschieden distanzierte. Der Nachdruck, mit dem sie in den folgenden Jahren ihre eheliche Treue betonte und die peinigende Selbstaufgabe, mit der sie danach lebte, konnten auch in diesem Erlebnis eine Ursache haben. Ebenso die Tatsache, daß sie mit 25 Jahren völlig unwissend in ihre Ehe schlitterte und ihr »die Ereignisse der Hochzeitsnacht ebenso überraschend wie unangenehm vorkamen«. Wobei es sich dabei sicherlich um eine Erfahrung handelte, die sie mit vielen ihrer – bürgerlichen – Geschlechtsgenossinnen teilte, denn die »Unberührtheit« und gleichzeitig damit Unwissenheit eines Mädchens aus gutem Hause galten als Vorbedingung für einen guten Ehestand.

Trotzdem ließ sich Manon in ihrer späteren Partnerwahl nicht beeinflussen. Sie hat sich ihren Ehemann selbst ausgesucht, was angesichts der zahlreichen Kavaliere – schließlich war sie nicht nur hübsch, sondern verfügte zu diesem Zeitpunkt auch noch über eine beachtliche Mitgift – und dem Drängen des Vaters, einen vermögenden Kaufmann zu heiraten, gar nicht so einfach war.

Den Auserwählten, Jean Marie-Roland aus einer bürgerlichen, mütterlicherseits adeligen Familie und Inspektor der Manufakturen, beschreibt sie im Rückblick nicht eben so, wie eine Verliebte das Ziel ihrer Wünsche beschreibt: »Ich sah einen Mann von vierzig und einigen Jahren, groß gewachsen und etwas ungelenk, von jener Steifheit, die man sich bei der Arbeit im Studierzimmer zuzieht. Aber seine Manieren waren einfach und ungekünstelt, und ohne den Glanz der großen Welt zu besitzen, verband sich in ihnen die Höflichkeit des Mannes von guter Herkunft mit der Ernsthaftigkeit des Philosophen. Seine hagere Erscheinung, seine ungewöhnliche gelbliche Gesichtsfarbe, die vortretende Stirn mit dem bereits stark gelichteten Haaransatz – dies alles beeinträchtigte nicht die Regelmäßigkeit seiner Züge, verlieh ihnen aber eher ein respektables als verführerisches Aussehen …«

Diese trocken-distanzierte Beschreibung aus späteren Jahren läßt kaum jene doch recht leidenschaftlichen Briefe vermuten, die das junge Mädchen dem Zögernden schrieb, der sich – auch wegen der Ablehnung durch ihren Vater, der überdies in der Zwischenzeit fast die gesamte Mitgift seiner Tochter verschleudert hatte – lange nicht entschließen konnte. Erst als sie – neuerlich – ins Kloster ging, um ihn von dort mit verzweifelten Ergüssen zu traktieren: »Komm, zerreiße den Schleier … ich verzehre mich danach, Dich zu sehen, und ich atme nur für diesen Augenblick«, entschloß er sich, sie zu heiraten. Sie war fast 24 Jahre alt, nach damaligen Vorstellungen ein spätes Mädchen. Aber sie hatte bekommen, was sie wollte: einen Gleichgesinnten, der ebenso wie sie in der Welt der Philosophen und des Geistes beheimatet war, einen Mann, »mit dem ich meine Gefühle und Gedanken teilen kann«.

Geschult an Rousseau, ist Manon eine aufopferungsvolle Gattin und Mitarbeiterin gewesen, der es trotz ihres leidenschaftlichen Engagements für die Revolution immer in erster Linie darum ging, die häuslichen Vorraussetzungen für die politische Tätigkeit ihres Mannes zu schaffen. »Ich glaube nicht«, schrieb sie noch 1791, »daß unsere Sitten es erlauben, daß die Frauen in den Vordergrund treten.

Sie müssen das Gute bewirken, die dem Vaterland nützlichen Gefühle entzünden und nähren, nicht sich den Anschein geben, am politischen Werk mitwirken zu wollen.« Wie selbstverständlich diese absolute Hingabe und der Verzicht auf Anerkennung eigener Leistungen für sie – und damit für den überwiegenden Teil ihrer Geschlechtsgenossinnen ebenso wie für Männer – gewesen ist, machen auch folgende Zeilen deutlich: »Zwölf Jahre lang habe ich mit meinem Mann zusammengearbeitet … Zitierte man aus seinen Werken einen Abschnitt, der stilistisch hervorstach, begrüßte man ein wissenschaftliches Detail, das er den gelehrten Gesellschaften zu verdanken glaubte, deren Mitglied er war, dann genoß ich seine Befriedigung, ohne darauf hinzuweisen, daß es eine von mir verfaßte Stelle war; am Ende war er oft davon überzeugt, einen besonders guten Tag gehabt zu haben, als er irgendeine Passage schrieb, die in Wahrheit meiner Feder entstammte«.

Gelegentlich aber empfand sie den mit dieser Rolle verbundenen Verzicht doch als bedrückend: »So sehr hatte ich ausschließlich das Glück meines Partners im Auge, daß ich eines Tages merkte, daß zu meinem Glück etwas fehlte; … ich habe oft gespürt, daß es keine Gleichheit gab zwischen uns …«

Am Beispiel Manon Rolands wird deutlich erkennbar, in welche Gewissenskonflikte intelligente Frauen, die ihre Begabung auch verwirklichen wollten, damals gestürzt wurden. Ihr grenzenloser Altruismus, ihre ständige Sorge um andere und heroisch zur Schau getragene Gleichgültigkeit gegenüber dem eigenen Schicksal können als Rechtfertigungsversuch einer gleichzeitig im traditionellen Weiblichkeitsmuster verankerten Frau verstanden werden.

Die ersten Ehejahre verbrachten Manon und Jean-Marie abwechselnd in Villefranche, wo sich das Stadthaus der Rolands befand, in Lyon und in dem kleinen Weingut Le Clos de la Platière im Beaujolais, einem Familienerbe Rolands. Manon widmete sich dort ihrer 1781 geborenen Tochter Eudora, arbeitete für ihren Mann als Sekretärin (u. a. war sie Mitarbeiterin der Neuausgabe der »Encyclopédie« Diderots, in der ihr Mann für das Wörterbuch der Künste und Manufakturen verantwortlich zeichnete), betätigte sich im Weinbau, bei der Weinlese und der Aufzucht von Tieren.

Nach Ausbruch der Revolution begann sich das Leben der Rolands allerdings grundlegend zu ändern. Das Ehepaar nahm Kontakt zu republikanischen Kreisen in Lyon auf und organisierte die Bewegung in der Provinz. Aber auch mit Pariser Freunden unterhielt Manon eine umfangreiche Korrespondenz, wobei sich der Journalist und spätere Girondistenführer Brissot von ihrem glänzenden Briefstil so beeindruckt zeigte, daß er etliche ihrer Briefe in seinem »Patriote Français« abdrucken ließ. Weitere Adressaten Manons waren der Naturforscher Louis Bosc d'Antic, der Arzt Lanthenas, der in den folgenden Jahren Abteilungsleiter im Innenministerium wurde, und der Notar Bancal des Issarts. Ihre patriotischen Schreiben, mit denen sie die Freunde, aber auch die Volksgesellschaften traktierte, waren glühende Bekenntnisse zur Revolution: »Freunde der Menschheit, Verehrer der Freiheit, die wir waren, glaubten wir daran, sie würde die menschliche Gattung von innen her erneuern, sie würde das erniedrigende Elend der unglückseligen Klasse, das uns so oft erschüttert hatte, beseitigen«, schrieb sie später, bereits desillusioniert, im Kerker.

Im Winter 1791 wurde Roman nach Paris versetzt, um dort bei der Nationalversammlung die finanziellen Interessen der Kommune zu vertreten. Damit hatte sich der glühendste Wunsch Manons erfüllt: Sie fuhr ins Zentrum des Geschehens!

Viel hatte sich inzwischen ereignet: Der Adel war abgeschafft, eine allgemeine Religionsfreiheit verkündet und das Rechtswesen neu geordnet worden. Außerdem wurden die Kirchengüter eingezogen, und die Priester mußten einen Eid auf die Verfassung ablegen. Im Sommer 1791 wurde dann über eine republikanische Staatsform diskutiert, nachdem der Fluchtversuch des Königs gescheitert war.

Der Salon der Madame Roland

Die Rolands traten gleich nach ihrer Ankunft in der Hauptstadt mit den Girondisten in Verbindung. Manon gründete einen Salon, in dem u. a. Girondistenführer Brissot, der spätere Bürgermeister von Paris Pétion und der zukünftige Minister im girondistischen Kabinett Claviére verkehrten. Weiters der Mathematiker und Philosoph Condorcet und die späteren Todfeinde Robespierre und Danton. Auch Buzot, der Abgeordnete des Département Eure, wurde in ihren Salon eingeführt, worauf sich bald ein leidenschaftliches Liebesverhältnis zwischen den beiden entwickelte, das allerdings – wenn wir den Historikern glauben dürfen – rein platonisch blieb, was durchaus zu Manons Vorstellungen von weiblicher Tugendhaftigkeit und ehelicher Treue paßte. Doch hat selbst diese reine Seelenfreundschaft ihr Gewissen schwer belastet und ihren Gatten in tiefe Verzweiflung gestürzt – wie sie später aus dem Gefängnis berichtet.

Es fällt auf, daß Madame Roland in ihren Salon nur wenige Frauen einlud, und tatsächlich hat sie in den Memoiren auf diese Tatsache fast mit Stolz hingewiesen, so, als sei die Anwesenheit von Frauen dem Niveau der Zusammenkünfte abträglich. Selbst die drei berühmtesten Salondamen von Paris, die sich im Hinblick auf Intelligenz, Stand und politisches Engagement sehr ähnlich waren und die mit ihren regelmäßig stattfindenden Zirkeln die Revolution wesentlich beeinflußten, pflegten nur spärlichen Kontakt miteinander. Es waren dies neben Manon die Journalistin Louise Robert, Tochter des bretonischen Adeligen Guinement de Kéralio und Gattin des Rechtsanwaltes Francois Robert, und Sophie de Grouchy, die den 20 Jahre älteren Marquis von Condorcet geheiratet hatte, Verfasser der bereits erwähnten Schrift »Über die Zulassung der Frau zum Bürgerrecht«, mit der 1789 ein erster feministischer Meilenstein gesetzt worden war.

Während Sophie eng mit ihrem Mann zusammenarbeitete, außerdem u. a. die Werke des radikaldemokratischen, für die Französische Revolution werbenden britisch-amerikanischen Publizisten und engen Freundes Thomas Paine übersetzte, gab Louise Robert als erste Frau eine politische Zeitung heraus, das »Journal de l'Etat et du Citoyen«, war Mitglied der »Brüderlichen Gesellschaft der Patrioten beider Geschlechter« und demonstrierte sogar auf den Straßen, was sich mit Madame Rolands Vorstellung von einem diskreten weiblichen Agieren im Hintergrund wenig vertrug. Weshalb ihre, eindeutig von Konkurrenzdenken geprägte Schilderung von Roberts Salon als eines Zirkels, in dem »mittelmäßige« Personen verkehrten, die »belanglose Dinge« schrieben, wenig positiv ausfiel.

Daß Manon eine ausgezeichnete Briefschreiberin war, konnte sie so recht nach der Ernennung Rolands zum Innenminister im März 1792 unter Beweis stellen. Es ist verbürgt, daß sie fast alle Briefe ihres Mannes schrieb, dessen holpriger, ungelenker und trockener Stil bekannt war. Einen dieser Briefe an den König, der in einem unerhört herausfordernden, alle üblichen Ehrenbezeugungen außer acht lassenden Ton abgefaßt war, hatte allerdings die kurzfristige Entlassung Rolands samt allen girondistischen Ministern zur Folge. Aber nachdem das Schreiben in der Nationalversammlung unter großem allgemeinem Beifall verlesen worden war, mußte Roland neuerlich eingesetzt werden.

Daß Manon in seinem Büro saß, für ihn arbeitete, Briefe schrieb und sogar bei Besprechungen des Ministers anwesend war, wurde natürlich als höchst unüblich, auch ungebührlich und anmaßend registriert. Sie hatte auch bei der Besetzung von Vertrauensposten in den Ministerien ihre Hände im Spiel, möglichst unauffällig allerdings und ohne damit an die Öffentlichkeit zu gehen.

Lediglich bei der Ernennung des Kriegsministers im Mai 1792, bei der sie den Girondisten und alten Freund Servant durchgesetzt hatte, konnte sie ihren Triumph nicht zurückhalten. »Ja, mein Freund«, schrieb sie an Servant, »ich habe es gewünscht und gewollt.« Auch das von Roland eingerichtete »Büro des öffentlichen Geistes«, das girondistische Schriften im ganzen Land verbreitete und Lathenas unterstellt war, wurde im Grunde von ihr geleitet. Ebenso besaß sie eine eigene, von ihr überwachte und kontrollierte Zeitung, »La Satinelle«, die offiziell vom Innenministerium herausgegeben wurde, wobei als Strohmann der Girondist Louvet fungierte.

Ihre große schriftstellerische Begabung, die auch in ihren Memoiren deutlich wird, hat sie allerdings nicht wirklich ausgelebt. Sie habe, so meint sie selbst, keine besondere Lust zur Schriftstellerei verspürt, denn »ich begriff sehr früh, daß eine Frau, die sich diesen Titel erwirbt, sehr viel mehr verliert als dazugewinnt. Die Männer schätzen sie nicht, und die Geschlechtsgenossinnen kritisieren sie; sind ihre Werke schlecht, dann macht man sich lustig über sie, und man tut gut daran; sind sie gut, dann sagt man, sie seien nicht von ihr. Ist man gezwungen, zuzugeben, daß sie den besten Teil eines Werks selbst geschrieben hat, dann nimmt man ihren Charakter, ihre Sitten, ihr Verhalten und ihre Begabung so genau unter die Lupe, daß man den Ruf ihres Geistes gegen das Aufsehen, das man ihren Fehlern verleiht, aufwiegt.«

Manon wußte also sehr gut Bescheid über die Grenzen, die ihrem Geschlecht gesetzt wurden und die sie – zu ihrem eigenen Vorteil, wie sie meinte – nicht überschreiten wollte. Erst kurz vor ihrem Tod hat sie es bedauert, nicht mehr über die Ereignisse ihres Jahrhunderts schreiben zu können, an denen sie so intensiven Anteil nahm.

»Wir brauchen Minister, die durch andere Augen sehen als durch die ihrer Frauen«

Manons gespielte Bescheidenheit war allerdings durchaus notwendig angesichts der immer heftiger werdenden Angriffe zur Zeit des zweiten Ministeriums von Roland (August 1792–Januar 1793). Vor allem Marat, der den Sturz der Girondisten herbeiführen wollte, konzentrierte sich bei diesen Bemühungen vorerst auf die als Frau leicht verwundbare Manon, der er Herrschsucht und intrigantes Ränkespiel vorwarf. Ähnlich argumentierte Justizminister Danton, der sich für die intensive, offen geäußerte Abneigung Madame Rolands rächen wollte: »… ihr wißt«, meinte er in einem berühmten Satz, »daß Roland in seinem Ressort nicht alleine war«. Und weiter: »Wir brauchen Minister, die durch andere Augen sehen als durch die ihrer Frauen.«

Daß die sonst so vorsichtige, um Verbündete bemühte Manon den wichtigen Danton bei jeder Gelegenheit öffentlich brüskierte, seine Bemühungen um Versöhnung ignorierte und aus ihrer Ablehnung kein Hehl gemacht hat, wird von den meisten Historikern als ihr größter politischer Fehler bezeichnet, der nicht nur einiges zum Scheitern ihrer Partei, sondern auch zu ihrem eigenen Ende beitrug.

Die publizistische Hetze erreichte einen Höhepunkt, als der berüchtigte Journalist Hébert in seinem »Pére Duchene« Gehässigkeiten über Manon Roland zu verbreiten begann. Indem er ihr alle möglichen Liebhaber andichtete, wußte er sie an ihrer empfindlichsten Stelle zu treffen: ihrem sorgsam gehüteten untadeligen Ruf. Um sie als intrigante Verschwörerin hinzustellen, verglich er sie – und das war wohl am gefährlichsten – mit der verhaßten Marie Antoinette: »Wir haben das Königtum abgeschafft, und jetzt, verdammt noch mal, lassen wir zu, daß sich an seiner Stelle eine noch widerwärtigere Tyrannei etabliert. Die zärtliche Hälfte des tugendhaften Roland führt heute Frankreich am Gängelband wie früher die Pompadours und die Dubarrys. Brissot ist der Oberstallmeister der neuen Königin; Louvet ihr Kammerherr, Buzot der Großkanzler, Fauchet ihr Schloßkaplan, Barbaroux der Hauptmann ihrer Garde … Das ist, verdammt, der neue Hof ... Wie die Ex-Königin sinniert ... Madame Coco (Bezeichnung für Manon, H. Sch.), auf einem Sofa ausgestreckt und von all diesen Schöngeistern umgeben, endlos über den Krieg, die Politik, die Verpflegung ...«

Bald wurde die Situation unerträglich, und die Rolands fürchteten um ihr Leben. Sie wurden nicht nur in der Presse, sondern auch im Konvent attackiert und angeklagt, mit den Royalisten zu paktieren, um den König zu schützen. Richtig war, daß sie gegen die Verurteilung des Königs gewesen waren, weil dies das Scheitern ihrer gemäßigten Politik bedeutete. Kurz nach der Hinrichtung Ludwigs XVI. trat Roland dann auch von seinem Amt zurück. Aber obwohl das Ehepaar von nun an völlig zurückgezogen lebte, nahmen die Angriffe weiter zu. Kurz bevor Manon mit ihrer Tochter in das Weingut Clos de la Platiére fahren wollte, wurde sie verhaftet. Ihrem Mann gelang die Flucht, aber seine Frau wurde in die düstere »Abbaye« im Stadtteil Saint-Germaine gebracht, wo vor einem knappen Jahr die Septembermassaker stattgefunden hatten. Und hier nun lebte sie fünf Monate mit ihren Büchern, ihren Gedanken, ihren Memoiren, die sie in dieser Gefängniszelle schrieb und von denen Goethe später meinte, sie hätten ihn in »bewunderndes Erstaunen« gesetzt. In dieser Zeit hat sie an ihrem Nachruhm gearbeitet, wurde die stolze, heldenhafte, gelassen dem Tod ins Auge blickende Manon Roland geboren.

»Du, den ich nicht zu nennen wage!«

Tatsächlich scheint es so, als habe sie den Tod mit innerer Gleichgültigkeit erwartet. Über ihre Verhaftung schrieb sie an Buzot: »Ich will nicht sagen, daß ich ihnen entgegenging, aber sehr wahr ist, daß ich nicht vor ihnen geflohen bin.« Historiker haben diese Todessehnsucht auf ihre unerfüllte Liebe zu Buzot zurückgeführt, die zu einer unerträglichen Zerreißprobe geworden war. Zweifellos konnte sie ihre Liebe im Gefängnis zumindest in Gedanken ausleben – und in sehr berührenden Briefen: »... Wie lieb«, schreibt sie hier, »sind mir die Ketten, wo es mir freisteht, Dich ungeteilt zu lieben und mich ohne Unterlaß mit Dir zu beschäftigen«. Und an anderer Stelle: »Sag mir, kennst Du süßere Augenblicke als diese, die man in der Unschuld und Anmut einer Herzensneigung verbringt? ... Kennst Du Süßeres? Kennst Du Wertvolleres, als dem feindlichen Schicksal, dem Tod überlegen zu sein und in seinem Herzen die Kraft finden, das Leben bis zum letzten Hauch gefällig und schön zu machen?« Ihr letzter, offener Brief aber hat Buzot wahrscheinlich nicht mehr erreicht: »Du, den ich nicht zu nennen wage! – Du, den man eines Tages besser kennen wird, dann, wenn man unser gemeinsames Unglück beklagt; Du, den die heftigste aller Leidenschaften nicht davon abhielt, die Schranken der Tugend zu achten, kann es Dich betrüben, wenn Du mich dorthin vorangehen siehst, wo wir uns ohne Sünde lieben können und wo nichts uns daran hindert, vereint zu sein?«

Doch war es sicher auch das schauervolle Ende der Revolution, das sich bereits deutlich abzuzeichnen begann, und gleichzeitig damit das Ende all dessen, woran sie geglaubt und wofür sie gekämpft hatte, das ihr den Lebensmut nahm. »Glänzende Hirngespinste, Verführungen, die ihr mich entzückt habt, die grauenerregende Verderbnis einer unermeßlichen Stadt läßt euch verschwinden! Ich verachte das Leben, euer Verlust macht es mir hassenswert und ich wünsche die letzten Schändlichkeiten diesen Rasenden …« Dazu kam die Verhaftung sämtlicher Freunde, deren Hinrichtung sie durch eine eigene Zeugenaussage nicht verhindern konnte. Ihre aufrechte Haltung allerdings, mit der sie andere Gefangene tröstete, ihr lächelnder Stolz, mit dem sie das Scheinverfahren über sich ergehen ließ, wird durch die Berichte vieler Zeitgenossen bestätigt. Als sie schließlich den berüchtigten Karren besteigen mußte, in einem weißen, mit rosafarbenen Sträußchen übersäten Kleid, hat sie Tissot, ein späterer Historiker der Revolution, vorbeifahren gesehen. »Sie stand aufrecht und ruhig … keine sichtbare Zerrüttung. Ihre Augen warfen lebhafte Blicke, der Teint war frisch und strahlend; ein anmutiges Lächeln lag auf ihren Lippen. Trotzdem war sie ernst und spielte nicht mit dem Tod …« Nach übereinstimmenden Aussagen hat sie noch ihren vor Entsetzen gelähmten Schicksalsgenossen, einen Falschgeldhersteller mit Namen La Marche, der mit ihr zusammen zur Hinrichtungsstätte geführt wurde, beruhigt und getröstet. Bevor das Fallbeil ihren Kopf abtrennte, soll sie noch einen berühmten Ausspruch getan haben: »O Freiheit, welche Verbrechen begeht man in deinem Namen.« Lediglich Mercier hat diesen heroischen Abgang so überliefert, doch könnte er nach dem, was wir über Manon wissen, durchaus der Wahrheit entsprechen.

»Die Tyrannen können mir Gewalt antun; aber mich erniedrigen? Niemals! Niemals!« hat sie noch im Gefängnis geschrieben.

Mut, Todesverachtung und heroische Gefühle waren allerdings Männern vorbehalten. Das weibliche Geschlecht mußte Schwäche zeigen. Nach ihrem Tod beanstandete die Presse die »Unnatürlichkeit« ihrer aufrechten Haltung: »Eine Frau, die ein Bewußtsein ihrer Tugend besessen oder ihr Leben der Republik geopfert hätte, würde sich nicht so verhalten haben«, meint der »Calendrier Républicain«. Und im »Journal Universel« hieß es: »Der wahre Mut lacht nicht ... Aber können Schurken überhaupt wahren Mut besitzen, der doch nur der Unschuld zukommt?« Der »Moniteur« schließlich schreibt: »Ihre verächtliche Haltung gegenüber dem Volk und den von ihm gewählten Richtern, die stolze Halsstarrigkeit ihrer Antworten, ihre ironische Fröhlichkeit und jene Standhaftigkeit, die sie während der Fahrt vom Palais de la Justice zur Place de la Révolution zur Schau stellte, beweisen, daß keine schmerzhafte Erinnerung sie beschäftigte.«

Die beiden Männer, die Manon am nächsten standen, ihr Ehemann und Buzot, endeten durch eigene Hand. Jean-Marie Roland, der in Rouen Zuflucht gefunden hatte, stieß sich nach Vollstreckung des Todesurteils an seiner Frau den Degen in die Brust. Der verfolgte und gehetzte Buzot nahm sich in der Nähe von Saint-Emilion das Leben, wo man Mitte Juni seine von Wölfen zerrissene Leiche fand.

»Ich habe Gott, meinen Vater und die Freiheit geliebt«
Germaine de Staël (1766–1817)

Sie hatte das Glück, als eine der wenigen politisch engagierten Frauen den Terror der Jakobinerherrschaft zu überleben. Denn Germaine de Staël besaß genügend Vermögen, um es sich in dieser Zeit im Exil bequem einzurichten.

Ihr eigentlicher Feind hieß Napoleon, der die außergewöhnliche, von den Zielen der Revolution geprägte Frau fast bis an das Ende

Germaine de Staël

ihres Lebens verfolgte. Die Auseinandersetzungen mit Napoleon haben in wesentlichen Aspekten ihre Biographie bestimmt, sie haben sie zu Lebzeiten mindestens ebenso berühmt gemacht wie ihre schriftstellerischen Werke und ihr schlußendlich zu einem Sieg verholfen, den sie nicht mehr nutzte: Nach Napoleons Rückkehr aus Elba und während seiner Herrschaft der 100 Tage wollte er die einst so Geschmähte zur Mitarbeit gewinnen. Aber jetzt war Germaine nicht mehr dazu bereit.

Sie galt früh als Wunderkind. Aufgewachsen in dem berühmten Salon ihrer Mutter Suzanne Necker-Curchod, in dem große Männer dieser Zeit wie Diderot, d'Alembert, Marmontel, Melchior von Grimm und später auch Voltaire verkehrten, soll sie bereits als Sechsjährige an geistreichen Gesprächen teilgenommen und die Anwesenden durch ihre Klugheit in Erstaunen gesetzt haben. »Sie war auf der Höhe von allem«, meint ihre Jugendfreundin Catherine Rilliet-Huber nach Germaines Tod, »erfaßte alles, verstand alles, auch die politischen Themen, die zu dieser Zeit schon einen großen Teil der Konversation ausmachten«. Schon ihre Mutter, die nicht nur gescheite, sondern auch schöne Suzanne, hatte eine erstaunliche Karriere hinter sich: Nachdem sie in jugendlichem Alter aus der Enge des elterlichen protestantischen Pfarrhauses im schweizerischen Dorf Crassier ausgebrochen war, nahm sie bei vermögenden Leuten eine Stelle als Erzieherin an, was in der ersten Hälfte des 18. Jahrhunderts noch großen Mut erforderte. Dort lernte sie Berühmtheiten wie Rousseau und Voltaire, später auch den gutsituierten Schweizer Bankier Jaques Necker kennen, der sie schließlich heiratete. In ihrem späteren Leben soll Suzanne eine verbitterte, früh gealterte und depressive Frau gewesen sein, der nicht nur der Ehemann nach seiner Ernennung zum Finanzminister allmählich entglitt (sie hatte mit Ehrgeiz und Engagement durch ihren Salon das Sprungbrett für seine Karriere geschaffen), sondern die mit den Jahren auch die Liebe ihrer Tochter verlor.

Germaine, die Vatertochter, hat ihre Mutter in dem Roman »Corinne« hart kritisiert. Doch litt die schriftstellerisch ambitionierte Suzanne auch unter dem Schreibverbot, das ihr der Gatte auferlegt hatte. Er, der selbst schriftstellerisch tätig war, wollte ähnliches bei seiner Frau keinesfalls dulden. Lediglich seiner Tochter, die er ebenfalls abgöttisch geliebt haben soll, ließ er derartige »Verrücktheiten« durchgehen. Germaine, dieser Liebe sicher, wäre wahrscheinlich auch zu eigenwillig und begabt gewesen, um sich einem solchen Verbot zu unterwerfen.

Sie wurde am 22. April 1766 in Paris geboren. Als Necker 1776 Frankreich aus dem Bankrott retten sollte, war sie also zehn Jahre alt. Die Umstellungen im Neckerschen Haushalt, die damit verbunden waren, müssen beträchtlich gewesen sein. Eine zunehmende Hektik sowie durch Repräsentationsaufgaben begründete mangelnde Zuwendung der Eltern könnten jene Nervenkrise hervorgerufen haben, in die Germaine zwei Jahre später geschlittert ist. Diese Ansicht vertritt zumindest ihre Biographin Corinne Pulver, womit sie den Ansichten von Zeitgenossen und Historikern widerspricht, die Germaines Zustand auf die Erziehungsmethoden Suzannes zurückführen, die ihr Kind überfordert hätten. Tatsache ist, daß die daraufhin von berühmten Ärzten verordnete Radikalkur – Trennung von den Eltern, frische Luft, Bewegung, Spiel und eine kleine Spielkameradin an Stelle der Mutter – für das Kind einen Schock bedeute: »Meine liebe Mama, mein Herz ist wie zugeschnürt, ich bin traurig, und dieses große Haus, das eben noch all das enthielt, was mir teuer war und wo meine Welt und meine Zukunft ihre Grenzen hatte, ist für mich nur mehr eine Wüste … Dieses augenblickliche Alleinsein hat mich über meine Lage zittern lassen …«, schrieb die kleine Germaine von Schloß St. Ouen, wohin man sie mit zwei Angestellten verbannt hatte. Es ist verbürgt, daß seit dieser Zeit auch eine Entfremdung zu ihrer sich mit Selbstvorwürfen quälenden Mutter eintrat und eine leidenschaftliche, übersteigerte, idealisierende Liebe zu dem erfolgreichen, im Blickpunkt der Öffentlichkeit stehenden Vater.

Mit 13 oder 14 Jahren wurde sie für den um 17 Jahre älteren schwedischen Baron Eric Magnus de Staël bestimmt, den sie nach seiner Ernennung zum Botschafter von Schweden 1785 heiratete. De Staël war zwar verschuldet, aber von Adel, weshalb die Verbindung mit einer reichen Bürgerstochter für beide vorteilhaft schien. Von Liebe war hier nie die Rede, und der »kleine Staël«, der nicht einmal Vater der drei Kinder Germaines gewesen ist, wurde in der Folge zur eher geduldeten Randerscheinung im Leben einer erfolgreichen und gefeierten Frau.

Germaine hielt sich mit zahllosen Liebhabern für diese arrangierte Ehe schadlos. Anders als die aus ärmlichen Verhältnissen stammende Olympe, Théroigne oder auch die Bürgerliche Manon Roland konnte sich die in aristokratische Kreise eingeheiratete Necker-Tochter derartige Eskapaden eher leisten. Angegriffen wurde sie von den Medien trotzdem. Es gibt zahlreiche Beispiele, in denen sie zusammen mit anderen politisch aktiven Frauen verspottet und verhöhnt wird, so etwa in der satirischen Zeitschrift »Apokalypse« häufig neben Théroigne de Méricourt, aber auch zusammen mit weiteren Frauen wie Mme Condorcet, Louise Robert-Kéralio oder Olympe. Auch in anderen royalistischen Blättern wurden Frauen, die öffentlich für die Revolution eintraten, Salons führten oder Liebhaber hatten, lächerlich gemacht. Das »Journal de la cour« brachte am 1. Februar 1791 eine Karikatur in der »Mesdames de Staël, Théorigne, La Chatre und Dondon Picot« als »Klatschweiber der Revolution« dargestellt werden. Im Februar 1792 erschien in eben diesem Journal eine besonders böse Karikatur unter dem Titel

»La grand debandement de l'armèe anticonstitutionelle« (Große Auflösungserscheinungen bei der antikonstitutionellen Armee). Dabei werden sieben Frauen, die in vorderster Reihe ihre Röcke heben, für die Verwirrung im österreichischen Heer verantwortlich gemacht. Sechs präsentieren dabei ihr Hinterteil, darunter de Staël und einige der bereits Genannten, während Théroigne ihr Geschlechtsteil vorne entblößt.

Sicherlich hat sich Germaine durch diese Darstellungen verletzt gefühlt, trotzdem war sie nicht in gleicher Weise gefährdet wie so manche weniger begüterte und einflußreiche Geschlechtsgenossin. Auch ließ sie sich politisch nicht eindeutig festlegen, was eine satirische Zeitung bereits zu Beginn der Revolution folgendermaßen kommentiert: »Die Royalisten empfing sie am Morgen, die Girondisten zum Diner, die Jakobiner zum Souper, und bei Nacht empfing sie jedermann.«

Natürlich stand sie als Tochter des Finanzministers und als Aristokratin dem Königshaus nahe, gleichzeitig jedoch hat sie sich bei der Erstürmung der Bastille begeistert unter die jubelnde, johlende Menge gemischt, unwissend, daß der König zur selben Zeit im einige Meilen entfernten Versailles ihren Vater für den Fall dieses verhaßten Staatsgefängnisses verantwortlich machte und noch am selben Tag des Landes verwies. Doch ist sie grundsätzlich für eine unblutige Revolution eingetreten, die nicht kriegerisch, sondern als Philosophie, als Bewußtseinsveränderung stattfinden sollte, für eine gemäßigte Monarchie, in der die Freiheit des einzelnen gewährleistet ist, in der sich, wie sie Talleyrand gegenüber meinte, der Kaiser zum König der Freiheit machen sollte. Terror in jeder Form hat sie – wie übrigens fast alle herausragenden Frauen der Revolution – zutiefst verabscheut. »Sie wissen, wie sehr ich Gewalt hasse. Ich bin kein Freund von Kanonen, was ich will, das sind Prinzipien, Gedanken, Gerechtigkeit.«

Bereits nach zehn Tagen mußte sich der König den Wünschen des Volkes beugen und den populären Finanzminister zurückberufen. Dessen Fahrt in die französische Hauptstadt wurde zum überwältigenden Triumph. Aber die Euphorie dauerte nicht lange, denn auch Necker war kein Wundermann, auch er konnte die Staatsfinanzen nicht mehr retten und dem hungernden Volk das nötige Brot verschaffen. Ob die Tochter mit ihrer liberaleren, an der Revolution geschulten Einstellung durch einen größeren Einfluß auf den im hierarchischen Denken verwurzelten, königstreuen Necker das Schlimmste hätte verhindern können, muß im Bereich der Spekulationen bleiben.

1791 wurde Necker endgültig des Landes verwiesen und lebte zusammen mit seiner Tochter bis an sein Lebensende auf Schloß Coppet am Genfer See, das, aufwendig restauriert, mit seinen großen Ländereien und dem ausgedehnten, romantischen Park einen durchaus angenehmen Aufenthalt ermöglichte. Trotzdem hat sich Germaine nach ihrer Flucht im Jahre 1792 und endgültigen Verbannung durch Napoleon hier wie in einem Gefängnis gefühlt und unter Heimweh nach der Weltstadt Paris gelitten.

Vorläufig jedoch verbrachte sie ihre Zeit abwechselnd in Coppet und Paris. Sie hat, im sechsten Monat schwanger, den Sturm auf die Tuilerien aus nächster Nähe miterlebt und in dramatischen Rettungsaktionen versucht, Freunde und Feinde vor der Hinrichtung zu bewahren. Auch den intriganten und zynischen, gleichzeitig aber ungemein charmanten Talleyrand, mit dem sie ein Liebesverhältnis hatte, sowie einen weiteren Liebhaber, Louis Vicomte de Narbonne-Lara, der ihr seine Ernennung zum Kriegsminister verdankte und der Vater ihrer Söhne August und Albert war, hat sie bei deren Flucht unterstützt.

Radikale Forderung nach freier Liebe

Germaine de Staël wird häufig als herrschsüchtige, liebestolle, hysterische und egoistische Frau beschrieben, die – bei all ihren unbestrittenen Begabungen – die Männer am Gängelband hielt und tyrannisierte. Dazu haben zahlreiche Schilderungen aus männlicher Feder beigetragen, denen keine adäquaten aus weiblicher Sicht gegenüberstanden. Vertieft sich frau hingegen eingehend in ihre Biographie, so wird hier eine leidenschaftliche, liebessehnsüchtige und ständig das Ideal der reinen Liebe verfolgende Frau sichtbar, die den starken, virilen, dabei jedoch einfühlsamen und die Gleichwertigkeit der Frau beachtenden Mann sucht, eine Kombination, die sich in einer Zeit zunehmender Restauration schwerlich finden ließ. Schließlich waren auch die wenigen Errungenschaften der Revolution bald wieder rückgängig gemacht worden. Der Code Napoléon hatte 1804 die Unmündigkeit der Frau erneut festgeschrieben. Germaine de Staël mußte also mit ihrer radikalen Forderung nach freier Liebe, die sie Jahrzehnte vor George Sand gestellt hat, auf weitreichendes Unverständnis und auf Empörung stoßen. Dabei meinte auch sie – ebenfalls geschult an Rousseau –, ein politisches Engagement der Frau ablehnen zu müssen, was angesichts ihrer politischen Begabung und ihres Wissens widersinnig und unverständlich scheint. Doch war sie ebenso bemüht, vornehmlich über und durch große Männer zu wirken, da man, wie sie meinte, »mit Recht die Frauen von den politischen und bürgerlichen Angelegenheiten ausgeschlossen hat«. Ein weiteres, eindrucksvolles Beispiel dafür, wie sehr patriarchale Ideologien auch von Frauen verinnerlicht wurden. Eines allerdings ist sicher: Ihre Liebhaber hat sie sich nach ihrer arrangierten Ehe selbst ausgesucht, und bereits das war in diesen Zeiten ein ziemlicher Skandal. Wäre sie allerdings die launische und tyrannische Frau gewesen, als die sie uns überliefert ist, wäre Coppet wahrscheinlich ein einsames Schloß geblieben und hätte sich nicht zum glanzvoller Mittelpunkt der bedeutendsten Menschen dieser Zeit entwickelt. Es kann nicht nur Germaines Geist und Intelligenz, es müssen auch ihre Wärme und Güte gewesen sein, ein Gefühl von Geborgenheit bei gleichzeitiger Freiheit, das diese vielfältigen Kontakte ermöglichte. Denn im Grunde war sie eine große Gebende, und alle, die sich in Coppet versammelten, haben davon profitiert. Auch Benjamin Constant, Vater der 1797 geborenen Tochter Albertine, der in seinem berühmten Roman »Adolphe« sein schwieriges Verhältnis zu Germaine analysierte und doch bis kurz vor ihrem Tod nicht von ihr los kam. Die Haßliebe zwischen diesem seltsamen Paar hat inzwischen Generationen von SchriftstellerInnen beschäftigt und ist eine Fundgrube auch für die moderne Psychologie. Er bezeichnete sie im gleichen Atemzug als »bezauberndes Wesen« und »abstoßendes Mannweib«, während sie in ihrer anhaltenden Sehnsucht nach bedingungsloser Liebe das Unmögliche erwartete. »Ich habe niemals eine Frau gekannt«, meinte Constant, »die einen so ununterbrochen in Anspruch nahm, ohne sich dessen bewußt zu sein«. Und während sich die beiden zerfleischten, schrieb sie glühende Liebesbriefe an Graf Adolf Ludwig von Ribbing, der in Schweden zuerst zum Tode verurteilt, dann verbannt worden war, weil er an dem Attentat gegen Gustav III. beteiligt gewesen sein soll: »Wenn Sie mich lieben, lebe ich, triumphiere ich, bin ich Sklavin und Königin zugleich, wenn Ihr Gefühl nachläßt, gehe ich mit mir ins Gericht und schweige ...« Das ist bereits die übersteigerte, in Gefühlsausbrüchen schwelgende Sprache der Romantik, die nicht nur für Germaine charakteristisch war.

Über die Geselligkeiten in diesem schönen Schloß in wunderbarer landschaftlicher Lage ist viel geschrieben worden. Berühmtheiten wie Benjamin Constant, Mathieu de Montmorenca, der Genfer Historiker Simonde de Simondi, der Poet Zacharias Werner, der dänische Dichter Adam Gottlob Oehlenschläger, Adalbert von Chamisso, der Russe Baron Balk und schließlich August Wilhelm Schlegel, der ihr in die Schweiz gefolgt war, haben hier zusammen rezitiert, musiziert, Theater gespielt und über eine neue Weltordnung diskutiert, ebenso jedoch geflirtet, getanzt, geliebt und gestritten. Aber obwohl sich auch Germaine vor allem mit Männern umgab, hat sie ebenso Frauenfreundschaften gekannt, so etwa mit der schönen Juliette Récamier, deren zerbrechliche Sanftheit sogar Napoleon begeisterte. Allerdings hat er sie, nachdem sie sich dem Ansinnen, seine Favoritin am Hof zu werden, verweigerte, finanziell und gesellschaftlich ruiniert, so daß ihr ebenfalls nur die Flucht ins schweizerische Coppet übrigblieb, wo sie mit offenen Armen empfangen wurde. Eine weitere, innige Freundschaft bestand mit der Herzogin Luise von Weimar, die bis zu Germaines Tod dauerte.

Freiheit – in der Liebe, im Glauben, in der Gesellschaft – ist auch das große Thema ihres schriftstellerischen Werks. Ihr Roman »Delphine«, der sich an das »schweigende Frankreich« wendet, brachte Napoleon, den heftigen Verfechter der Ehe als Treuebund (verpflichtend insbesondere für die Frau, versteht sich), derart außer Fassung, daß er ihn kurzerhand beschlagnahmen ließ und die Autorin endgültig in das schweizerische Coppet verbannte. Seine Ablehnung und Wut verschärften sich nach Erscheinen des nach einer Italienreise verfaßten Romans »Corinne ou l'Italie« (1807), der nicht nur in Frankreich, sondern in ganz Europa ein Sensationserfolg wurde und ein weibliches Leitbild schuf, das Mode und Kunst der damaligen Zeit nachhaltig beeinflußt hat. »Lassen Sie diese Metze von Madame de Staël nicht in die Nähe von Paris«, schrieb er wütend an den Polizeiminister Fouché von seinem 500 Meilen entfernten Kriegslager in Ostpreußen. »Es ist wirklich schwer, mit seiner Entrüstung zurückzuhalten angesichts all der politischen Verwandlungen, die diese – noch dazu häßliche – Hure durchgemacht hat«. Ihr Buch »De l'Allemagne« schließlich, in dem sie die Eindrücke ihrer Deutschlandreisen verarbeitete und das als Protest gegen die Unterdrückung intellektueller Freiheit in Frankreich zu verstehen ist, ließ er mit Hilfe einer von ihm eingerichteten Zensurstelle gleich nach dem Druck einstampfen. Nur mit List und einer Portion Glück ist es ihr gelungen, das Manuskript vor der endgültigen Vernichtung zu retten. Es erschien drei Jahre später, 1813, in London und übte auf die französische Romantik und das französische Denken einen nachhaltigen Einfluß aus. Diese »Bibel der Romantik«, wie sie später genannt wurde, hat auch das Bild vom Deutschland der weltfremden Dichter und Denker geprägt, wie es noch lange nachher Gültigkeit besaß.

Wenn wir uns jetzt fragen, wo diese seltsame, heute nicht mehr ganz nachvollziehbare Feindschaft zwischen Napoleon und Germaine de Staël ihre Ursachen hat, so ist die Antwort wohl in der Tatsache zu finden, daß Germaine leidenschaftlich, konsequent und unbeirrt Ziele verfolgte, die dieser machtbesessene Despot und Diktator ebenso leidenschaftlich bekämpfte. Sie hat ihm durch ihren europaweiten Einfluß wirklich geschadet und bildete als Frau eine zusätzliche Herausforderung. Denn Frauen sollten nach seiner Auffassung »beim Stricken bleiben«. Emanzipierte waren ihm ein Greuel.

Dabei hat Germaine zu Beginn von Napoleons Herrschaft noch um ihn geworben. Wie so viele andere sah auch sie in ihm den Heilsbringer, den Retter des Vaterlandes. Nach dem Scheitern der Royalisten und dem Terror der extremen Jakobiner schien durch ihn jenes »Reich der Gerechtigkeit« in greifbare Nähe gerückt, auf das schon Manon Roland gehofft hatte. Darüber hinaus war Germaine zutiefst davon überzeugt, daß sie und Napoleon das ideale Paar abgeben würden, um Frankreich zu wirklicher Höhe zu führen. Doch hat sie – wie so oft in ihrem Leben, wenn es um Geschlechterbeziehungen ging – die Lage völlig falsch eingeschätzt. Für Napoleon, der die sanfte, unterwürfige, gebärfreudige Frau schätzte, war Germaine eine »verrückte Person«, mit »ganz falsche(n) Prinzipien, sehr asozial, sehr gefährlich, ohne jede moralischen Ziele«, wie eine Napoleon-freundliche Zeitung meinte, die damit seine persönliche

Meinung wiedergab. Er hat auf ihre zahlreichen Annäherungsversuche, bei denen sie nicht nur ihre Intelligenz, sondern auch weiblichen Charme und weibliche Verführung eingesetzt hat, mit jener Taktlosigkeit reagiert, die er gegenüber Frauen, die ihm mißfielen, häufig angewendet hat.

Berühmt und oft zitiert wurde jene Begegnung im Haus des Generals Berthier, bei der Germaine, gekleidet in große Robe, ungeduldig und erwartungsfroh der Ankunft Bonapartes entgegensah, um schließlich von diesem in tödliche Verlegenheit gestürzt zu werden. Schon daß der kleine, untersetzte Napoleon so unverschämt lange auf ihr raffiniert geschnürtes Dekollete mit dem berühmten Busen starrte, trieb ihr die Röte in die Wangen. Seine Bemerkung: »Sie haben Ihre Kinder sicher selbst gestillt«, brachte sie dann völlig aus der Fassung. »Du siehst, sie will nicht einmal ja oder nein sagen«, kommentierte er, an seinen Bruder Lucien gewandt, ihr Schweigen. Das hat sie ihm nie verziehen.

Doch waren es nicht nur solche und ähliche Grobheiten, die Germaines anfängliches Werben in glühenden Haß verwandelten, sondern vor allem die zerstörten Hoffnungen, die ungeheure Enttäuschung über die politische, kulturelle Entwicklung in Frankreich nach dem Putsch des Jahres 1799, der nichts von dem brachte, was sich die liberalen, freiheitsliebenden Menschen in diesem Land erhofft hatten.

Zugleich mit dem Erscheinen ihres Buches »De l'Allemagne« waren auch die großen Tage von Coppet vorbei. Die »dritte Weltstadt Europas«, wie das Schloß inzwischen genannt wurde, geriet endgültig zum Gefängnis. Die Verbannung wurde durch Polizeikontrollen, eingeschleuste Spitzel und ähnliche Schikanen verschärft

Die »schreckliche Französin«

Die berühmte und umworbene Frau wurde gequält von Heimweh, Depressionen und einer permanenten Unrast, die sie ihre spektakulären Reisen unternehmen ließ, ein in der damaligen Zeit, und besonders für eine Frau, risikoreiches, gefahrvolles Unternehmen. Teilweise feierte sie Triumphe, wie in Weimar und Berlin, wo ihr zu Ehren Einladungen, Diners und glanzvolle Feste stattfanden. Aber sie erlitt auch Niederlagen wie im kühlen, ablehnenden Frankfurt, wo sie als selbstbewußte, unerschrockene Frau eher unangenehm auffiel. »Mich hat Frau von Staël gedrückt, als wenn ich einen Mühlstein am Hals hängen hätte«, schrieb Frau Rath Goethe an ihren Sohn Wolfgang »… ich ging ihr überall aus dem Wege, schlug alle Gesellschaften aus, wo sie war, und atmete freier, da sie fort war.« Die »schreckliche Französin« irritierte auch die großen Dichter Goethe und Schiller. Beide schätzten Germaine als Schriftstellerin, als Frau war sie ihnen jedoch suspekt. Noch deutlicher als die doch etwas aufgeklärteren Franzosen vermißten die beiden Deutschen an ihr die gewohnte, den Vorrang des Mannes akzeptierende weibliche Unterwürfigkeit. »Ihr fehlt«, so bemerkte Goethe bedauernd, »das Fingerspitzengefühl, die Gabe des Einfühlens, die Fähigkeit, einen anderen zu erleben«. Er empfand sie als eine anstrengende Herausforderung und war froh, als sie wieder abreiste. Ähnlich ging es Kollegen Schiller, er konnte sein Erstaunen über eine Frau mit Geist, Witz und scharfer Beobachtungsgabe nicht verbergen: »Sie will alles erklären, einsehen, ausmessen; sie statuiert nichts Dunkles, Unzugängliches, und wohin sie nicht mit ihrer Fackel leuchten kann, da ist nichts für sie vorhanden.« Und der Philosoph und Schriftsteller Friedrich Heinrich Jacobi, begeisterter Briefpartner der berühmten Frau, war trotz mehrfachen Anfragen nicht einmal bereit, Madame de Staël bei sich zu empfangen.

Germaine ihrerseits jedoch hat in einem Brief an ihren Vater auch kein allzu positives Bild des großen Goethe hinterlassen. Sie konstatiert an ihm »ein Selbstwertgefühl, das ebenso bizarr ist wie meine Phantasie. Er glaubt, auf übernatürliche Weise inspiriert zu sein … ein untersetzter Mann ohne Physiognomie, der sich wie ein Mann von Welt benehmen möchte, ohne daß es ihm ganz gelingt, und der nichts Sensibles besitzt, weder im Blick noch in der Geisteshaltung, noch im Umgang.« Hinsichtlich Schiller fällt ihr Urteil etwas milder aus: »Er hat mir ein Kompliment gemacht, für das ich empfänglich war: Er sagte mir, ich sei der einzige Mensch, der die Reflexion einer einsamen Seele mit der Grazie von Welt verbinde.«

Einen ähnlichen Eindruck wie in Deutschland muß sie auch 1808 bei ihrem Besuch in Wien hinterlassen haben. Zumindest legen die Schilderungen der Karoline Pichler, die in Wien einen angesehenen Salon führte, diese Vermutung nahe. Sie vermitteln den Eindruck einer biedermeierlich hausbackenen Gesellschaft, die sich durch den Auftritt der genialischen Madame de Staël völlig überfordert fühlte. Karoline selbst schien nicht allzuviel Sympathie für diese freisinnige Französin empfunden zu haben, und ihre Beschreibung der schweigenden, um den Teetisch sitzenden Damen im Pichlerschen Salon, die sich bei einem Besuch der de Staël mit einem Strickstrumpf über ihre Verlegenheit zu retten versuchten, entbehrt nicht einer gewissen Komik.

Einmal noch durfte sich die halbe Welt über Germaine den Mund zerreißen: Als die Mittvierzigerin den 23jährigen, männlich attraktiven, zugleich jedoch einfühlsamen und sensiblen Kriegsversehrten Jean Michel Rocca heiratete, dem sie 1812 auch noch einen Sohn gebar. Rocca hat leidenschaftlich um sie geworben, eifersüchtig über sie gewacht und etliche ihrer Liebhaber zum Duell herausgefordert. Derartige Altersunterschiede waren damals keine Seltenheit. Auch Constant war wesentlich jünger als seine erste Frau, ähnlich verhielt es sich bei Friedrich Schlegel und Dorothea und ebenso bei Clemens Brentano und Sophie Mereau. Selbst der auf gesellschaftliches Ansehen bedachte Napoleon hatte die ältere Josephine geheiratet.

Germaines Hektik und innere Ruhelosigkeit sollte nur eineinhalb Monate nach der Geburt des kleinen Alphonse zu einer neuerlichen Weltreise führen: Trotz bereits zerrütteter Gesundheit, extremer Schlaflosigkeit und Opiumsucht täuschte sie eine Spazierfahrt vor (sie hatte schließlich Reiseverbot), um zusammen mit dem ständig kränkelnden Rocca und der Tochter Albertine zwei Jahre lang noch einmal über Wien nach Kiew, Moskau, Petersburg, Stockholm und London zu fahren. Sie reiste teilweise unter falschem Namen, mußte sich von ihrem als Deserteur gesuchten Geliebten häufig trennen und ihn verleugnen. Aber sie feierte auch ungeheure Triumphe. Als einziger Mensch Europas, der sich Napoleon unerbittlich und standhaft widersetzt hatte, wurde sie von Königen und Herzögen begrüßt.

Die so sehr herbeigesehnte Abdankung Napoleons hat sie schließlich eher bedrückt erlebt – die Wiedereinsetzung der Bourbonen schien ihr ein zu jämmerliches Finale nach diesem blutigen Freiheitskampf eines ganzen Volkes. Auch das Werben Napoleons nach seiner Rückkunft aus Elba, der Germaine zur Ausarbeitung einer neuen, die Ideen einer gemäßigten Monarchie verwirklichenden Verfassung gewinnen wollte, hat sie kühl abgelehnt. Trotzdem führte sie nach ihrer Rückkehr nach Paris noch einmal einen Salon in einem großen Haus, in dem die berühmtesten Leute verkehrten und das an manchen Abenden bis zu 800 Gäste faßte. Wie immer nachlässig, fast kurios gekleidet in ein dunkles, orientalisch wirkendes Seiden- oder Samtkleid (über das sich bereits die Pichler mokiert hatte), mit dem unvermeidlichen Turban, der jetzt ihre vorzeitig weiß gewordenen Haare verdecken mußte, empfing sie hier neuerlich angesehene Persönlichkeiten und schmiedete noch einmal politische Pläne. An einem jener glanzvollen Abende, diesmal im Palast des Kabinettschefs Ludwigs XVIII., ist sie auch zusammengebrochen und vier Monate später, ein wenig über 50 Jahre alt, an den Folgen des Schlaganfalles gestorben.

Auswirkungen der frauenemanzipatorischen Ansätze in Deutschland und Großbritannien

Zwei Emanzipationsschriften in Deutschland

In Deutschland war es bezeichnenderweise ein Mann, der die von der Französischen Revolution ausgehenden frauenemanzipatorischen Impulse als erster aufgegriffen und weiter entwickelt hat. Deutsche Frauen waren noch weniger aufgeklärt, noch mehr gefangen im patriarchalen System, in ihrem totale Unterordnung als Selbstverständlichkeit begreifenden Weiblichkeitsbild, und sie waren auch weniger mutig als die zumindest gelegentlich ihre engen Grenzen sprengenden Französinnen. Die Reaktionen, denen etwa eine Germaine de Staël auf ihrer Deutschlandreise ausgesetzt war, sprechen eine deutliche Sprache. Im allgemeinen waren die deutschen Männer auch angstvoll bemüht, ihre Frauen von diesen gefährlichen, emanzipatorischen Tendenzen, die da über die Grenze zu schwappen drohten, fernzuhalten. Als grausame, rasende und hysterische Weiber beschreibt etwa der aufgeklärte und der Französischen Revolution grundsätzlich positiv gegenüberstehende Pädagoge Joachim Heinrich Campe in seinen im »Braunschweigischen Journal« veröffentlichten Briefen an seine Frau und Tochter die französischen revolutionären Frauen. Sie würden den Männern »an Cultur, an Mäßigung und Sittlichkeit« nachstehen und, »so oft es zu Gewaltthätigkeiten kommt, sich fast immer durch Blutdurst und Grausamkeiten auszeichnen«.
Aber auch der Jurist, Polizeidirektor und Schriftsteller *Theodor*

Gottlieb von Hippel ließ seine brisante Schrift »*Über die bürgerliche Verbesserung der Weiber*« (1792) in Berlin anonym drucken, und er hat diese Anonymität bis an sein Lebensende im Jahr 1796 sorgfältig gewahrt. Denn auch ein Mann, der sich für das Thema Gleichberechtigung zwischen den Geschlechtern einsetzte, mußte mit Gehässigkeiten und Diffamierungen rechnen, wenngleich es für ihn immer noch leichter war, damit fertig zu werden, als für die rechtlose und unterprivilegierte Frau. Vor allem aber besaßen Männer als Professoren, Juristen und Philosophen eine entsprechende Bildung, die Frauen grundsätzlich verweigert war.

Wahrscheinlich angeregt durch das zuvor erschienene Werk von Christian Wilhelm von Dohm, »Über die bürgerliche Verbesserung der Juden«, hat Hippel die Frauen als rechtlose Hälfte der Menschheit erkannt und in einer für seine Zeit überaus radikalen Form die Gleichheit zwischen Mann und Frau in der Ehe ebenso wie in der Gesellschaft und im Staat gefordert. »Der männliche Egoismus«, stellt er unverblümt fest, »ist in Beziehung auf das andere Geschlecht der ungezogenste und grenzenloseste, den es nur geben kann.« Und: »Warum soll das Weib nicht I c h aussprechen können? … Warum sollen die Weiber keine Person sein? … man erniedrigt ein ganzes Geschlecht zur Sklavenklasse …«

Daß dieses Werk Hippels posthum von Rezensenten nicht nur als sein schlechtestes, sondern schlicht als Kuriosum bezeichnet wurde, wundert nicht angesichts der Tatsache, daß so berühmte Philosophen wie Kant, Fichte und Hegel etwa zur selben Zeit die absolute Unterordnung der Frau als »Naturzustand« proklamierten, was sich bei Fichte u. a. so anhört: »Das Weib ist nicht unterworfen, so daß der Mann ein Zwangsrecht auf sie hätte: sie ist unterworfen durch ihren eigenen fortdauernden notwendigen und ihre Moralität bedingenden Wunsch, unterworfen zu sein.« Oder: »In dem Begriff der Ehe liegt die unbegrenzteste Unterwerfung der Frau unter den Willen des Mannes; nicht aus einem juridischen, sondern aus einem moralischen Grunde. Sie muß sich unterwerfen um ihrer eigenen Ehre willen …«

Des kühnen Hippel Versuch, hier eine Bewußtseinsänderung herbeizuführen, war also von vornherein zum Scheitern verurteilt. Ähnlich erging es ihm mit seinen Forderungen in dem Buch »Über die Ehe«, in dem er ebenfalls die »Sklaverei« der Frauen angeprangert hat, und auch seine Gesetzesvorschläge, die er als Mitarbeiter am neuen Gesetzbuch in Preußen, dem späteren Allgemeinen Landrecht, zur Verbesserung der rechtlichen Lage der Frauen einbrachte, wurden abgewiesen.

Auf jeden Fall aber hat er nachfolgenden Generationen wichtige Anregungen hinterlassen, so etwa *Amalia Holst*, die sich in ihrer Schrift »*Über die Bestimmung des Weibes zur höheren Geistesbildung*« *(1802)* ausdrücklich auf den »seeligen Hippel« beruft. Die pädagogische Schriftstellerin ist wahrscheinlich eine der ersten feministischen Autorinnen in Preußen, die scharf und konsequent gegen die Frauenverachtung bürgerlicher Männer polemisiert und die Unterlegenheit der Frau nicht ihrer »Natur«, sondern ihren geringeren (Bildungs)Möglichkeiten zuschreibt. »Ist denn unser Gehirn anders als das der Männer organisiert? … Denkt etwa unser Geist damit nach anderen logischen Gesetzen? … Im Namen unseres ganzen Geschlechts fordere ich die Männer auf, uns die Rechte zu beweisen, deren sie sich anmaßen, die eine ganze Hälfte des Menschengeschlechts zurückzusetzen, ihnen die Quelle der Wissenschaften zu versagen …«

Holst besaß nicht die intellektuellen Möglichkeiten eines Hippel, sie mußte sich, so wie alle weiblichen Autorinnen vor und noch lange nach ihr, die nötige Bildung im Selbststudium aneignen. Doch war sie sehr belesen, sie besaß Kenntnisse in Literatur, Geschichte und den zeitgenössischen Vorstellungen der Naturrechtsphilosophie und hatte sich mit ihren pädagogischen Schriften einen guten Namen gemacht. Was sie nicht daran hinderte, mit der üblichen weiblichen Selbstbescheidung auf die »Unvollkommenheit meiner Arbeit« hinzuweisen, die »lange das Ideal nicht erreicht« hätte, »welches mir vorschwebte«.

Sie war auch eine der ersten Kritikerinnen von Rousseau, »dieser Schwärmer, der überall Natur- und Kulturstand durcheinander wirft …« und der von seiner radikalen Forderung nach allgemeiner Rechtsgleichheit die Frau ausgenommen hat. Interessant auch, daß Holst als Frau auffällt, was die gelehrten (männlichen) Köpfe lange Zeit anstandslos akzeptiert haben: die Unvereinbarkeit von Theorie und Praxis in Rousseaus Leben. Der aufgeklärte Pädagoge, der sich so sehr für eine freie, kindgemäße und individuelle Erziehung eingesetzt hat, schob seine eigenen fünf Kinder in ein Findelhaus ab, wo sie elend umgekommen sind.

Aber Holst ist auch vorsichtiger und in manchen Ansichten weniger radikal als Hippel. Sie kann es sich als Frau zu diesem Zeitpunkt noch nicht leisten, weibliche »Pflichten« selbst in Frage zu stellen. So wählt sie das in der Folge häufig angewandte Argument, daß eine gebildete Frau ihrer Aufgabe als Ehefrau und Mutter besser nachkommen kann als eine ungebildete. So wie sämtliche bürgerlichen Frauengenerationen noch lange nach ihr möchte auch sie eine Berufsausübung lediglich der unverheirateten Frau zubilligen.

Die ersten literarischen Salons in England

In England kam es zu radikaleren Äußerungen von Frauen. Im Land eines historischen Parlamentarismus wehte ein etwas freierer Wind als im absolutistischen Deutschland. Denn auch wenn die zahlreichen verfassungsrechtlichen Deklarationen und Akte, wie etwa die berühmte Magna Charta des Jahres 1534, die als Quelle der Grundrechte und Ausgangspunkt aller europäischen Verfassungen bezeichnet wird, ebenso wie die »Bill of Rights« von 1689 Frauen immer ohne Rücksicht auf ihren Stand von jeglichen Gleichheitsforderungen konsequent ausgeschlossen haben, war das gesellschaftliche Klima doch etwas liberaler.

Auch wurden in London, angeregt durch entsprechende Vorbilder in Frankreich, bereits in den fünfziger Jahren des 18. Jahrhunderts Salons gegründet, die sich von jenen der Länder des übrigen Kontinents u. a. dadurch unterschieden, daß die Zusammenkünfte häufig ohne Männer stattfanden, Frauen also durchaus der Ansicht waren, autonom und ohne männlichen Bezugspunkt bestehen zu können. Außerdem förderten viele von ihnen mittellose, aber talentierte Frauen wie etwa die hochbegabte Elisabeth Carter, die dank einer derartigen Unterstützung Texte des griechischen Philosophen Epiktet erstmals ins Englische übersetzen konnte, was in ganz Europa Aufsehen erregte. Natürlich waren die aus begüterten Kreisen stammenden »Bluestockings«, wie sie – damals noch durchaus respektvoll – genannt wurden, mehrheitlich konservativ. Trotzdem schufen Frauen wie die berühmte Elisabeth Montagu, Mary Delaney und Fanny Burney wichtige intellektuelle Enklaven, in denen

Frauen diskutieren und kommunizieren konnten. Die »Blaustrümpfe« leiteten ihren Namen ursprünglich von einem in diesen Salons häufig verkehrenden Schriftsteller namens Benjamin Stillingfleet her, der nicht nur infolge seines herausragenden Redetalents, sondern auch wegen seiner blauen Strümpfe aufgefallen war, weshalb die Bezeichnung »Bluestockings« künftig auf alle Besucher und Besucherinnen dieser Salons ausgedehnt wurde. Ihre abwertende Bedeutung als frustrierte, ihre Weiblichkeit verleugnende Emanzen erhielten die »Blaustrümpfe« erst später in der Zeit der Restauration und eines erstarkenden Bürgertums, in der Frauen in die zunehmend enger werdenden Grenzen ihrer Weiblichkeit verwiesen wurden und Eigenschaften wie Intellektualität, eigenständiges Denken und Autonomie endgültig als »unweiblich« abgelehnt werden konnten.

Neben diesen Salondamen gab es in England allerdings noch weitere erfolgreiche Frauen, die sich für mehr Gleichberechtigung einsetzten, wie etwa die bekannte Journalistin Eliza Haywood (1693–1756), deren Zeitschrift »The Female Spectator« nicht nur in England, sondern auch in anderen europäischen Ländern sehr erfolgreich war. Oder die Schriftstellerin und Whig-Anhängerin Catherine Sawbridge Macaulay Graham (1731–1791), die sich dezidiert gegen Diskriminierung und Ausschluß der Frauen im allgemeinen und der verheirateten Frau im besondern wandte. Die Schriftstellerin und Philosophin Mary Astell (1666–1731) schließlich hat sich für eine bessere Erziehung von Frauen eingesetzt und in ihrem Werk »Some Reflections upon Marriage« (1700) die Ehe als Institution zur Versklavung der Frauen kritisiert.

»Hyäne in Unterröcken«
Mary Wollstonecraft (1759–1797)

Die radikale Frauenrechtlerin Mary Wollstonecraft konnte also bereits auf etliche Vorläuferinnen zurückgreifen, als sie 1792 ihr Werk »A Vindication of Women Rights« veröffentlichte, das sie mit einem Schlag zu einer der berühmtesten Frauen Europas machte. Doch war dieser Ruhm lediglich von kurzer Dauer und vor allem den emanzipatorischen Ideen der Französischen Revolution zu verdanken, die natürlich auch in England Fuß faßten.

Die Revolution war »eine aktive Kraft in ihrem eigenen Blut«

Das Leben der Wollstonecraft war ungewöhnlich und abenteuerlich. Daß sie nicht nur in ihrem Denken revolutionär war, sondern auch danach lebte, hat bereits Virginia Woolf festgestellt, die »die Revolution … eine aktive Kraft in ihrem eigenen Blut« nannte.

1759 als Tochter eines Seidenwebers in London geboren, erhielt sie in ihrer Jugend wenig Zuwendung. Der Vater war ein Trunkenbold, die Mutter verängstigt und verschüchtert. Die Brüder bekamen eine ordentliche Erziehung und wurden auch im Erbe bedacht, Mary erhielt nichts. Geprägt von diesen frühen Erfahrungen, versuchte sie ihren eigenen Weg zu finden. Bereits in jungen Jahren lehnte sie die Ehe, damals einzig erstrebenswertes Ziel für jedes junge Mädchen, kategorisch ab, arbeitete statt dessen als Erzieherin und gründete schließlich zusammen mit ihrer Schwester und einer Freundin eine Schule auf dem Land. Das Schulexperiment scheiterte, dafür aber lernte sie den radikalen Intellektuellen und politischen Theoretiker Richard Price kennen, der sie für die Ideen der Aufklärung empfänglich machte. Möglicherweise unter seinem Einfluß begann sie ihr erstes Buch zu schreiben: »Thoughts on the Education of Daughters« (»Gedanken über die Erziehung der Töchter«), in dem sie ein Thema aufgriff, das später Generationen von kämpferischen Frauen beschäftigen sollte: die fehlenden Möglichkeiten für Frauen der gehobenen Mittelschicht, einen eigenen Beruf zu erlernen und auszuüben.

Ein Glücksfall war für Mary die Begegnung und später enge Freundschaft mit dem Verleger Joseph Johnson, der nicht nur ihr Buch druckte, sondern sie auch als Lektorin anstellte. Diese für eine Frau der damaligen Zeit höchst ungewöhnliche Position ermöglichte es ihr, Artikel und Rezensionen für Johnsons und Thomas Christies literarische Zeitschrift »Analytical Review« zu schreiben, ihre Französischkenntnisse zu verbessern, mehrere Bücher zu übersetzen und schließlich noch ein Kinderbuch zu veröffentlichen.

Inzwischen war die Französische Revolution auch in London Tagesgespräch und weckte neuerlich Gedanken über die Rechte der Frau. Vorläufig allerdings schrieb Mary eine Antwort auf Edmund Bur-

Mary Wollstonecraft

kes reaktionäres Werk »Reflections on the Revolution in France« mit dem Titel »A Vindication of the Rights of Men« (»Eine Verteidigung der Menschenrechte«). Der Umstand, daß es sich dabei um Männerrechte handelte, muß ihr allerdings bald klargeworden sein, denn schon zwei Jahre später, 1792, veröffentlichte sie ihre Verteidigung der Frauenrechte, womit sie den zuvor erwähnten Sensationserfolg landete. Das Buch wurde ins Französische und Deutsche übersetzt und erlebte Auflagen in den USA. In nur sechs Wochen hat sich Mary die angestaute Wut von 30 Jahren von der Seele geschrieben und damit die erste feministische Theorie verfaßt, die Forderungen nach Frauenrechten mit den Forderungen nach einer zukünftigen freien Gesellschaft verknüpft. Frauen, das ist ihre zentrale Botschaft, sind in erster Linie Menschen, denn der Verstand hat kein Geschlecht. Ungeheuer radikal bezeichnet sie außerdem den Ehestand als »legale Prostitution« und die finanzielle Unabhängigkeit der Frau als Voraussetzung für jede Liebesbeziehung.

Es ist klar, daß auf derartige Ansichten auch böse Reaktionen folgen mußten wie jene der erzkonservativen Hannah More, die sich bereits über den Titel empörte und mit der spitzen Bemerkung »Nächstes Mal werden wir über das Recht von Kindern informiert werden« das Buch gar nicht lesen wollte. Der Schriftsteller Horace Walpole hingegen nannte Mary eine »philosophische Schlange« und »Hyäne in Unterröcken«, wobei vor allem die letzte Bezeichnung so gut ankam, daß sie mit Mary Wollstonecrafts Namen eine gewissen Verbindung eingegangen ist.

Daß sich Marys Liebesaffären trotz ihrer freien, partnerschaftlichen Einstellung nicht so gestalteten, wie sie es sich wünschte, wundert nicht angesichts der Tatsache, daß kluge, emanzipierte und dann auch noch erfolgreiche Frauen vielleicht bei einigen Männern als intellektuelle Gesprächspartnerinnen, weniger jedoch als Liebhaberinnen und schon gar nicht als Ehefrauen gefragt waren. Das mußte sie gleich bei dem ersten Mann, in den sie sich heftig und leidenschaftlich verliebte, feststellen, dem Schweizer Maler und Literaten Henry Fusely (eigentlich Heinrich Füssli), der schließlich ein schönes, aber ungebildetes Malermodell heiratete, worauf Mary es über sich brachte, zu Sophia – so hieß das Mädchen – einen demütigenden Bittgang anzutreten, um ein Leben zu dritt vorzuschlagen, weil sie ohne Fusely nicht leben könne. Obwohl sie sich dabei lediglich als »spirituelle Partnerin« anbot, wurde ein derartiges Ansinnen von Fuselys Angetrauter empört zurückgewiesen, worauf Mary in tiefe Depressionen versank.

Freie Liebe konnte für Frauen die Vernichtung bedeuten

Ähnlich erging es ihr mit der zweiten großen Liebe, dem attraktiven, aber unzuverlässigen und etwas zwielichtigen amerikanischen Schriftsteller, Offizier der amerikanischen Revolutionsarmee und Geschäftsmann Gilbert Imlay, den sie während ihres zweieinhalbjährigen Aufenthaltes im revolutionären Frankreich kennenlernte. Während dieser Affäre, der die Tochter Fanny entstammte, mußte Mary auch endgültig erkennen, daß freie Liebe Männern andere Möglichkeiten bot als Frauen und daß dieser hochgesteckte Anspruch, gespeist durch die Ideen der Aufklärung und der allgemeinen Menschenrechtsdeklaration, für Frauen die Vernichtung bedeuten konnte, weil sie als Geschlechtswesen in diese Ideen nie eingebunden waren. Als Mary, die zuvor gefeierte Schriftstellerin, von ihrem Geliebten mit einem Kind in einem fremden Land zurückgelassen wurde, da schrieb sie jenen Satz, den so viele Frauen in ähnlichen Situationen vor ihr und nach ihr empfunden haben: »Ich bin nichts!« Von allen allein gelassen und mit dem kleinen Kind unfähig, sich ihren Lebensunterhalt zu verdienen, mußte ihr plötzlich die verschmähte Ehe als sicherer Hafen erschienen sein.

Dabei hatte alles vielversprechend begonnen.

Bei ihrer Ankunft in Paris im Dezember 1792 wurde sie von englischen und amerikanischen Sympathisanten der Revolution wie Helen Maria Williams, Thomas Christie und Tom Paine willkommen geheißen. Bald war sie eine der wenigen Frauen, die im Salon der Madame Roland verkehrten, wo sie Brissot, Condorcet und andere führende Mitglieder der Gironde kennenlernte. Eine Freundschaft zwischen Mary und Manon jedoch scheint eher unwahrscheinlich, da die beiden Frauen in Charakter und feministischem Anspruch zu verschieden waren. Trotzdem mögen sie Sympathie füreinander empfunden haben, entsprach die gemäßigte politische Ausrichtung der Girondisten doch auch Marys eigenen Vorstellungen einer friedlichen Revolution.

Die erste Zeit ihrer Bekanntschaft mit Imlay muß sehr glücklich gewesen sein. Mary zog sich nach Neuilly in der Nähe von Paris zurück, wo beide ungestört ihrer Liebe leben konnten. Aber bald zerstob das Glück, Imlay wurde von Geschäften nach Le Havre abberufen, Mary, die inzwischen schwanger war, schrieb an ihrem Buch »A Historical and Moral View of the French Revolution«. Das war mutig, wurden Engländer doch seit Ausbruch des Krieges mit Großbritannien mit Mißtrauen betrachtet, und viele Freunde rieten ihr, jegliche politischen Aufzeichnungen zu unterlassen. Überhaupt wurden die Zeiten in Paris immer schwieriger, der Terror nahm zu, es fehlte an allem, weder Lebensmittel noch Holz für einen der härtesten Winter waren zu bekommen. Im Oktober 1793 wurden alle Engländer verhaftet, und Mary entging diesem Schicksal nur, weil Imlay sie an der Amerikanischen Botschaft als seine Frau eingetragen hatte. Dann wurde die Königin guillotiniert, es folgten Olympe und Manon. Wir besitzen keine schriftlichen Aufzeichnungen Marys aus dieser Zeit, die darauf Bezug nehmen, wahrscheinlich schien ihr das als zu gefährlich. Dafür gibt es leidenschaftliche Briefe an Imlay mit der Bitte zurückzukehren. Schließlich fuhr die schwangere Mary zu ihm nach Le Havre, um dort ihre Tochter zur Welt zu bringen.

Erstaunlich ist, daß sie trotz dieser chaotischen Zustände nicht nur nach Paris zurückging, sondern sogar in Frankreich bleiben wollte. Sie hatte auch vor, hier ihre Tochter großziehen, denn in Frankreich, so meinte sie, herrsche trotz Terror und Not eine größere geistige Freiheit als in England. Auch hätten die Frauen hier »nicht jene gekünstelte, verkrampfte Art wie in England. Sie bewegen sich freier, haben einen stärkeren Charakter und besitzen mehr Großzügigkeit.«

Trotzdem folgte sie schließlich Imlay, der inzwischen wieder nach London zurückgekehrt war. Ihre Lage als Ausländerin mit einem unehelichen Kind im postrevolutionären Paris war unhaltbar geworden. Aber auch in London war die Situation nicht viel besser. Imlay hatte nämlich endgültig sein Interesse an ihr verloren und war eine Beziehung mit einer anderen Frau eingegangen.

Diese Demütigung hat Mary dann nicht mehr verkraftet. Sie unternahm einen Selbstmordversuch, wahrscheinlich mit einer Opiumtinktur, wurde aber rechtzeitig gerettet. Nun machte ihr Imlay den etwas kuriosen Vorschlag, zusammen mit dem Baby und ihrem französischen Kindermädchen für ihn eine Geschäftsreise nach Skandinavien zu unternehmen. Daß Mary einwilligte, zeigt einmal mehr ihren Mut und ihre Selbständigkeit. Denn es war damals keine Kleinigkeit für eine Frau, noch dazu mit einem Baby, eine so weite, beschwerliche Reise anzutreten. Aber Mary genoß die Fahrt, sie wurde bewundert und bestaunt und schrieb Imlay viele Briefe, die später unter dem Titel »Letters written during a short Residence in Denmark and Sweden« veröffentlicht wurden. Sie galten als einfühlsame Reisebeschreibung und fanden ein interessiertes Publikum.

Nach England zurückgekehrt, wurde ihr dann endgültig klar, daß sie Imlay nicht mehr für sich gewinnen konnte. Als er sich mit finanziellen Zuwendungen aus der Affäre ziehen wollte, lehnte sie, die immer die Unabhängigkeit der Frau betont hatte, kategorisch ab: »Ich bin unglücklich«, schrieb sie an einen Freund. »Ich wurde von jenem Menschen, von dem ich Zuneigung erwarten durfte, sehr unfreundlich, sogar grausam behandelt ... Ich suche nach etwas wie Glück – Glück! Ich bin krank … Mr. Imlay würde froh sein, mich finanziell unterstützen zu dürfen, aber wenn er nicht gleichzeitig zu mir zurückkommt, gehe ich lieber zu Grunde.«

Sie beschloß neuerlich, aus dem Leben zu scheiden, und es schien diesmal keine Möglichkeit zu geben, sie zurückzuholen. Nachdem sie an Imlay einen herzzerreißenden Abschiedsbrief geschrieben hatte, stürzte sie sich an einem regnerischen Nachmittag des Oktober 1795 von der Putney-Bridge in die Themse.

Was dann geschah, erscheint unwahrscheinlicher als die Geschichte eines Drei-Groschen-Romans: Die bereits bewußtlos im Fluß Treibende wurde von Fischern entdeckt, herausgezogen, in ein naheliegendes Gasthaus gebracht und dort von einem Arzt versorgt. Später hat sie ihrem Ehemann William Godwin erzählt, daß sie nichts dazu bringen würde, eine derartige Todesart noch einmal zu wählen. Die Qual sei zu groß gewesen.

Erst im Frühjahr 1796 gelang es Mary, sich endgültig von Imlay zu lösen. Und dann schien es, als würde sie doch noch zu einem ruhigen, geordneten Leben an der Seite eines geachteten, wohl auch gewissenhaften Mannes finden, das sie im Grunde nie gewollt hatte und das ihr jetzt so erstrebenswert erschien: Im März 1797 heiratete sie den Schriftsteller William Godwin, einen führenden Theoretiker der Romantik und bekannten Gegner der Ehe, der seinen eisernen Grundsatz, niemals zu heiraten, aufgegeben hatte, als Mary ein zweites Mal schwanger wurde. Aber das Schicksal wollte es anders: Sie starb im September 1797 nach der Geburt ihrer Tochter Mary mit 37 Jahren am Kindbettfieber. Der Grabstein, den Godwin für sie errichten ließ, trägt die Inschrift: »Mary Wollstonecraft-Godwin, Author of A Vindication of the Rights of Women.«

Er hielt auch darüber hinaus ihr Andenken hoch: Schon ein Jahr später publizierte er ihre »Memoirs«, mit denen er ihr allerdings keinen guten Dienst erwies. Während er einerseits ihre intellektuelle Bedeutung als feministische Theoretikerin herunterspielte, stilisierte er sie andererseits als tragische Heroine, die hauptsächlich aus ihrer Intuition heraus lebte. Obwohl von Godwin, der unter ihrem Tod sehr gelitten hat, sicherlich nicht beabsichtigt – er selbst meinte, sie beide seien dazu geschaffen gewesen, einander glücklich zu machen –, hat diese Biographie wesentlich dazu beigetragen, daß Mary nach ihrem Tod den Zeitgenossen vor allem als ausschweifende, liederliche Person mit einem unehelichen Kind und gescheiterten Selbstmordversuchen in Erinnerung blieb.

Dann wurde es still um sie. Niemand wollte sich an diese Frau erinnern, niemand hat ihr ein Denkmal gesetzt. Ein Vorort von Sidney ist nach ihrem Bruder, dem Juristen Edward Wollstonecraft benannt, ein Block von Gemeindewohnungen in Somers Town heißt Godwin-Court. Aber keine Straße, kein Haus, in dem sie gewohnt hat, trägt Marys Namen.

Ihre ältere Tochter Fanny nahm sich 1816 das Leben. In der jüngeren, Mary, erhielt sich das Talent ihrer Eltern: Sie wurde als Erfinderin des Monsters »Frankenstein« berühmt.

Frauen haben aus diesem heftigen, aber kurzen feministischen Aufbruch ihre Lehren gezogen. Wieder wurde das Bild der passiven, unterwürfigen Frau propagiert, der treuen Gattin und Mutter, die sich aus politischen und öffentlichen Angelegenheiten heraushalten muß. Zu abschreckend war das Beispiel jener, die den Verheißungen allgemeiner Freiheitsversprechungen gefolgt waren, weil sie diese auch für Frauen als verbindlich betrachteten: Sie starben entweder unter der Guillotine, im Irrenhaus oder wollten Selbstmord begehen. Konservative Kräfte haben diese Ängste kräftig geschürt, um Frauen weiter im gewünschten, untergeordneten Status zu halten.

Und trotzdem war ein Funke gezündet, ein Gedanke geboren, konsequenter Widerstand in die Welt getragen worden. Daß zunehmend liberalere, demokratischere Gesellschaften Frauen aus den allgemeinen Bürgerrechten ausgeschlossen haben, hat den Bogen endgültig überspannt. Viele tausend Jahre hatten Frauen Unterdrückung und Benachteiligung ertragen, als Gebärende kommender Generationen, als Produzentinnen wichtigster Güter ihrer Bedeutung gewiß. Geänderte politische, gesellschaftliche, ökonomische Verhältnisse hingegen schufen eine Situation, die selbst für leidgeprüfte Frauen nicht mehr tragbar war.

Nach einer kurzen historischen Schrecksekunde formierte sich im 19. Jahrhundert erneut weiblicher Widerstand.

Emanzipationsversuche in der deutschen Romantik und im Biedermeier

Berliner und Wiener Salons

In den literarischen Salons, wie sie auch nach der Französischen Revolution nicht nur in Frankreich und England, sondern ebenso in anderen europäischen Ländern weiterbestanden, hat sich dieser Funke wohl am ehesten erhalten. »Das Vorspiel der Frauenemanzipation hat in den Salons stattgefunden«, meint Ingeborg Drewitz in ihrem Buch über die Berliner Salons.

In Frankreich gab es literarische, von Frauen geführte Salons bereits im 17. Jahrhundert, wie etwa das berühmte »Hôtel de Rambouillet« der Julie de Rambouillet, in dem erstmals die Geschlechter in gemischten Gesprächsgruppen zusammentrafen, über Literatur diskutierten, Theater spielten, und philosophische Streitfragen abhandelten. Vor allem jedoch ermöglichten die verschiedenen Formen sprachlicher Spiele, die »jeux d'esprit«, auch den überwiegend adeligen Damen eine Verfeinerung der Sprache, zunehmende Bildung und intellektuelle Wendigkeit. Hier haben so bedeutende Frauen wie die Schriftstellerin Marie de Gournay verkehrt, die bereits 1622, also in einer Zeit, in der in ganz Europa die Hexenbrände loderten, eine radikale Schrift unter dem Titel »Egalité des hommes et des femmes« (»Über die Gleichheit der Männer und Frauen«) publizierte, in der sie einen universalen Begriff von Menschheit vertrat und ihrer tiefen Überzeugung Ausdruck gab, daß »alle Männer und Frauen gleich geschaffen wurden«. Natürlich war auch sie als Hexe verschrien, der außergewöhnliche Mut, sich als Gelehrte und feministische Denkerin gegen eine feindliche Öffentlichkeit zu exponieren, ist heute nicht mehr nachvollziehbar. Weitere berühmte Frauen dieser Zeit, die teilweise das »Hôtel de Rambouillet« besuchten und teilweise eigene Salons eröffneten, waren die Schriftstellerinnen Madeleine de Scudéry, die für intellektuelle Entfaltung und Selbstbestimmung der Frauen, Befreiung aus väterlicher Autorität und gegen Zwangsehen plädierte, Marie-Madeleine La Fayette, die den ersten psychologischen Roman der französischen Literatur verfaßte und, bereits in das folgende Jahrhundert hineinreichend, Mme de Lambert, in deren Salon vornehmlich Fragen der Erziehung und hier wieder der weiblichen Erziehung erörtert wurden.

Interessant sind neue Erkenntnisse feministischer Theoretikerinnen aus Deutschland und den USA, nach denen diese frühen Feministinnen die Aufklärung praktisch vorweg genommen haben, es also eine Entwicklung von einer »weiblichen« zu einer »männlichen« Aufklärung gab. De Scudery beispielsweise hat mehr als ein halbes Jahrhundert vor Voltaire oder Montesquieu für alle jene plädiert, die »gleichermaßen zu verfügbaren Objekten reduziert waren, die Frauen und das Volk«. Zentrales Thema dieser Aufklärerinnen war allerdings ihre Kritik an der aristotelisch-scholastischen Ideologie, die besagt, daß alle Frauen im Vergleich zu allen Männern physisch, psychisch, geistig und moralisch untergeordnete Wesen seien. Im »aufgeklärten« 18. Jahrhundert jedoch wurden diese frauenemanzipatorischen Ansätze bekämpft und unterdrückt, aufklärerische Frauen als »unnatürlich« und »entartet« bezeichnet, denn der Männerstaat, der seine Existenz unterdrückten Frauen verdankt, hatte kein Interesse daran, diese Unterdrückung aufzuheben.

Die Tradition des literarischen Salons bestand allerdings auch im Frankreich des 18. Jahrhunderts fort, er bot nach wie vor einen gesellschaftlichen Freiraum, in dem Frauen zusammen mit Männern an den geistigen Strömungen ihrer Zeit teilhaben konnten. Jetzt waren es u. a. die Salons der Madame de Tencin, Madame Geoffrin, Madame du Chatelet, Madame du Deffand und Julie de Lespinasse, in denen die Berühmtheiten dieser Zeit verkehrten. Gleichzeitig fand der Salon nach französischem Vorbild auch in anderen europäischen Ländern Verbreitung. In Deutschland war es die »Sappho von Leipzig«, Christiana Mariana von Ziegler, die etwa 1730 den ersten Salon eröffnete, in England »Bluestocking« Elisabeth Vesey, die ein wenig später Gleichgesinnte um sich sammelte. Aber während der französische Salon überwiegend von adeligen, der englische hingegen von bürgerlichen Frauen geführt wurde, begannen im Berlin der neunziger Jahre des 18. Jahrhunderts vor allem weltoffene, gebildete Jüdinnen zu jenen zwanglosen, niveauvollen Zusammenkünften zu laden, in denen die Standesunterschiede und gesellschaftlichen Gegensätze ebenso wie die Geschlechtertrennung wenigstens für einige Stunden aufgehoben waren. Es wurde über Literatur, Kunst und »die Geheimnisse der Seele, Traum, Liebe, Tod …« diskutiert, wie Golo Mann meinte, kaum jedoch über Politik und Staat. Etwa zehn bis fünfzehn hauptsächlich jüdische Salons erlebten im Berlin dieser Zeit ihre Hochblüte.

Beispielgebend für ihre Generation
Henriette Herz (1764–1847)

Einer der bedeutendsten Salons war sicher jener der Henriette Herz, die, erst 15jährig, im Jahr 1779 den angesehenen Arzt und Philosophen Dr. Markus Herz geheiratet hat. Bald gelang es der jungen und wegen ihrer Schönheit berühmten Henriette, neben den Zusammenkünften ihres fast doppelt so alten Mannes, der überwiegend Wissenschaftler um sich sammelte, in einem Nebenzimmer einen eigenen Salon zu gründen, dem die jüngeren Literaten und Anhänger der schönen Künste angehörten. Hier verkehrten der junge Bildhauer Gottfried Schadow, der an einer Büste Henriettes arbeitete, weiters Gustav von Brinckmann, Mitglied der Schwedischen Gesandtschaft, Wilhelm und Alexander von Humboldt und natürlich Schleiermacher, mit dem sie später eng befreundet war. Außerdem Sarah und Marianne Meyer, zwei schöne Jüdinnen, die als Baronin Grotthus und Marianne von Eybenberg aus Goethes Freundeskreis bekannt wurden, Dorothea Veit, geborene Mendelssohn, mit ihrer Schwester Henriette und Carl Laroche, Sohn der Sophie Laroche, der berühmten Verfasserin der »Geschichte des Fräuleins von Sternheim«. Sie alle gründeten den etwas kuriosen Tugendbund, der, von freimaurerischen und pietistischen Ideen inspiriert, eine eher sonderbare Geselligkeit mit Pfänder- und Schäferspielen, schwülstigen Briefen und einer heimlichen Erotik pflegte, die ein wenig an das neckische Spiel unausgereifter Jugendlicher erinnert und etwa von Rahel Levin, die wenig später einen eigenen Salon besaß, abgelehnt wurde.

Henriettes Erziehung war unsystematisch, sie hatte viel gelesen und sich wahllos mit Büchern aus der Leihbibliothek versorgt. Zumindest jedoch war ihr Vater, der aus dem portugiesischen Judentum stammende Arzt de Lemnos, unter dem Einfluß des aufgeklärten jüdischen Philosophen Moses Mendelssohn bemüht, seine Tochter mehr als die übliche Hausarbeit lernen zu lassen. Später erwarb sie sich im Selbststudium Kenntnisse in Latein, Griechisch, daneben ein wenig Mathematik und Physik. Die Schüler ihres Mannes, die zu seinen Vorträgen in ihr Haus kamen, halfen ihr dabei.

Daß Jüdinnen im allgemeinen gebildeter waren als Frauen des übrigen Bürgerstandes, hängt mit dem unterprivilegierten Status des Judentums zusammen, der nach Ansicht der jüdischen Oberschicht nur durch entsprechende Bildung verbessert werden konnte, die aus diesem Grund auch für Töchter angebracht schien. Wer gute Gesellschaft sucht, so meint der aufgeklärte Theologe und Philosoph Schleiermacher, läßt sich daher in die großen jüdischen Häuser einführen, wo er sich sicher amüsieren wird, »weil die jüdischen Frauen … sehr gebildet sind, von allem zu sprechen wissen und gewöhnlich eine oder die andre schöne Kunst in einem hohen Grade besitzen«.

Henriette, blutjung, vielseitig interessiert, gleichzeitig aber schwärmerisch-sentimental, unsicher in ihren Ansichten und geborgen in der väterlichen Obhut ihres Ehemannes, war von den emanzipatorischen Ansprüchen ihrer aufgeklärten Geschlechtsgenossinnen in Frankreich oder England himmelweit entfernt, und sie hat auch im reiferen Alter deren Vorsprung nicht aufgeholt. Im Gegenteil, nach dem Tod ihres Gatten im Jahr 1803 war es mit dieser anspruchsvollen Salongeselligkeit vorbei, Henriette wird nach ihrem Übertritt zum Christentum als zunehmend prüde und bigott beschrieben, mit altjüngferlichem Gebaren lebte sie in eingeschränkten Verhältnissen. Varnhagen berichtet von mühsamen und etwas steifen Gesprächen in jetzt kleinem Kreis, aber auch von ihrer »Liebe, Freundschaft und Weiblichkeit«. Fanny Lewald, die sie mehrmals besucht hat, betont ihr einfaches, schlichtes Mobiliar. Sie betätigte sich jetzt sozial, hielt einen wöchentlichen Freitisch für Studenten und kümmerte sich um junge Mädchen vom Land, denen sie Stellungen bei ordentlichen Familien vermittelte. Schleiermacher hat die Kinderlose ihr Gefühl der Nutzlosigkeit geklagt, das sich aus dem Umstand ergebe, daß sie für niemanden sorgen, für niemanden da sein könne, worauf er sie mit den Worten: »O Sie Fruchtbare, Sie Vielwirkende, eine wahre Ceres sind Sie für die innere Natur« getröstet hat. »Götter der Welt«, meint hingegen die jüngere Rahel Levi, die in ihrem Salon verkehrte, »wie kann man bei so wenig Leben leben bleiben«.

Und doch hat die Herz Geschichte gemacht, wurde sie als eine der ersten Frauen Deutschlands gefeiert, die nicht nur Anteil an den geistigen Interessen ihres Mannes nahm, sondern auch eigene Interessen entwickelte und in einem eigenen Salon gesellschaftsfähig machte. Henriette wurde beispielgebend für viele ihrer Geschlechtsgenossinnen. Dorothea Veith, die später Friedrich Schlegel geheiratet hat und durch den Roman »Lucinde« berühmt geworden ist, wurde durch den Herzschen Salon wesentlich beeinflußt, die Schriftstellerin Therese Heyne, später Gattin des Revolutionärs Georg Forster, war korrespondierendes Mitglied des Tugendbundes, ebenso Caroline von Dacheröden, Lebensgefährtin Wilhelm von Humbodts, und Sophie Schubert, die Clemens Brentano ehelichte und nach kurzer Ehe im Kindbett starb.

Die großen politischen und gesellschaftlichen Umwälzungen ihrer Zeit hingegen hat Henriette Herz nicht begriffen, die Schrecken im nachrevolutionären Paris, der Aufstieg Napoleons sind kein wirkliches Gesprächsthema gewesen. Es ging um Liebe, Empfindsamkeit und Selbstverwirklichung. Anders als die alternde Bettina von Arnim oder auch Rahel Varnhagen haben sie die sozialen Umbrüche vor der Märzrevolution des Jahres 1848, die fünf Monate nach ihrem Tod ausbrechen sollte, wenig berührt.

Die »Selbstdenkerin«: Rahel Varnhagen (1771–1833)

Eine weitere Tochter aus wohlhabendem jüdischem Haus, Rahel Levin, verheiratete Varnhagen, war da von anderer Art. »Das erste große, moderne Weib der deutschen Kultur« hat sie der dänische

Schriftsteller Georg Brandes (1842–1927) genannt. Und tatsächlich begann mit ihr die weibliche Emanzipation in Deutschland, hat sie die erste, entscheidende Kritik am gängigen Frauenbild geäußert. »Kann denn ein Frauenzimmer dafür, wenn es *auch* ein Mensch ist?« überdenkt sie bereits 1793 bitter und verzweifelt ihre eigene Situation: »Wenn meine Mutter gutmütig und hart genug gewesen wäre, und sie hätte nur ahnden können, wie ich würde, so hätte sie mich bei meinem ersten Schrei im hiesigen Staub ersticken sollen. Ein *ohnmächtiges* Wesen, dem es für *nichts* gerechnet wird, nur *so* zu Hause zu sitzen, und das Himmel und Erde, Menschen und Vieh wider sich hätte, wenn es weg wollte.«

Solche Töne waren damals in den deutschen Landen sonst kaum zu vernehmen.

Rahel, die Unangepaßte, die Außenseiterin, das »weibliche Genie« (Hilde Spiel) hat unter ihrem doppelten Ausschluß als Jüdin und Frau tief gelitten. Aber sie wußte auch um ihre Einmaligkeit, um ihre Größe: »Ich bin so einzig, als die größte Erscheinung dieser Erde. Der größte Künstler, Philosoph oder Dichter (ist) nicht über mir. Wir sind vom selben Element. Im selben Rang und gehören zusammen … Mir aber ward das *Leben* angewiesen; und ich blieb im Keim bis zu meinem Jahrhundert und bin von außen ganz *verschüttet*, drum sag ich's selbst.«

Das ist die unverwechselbare Sprache Rahels, die sie uns in ihren mehreren tausend Briefen hinterlassen hat. Schriftstellerisch tätig ist sie nicht gewesen. Voraussetzung für ihre geistige Aktivität war der Salon, in dem sie mit den bedeutendsten Gelehrten, mit Persönlichkeiten aus Politik und Kultur wie Hegel und Humboldt, Savigny und Schlegel, Schleiermacher und Raumer Gedankenaustausch pflegen, Beziehungen knüpfen, an deren Leben teilnehmen konnte. Sie war, wie Brandes meint, »von ihrem 30. Jahre bis zu ihrem Tod … nicht nur der Mittelpunkt für das geistige Leben Berlins, sondern auch einer der Mittelpunkte für dasjenige von ganz Deutschland«.

1771 als älteste Tochter des wohlhabenden jüdischen Kaufmannes Markus Levin in Berlin geboren, hat sie keine materielle Not gekannt. Daß sie Vaters Lieblingskind gewesen ist, mit dessen Schlagfertigkeit und wacher Intelligenz er gerne vor seinen Gästen glänzte, änderte nichts an ihrem von Angst geprägten Unterwerfungs-

Rahel Varnhagen

verhältnis diesem »rauhen, strengen, heftigen, launenhaften, genialischen, fast tollen Vater« gegenüber, der ihre Empfindsamkeit »übersah und brach«.

Von der unterwürfigen, ängstlichen Mutter nicht beschützt, von den Geschwistern häufig mißverstanden, wurde die Außenseiterin in der Gesellschaft auch zur Außenseiterin in ihrer Familie. »Angeschrien, überschrien, beseitigt, unberücksichtigt, die ganze lange Jugend durch.« Dazu gesellte sich ein für eine Frau dieser Zeit schwerwiegender Mangel: Rahel war nicht schön! Vielleicht hat sie aus diesem Grund schöne Menschen so sehr bewundert und geliebt wie etwa ihre lebenslange Freundin Pauline Wiesel, Geliebte vieler berühmter Männer. Auch Pauline hatte sich Freiheiten außerhalb der Gesellschaft erobert und konnte sich keinen Konventionen fügen.

Rahel hingegen besaß Geist, ein warmes Mitgefühl, die Gabe des Zuhören-Könnens und ein beeindruckendes Redetalent. Grillparzer, der 1827 die preußische Hauptstadt besucht hat, berichtet über ein

Treffen mit der Mittfünfzigerin, zu dem er sich eigentlich eher widerwillig und auf Drängen Varnhagens bereit erklärt hatte: »Nun fing die alternde, vielleicht nie hübsche, von Krankheit zusammengekrümmte, etwa einer Fee, um nicht zu sagen Hexe ähnliche Frau zu sprechen an, und ich war bezaubert … Ich habe nie in meinem Leben interessanter und besser reden gehört.«

Rahel wußte Menschen mit ihrer Originalität zu fesseln, ihrem selbständigen Denken und Analysieren. Eine »Selbstdenkerin« hat Kurt Lüthi sie genannt. Sie wollte – ganz im Sinne der Romantik – Denken und Leben in einen unmittelbaren Zusammenhang bringen, also ihr Erleben in ihre Analysen und Argumentationen einbinden. Ein Denken, das zwischen Reflexion und Wirklichkeit unterschied, lehnte sie als männlich ab. Darum auch wurde ihr der Salon in der Jägerstraße mit seinen berühmten »Dachstubenwahrheiten« zum Mittelpunkt ihres Daseins. Hier, in der Mansarde mit den schrägen Fenstern, zu der nur besonders liebe und gute Freunde Zutritt hatten, fanden jene Gespräche statt, die ganz wahrhaftig bis in das Zentrum einer Persönlichkeit vordringen sollten. Rahel, die sich selbst als »Menschenmagnet« bezeichnete, empfand es zeitlebens als »größte Wonne«, Menschen zu ergründen und »ihre Möglichkeiten, die sie in sich tragen«, zu erforschen.

Und es waren bedeutende Persönlichkeiten, die sich hier zusammenfanden: Ludwig und Friedrich Tieck, Adalbert Chamisso, Friedrich Schlegel, Clemens von Brentano, natürlich die Brüder Humboldt, Fouqué, aber auch einige Frauen wie die berühmte Schauspielerin Friederike Unzelmann, Christel Eigensatz, die Sängerin Marchetti und die Gräfin Schlabrendorf, die gelegentlich Männerkleidung trug und mit Rahel zusammen nach Paris fuhr, weil sie ein illegitimes Kind erwartete.

Sosehr Rahel jedoch von Gesprächspartnern gesucht war – ihre Liebhaber empfanden ihr Genie als bedrückend. Der junge, gut aussehende, aber geistig unterlegene Karl von Finckenstein, mit dem die 24jährige verlobt war, ebenso wie Raphael d'Urquijo, Legationssekretär bei der spanischen Gesandtschaft, in den sie sich leidenschaftlich verliebte, der jedoch mit seiner südländischen Auffassung von Liebe und Leidenschaft völlig unfähig war, eine weibliche Persönlichkeit wie Rahel auch nur einigermaßen zu begreifen. Wahrscheinlich haben ihn auch ihre offen geäußerten Liebesschwüre verstört: »Süßer Liebling … Du gefällst mir immer … Dein bin ich, in Liebe! Ewig Dein«!

Sittsame, tugendhafte Frauen sprachen nicht so, sie ließen sich umwerben, wurden aber nicht selbst aktiv. Sie hat das schließlich auch begriffen und nach einer qualvollen Beziehung – »es war ein langes Morden« – den Bruch vollzogen: »Ich sehe es ein, ich muß ihm odiös geworden sein, mit meiner Liebe, und meiner Denkungsart; muß ihn so konfuse gemacht haben, daß er mich für ein monstre hielt …«

Auch der um 16 Jahre jüngere, schöne und stattliche Alexander von der Marwitz, der sie in seinen glühenden, verehrungsvollen Briefen gleichsam auf einen Sockel hob, das »größte Weib auf Erden« nannte und ihre »scharfe Intelligenz« rühmte, schuf damit im Grunde eine Distanz, die Rahel als vernichtend empfinden mußte. Der große Friedrich Gentz hingegen, engster Mitarbeiter Metternichs, versuchte es gleich gar nicht mit ihr, obwohl beide einer Leidenschaft sehr nahe waren und eine lebenslange Freundschaft zueinander bewahrten. Doch empfand auch er den »Umgang mit einem so mächtig entfesselnden, so durchaus desorganisierenden Genie wie das der Levi ›verderberisch‹«, und die »geheime Leidenschaft, die dies große, kühne, göttlich-teuflische Geschöpf« für ihn hatte, schien ihm bedrohlich. Seine Beziehung zu Rahel war außerdem zutiefst verlogen. »Noch nie«, so meinte er in einem Brief an Brinckmann, »hat eine Jüdin – ich spreche ohne alle Ausnahme – die wahre Liebe gekannt«. Und beinahe unter demselben Datum schrieb er an Rahel, daß keine so lieben könne wie sie, denn sie sei »das erste Wesen dieser Welt«. Gentz konnte gar keine Beziehung mit Rahel eingehen, sie hätte ihn seine hohe Stellung, seine Karriere, sie hätte ihn alles gekostet.

Nur einer hat ihre Persönlichkeit nicht nur erkannt, sondern auch akzeptiert und verstanden: Karl August Varnhagen, der »Bettler am Wege«, der ihr in einer Zeit tiefster Depression begegnet ist, als ihr, bereits an die vierzig, nach mehreren gescheiterten Liebesbeziehungen das Odium einer bemitleidenswerten »alten Jungfer« anhaftete – einer Jüdin, der nichts gelungen ist, auch nicht die Assimilation durch Heirat und damit die Auslöschung ihrer »infamen Geburt«, die sie so sehr angestrebt hat.

Varnhagen, ein junger, armer und etwas zielloser, aber bildungsfähiger Intellektueller ohne wirkliche eigene Begabung, erkannte seine Chance. Mit großem Einfühlungsvermögen nahm er sich Rahels Leben an, um es zum eigenen zu machen. Sie gab ihm alle Briefe, Tagebücher und Notizen, die er sammelte, ordnete, für ihren Nachruf aufbereitete. Ihm ist es zu verdanken, daß ein umfangreicher Nachlaß Kenntnis über Rahels Leben und Denken vermittelt. Sie gab seinem Wesen Festigkeit, inneren Halt, und ebenso er dem ihren. »Von Dir lernte ich Geliebtsein, und Du hast Neues in mir geschaffen«, meint Rahel in einem ihrer Briefe, »freue Dich, wenn Du wirklich etwas von mir hältst und mein Leben und Sein für ein außerordentliches nimmst. Du hast es zu einem menschlichen gestempelt«. Seine maßlose, schrankenlose Bewunderung erschreckte sie nicht. »O Rahel, wie bist du! Ich versenke mich in Nachdenken über dich! Aus welchen Quellen hat dich die Natur geschöpft? Sie eröffnet tausend Kristallbrunnen, tausend Flammenhöhlen, ich müßte in jede hinabgehen, um dich zu ergründen; deine Sinne, deine Gedanken, deine Herzensempfindungen sind Riesenblüten der Natur, in das Zwergengeschlecht der Geschichte gedrängt.«

Sie hat den 29jährigen Varnhagen 1814 als bereits 43jährige geheiratet, nachdem sie zuvor zum Christentum übergetreten war. »Ich bin völlig frei mit ihm, sonst hätte ich ihn *nie* heiraten können. Er denkt über die Ehe wie ich. Ich bin ganz wahr mit ihm: in *allem*. Und davon liebt er mich. Also mich«, schrieb sie 1815 an Pauline Wiesel.

Varnhagen konnte in der Zwischenzeit seiner Frau auch ein standesgemäßes Dasein schaffen. Nachdem er als Sekretär des Grafen Bentheim am österreichisch-französischen Krieg teilgenommen hatte, arbeitete er 1813 als Chronist im russischen Korps des Oberst Tettenborn und redigierte eine Armeezeitung. Außerdem ließ er sich ein Adelsprädikat bestätigen, das er angeblich in einem westfälischen Geschichtsbuch entdeckt hatte – ein etwas kurioses Unterfangen für einen liberalen, aufgeklärten Adelshasser. Am Vorabend des Wiener Kongresses hielten sich die Varnhagens dann im Gefolge des preußischen Staatskanzlers Hardenberg in Wien auf. Anschließend wurde Varnhagen preußischer Gesandter in Baden.

Frau Friederike Varnhagen von Ense, wie sich Rahel jetzt nannte, schien am Ziel ihrer Wünsche angelangt. Aber bald wurde ihr der

Preis bewußt, den sie für ihre Angleichung an die männliche ebenso wie an die preußische Kultur zu zahlen hatte: ihre eigene Identität. Sie fühlte sich nicht wohl als Gattin des Gesandten im neuen steifen Salon. Sie, die stets Mittelpunkt eines eigenen Salons gewesen war, empörte sich darüber, nur noch als Anhängsel ihres Mannes wichtig zu sein: »Daß ich mich gegen die Leute doch jetzt so haben muß, als wäre ich nicht mehr als mein Mann – sonst war ich Nichts, und das ist viel.« Diese Situation verschärfte sich, als das Ehepaar nach Berlin zurückkehrte, weil Varnhagen nach den Karlsbader Beschlüssen aufgrund seiner liberalen Gesinnung seinen Posten verloren hatte und Rahel nun als Gattin eines Geheimen Legationsrats ihre Rolle spielen mußte. »Oft wundere ich mich, daß ich lebe, dieselbige bin und so weit von mir abkam«, schrieb sie an Pauline Wiesel. Sehr klar sah sie die Einschränkungen, denen ihr Geschlecht unterworfen wurde: »Es ist Menschenunkunde, wenn sich die Leute einbilden, unser Geist sei anders und zu anderen Bedürfnissen konstituiert, und wir könnten … ganz von des Mannes oder Sohnes Existenz mitzehren … Dies ist der Grund des vielen Frivolen, was man bei Weibern sieht und zu sehen glaubt: sie haben der beklatschten Regel nach gar keinen Raum für ihre eigenen Füße, müssen sie nur immer dahin setzen, wo der Mann eben stand, und stehen will … jeder Versuch, jeder Wunsch den unnatürlichen Zustand zu lösen, wird Frivolität genannt; oder doch für strafwürdiges Benehmen gehalten.«

Eine Berufstätigkeit für die Frau hat Rahel, die selbst keine Geldsorgen kannte, allerdings nicht angestrebt. Sie befand sich damit im vollen Einklang mit den anderen herausragenden Frauen der deutschen Frühromantik, denen es vornehmlich um Beziehungsprobleme ging und die die Geschlechterproblematik zu einer inneren Angelegenheit zwischen Frau und Mann machten unter Ausschluß gesellschaftlicher, politischer Probleme. Und gerade daran sind die Bestrebungen nach Gleichwertigkeit der Geschlechter schließlich auch gescheitert. Denn was etwa eine Mary Wollstonecraft klar erkannte – die finanzielle Unabhängigkeit der Frau als eine der wichtigsten Voraussetzungen für ihre Gleichberechtigung –, war für die Frauen der Frühromantik noch undenkbar.

Erstaunlich auch die falsche Einschätzung, die Rahel dem Philosophen Johann Gottlieb Fichte entgegenbrachte. Begeistert von seiner

Philosophie eines starken, mündigen Ich, das die Welt, die Wirklichkeit schafft, übersah sie völlig, daß dieses Ich in Fichtes Denken nur für Männer, keinesfalls jedoch für Frauen galt, deren Würde er im Gegenteil im Dienen, in der »unbegrenzten Unterwerfung« sah. Diese doppelte Moral hat sie – wie übrigens viele Frauen – nicht erkannt, hat Fichtes Postulat nach Mündigkeit und Freiheit auf den Menschen, und damit auch auf sich, die Frau, bezogen.

Doch ist auch die späte Friederike eine Rebellin geblieben, auch in einer Zeit der Restauration, des zunehmenden Antisemitismus, in der unter dem Einfluß der Napoleonischen Kriege die heitere Geselligkeit der Salons verschwand. Statt dessen entstanden Vereinigungen wie etwa die »Christlich-deutsche Tischgesellschaft«, die u. a. von Fichte, Arnim, Iffland und Schleiermacher gegründet wurde, sich antisemitisch und männerbündlerisch gab und keine Juden und Frauen aufnahm.

Sie hat sich unter dem Einfluß der Napoleonischen Kriege schließlich auch für Politik interessiert, fleißig die Zeitung gelesen und Freundschaft mit Bettina von Arnim geschlossen, die als erste sozialkritische Autorin Deutschlands bezeichnet werden kann. Sie begeisterte sich für die Juli-Revolution und sympathisierte mit der sozialutopischen Bewegung des Saint-Simonismus, die die neuen, mit der ersten industriellen Revolution entstehenden Probleme erkannte und nach Lösungen suchte.

Endlich etabliert, bekannte sie sich wieder zur Situation der Außenseiterin. Und zum Judentum: »… Wir sind *neben* der menschlichen Gesellschaft. Für uns ist kein Platz, kein Amt, kein eitler Titel da! *Alle* Lügen haben einen: die ewige Wahrheit, das richtige Leben und Fühlen … hat keinen! Und somit sind wir ausgeschlossen aus der Gesellschaft …«, schreibt sie an Pauline Wiesel.

Die aus einer rücksichtslosen Gesellschaft Ausgestoßenen – die Juden und die Frauen – stehen für das Humane, weil sie durch ihre Leiden zum Mit-leiden fähig sind.

Als Rahel in ihrem 62. Lebensjahr nach langem, nicht genau zu definierendem Leiden starb, lobte der Priester, der die Grabrede hielt, besonders ihre »Demuth und Frömmigkeit, womit sie in allen ihren Erscheinungen das Maß der Weiblichkeit inne zu halten wußte«. Das war es, was die Nachwelt hören wollte: die Einengung ungewöhnlicher, den Rahmen sprengender Frauen auf das gebotene Mittelmaß.

Bei Rahel hat dieser Mechanismus allerdings nicht funktioniert. Sie ist – dank Varnhagen – als außerordentliche Frau in die Geschichte eingegangen.

Eine Preußin in Wien: Fanny Arnstein
(1758–1818)

Der Salon der Rahel Levin-Varnhagen war sicherlich der bedeutendste dieser Epoche. Weder jener der Henriette Herz noch der von Elise von Hohenhausen, Helmina von Chézy oder etwas später von Hedwig Olfers haben auch nur annähernd dieses Format erreicht. Im reaktionären Klima des Biedermeier konnten emanzipatorische Ansprüche, konnte Neues, Überraschendes, Bewegendes nicht gedeihen. Die alte Sarah Levy, eine der Töchter des reichen jüdischen Bankiers Daniel Itzig, bewahrte als eine der letzten die Tradition des jüdischen Salons in Berlin.

In Wien hingegen hat eine ihrer Schwestern, Fanny, verheiratete Arnstein, eine überragende Rolle gespielt. Ihr Salon, den sie bald nach ihrer Heirat mit dem jüdischen Wiener Finanzmann Nathan Arnstein im Jahre 1776 eröffnete, konnte sich unter der Regierungszeit des toleranten Joseph II. zum prächtigsten, aufwendigsten und berühmtesten in der Wiener Geschichte entwickeln.

Allerdings war sie nicht die erste, die in Wien zu derartigen Geselligkeiten lud. Vielmehr fanden im Haus der Charlotte Greiner, die vor ihrer Heirat mit dem angesehenen kaiserlichen Beamten Franz Sales von Greiner als Lieblingshofdame Kaiserin Maria Theresias eine gute Erziehung genossen hatte, schon früher beliebte und geachtete Zusammenkünfte statt. Im Greinerschen Salon haben berühmte und bekannte Persönlichkeiten wie der Schriftsteller, Hofsekretär und Dramaturg Joseph Schreyvogel, der aus Steyr stammende, antiklerikale Schriftsteller Aloys Blumauer, Joseph von Sonnenfels, Georg Forster, Mozart und Haydn sowie Gottfried van Swieten, Sohn des berühmten Arztes Gerhard van Swieten, verkehrt. Ihre Tochter Karoline, die später den Salon der Mutter weiterführen sollte und damit zu einer Konkurrentin der Arnstein wurde, ist also – ebenso wie Germaine de Staël – bereits in einer

Atmosphäre lebendiger Intellektualität und Geistigkeit aufgewachsen. Was allerdings nichts an ihrem gleichzeitig anerzogenen und lebenslang gepflegten Bild häuslicher Weiblichkeit änderte, das ihr den Ruf einer etwas hausbackenen »Madame Biedermeier« einbrachte.

Fannys Persönlichkeit hingegen bleibt ohne wirkliche Konturen, fast verschwindet sie hinter all den glänzenden Namen, den hohen Gästen, die in ihrem Salon verkehrten. Sie hat nicht nur kein schriftstellerisches Werk, sie hat auch kaum Briefe und Notizen hinterlassen, wir kennen keine Zeugnisse einer persönlichen Weltdeutung, wissen auch nicht, ob und inwieweit sie zu frauenemanzipatorischen Fragen Stellung genommen hat, und sind bei der Beurteilung ihrer Person auf die Sicht von – meist männlichen – Zeitgenossen angewiesen. Als »eine hohe, schlanke Gestalt, von Schönheit und Anmuth strahlend«, beschreibt sie Varnhagen, die »in Wien eine höchst auffallende und merkwürdige Erscheinung« war. Er begeistert sich an ihrem »vornehmen Ton, lebhaften, feurigen Ausdruck, scharfen Verstand und Witz«. Außerdem sei sie »nicht ohne Belesenheit und fremde(r) Sprachen …«. Ein unbekannter junger Bayer hingegen rühmt ihre Gastfreundschaft: »Gegen jeden Fremden ist sie fast gleich artig und weiß ihn augenblicklich in ein angenehmes Verhältnis zu versetzen«. Auch Gentz, der Judenverächter, der später den Bruch mit Fanny vollzog, fühlte sich lange vom Arnsteinschen Haus angezogen, denn es »ist die größte, und gewissermaßen die einzige Ressource aller hier ankommenden Fremden …« Ebenso sah der Berliner Staatsrat Stägemann in ihr »eine für mich interessante, gescheite Frau, ungemein lebendig, aber ernsthaft und durch vielen Umgang für die Welt gebildet, weiß sich überall zu mäßigen«. Varnhagen rühmte auch ihre »thätigste Mithülfe«, die sie den Verwundeten und Armen nach den Napoleonischen Kriegen zukommen ließ. Allerdings erboste er sich auch in einem Brief an Rahel über eine »Fluth von Schimpfreden« im Hinblick auf Erzherzog Karls Heerführung und meint, daß Fanny »… in Ton und Worten gemein« geworden sei und daß er sie »überhaupt nicht lieblich finde und jetzt ganz unausstehlich fand«.

Sicher war sie eine energische, leidenschaftliche und hochpolitische Frau, die sich in politischen Diskussionen kein Blatt vor den Mund genommen hat. Auch scheint die als Franzosenhasserin bekannte

Fanny, deren Salon ein wichtiges preußisches und österreichisches Zentrum gegen Napoleon geworden war, die politische Entwicklung zunehmend bedrückt zu haben. Zumindest fand der deutsche Schulmann und Archäologe Karl August Böttger, der Fanny in der Zeit vor dem Wiener Kongreß traf, daß sie » mit den Jahren heftig und bissig« und »sehr bitter auf die große Nation und ihren Autocrator« geworden sei. Auch daß sie noch gegen Napoleon konspirierte, als dieser bereits der Schwiegersohn des österreichischen Kaisers geworden war, wurde an höchster Stelle übel vermerkt.

Es gibt ein Bild von einem unbekannten Künstler, das Fanny als junge Frau mit sprechenden, etwas schräg gestellten Augen zeigt, einem graziösen, schlanken Hals und dunklen, die Stirn und seitlich das Oval ihres Gesichtes umrahmenden Locken. Es ist ein sehr junges Gesicht, vielleicht wurde es in der Zeit gemalt, als sie, erst 17 Jahre alt, nach Wien in das große, herrschaftliche Haus am Graben gekommen ist, in dem die Arnsteins immerhin 13 Bedienstete beschäftigten und wo 1781 auch der junge Mozart gewohnt hat, unter den Kammerdienern, Kutschern und Stubenmädchen im dritten Stock, bis er seine Konstanze ehelichte. Um die Jahrhundertwende, als die Arnsteiner als erste Wiener Juden in den Freiherrnstand aufgenommen wurden, zog die Familie in die Herrengasse 34 – das Palais Wilczek – und später in ein Haus am Hohen Markt.

Bei Fanny, die sich zeitlebens als Preußin fühlte, haben nicht nur die Gegner Napoleons, sondern auch die eigenen Landsleute verkehrt. Alle waren sie im Arnsteinschen Haus und später auch bei der ebenfalls nach Wien verheirateten Schwester Cäcilie Eskeles zu Gast, nicht nur Varnhagen und Rahel, auch Henriette Herz, Staatsrat Stägemann, Dorothea und Friedrich Schlegel. Und natürlich hat auch Madame de Staël während ihrer Wien-Aufenthalte in ihrem Salon verkehrt.

Seine Glanzzeit erlebte Fannys Salon zur Zeit des Wiener Kongresses, als sechs Monarchen mit großem Gefolge nach Wien gekommen waren, um die Landkarte Europas neu zu ordnen. »Arnstein und Eskeles – beide Häuser sagen es selbst – geben durch die Zeit des Kongresses alltäglich mittag und abends Tafel …«, berichtet ein Konfident der Polizeihofstelle. Und Varnhagen schwärmt von »Personen höchsten Ranges und ausgezeichnetster Bedeutung«, die sich in ihren Sälen eingefunden hätten. »Man konnte an demselben

Abend den Herzog von Wellington, den Cardinal Consalvi, den Fürsten von Hardenberg, die Grafen Kapodistrias (Capo d'Istria) und Pozzo di Borgo, den Freiherrn von Humboldt, die Prinzen von Hessen-Homburg, die Grafen von Bernstorff, von Münster und von Neipperg und viele andre solchen Ansehens, aus der gedrängten Menge auslesen …«

Daß es einer Jüdin gelungen war, den höchsten Adel um sich zu sammeln, ist auf das noch immer einigermaßen tolerante gesellschaftliche Klima in Wien zurückzuführen, an dem Fanny entscheidenden Anteil hatte. »Die freie, geachtete, dem Zwang der Vorurteile enthobene Stellung, deren später und jetzt die mosaische Glaubensgenossen in Wien sich erfreuen, ist ganz unleugbar erst mit und durch das eindringliche Wirken und Walten der Frau von Arnstein gewonnen worden …«, berichtet Varnhagen. In Preußen hingegen kündigten sich bereits neue Pogrome an. Hier hatte ein K.W. Fr. Grattenauer, Berliner Jurist und Anwalt von Gentz, ein anonymes Pamphlet unter dem Titel »Wider die Juden. Ein Wort der Warnung an unsere christlichen Mitbürger« herausgegeben, in dem der alte Judenhaß aufgewärmt und die schöngeistigen Jüdinnen, die mit ihren Salons inzwischen das kulturelle Leben bestimmten, verspottet und verhöhnt wurden.

Fanny war zur Zeit des Wiener Kongresses bereits weit über 50 Jahre alt. Doch ist sie uns in ihrem persönlichen Dasein nicht greifbarer geworden. Sehr viel bleibt in Dunkel gehüllt, so etwa jene mysteriöse Affäre mit Fürst Carl von Liechtenstein, der häufig in ihrem Haus verkehrte und mit dem sie ein Liebesverhältnis gehabt haben soll, was jedoch nicht bewiesen werden kann. Nach seinem tragischen Tod – er starb bei einem Duell, dessen Anlaß sie unverschuldet gewesen ist – soll sie sich, einem Bericht Varnhagens zufolge, jährlich an seinem Todestag trauernd in ein mit schwarzem Tuch ausgekleidetes Kabinett eingeschlossen haben, das niemand außer ihr betreten durfte.

Belegt ist ihre große Wohltätigkeit, mit der sie nach den Napoleonischen Kriegen und nach dem Staatsbankrott von 1811 die furchtbare Not der Armen lindern half. Sie war Mitglied eines hochadeligen Wohltätigkeitskomitees, der so klingende Namen wie die Fürstin von Auersperg, Fürstin von Esterházy und Fürstin von Lobkowitz angehörten. »Es gibt keinen Ausdruck, würdig genug die edlen

Handlungen der edelsten Menschenfreundin, der Baronesse von Arnstein, geborene von Itzig, zu bezeichnen«, meldete eine anonyme Anzeige in der Wiener Zeitung.

Aber Fanny hat sich auch noch anders verdient gemacht: Als Andreas Hofer und Joseph Speckbacher nach Wien kamen, um Waffen und Geld aufzutreiben, wurden sie großzügig von ihr unterstützt, und das Bankhaus Arnstein und Eskeles spendete bedeutende Summen.

Ihre einzige Tochter Henriette, die 1802 Heinrich Pereira geheiratet hat – das Bankhaus hieß seither Arnstein-Pereira – und später zum Christentum übergetreten war (Fanny selbst blieb lebenslang ihrem jüdischen Glauben treu), setzte die Tätigkeit der Mutter fort. Sie führte einen Salon, in dem Beethoven, Grillparzer, Radetzky und Ottilie von Goethe verkehrten, war, so wie ihre Mutter, Ausschußdame des Wohltätigkeitskomitees adeliger Frauen und übernahm die Oberaufsicht des Marienspitals in Baden.

Über die letzten Jahre Fannys hat Rahel in Augenblicksbildern berichtet. Während des Wiener Kongresses, als sie sich monatelang im Arnsteinschen Landhaus in Baden aufhielt, schreibt sie begeistert von Ausflügen in das »göttliche(n), zu wenig berühmte(n) Helenen-Thal«, von lustigen Abenden und einer nach dem Sturz Napoleons wieder liebenswürdigen Fanny. Etwas später, während einer Reise nach Frankfurt, erscheint Fanny ein wenig sprunghaft, verwirrt und zerfahren, unruhig und rastlos.

Sie starb am 8. Juni 1818 an einer »Lungeneiterung«. Ihr Begräbnis fand nach altjüdischem Ritus statt.

»Madame Biedermeier«: Karoline Pichler
(1769–1843)

Das Konkurrenzunternehmen der Arnstein, der Salon der Karoline Pichler, war von anderer Art. Hier ging es wesentlich bescheidener, aber auch gemütvoller zu. Die Gäste trafen sich im kleinen Kreis um die unvermeidliche Teekanne gruppiert, die Damen strickten, die Herren berichteten letzte Neuigkeiten vom Hof, vom Kontor, aus der Künstlerwelt. Es ist das beschauliche Bild einer biedermei-

erlichen Idylle, das Karoline immer und immer wieder in ihren
»Denkwürdigkeiten« malt und das sie so beharrlich gegen eine her-
aufziehende, hektischere neue Zeit der Eisenbahn, des Maschinen-
baus, aber auch der Kaffeehäuser und des Tabakrauchens verteidigt
hat.

Und doch hat die Pichler einen bedeutenden Salon geführt, der zu
den Sehenswürdigkeiten Wiens gehörte und den jede einigermaßen
angesehene Persönlichkeit besucht haben mußte.

Eine Zeichnung von Josef Kriehuber zeigt sie mit unter dem Kinn
zusammengebundenem Rüschenhäubchen, aus dem ein paar sorgfältig frisierte Locken lugen. Ihr freundlicher, ein wenig nachsichti-
ger Gesichtsausdruck, die sittsam im Schoß übereinander gelegten
Hände vermitteln den Eindruck einer gesetzten Matrone mittleren
Alters, häuslich, mütterlich und von jeder weiblichen Emanziption
meilenweit entfernt. Tatsächlich hat Karoline diese »femmes supérieu-
res« nur mit Schrecken betrachtet und bei jeder sich bietenden Gelegenheit ihre Häuslichkeit betont. Sie spricht von dem
»unselige(n) Geschwätz von der Emanzipation der Frauen, dieser
schrecklichsten Abirrung vom Pfade der Natur« und meint, »daß
der notwendige Geschlechtscharakter … uns (den Frauen) die untergeordnete Rolle mit Recht angewiesen« hat. Daß sie gleichzeitig
eine gefeierte Schriftstellerin war, deren Theaterstücke sogar im
Burgtheater aufgeführt wurden, gehört zu den Widersprüchlichkeiten ihres Lebens, die in ihren autobiographischen Aufzeichnungen
einen deutlichen Niederschlag finden.

Anders als Fanny von Arnstein hat Karoline Pichler der Nachwelt
von sich ein lebendiges, detailliertes Bild hinterlassen. Dafür sorgen
vor allem ihre Lebenserinnerungen, in denen sie nicht nur anschaulich über das damalige Wiener Kultur-und Geistesleben, sondern
auch ihr eigenes Leben berichtet. Sie gehört damit zur ersten Generation österreichischer Schriftstellerinnen, die Autobiographien
schrieb. Wohl weil sie sich der Ungewöhnlichkeit ihres Tuns bewußt war, wollte sie diese persönlichen Aufzeichnungen ursprünglich gar nicht veröffentlichen, sondern lediglich als Erinnerung für
ihre Familie verstanden wissen. Dann jedoch ermächtigte sie ihre
verwitwete Tochter, das Manuskript, das wahrscheinlich 1841, also
zwei Jahre vor ihrem Tod fertiggestellt wurde, in Druck zu geben,
um damit deren finanzielle Lage aufzubessern.

Karoline Pichler

Karolines Mutter, die bereits erwähnte Charlotte Greiner, deren Salon im Geist der Aufklärung geführt wurde, muß eine außergewöhnliche Frau gewesen sein. Ungemein gebildet und gar nicht von der Notwendigkeit weiblicher Unterwürfigkeit überzeugt, hat sie Mary Wollstonecrafts »A Vindication of the Rights of Women« gelesen, und sich außerdem sehr für die Wissenschaften interessiert. Lange vor Bachofen war sie zu der Ansicht gelangt, daß es so etwas wie ein frühes Matriarchat gegeben haben muß, weil, wie ihre Tochter berichtet, »die Frauen ursprünglich von der Natur und Vorsicht zur Herrschaft bestimmt seien, und dieses Vorrecht durch eine Art von Usurpation des männlichen Geschlechtes, welches uns an physischen Kräften übertrifft, verloren haben«.
Eine erstaunliche Erkenntnis für eine Frau aus der Zeit Maria Theresias!
Karoline hingegen konnte sich mit derart revolutionären Ansichten wenig anfreunden. Auch empfand sie die dominierende Persönlich-

keit der Mutter, die selbst dem Salon der erwachsenen Tochter noch vorstand, als bedrückend. Weshalb ihre auffallende Betonung braver, sich unterordnender Weiblichkeit auch als Protest gegen eine übermächtige Mutter verstanden werden kann.

Die Pichler hat ihre Häuslichkeit immer vor ihre Schriftstellerei gestellt, erst nach Erledigung der Pflichten einer Hausfrau und Mutter darf sich eine Frau anderen Tätigkeiten widmen. Frauen, die ihre Intelligenz betonten, waren ihr ein Greuel: »Eine gelehrte Frau und Schriftstellerin kennen zu lernen, war mir im voraus nicht angenehm, weil diese Wesen alle, besonders die aus Norddeutschland ... selten wahre Frauen, und größtenteils nur ›weibliche Naturen‹ waren, wie damals der Modeausdruck sie bezeichnete, die in kein häusliches, in kein bürgerliches, in kein Familienverhältnis paßten, und meistenteils den Bann, den die Männer auf weibliche Schriftstellerei legten, nur zu sehr rechtfertigten.« Die Unvereinbarkeit derartiger Ansichten mit ihrem eigenen Leben muß ihr allerdings bewußt gewesen sein, denn sie fügt hinzu: »Es wird manchem, der dies liest, seltsam auffallen, eine Frau, welche selbst schreibt, so über ihre Kunstgefährtinnen reden zu hören; aber es war nun einmal meine individuelle Ansicht, und daß sie sich nicht auf alle erstreckte, denen die Musen ihre Gaben mitgeteilt, läßt sich daraus erkennen, daß Frau von Schlegel, von Weißenthurn, Fräulein Artner und andere schriftstellernde Frauen ... mir vom ersten Augenblicke an teuer waren und blieben.«

Daß die Genannten über die nötigen »weiblichen Tugenden« verfügten, die in den Augen der Pichler Gescheitheit einer Frau erst erträglich machten, braucht nicht betont zu werden.

Männliche Überlegenheit erschien ihr gottgewollt und natürlich, und jeder diesbezügliche Zweifel ein Sakrileg.

Gleichzeitig jedoch hat Karoline auch das männliche Geschlecht wegen mangelnder »kräftiger Männlichkeit« kritisiert. »Sein höchstes Bestreben scheint Lebensgenuß und die raffinierteste Bequemlichkeit zu sein – auch im struppigen Bart, in nachlässiger Haltung, Achtlosigkeit im Betragen gegen andere, besonders gegen Frauen, besteht die ganze Heldenkraft unserer Zeitgenossen.«

Natürlich pflegte der Pichlersche Salon, der etwa in der Zeit von 1800 bis 1830 seine Blütezeit erlebte, das konservative Element. Hier verkehrten vor allem das gehobene Bürgertum, der niedere

Adel sowie Künstler und Literaten. Die patriotisch-traditionell denkenden Kräfte sammelten sich um den Historiker und Politiker Hormayer, den Dichter und Historiker Hammer-Purgstall, die Brüder Collin und den Geschichtsschreiber Schneller. Unter ihrem Einfluß hat sich Karoline in ihren zahlreichen Romanen auch zunehmend mit Themen der vaterländischen Geschichte beschäftigt. Aber auch der Freiheitsdichter Theodor Körner, der Frühromantiker Ludwig Tieck, Clemens Brentano, der Revolutionär Georg Forster und Franz Grillparzer haben ihren Salon besucht. Ebenso willkommen war das inzwischen »geläuterte« und nach ihrem Übertritt zum Christentum äußerst fromm gewordene Ehepaar Dorothea und Friedrich Schlegel, mit dem Karoline in der Folge eine herzliche Freundschaft verband. Hatte sich doch Dorothea, wie Karoline Pichler mit Befriedigung bemerkte, von dem »Urbild der schönen, lüsternen, freien Lucinde« inzwischen gelöst und zu einer Persönlichkeit entwickelt, in der »so viel echt weibliche Würde, sittsamer und feiner Anstand« zu finden war, daß es unmöglich schien, »auch nur einen Augenblick länger an jenes schlüpfrig, unsaubere Bild zu denken …«. Auch die ebenfalls konvertierte, alte und enttäuschte Henriette Herz, die einige Zeit bei Dorothea wohnte, verkehrte im Pichlerschen Salon.

An der Entwicklung, die diese Menschen genommen haben, läßt sich erkennen, wie sehr der Geist der Reaktion die Aufbruchsstimmung der Französischen Revolution ebenso wie jene der Frühromantik inzwischen unter sich begraben hat.

Dabei hat die 1769 geborene Karoline eine durchaus fundierte, für ein Mädchen sogar außergewöhnliche Erziehung erhalten. Gemeinsam mit ihrem um drei Jahre jüngeren Bruder erhielt sie Unterricht in verschiedenen modernen Sprachen, in Latein, Deutsch, Mathematik, Naturgeschichte und Religion. Für Karoline stand dann noch Klavierspielen auf dem Lehrplan, Zeichnen und natürlich hauswirtschaftliche Tätigkeiten. Nach ihren Beschreibungen war sie ein ungestümes Kind, das »besser zum Knaben getaugt hätte«, aber »für ein Mädchen viel zu wild und entschieden …« war. Ihre Sozialisation im Sinne weiblicher Anpassung hatte also ganze Arbeit geleistet. Auch wollte sie – nach zwei gescheiterten Liebesbeziehungen – gar nicht heiraten, sondern sich um ihre Eltern kümmern und nach deren Tod mit einer Freundin zusammenziehen.

Schließlich hat sie sich, bereits 27jährig, aber doch für eine Vernunftehe mit einem Mitarbeiter ihres Vaters, Andreas Pichler, entschlossen, womit sie auch einem Wunsch ihrer Eltern entsprach. Später betrachtete sie die Ehe als die eigentliche Bestimmung der Frau, betonte die Unauflöslichkeit des Ehebundes und äußerte sich abwertend über alle jene, die ihn nicht schließen wollten. Doch sind auch hier Widersprüchlichkeiten in ihren Ansichten festzustellen: In einem Aufsatz aus dem Jahre 1810 »Über die Bildung des weiblichen Geschlechts« sieht sie sehr wohl auch in der Berufstätigkeit der Frau eine Möglichkeit zur Existenzsicherung, und auch im Zusammenhang mit ihrer Tochter hat sie stets betont, daß diese nicht auf eine Versorgungsehe angewiesen sei.

Vorerst wohnten das junge Ehepaar und die 1797 geborene Tochter Lotte zusammen mit den Eltern am Neuen Markt, später, nach dem Tod des Vaters, mußte sich die Familie finanziell einschränken und in ein Haus in die Alservorstadt ziehen, damals von dörflichem Charakter und umständlich zu erreichen, was die Beliebtheit ihres Salons umso erstaunlicher macht.

1802 wurde ihr Mann Regierungsrat bei der Niederösterreichischen Landesregierung, leitete dort das Wohlfahrtswesen und war für die Holz- und Lebensmittelversorgung der Stadt Wien zuständig, eine Tätigkeit, die ihn häufig nach Baden verschlug, wo die Familie dann jährlich kurte. Damit war auch Kontakt mit den Arnsteins, den Pereiras und den Eskeles gegeben, die im Arnsteinschen Haus, wo sich »ganz Baden traf«, verkehrten. Besonders zu Fannys Tochter Henriette Pereira hatte die Pichler ein herzliches Verhältnis, das im kleinen, gemütlichen Rahmen stattfindende Beisammensein sagte ihr mehr zu als die glänzenden Feste der Arnsteins.

Rahel hat sie weniger gemocht, sie gehörte zu jenen Frauen, an denen sie weibliche Tugend und Anmut vermißte. Auch Bettina von Arnim war ihr zu eigenwillig und unangepaßt. Ein besonders delikates Verhältnis hatte sie zu Germaine de Staël, mit der sie mehrmals zusammengetroffen war und über die sie uns eine Beschreibung hinterlassen hat, in der ihre Abneigung und ihr Mißfallen nicht zu übersehen ist: »Sie war eine ziemlich große, starke Frau, über alle Jugend hinaus, mit bedeutenden, aber nicht angenehmen Zügen, deren Ausdruck – in dem vortretenden Mund und Kinne, in der ganzen etwas mohrischen Bildung – mir eine überwiegende

Sinnlichkeit zu verkünden schien, und deren auffallender, ich möchte sagen gewagter Anzug Ansprüche anzeigte, welchen sowohl die Jahre als die ganze unanmutige Erscheinung nicht entsprachen.«

Zwar rühmt sie an anderer Stelle den »ungemein schöne(n), weiche(n) Ton ihrer Stimme« und ihren »gewälten Ausdruck«, spricht auch von der Wertschätzung, die sie ihrem schriftstellerischen Werk entgegenbringt, insgesamt jedoch kann sie ihre Abneigung dieser »femme supérieure« gegenüber nicht verbergen, wobei sie sich nicht nur mehrmals über deren »übel gewählte Toilette«, sondern auch über den »befehlenden Ton« empört, den Germaine gegenüber ihrem Begleiter August Wilhelm von Schlegel anschlug. Was sie nicht wissen konnte: Der berühmte Dichter, Literat und Shakespeare-Übersetzer hatte sich, hingerissen von dem geistvollen Charme Germaines und ganz in Übereinstimmung mit dem Gefühlsüberschwang der Romantik, in einem Dokument Madame de Staël auf Lebenszeit als Sklave verdungen: »... Verfügen Sie über meine Person und mein Leben, befehlen und verbieten Sie – ich werde Ihnen in allen Stücken gehorchen ...«

Karoline wäre über derartige Äußerungen entsetzt gewesen.

Natürlich hat sich auch Germaine über »la Muse de Faubourg« – die Muse aus der Vorstadt – lustig gemacht. In beiden prallten Welten aufeinander, wie sie unterschiedlicher kaum sein können.

Nach dem Tod ihres Mannes, 1837, wurde es still um Karoline. Die Geselligkeiten im berühmten »blauen Zimmer« verflüchtigten sich. Die neue Zeit hat sie nicht mehr begriffen. Dafür widmete sie sich ihrer verwitweten Tochter, die zu ihr gezogen war, und den Enkelkindern. Als sie 1843 starb, begleiteten sie nur wenige alte Freunde auf den Friedhof. Aber 1901 belohnte die Stadt Wien die brave Angepaßtheit der Pichler mit einem Ehrengrab am Zentralfriedhof.

Derartiges konnte den kühnen Streiterinnen für die Frauenemanzipation nicht passieren.

»Lucinde« und der Jenaer Kreis

Im Jahre 1799 schlug ein Buch wie eine Bombe ein. Es trug den Titel »Lucinde«, und sein Verfasser war Friedrich Schlegel.

Was war an diesem Roman so skandalös, daß er nicht nur im braven Bürgertum einen Sturm der Entrüstung hervorrief, sondern sich selbst enge Freunde davon distanzierten?

Hier wurde ein Liebespaar geschildert, Julius und Lucinde, das sich der freien, durch keinen Trauschein sanktionierten Liebe nicht nur offen hingab, sondern sie auch lustvoll genoß. Aber das war noch nicht der eigentliche Skandal. Dieser wurde vielmehr dadurch erzeugt, daß hier nicht nur der Mann, sondern auch die Frau Lust empfand. Das hatte es noch nicht gegeben und galt auch in den nächsten 100 Jahren als äußerst suspekt. Hatte doch Sigmund Freud noch zu Beginn des 20. Jahrhunderts der Frau eine eigene Libido abgesprochen.

»Lucinde« rüttelte an den Grundfesten des moralischen Selbstverständnisses dieser Zeit. Denn das Weib, so meinte etwa ein Dr. Becker belehrend, »dulde, gleich der sanften Rose, daß der Mann ihre Reize geniesse, aber … Geilheit und Schamlosigkeit, Unersättlichkeit im Genusse der ehelichen Freuden schänden das Weib, und entkräften den Mann …« Und der große Königsberger Philosoph Immanuel Kant stellte fest: »Das Weib ist verweigernd, der Mann ist werbend.«

Eine weitere Steigerung erhielt die allgemeine Empörung, als ruchbar wurde, daß die Romanheldin keine fiktive, sondern eine wirkliche aus Fleisch und Blut war, nämlich Dorothea Mendelssohn, Geliebte Friedrich Schlegels und zu allem Überfluß auch noch Jüdin.

Dorothea Schlegel (1763–1839)

Wie hat Dorothea, geborene Mendelssohn, geschiedene Veit, das ertragen?

»Oft wird mir es heiß und wieder kalt ums Herz, daß das Innerste so herausgewendet werden soll«, klagt sie Schleiermacher, einem der wenigen, die zu ihr hielten, »was mir so heilig, so heimlich; jetzt nun allen Neugierigen, allen Hassern Preiß gegeben … Ich denke aber wieder: all diese Schmerzen werden vergehen, mit meinem Leben, und das Leben auch mit, und alles was vergeht, sollte man nicht so hoch achten, daß man ein Werk drum unterließe, das Ewig seyn wird …«!

Arme Dorothea! Sie hat es wohl als Opfer empfunden, dargebracht ihrem geliebten Friedrich und seinem unsterblichen Ruhm. Sogar Caroline, mit Friedrichs Bruder August Wilhelm verheiratet und Mittelpunkt des Jenaer Kreises, dem auch Dorothea angehörte, meinte bestimmt: »Wenn ich seine Geliebte wäre, hätte es nicht gedruckt werden dürfen …«

Was den Roman zum Skandalon machte, war also die Forderung nach sexueller Gleichberechtigung. »Sie waren ganz hingegeben und eins«, heißt es hier, »und doch war jeder er selbst, mehr als sie es noch je gewesen waren.« Der von den Romantikern angestrebte androgyne Mensch sollte im Liebesspiel, das einen Rollentausch zuließ, verwirklicht werden. So überlegt Julius im Gespräch mit Lucinde, »… ob dir die schonende Heftigkeit des Mannes besser gelingt oder mir die anziehende Hingebung des Weibes … Ich sehe hier eine wunderbare sinnreich bedeutende Allegorie auf die Vollendung des Männlichen und Weiblichen zur vollen ganzen Menschheit.«

Damals waren solche Sätze ungeheuer revolutionär. Sie wirkten bedrohlich, weil sie den geschlechtsspezifischen Rollenzwang aufheben und Mann und Frau in gleicher Weise als Mensch begreifen wollten.

Aber hielt die weibliche – und gleichzeitig damit die gesellschaftliche Realität ganz allgemein – diesen schönen Worten auch stand? Konnte Dorothea, konnten die anderen herausragenden Frauen der Romantik die hochgespannten Erwartungen, die da an sie gestellt wurden, erfüllen?

Dorothea konnte es nicht! Sie wurde nicht zu jenem weiblichen Subjekt, das sich die männlichen Theoretiker ausgedacht hatten, zu jenem »selbständigen« Wesen, das sich im Konzept der Romantiker »zu sich selbst« befreien sollte. Den Zwängen eines weiblichen Rollenmusters ausgesetzt, konnte sie diesen männlichen Vorstellungen von Freiheit nicht folgen. Wie sollte sie das auch in einer Zeit, in der Frauen immer noch als unmündige Anhängsel ihrer Männer galten, von der Vormundschaft des Vaters in jene des Ehemannes wechselten und jeder Versuch, sich davon zu befreien, streng bestraft und geahndet wurde?

Der kühne Entwurf der Frühromantiker, wie er in den Köpfen dieser Männer entstand, hat die nach wie vor unterprivilegierten, aus dem Rechtssystem, dem Bildungswesen, dem Berufsleben ausgeschlossenen Frauen meist grenzenlos überfordert. Selbst Caroline Schlegel-Schelling, von Schlegel als »Genie des Weiblichen« verstanden, die es wagte, einzig auf die Stimme ihres »inneren Gesetzes« zu hören (Lüthi), und in der die Romantiker glaubten, ihre gesuchte Einheit von Kunst und Leben gefunden zu haben, ist den Ansprüchen, die an sie gestellt wurden, nach nervlichen Zusammenbrüchen entflohen, was gleichzeitig ein Auseinanderbrechen des Jenaer Kreises zur Folge hatte, dessen revolutionäre Ideen letztlich im reaktionären Klima des Biedermeier versickerten.

Dorotheas emanzipatorische Tat bestand in der Scheidung von ihrem Mann Simon Veit nach 17 Ehejahren und der darauffolgenden Heirat mit dem um acht Jahre jüngeren Friedrich Schlegel. Ein Ereignis, das, zusammen mit dem Skandal um die etwa zur gleichen Zeit erschienenen »Lucinde«, ihre Kräfte derart erschöpfte, daß sie sich nie mehr so richtig davon erholt hat. Hinausgeworfen in eine Öffentlichkeit des bösen, gehässigen Klatsches, verlassen und geächtet von den meisten Freunden, blieb ihr nur Friedrich, ihr Mann, dessentwegen sie diesen Ausschluß auf sich genommen hatte, mit dem sie sich identifizierte und an den sie sich ab nun mit einer absoluten, eigenes Denken und Handeln weitgehend ausschließenden Hingabe verströmte.

Und die öffentliche Meinung, die berühmtesten Künstler und Philosophen gaben ihr darin recht. »Das Weib *gibt*, indem es sich zum *Mittel* der Befriedigung des Mannes macht, ihre Persönlichkeit, sie erhält dieselbe, und ihre ganze *Würde* nur dadurch wieder, daß sie es aus Liebe für diesen *Einen* getan habe …«, meint Johann Gottlieb Fichte, mit dem Dorothea befreundet war. Und weiter: »Sie hat aufgehört, das Leben eines *Individuums* zu führen; ihr Leben ist Teil seines Lebens geworden …«

So unmißverständlich hat kaum jemand das Gebot der Selbst-Enteignung der Frauen formuliert, das bis in das 20. Jahrhundert hinein Gültigkeit besaß.

Dorothea war die älteste Tochter des berühmten Juden Moses Mendelssohn, Philosoph und Schriftsteller der deutschen Aufklärung und mit allen bedeutenden Männern seiner Zeit wie Herder, Winckelmann, Kant und Lavater bekannt. Hauptsächlich auf seinen Einfluß ist es zurückzuführen, daß sich die Lage der Juden in Deutschland verbesserte und viele von ihnen zu Ansehen kamen. Brendel, wie Dorothea damals noch hieß, bewunderte und verehrte ihren Vater und nahm wohl auch früh an den Geselligkeiten in seinem Hause teil, wo Schriftsteller, Philosophen, Ärzte und hohe Beamte zusammentrafen, wenngleich das Gespräch Männern vorbehalten blieb und Frauen eher am Rande geduldet waren. Die Konflikte mit ihrer Mutter waren früh angelegt, Brendel hat sie eher bemitleidet und geringgeschätzt, so wie viele Vatertöchter dieser Zeit, so wie auch Rahel Varnhagen, Henriette Herz, Caroline Schlegel-Schelling. Mit den Müttern, bescheiden, unterwürfig, von ständigen Geburten erschöpft, konnten sich diese begabten Töchter nicht identifizieren, sie erlebten sie vielfach als einschränkend, ungeduldig, lieblos. Eingespannt in den häuslichen Alltag, in den Kreislauf von Geburt, Krankheit, Tod, konnten Mütter als Traditionsbewahrerinnen meist noch weniger Verständnis als Väter für ihre aufmüpfigen Töchter aufbringen, die anderes vom Leben erwarteten als eine ständige Vermehrung der Nachkommenschaft. Brendels Mutter Fromet brachte in zwei Jahrzehnten, zwischen 1763 und 1782, zehn Kinder zur Welt, von denen nur sechs überlebten. Bei der Geburt des letzten Kindes war sie bereits Mitte Vierzig.

Die Geburten waren gefahrvoll, und die meisten Frauen fürchteten sich davor. Viele sind im Kindbett gestorben, wie etwa Meta Klopstock, Sophie Mereau, Achim von Arnims Mutter, Lessings Frau, auch Mary Wollstonecraft. Etwa ein Viertel aller Neugeborenen starb im ersten Lebensjahr, mehr als ein Drittel im zweiten und etwa die Hälfte, bevor die Kinder fünf Jahre alt waren. Der Tod war vertraut und trotzdem sehr schmerzvoll. Wir wissen aus vielen zeitgenössischen Berichten, wie sehr die Mütter um ihre Kinder getrauert haben.

Brendel erhielt die für eine Tochter übliche Erziehung. Hauslehrer wurden vor allem für die Brüder engagiert. Denn der aufgeklärte Vater wußte durchaus, wo die Grenzen zu ziehen waren: »Gelehrt werden? Dafür behüte Sie Gott! Eine mäßige Lectür kleidet dem Frauenzimmer, aber keine Gelehrsamkeit. Ein Mädchen, das sich die

Augen rot gelesen, verdient ausgelacht zu werden«, schrieb Mendelssohn an seine Braut. Trotzdem hat die Tochter so ziemlich alles gelesen, dessen sie habhaft werden konnte: Klopstock, Claudius, Fielding und Rousseau. Gegen die arrangierte Ehe mit dem 17 Jahre älteren, angesehenen Baumwollhändler und Fabrikanten Simon Veit hat sich Brendel allerdings nicht gewehrt. Schließlich war sie erst vierzehn, als die Verlobung stattfand. Mit 19 Jahren hat sie 1783 den ungeliebten Mann geheiratet. Widerstand gegen den Vater wäre ihr vermessen erschienen.

1787, nach immerhin erst vier Jahren, wurde dann der erste Sohn geboren, der bald nach der Geburt starb. Es folgten noch drei Söhne, von denen zwei, Jonas und Philipp Veit, die späteren berühmten »Nazarener«*, überlebten. Aus Furcht, auch noch diese beiden Söhne zu verlieren, wurde Brendel zur übervorsichtigen, ängstlichen Mutter. »Mad. Veit geht fast nicht aus und stillt beständig«, schreibt Rahel ihrem Jugendfreund David Veit, einem Neffen Brendels. Als die Kinder größer waren, suchte sie Abwechslung und Zerstreuung in den verschiedenen Berliner Salons, am häufigsten in jenem der Henriette Herz, die ihr eine lebenslange Freundin wurde. Die »geistreiche, mit feuriger Einbildungskraft begabte Tochter Mendelssohns« (Henriette Herz), die sich inzwischen Dorothea nannte, wurde zu einer der bekanntesten Salondamen Berlins. Und dann, nach einer kurzen, leidenschaftlichen Affäre mit dem vornehmen Abenteurer Eduard d'Alton, von der bis heute nicht feststeht, ob sie rein platonisch oder doch recht handfest gewesen ist (er wurde später zum Vorbild für ihre Romanfigur »Florentin«), traf die inzwischen zunehmend frustrierte, in einer unerfüllten Ehe resignierende und trotzdem eine »lumpige Mittelstraße« (Dorothea) verachtende 33jährige 1797 ihr Schicksal: Friedrich Schlegel!

Der war erst 25 Jahre alt, begabt, gebildet, interessant. Er trug keinen Zopf, wie er damals bei preußischen Männern noch üblich war, sondern sein dunkles Haar ungekräuselt und ungepudert rund um den Kopf geschnitten, was ihn als Republikaner auswies. Er begegnete Dorothea im Salon der Henriette Herz und war sogleich wie vom Donner gerührt, daß es, wie die Herz berichtet, »sogar mir bemerkbar wurde«.

---

* Malergruppe, die sich ausschließlich religiösen Motiven widmete.

Ein Jahr später beschloß Dorothea, sich von Veit zu trennen, und nach einigem Widerstand von seiten des Gatten – Simon war es ganz offensichtlich entgangen, daß seine Frau neben ihm 17 Jahre lang unglücklich gewesen war – wurde die Scheidung im Januar 1799 durchgeführt. Zu damaliger Zeit ein noch eher seltener gesellschaftlicher Skandal, der die Frau meist ins Abseits sowie in finanzielle Not stürzte. Überhaupt bestand diese Möglichkeit erst seit Einführung des Peußischen Landrechts 1794, und die Bedingungen, denen Frauen dabei unterworfen wurden, waren meist erbärmlich. Für Dorothea bedeutete es, daß sie nur infolge der Großzügigkeit ihres Mannes wenigstens ihren sechsjährigen Sohn Philipp bis zu dessen zehntem Lebensjahr behalten durfte, aber auch nur dann, wenn sie sich nicht wieder verheiratete und ihre Religion nicht änderte. Damit war sie noch günstig dran, denn nach dem Preußischen Landrecht besaß der Vater selbst dann ein Anrecht auf die Söhne, wenn er schuldig geschieden worden war, und auch das Rabbinatsgericht sprach die beiden Söhne Jonas und Philipp dem Vater zu. Ebensowenig hatte Dorothea ein Recht auf die Rückgabe der Mitgift und des väterlichen Erbteils, doch erwies sich Simon auch im Hinblick auf eine Unterhaltszahlung relativ großzügig. Es war so viel, daß Dorothea mit ihrem Kind, wenn auch bescheiden, leben konnte. Andere Frauen konnten das oft nicht.

Aber sie war glücklich!

Nur wenige Freunde hielten in diesem Jahr, in dem auch die »Lucinde« erschien, zu ihr: Schleiermacher, Henriette, Rahel, Brinkmann. Daß eine Frau, dazu Jüdin, außerdem eine Intellektuelle und dann noch geschieden, in wilder Ehe mit einem wesentlich jüngeren Mann in ungeordneten finanziellen Verhältnissen ohne geregeltes Einkommen lebte, war nicht nur für die ganze jüdische Gemeinde – das war auch für die meisten Freunde ein Skandal.

Im Sommer 1799 zogen beide nach Jena, wo Friedrichs Bruder August Wilhelm mit seiner Frau Caroline und ihrer Tochter Auguste aus erster Ehe lebte und wo sich in der Folge mit dem Ehepaar Tieck, den Steffens, Novalis und Schelling jener legendäre »Jenaer Kreis« bildete, in dem für kurze Zeit etwas von der romantischen Utopie eines geglückten Daseins, einer Einheit von Leben und Kunst, verwirklicht wurde.

Nach dem Ausscheiden Caroline Schlegels, das ein Auseinanderbrechen des Kreises zur Folge hatte, verbrachte Dorothea zusammen mit Friedrich einige Jahre in Paris und Köln in meist sehr eingeschränkten Verhältnissen, ständig von finanziellen Sorgen geplagt und sehr viel allein, denn der Gatte befand sich häufig auf Reisen. Die große, leidenschaftliche Liebe war inzwischen verraucht, Friedrich war ihr gegenüber gleichgültig und egoistisch geworden. Warten, schrieb sie in dieser Zeit, »ist der Grundton meiner irdischen Bestimmung«, und oft war sie es derart leid, »daß man es kaum leben heißen mag«. Um ihre finanzielle Lage aufzubessern, arbeitete sie fleißig an Übersetzungen, häufig nach altfranzösischen Quellen, wie etwa an der »Geschichte der Jungfrau von Orléans« oder einer Autobiographie der Gemahlin Heinrichs IV., Margaretha von Valois. Auch Germaine de Staëls Roman »Corinne« hat sie übersetzt – alles unter Friedrichs Namen, selbstverständlich, betrachtete sie sich doch ausschließlich als einen »Gesellen«, denn Berühmtheit, so meinte sie, tue Frauen nicht gut. Glück und Glanz seien für sie nur über die Liebe zu erringen. Nach ihrem und Friedrichs Übertritt zum Christentum haben beide dann im Wien des Fürsten Metternich einen erzkatholischen Kreis um sich gesammelt, ihr früheres Leben als »Verirrung« und die »Lucinde« als ein »törichtes Buch« bezeichnet. Gegen den Willen Veits, der es als seinen »bitterste(n) Gram ... sein(en) Tod« bezeichnete, wenn die Söhne das Christentum annehmen würden, hat Dorothea auch die Konversion ihrer Söhne durchgesetzt, die dann als fromme »Nazarener« Geschichte machten. Als sich nach der französischen Juli-Revolution von 1830 eine Gruppe von Schriftstellern, der u. a. Heine, Börne und Gutzkow angehörten, gegen Zensur, Restauration und eine erstarrte Kirche wandten, empörte sich die Schlegel gegen diese »Buben, die sich unterstehen, in widerwärtiger Nachäfferei der Franzosen, sich das *junge Deutschland* zu nennen. Gott sey uns gnädig.« Und als die Bücher und Zeitschriften des »Jungen Deutschland« als sittenlos und antichristlich verboten wurden, fand dies sowohl ihre als auch der befreundeten Karoline Pichler volle Zustimmung, wie die reichhaltige Korrespondenz aus dieser Zeit beweist. Denn Dorothea hatte inzwischen nach dem Tod ihres Mannes 1829 Wien verlassen und war zur Familie ihres Sohnes Philipp gezogen, wo sie im Kreis zahlreicher Enkel ihre letzten Lebensjahre verbrachte.

Aus der emanzipatorischen, revolutionären Lucinde, Sinnbild der

freien Liebe, war eine bigotte, intolerante Frau geworden, eine Bie-
dermeier-Oma, mit Witwenhaube und unter dem Kinn zusammen-
gebundenen Haubenschleife, wie sie Franz Brentano, ein Schüler
Philipps, gezeichnet hat. Nicht nur in dieser Aufmachung gleicht sie
sehr ihrer Freundin Karoline Pichler. Die beiden haben sich auch
ansonsten blendend verstanden.

Caroline Schlegel (1763–1809)

Sie war das Zentrum des Jenaer Kreises – jene Frau, die Friedrich
Schlegel »in der Mitte traf«, wie er in der »Lucinde« meint. Nur
dem Bruder August Wilhelm zuliebe, den er zum Zeitpunkt seiner
Bekanntschaft mit Caroline bereits als deren zukünftigen Mann betrachtete, hat er auf sie verzichtet. Über eine mögliche Verliebtheit
Carolines wissen wir nichts. Ihr Einfluß auf Friedrich war jedoch
beachtlich – auf seine gesamte geistige Entwicklung, seine Auffassung von Kunst, Politik, von Frauen.
Anders als Dorothea, die vollkommen in Friedrich aufging, bekannte sich Caroline zu eigenen Meinungen und Ansichten, wagte es,
ganz aus sich heraus zu leben, ihrem eigentlichen Selbst treu zu
bleiben. Ihr früher Tod hat sie davor bewahrt, sich reaktionären
Tendenzen anpassen zu müssen – aber vielleicht wäre sie dazu auch
eine zu eigenwillige, zu starke Persönlichkeit gewesen.
Die Tochter des berühmten Gelehrten Johann David Michaelis wurde schon als Kind in ihrer Selbständigkeit gefördert. Der Vater, kri-
tischer Theologe und Orientalist in Göttingen, war so fortschrittlich, sich bereits 1740 für die Bildungsmöglichkeiten von Frauen
einzusetzen. In seinem Haus wurde auch die erste Studentin, die
17jährige Dorothea Schlözer, promoviert. Caroline betrachtete die
Schlözer, allerdings als dressiertes Opfer ihres ehrgeizigen Vaters
und lehnte »trockenes Bücherwissen« ab. Aus diesem Grund wollte
sie auch nicht studieren, obwohl ihr als einer der ersten Frauen diese Möglichkeit eingeräumt worden war. Allerdings las sie viel, beherrschte die französische, englische und italienische Sprache und
bewegte sich in einer geistvollen, anregenden Atmosphäre, wie sie
nur wenigen Mädchen ihrer Zeit geboten wurde.
Auch Caroline heiratete mit zwanzig einen ungeliebten Mann, dies-

mal auf Wunsch ihres heißgeliebten Bruders Fritz, der sie mit seinem Freund, den um 19 Jahre älteren Bergdoktor Johann Franz Wilhelm Böhmer, verehelicht sehen wollte. Sie zog mit ihm in das abgeschiedene Clausthal, das sie als »Kerker« empfand. »… ich erwarte nichts mehr von einer rosenfarbenen Zukunft … mein Loos ist geworfen«, schrieb die knapp 23jährige an ihre Schwester Lotte. Die Geburt der Tochter Auguste kostete Mutter und Kind fast das Leben, doch durfte dieses Kind wenigstens 15 Jahre alt werden, die drei anderen Kinder Carolines starben im Kleinkindalter.

1788 starb auch Böhmer, und die junge Witwe zog mit ihren zwei geborenen und einem noch ungeborenen Kind vorerst zu ihren Eltern nach Göttingen, später nach Mainz zu Therese Heyne-Forster, mit der sie eine eher ambivalente Beziehung verband.

Anders als Dorothea, die intensive Frauenfreundschaften pflegte, hielt sich Caroline mehr an Männer. Von Frauen erwartete sie sich nicht viel. Lediglich Luise Gotter gegenüber bewahrte sie eine lebenslange Freundschaft. Therese hat sie vor allem übelgenommen, daß diese im Dezember 1792, als die Rückeroberung des von französischen Truppen besetzten Mainz durch das preußische Heer drohte, mit ihren Kindern die Stadt und ihren Mann Georg Forster verließ. Caroline empfand diese Flucht als einen Verrat an der gemeinsamen Sache und machte dafür weniger Sicherheitsgründe verantwortlich als Thereses neuen Liebhaber, Ludwig Ferdinand Huber, dem Therese in die Schweiz folgte und den sie später auch geheiratet hat. Der – bereits im Zusammenhang mit Théroigne de Méricourt – erwähnte Forster starb im Januar 1794 in Paris verarmt und völlig einsam an einem Gichtanfall. Er war einer der aktivsten Vertreter des Mainzer Jakobismus, der sich unter dem Einfluß der französischen Besetzung gebildet hatte und für die Gründung einer Republik auf deutschem Boden eintrat. Therese ebenso wie Caroline haben in dieser Zeit häufig an Sitzungen des Jakobinerklubs teilgenommen und sich mit den Ideen der Revolution auseinandergesetzt. Vor allem Therese, die später eine bedeutende Schriftstellerin wurde und jahrelang Redakteurin von Cottas »Morgenblatt für gebildete Stände« in Stuttgart gewesen ist, hat häufig die Französische Revolution ebenso wie das Geschlechterverhältnis zu ihrem Thema gemacht. Allerdings veröffentlichte sie ihre Romane, Erzählungen und Essays erst nach dem Tod ihres zweiten Mannes, Ludwig Ferdinand Huber (1804), unter dem eigenen Namen. Zuvor erschienen sie unter jenem ihres Ehemannes.

Das war in jener Zeit nicht ungewöhnlich und von den Frauen oft auch gewünscht. Schriftstellerei – und vor allem das Heraustreten damit an die Öffentlichkeit – galt als unweiblich, und sogar eine so selbständige Person wie Caroline ist davor zurückgeschreckt. Auch von ihr gibt es nur Briefe – die damals für Frauen anerkannte Literaturgattung –, hingegen blieb ihre intensive Mitarbeit bei der berühmten Shakespeare-Übersetzung ihres Mannes August Wilhelm Schlegel unerwähnt. Andere haben ein männliches Pseudonym gewählt, um ihre weibliche Identität zu verstecken wie etwa Karoline Günderode, die unter »Tian« oder »Jon« schrieb.

Die Angst Thereses um ihre und ihrer Kinder Sicherheit scheint allerdings nicht ganz unbegründet gewesen zu sein. Als nämlich Caroline in einer bereits gefährlichen Situation zusammen mit ihrer siebenjährigen Tochter Auguste die Stadt verlassen wollte, wurde sie wegen des Verdachts des Hochverrats auf die Festung Königstein gebracht, wo sie drei Monate unter schrecklichen und entwürdigenden Bedingungen verbringen mußte. In Selbstmordabsichten hat sie sich damals von August Wilhelm Schlegel für den Ernstfall Gift besorgt. Denn inzwischen hatte sich ein neues Ungück herausgestellt: Sie war schwanger von einem jungen französischen Offizier, dem sie sich während einer kurzen Affäre in einer Ballnacht hingegeben hatte. Wenn diese Tatsache bekannt geworden wäre, hätte sie Carolines Existenz gekostet. Sie wäre nicht nur aus der bürgerlichen Gesellschaft ausgestoßen worden, man hätte ihr auch die spärliche Witwenrente und wahrscheinlich auch die Tochter Auguste genommen. Ihr Freitod hätte das Kind zumindest vor der »Schande« bewahrt und ihr eine bessere Zukunft gesichert.

Den Bemühungen ihrer Freunde, vor allem ihres Bruders Philipp, war es schließlich zu verdanken, daß sie im Juli 1793 freikam, bevor ihre Schwangerschaft bemerkt wurde. Sie mußte unter fremdem Namen untertauchen, um unerkannt ihr Kind zur Welt zu bringen. Damals haben sich August Wilhelm Schlegel, der sie bereits seit längerem verehrte, ebenso wie sein 21jähriger Bruder Friedrich um sie gekümmert. Sie gebar das Kind, einen Sohn, im November unter großen Schmerzen und gab es anschließend in Pflege, wo es nach 17 Monaten starb.

In dieser Zeit wurde Caroline die Verlogenheit einer bürgerlichen Doppelmoral mit voller Härte bewußt. Sogar die Familie Gotters, wo sie eine Weile wohnte, wurde gesellschaftlich geächtet, und erst die Heirat mit dem angesehenen August Wilhelm Schegel, die eine Vernunftehe war und aus ihrer verzweifelten Situation heraus verstanden werden muß, hat ihr eine Wiedereingliederung in die Gesellschaft ermöglicht.

Beide zogen nach Jena und mieteten eine Wohnung in einem Haus am Löbdergraben. Und hier kamen sie nun im Jahre 1799 alle zusammen: Neben Caroline, ihrer Tochter Auguste und August Wilhelm wohnten Dorothea Veit mit ihrem Sohn Philipp und Friedrich Schlegel ständig in dem Haus. Novalis, der sich nach dem Tod seiner 13jährigen Braut Sophie von Kühn mit Julie von Charpetier verlobt hatte, Tieck mit seiner Frau Amalie, die alle ziemlich langweilig fanden, und schließlich der junge Professor Schelling, der von Goethe an die Jenaer Universität berufen worden war, wurden Stammgäste an Carolines Mittagstisch, der oft 15 bis 18 Personen umfaßte. In allen erhaltenen Briefen kommt das harmonische Zusammenleben dieser Gruppe in der ersten Zeit ihres Bestehens zum Ausdruck: als eine Wohn- und Arbeitsgemeinschaft, die von gleichen oder ähnlichen Interessen geleitet wurde, in der eine weitgehende Toleranz zwischen den Geschlechtern herrschte und auch die Kinder in einer erstaunlich modern anmutenden Art und Weise erzogen wurden. »Erziehung«, schreibt Caroline an ihre Freundin Luise Gotter, »ist nach meinem Begriff nicht Abrichtung ... es ist die Entwicklung der angeborenen Anlage durch die Umstände.« Das würde in jedem Programm über antiautoritäre Erziehung bestehen können.

Geistiges Forum der Frühromantiker war die von den Brüdern Schlegel gegründete Zeitschrift »Athenäum«, in der ihre Ziele und Vorstellungen zur Sprache kamen. Zu Goethe bestand nach wie vor ein guter Kontakt, mit Schiller hingegen, der vor allem zu Caroline ein gespanntes Verhältnis hatte (seine Frau Charlotte hat sie später boshaft »Madame Luzifer« genannt), wurde nach einem anfänglich freundschaftlichen Verhältnis der Bruch vollzogen. Caroline überliefert uns eine heitere Episode: Als jemand beim gemeinsamen Mittagstisch Schillers »Glocke« vorlas, seien alle vor »Lachen vom Stuhl weg fast unter den Tisch gebracht« worden. Das Bild der züchtigen Hausfrau wollte so gar nicht in die frühromantischen

Vorstellungen passen. Auf Schillers »Würde der Frauen« verfaßte August Wilhelm eine gelungene Parodie, die große Heiterkeit erregte .

Allerdings hatten sich diese bildungshungrigen Frauen, die das monotone Dasein bei Kochtopf und Strickstrumpf verabscheuten, gleichzeitig etwas eingehandelt, worunter noch kommende weibliche Generationen bis zum heutigen Tag leiden sollten: die Doppelbelastung! Verstanden doch auch frühromantische Männer Partnerschaft durchaus einseitig – sie wünschten sich die liebende, zu- und mitarbeitende Gefährtin für die eigenen Ideen und Entwürfe. In gleicher Weise Frauenarbeit mit der Partnerin zu teilen, kam ihnen nicht einmal ansatzweise in den Sinn: einen Kochlöffel oder Putzlappen hat selbst der fortschrittlichste Frühromantiker nicht in die Hand genommen. Die Folge war eine grenzenlose Überforderung der Frauen. Caroline und Dorothea waren nicht nur als Übersetzerinnen, Redaktionsassistentinnen und Kopistinnen für ihre Männer tätig (sie hatten die Manuskripte sorgfältigst in Schönschrift zu übertragen), sondern sie mußten auch die Kinder beaufsichtigen und den gesamten Haushalt bewältigen.

Welchen ungeheuren Arbeitsaufwand dieser damals erforderte, schildert Louise Otto etwa 80 Jahre später in ihren »Erinnerungen aus der Vergangenheit«: »Fast alle, auch die einfachsten Bedürfnisse einer Haushaltung, mußte man erst in dieser sich selbst bereiten. Die Wäsche ward im Hause gewaschen, Brod und Kuchen selbst gebacken, alle Vorräthe für den Winter, Früchte, vom einfachsten Dörren an bis zum complicirtesten Gelée, Fleisch in den verschiedensten Zubereitungen, Butter und Eier – alles ward durch eigene Hausarbeit für den Hausverbrauch bereitet und aufbewahrt … auch Seife ward im Hause selbst gesotten und Lichte wurden gegossen – Talglichte – lange Zeit hindurch der Hauptbeleuchtungsgegenstand.« Sie beschreibt weiter, welch große Mühe vor Erfindung der Schnellfeuerzeuge in den zwanziger Jahren des 19. Jahrhunderts (Zündhölzer gab es erst ab der Mitte des Jahrhunderts) das Feuermachen bereitete. Es wurde mittels eines Stückchen Feuersteins, Stahl, Schwefelfaden und einer braunschwarzen, trockenen Masse, dem »Zunder«, entfacht und war die ungeliebte Arbeit jeder Hausfrau am Morgen. Ebenso zeitaufwendig war das Scheuern der Dielen, das jede Woche wiederholt werden mußte. »Schon am Abend vorher wurden in der Regel die Fettflecken auf den Dielen mit Töpferthon mittelst eines Hölzchen eingestrichen ... Dann ward das ganze Zimmer ausgeräumt bis auf die schweren Möbel, die, wenn sie elegant waren, an die Füße gewissermaßen Strümpfe bekamen, damit sie nicht vom Wasser litten ...«

Hauptsächlich verantwortlich für diese Arbeiten war Caroline, der zwar ein Mädchen und eine Köchin zur Seite standen, die aber ganz offensichtlich trotzdem so überfordert war, daß sie im März des Jahres 1800 an einem wochenlangen schweren sogenannten »Nervenfieber« erkrankte. Wozu auch ein weiterer Umstand beigetragen haben mag: Sie hatte sich in den wesentlich jüngeren Friedrich Schelling verliebt, und beide verboten es sich aus Rücksicht auf Carolines Mann August Wilhelm, ihren Gefühlen nachzugeben.

Trotzdem war es diese Liebe, die den »Jenaer Kreis« schließlich auseinanderbrechen ließ. Sie säte nicht nur Haß zwischen Caroline, Dorothea und Friedrich Schlegel, sondern nahm ihm mit Caroline auch das eigentliche Zentrum.

Die ganze Angelegenheit ist etwas verwirrend, denn eigentlich hätte sich Dorothea, die von Friedrichs ursprünglicher Liebe zu Caroline wußte, über diese Entwicklung freuen sollen. Doch sie ärgerte sich ganz im Gegenteil über die zunehmend kritische Einstellung Carolines ihrem angebeteten Friedrich gegenüber, vor allem dieser jedoch war eifersüchtig auf Schelling, weil er wohl seines Bruders wegen, aber nicht Schellings wegen auf Caroline verzichtet hatte. Das Ganze wuchs sich zu einem Drama aus, es kam zu bösen und gemeinen Ausfällen. »... ihre Urteile sind so voller Vorurtheile, so oberflächlich, berechnet, und absichtlich, daß man nicht weis ob man sie greulich oder lächerlich finden soll«, schrieb Dorothea im April 1800 in einem Brief an Schleiermacher über Caroline. Und Friedrich Schlegel 1804 noch gehässiger an Karoline Paulus: »Gott gebe, daß der Teufel sie bald holen mag, und zwar mit der gehörenden Feierlichkeit und Lärm nach Standesgebühr.« Caroline blieb nichts schuldig: »Wenn sie (Dorothea, H. Sch.) nur jemand totschlagen wollte.«

Was hier an Haß losgetreten wurde und warum, ist heute nicht mehr völlig nachvollziehbar. Tatsache bleibt, daß die Harmonie einer Gemeinschaft, die so hoffnungsvoll begonnen hatte, endgültig zerbrach. Dazu kam, daß die beiden zartesten, lyrischsten Gestalten der Gruppe, nämlich die von allen, insbesondere aber von Schelling und August Wilhelm Schlegel sehr geliebte, erst 15jährige Auguste und Novalis, der Dichter der blauen Blume, starben. Auguste an der Ruhr, Novalis an der Schwindsucht. Vor allem der Tod Augustes hat die Feindseligkeiten gegen Caroline verstärkt. Er wurde von vielen als eine Art Gottesurteil wegen ihrer verbotenen Liebe zu Schelling betrachtet. Caroline, die mit zärtlicher Liebe an ihrem einzigen verbliebenen Kind hing, hat diese Ansicht in gewisser Hinsicht geteilt und den Entschluß gefaßt, Schelling als Sohn und Bruder ihres »himmlischen Kindes« zu betrachten. »Ich habe Dich geliebt – es war kein frevelhafter Scherz, das spricht mich frey, dünkt mich«, versucht sie ihre Schuldgefühle zu beruhigen. Dann aber kam es doch anders: Nach der Scheidung von August Wilhelm 1803 (er hat sich anschließend in Coppet bei Madame de Staël über diesen Verlust getröstet) heiratete sie Friedrich Schelling, mit dem sie noch einige ruhige, harmonische Jahre verlebte. Im September 1809 starb sie, so wie ihre Tochter, an der Ruhr. Sie war 46 Jahre alt. Schelling berichtet von einem sanften Tod: »… als sie todt war, lag sie mit der lieblichsten Wendung des Hauptes, mit dem Ausdruck der Heiterkeit und des herrlichsten Friedens auf dem Gesicht.«

Zu dieser Zeit war die Gruppe längst zerstoben, die Frühromantik mit ihrem revolutionären Aufbruch, der trotz aller, durch die gesellschaftliche Realität der damaligen Zeit gesetzten Grenzen günstige Bedingungen für die Frauenemanzipation geboten hatte, wurde vom hausbackenen Biedermeier abgelöst, in dem die Hausfrau wieder in traditioneller Weise zu wirken hatte.

Die emanzipatorischen Ansätze im Programm der Frühromantiker sind aber nicht nur in den reaktionären Tendenzen des Biedermeier versickert. Sie sind auch an sich selbst gescheitert. Das Ausblenden gesellschaftspolitischer Probleme, die Konzentration auf den Innenraum und gleichzeitig damit auf das subjektive Ich sind einer tatsächlichen weiblichen Emanzipation von vornherein im Wege gestanden. Denn die Subjektwerdung der Frau konnte sich nicht nur in geschützten Salons, einer intimen Geselligkeit vollziehen, sondern u. a. durch eine gleichzeitige Teilnahme am öffentlichen Geschehen, eine Eingliederung in die Berufswelt und damit einer finanziellen Unabhängigkeit vom Mann.

Einen ersten Schritt in diese Richtung vollzog Bettina von Arnim, die, obwohl einerseits noch dem Gedankengut der Romantik verhaftet, andererseits bereits eine reiche politische Tätigkeit entfaltet hat und damit als die erste sozialkritische Schriftstellerin Deutschlands bezeichnet werden kann.

Zwischen den Zeiten
Bettina von Arnim
(1785–1859)

Die Metamorphosen dieser Frau sind erstaunlich: Als Kind unangepaßt, eigensinnig, wild, als Jugendliche gegen ein »weibliches Schicksal« rebellierend und schwierig, ist sie dann in ihrer Ehe mit Achim von Arnim eine gute Gattin, Hausfrau und Mutter von insgesamt sieben Kindern gewesen und gelangte schließlich als bereits über 50jährige zu literarischem Ruhm.

Bei näherer Betrachtung allerdings erscheinen diese Verwandlungen als verständliches Ergebnis gesellschaftlicher und gesetzlicher Restriktionen, denen Frauen unterworfen waren und die eine normale Entwicklung ihrer Persönlichkeit verhinderten. »Lieber tot als übrig sein.« Diese Worten verraten Bettinas Angst vor dem unnützen Dasein einer Unverheirateten, die, sofern sie nicht den einzig möglichen Beruf einer Gouvernante ergreifen wollte, auf das Gnadenbrot bei Verwandten angewiesen war.

Also hat sie 1811, mit immerhin bereits 26 Jahren, Achim von Arnim, den Freund ihres geliebten Bruders Clemens geheiratet. Eine übergroße Leidenschaft scheint auf beiden Seiten nicht vorhanden gewesen zu sein, und doch wurde eine 20jährige Ehe daraus mit den üblichen Alltags- und Haushaltssorgen, mit strapaziösen Umzügen und ständigen Geldnöten, in denen sie ihre Kinder großgezogen hat und sich beide trotz sehr verschiedener Naturen um Toleranz bemühten.

Die ungewöhnlichen Begabungen Bettinas, die sich bereits in ihrer Jugend zeigten, aber als exzentrisch, unweiblich und überspannt unterdrückt wurden, konnten sich allerdings erst nach dem Tod ihres Mannes und dem Erwachsenwerden ihrer Kinder frei entfalten. Viel hat sie in ihrer geistigen und seelischen Entwicklung ihrer

Bettina von Arnim

Großmutter Sophie La Roche, der berühmten Verfasserin der »Geschichte des Fräuleins von Sternheim«, zu verdanken, die sie nach dem Tod ihrer Eltern als Zwölfjährige bei sich aufgenommen hat. Bettina nahm an den Geselligkeiten im Salon der Großmutter teil, hatte freien Zugang zu deren umfangreicher Bibliothek und wurde durch eigens dafür angestellte Hauslehrer in Geschichte, Sprachen und Musik, gelegentlich auch in Naturwissenschaften unterrichtet. Eine systematische Ausbildung erhielt sie allerdings nicht, dafür scheint sie, nach dem Urteil von Zeitgenossen zu schließen, in ihrem »unweiblichen« Verhalten wenig Einschränkungen erfahren zu haben. Als ein »grillenhaftes, unbehandelbares Geschöpf« betrachtete der Engländer Henry Crabb Robinson die »wilde« Enkelin, als er 1801 die La Roche besuchte. Außerdem erinnerte er sich, »daß sie auf Apfelbäum herumkletterte und eine gewaltige Schwätzerin war.«

Auch Bettina war eine Vatertochter. Ihre Mutter Maximiliane,

Tochter des katholischen kurtrierischen Kanzlers Georg Michael von La Roche, die bei der Geburt ihres zwölften Kindes starb, hat sie in ihren autobiographischen Skizzen kaum erwähnt. Der aus Italien eingewanderte Großkaufmann Pier Antonio Brentano hingegen soll sie als sein »Lieblingskind« betrachtet haben. Ein besonders inniges Verhältnis bestand zu dem um sieben Jahre älteren Bruder Clemens, nach dessen Tod (1842) sie den gegenseitigen Briefwechsel unter dem Titel »Clemens Brentano's Frühlingskranz« herausgegeben hat. Clemens war es auch, der an den bedrückenden Familienverhältnissen Anteil nahm, die sie nach Beendigung ihres Aufenthaltes bei der Großmutter als 18jährige in ihrem Elternhaus in Frankfurt vorfand. Dort hatte nach dem Tod der Eltern ihr älterer Bruder Franz Brentano die Vormundschaft für die jüngeren Geschwister übernommen, und Bettina beklagte sich häufig über das »Philisterwesen« dieser Familie, das sie als beengend und einschränkend erlebte. Im Grunde erging es ihr wie so vielen Mädchen, die, ohne wirkliche Zukunftsperspektive, die Zeitspanne bis zur Heirat in irgendeiner Form überbrücken mußten. »So viel Lebenskraft und Mut zu haben und kein Mittel, ihn anzuwenden«, schrieb sie an ihren Schwager Friedrich Carl von Savigny »... mir überwältigt diese immerwährende rastlose Begier nach Wirken oft die Seele und bin doch nur ein einfältig Mädchen, deren Bestimmung ganz anders ist. Wenn ich so denke, daß gestern ein Tag war, wie heute einer ist und morgen einer sein wird wie schon viele waren und noch viele sein werden, so wird es mir oft ganz dunkel vor den Sinnen und ich kann mir selbst kaum denken, wie unglücklich mich das machen wird, nie in ein Verhältnis zu kommen, worinnen ich meiner Kraft gemäß wirken kann.«

Savigny allerdings hatte keinen wirklichen Trost bereit, vielmehr rät er ihr zur »stillen, ruhigen, innig zufriedenen Selbstbeschränkung«, und auch Bruder Franz meint, daß Bettina »gut werden (könne), wenn sie einfach und natürlich bleibt und nicht eigene Länder entdecken will, wo keine weibliche Glückseligkeit zu entdecken ist«. Einzig Clemens (der später der schriftstellernden Sophie Mereau gegenüber einen ähnlichen Standpunkt einnehmen wird) bringt in jungen Jahren noch Verständnis für die Schwester auf, er ist unglücklich, daß er Bettina »nicht aus ihrer Gefangenschaft helfen« kann und fürchtet, »sie wird nicht lange leben, so ohne Liebe und ohne Freude«. Denn sie sei, so meint er weiter, »durch und durch mißhandelt von ihrer Familie und erträgt es mit stiller Verzehrung ihrer selbst«.

Um diese Zeit begegnete Bettina der fünf Jahre älteren, ebenfalls einzelgängerischen und unangepaßten *Karoline von Günderode* (1780–1806), mit der sie bald eine innige Freundschaft verband: »Wenn Du nicht wärst, was wär mir die ganze Welt?« schreibt Bettina, und: »Dich denken … das ist beten.«

Auch die aus einer verarmten hessischen Adelsfamilie stammende Günderode, die als Stiftsdame in einem evangelischen Damenstift in Frankfurt lebte, litt unter ihrer weiblichen Bestimmung. »Warum«, so beklagte sie sich, »ward ich kein Mann! Ich habe keinen Sinn für weibliche Tugenden, für Weiberglückseligkeit. Nur das Wilde, Große, Glänzende gefällt mir.«

Die beiden Freundinnen verstanden sich. Aber während Bettina auf dem Boden der Realität blieb, die schließlich doch Anpassung an das »normale« Leben einer Mutter und Hausfrau bedeutete, verabschiedete sich die Günderode in die Welt des Traumes, der Dichtung, der Abgehobenheit vom lästigen Alltagskram, womit ihr Weg im eigentlichen bereits vorgezeichnet war. Sie gehöre zu einer Generation, die man nicht brauche, deren Schicksal von vornherein der Tod sei – so hat Christa Wolf sie charakterisiert.

Karoline gelang es nicht, ihr Dasein als Schriftstellerin mit jenem einer Geliebten zu verbinden. Nachdem sich bereits Savigny, den sie kurz und leidenschaftlich liebte, für die praktischere Gunda, eine Schwester Bettinas, entschlossen hatte, beendete auch der Altertums- und Mythenforscher Friedrich Creuzer eine zweijährige intensive Beziehung, worauf sich die 26jährige Karoline am Rheinufer erstach.

Der dramatische Tod der Günderode ist vielfach interpretiert worden, meist gilt die unerfüllte Liebe zu Creuzer, einem unansehnlichen, pedantischen, wenn auch von einer tiefen Sehnsucht nach dem Schönen und Wahrhaften erfüllten Gelehrten als eigentlicher Grund. Das Scheitern einer außerordentlichen Frau an den damaligen frauenfeindllichen Verhältnissen wird weit weniger oft thematisiert.

Bettina, die von Karolines Selbstmordplänen wußte, sie aber nicht davon abhalten konnte, hat die Freundin lebenslang betrauert. 1840 wurde die inzwischen fast Vergessene von ihr in dem Briefroman

»Die Günderode« zurückgeholt, womit sie dem Bemühen Creuzers, ihre literarischen Spuren zu verwischen, entgegenwirkte. Bettina ist es auch zu verdanken, daß 1857 die erste, von Friedrich Goetz zusammengestellte (unvollständige) Günderode-Werkausgabe erschien.

Eine mühsame Ehe

Die Ehe mit Achim von Arnim, einem Hauptvertreter der jüngeren Romantik und zusammen mit ihrem Bruder Clemens Herausgeber der Volksliedsammlung »Des Knaben Wunderhorn«, hat Bettina mit Anstand hinter sich gebracht. Wir besitzen Zeugnisse des Glücks, vor allem aus der ersten Zeit: »Ich wohne hier im reinen Paradies. Die Nachtigallen schmettern in den Kastanaienbäumen … ich weiß nicht, warum ich so glücklich bin«, schrieb sie zwei Monate nach ihrer Hochzeit aus dem Gartenhäuschen hinter dem Vossischen Palais am Berliner Wilhelmplatz, wo das Paar damals wohnte. Später hörte sich das anders an: »Ich habe die 12 Jahre meines Ehestandes leiblich und geistigerweise auf der Marterbank zugebracht und meine Ansprüche auf Rücksicht werden nicht befriedigt … *Mein Perspektiv ist das End aller Dinge.*«

Es waren nicht nur die ständigen Schwangerschaften und Geldsorgen, die Bettina zermürbten – es war vor allem das abgeschiedene und entbehrungsreiche Leben auf dem Arnimschen Landgut Wiepersdorf, das sie hauptsächlich aus finanaziellen Überlegungen auf sich nehmen mußte. War es Arnim doch weder gelungen, sich eine Stelle im Staatsdienst zu verschaffen noch eine entsprechende Rolle in den Freiheitskriegen zu spielen, und mit reiner Schriftstellerei war damals ebensowenig Auskommen zu finden wie heute. Die Verwaltung seiner Güter, wenngleich seiner bisherigen Lebensführung entgegengesetzt, wurde ihm trotzdem zu einer – wenn auch mühsamen – Aufgabe, sie verschaffte Ansehen, und das stille Landleben erwies sich als vorteilhaft für seine geistigen Arbeiten. Bettina hingegen vermißte die Anregungen und das gesellschaftliche Leben der Großstadt und begann allmählich, zwischen ihrer Stadtwohnung und Wiepersdorf hin und her zu pendeln, bis sie schließlich 1825, bereits schwer depressiv und psychosomatisch krank, endgültig ein getrenntes Nebeneinanderleben durchsetzte. Sie hat dann in Berlin das Leben einer Saloniere genossen, war ständiger Gast bei Staegemanns, später Hedwig Olfers und natürlich bei Rahel, mit der sie eine wirkliche Freundschaft verband.

Der Umgang zwischen den Eheleuten blieb trotzdem respektvoll, und Achims Tod – er starb im Jänner 1831 an einem »Nervenschlag« – hat Bettina tief getroffen. Schon in ihren ersten Briefen nach seinem Tod begann sie ihn zu verklären, sie spricht von dem »Opfer seines Todes«, das »die bösen und verkehrten Neigungen von mir genommen hat«. Später veranlaßte sie dann die erste Ausgabe der Werke Arnims, an denen sie selbst auch maßgeblich mitgearbeitet hat.

In der jetzt folgenden ungeheuer produktiven Phase schrieb sie innerhalb von 13 Jahren fünf Bücher, ein unveröffentlichtes Manuskript und verfaßte außerdem zahlreiche Briefe, Entwürfe und Notizen.

Den Anfang machte »Goethes Briefwechsel mit einem Kinde« (1832–1835), jenes Werk in drei Bänden, das ihr mit einem Schlag Berühmtheit verschaffte. Es thematisiert die wechselvolle Beziehung Bettinas zu dem 36 Jahre älteren Goethe, der bereits Bettinas Mutter Maximiliane verehrt hatte und von der Tochter als »Gott« und »Jupiter« schwärmerisch angebetet wurde, seinerseits allerdings eine etwas distanziertere Haltung einnahm. So etwa bezeichnete er sie nach dem berühmten Streit mit seiner Frau Christiane als »leidige Bremse«, die ihm »schon viele Jahre sehr unbequem« geworden sei. (Christiane soll ihr die Brille heruntergerissen und zertrümmert haben, worauf sich die derart Mißhandelte mit der Bezeichnung »Blutwurst«, in Anspielung auf Christianes Körperformen, rächte). Tatsache jedoch bleibt, daß es zuvor eine innigere, wohl auch erotische Beziehung gegeben haben muß, die Bettina bildreich beschreibt: »Er sagt: ›Das Abendroth hat sich auf Deine Wangen eingebrennt‹ und küßt mich auf die Brust und senkt die Stirn darauf. ›Kein Wunder‹ sagt' ich ganz leise ›meine Sonne geht mir im eigenen Busen unter‹. Er sah mich an, und waren beide still eine Weile. Er fragt' ›Hat Dir nie jemand den Busen berührt?‹ –, ›Nein‹ sagt' ich, ›mir selbst ist's so fremd, daß Du mich anrührst‹«.

Diese Begebenheit, häufig als eine »der schönsten Liebesszenen deutscher Literatur« bezeichnet*, muß sich nicht genauso abgespielt haben, aber wohl so ähnlich. Wie es überhaupt schwierig ist,

---

* Siehe u. a. Helmut Hirsch, Bettine von Arnim, 1987

die zahlreichen zu dieser Zeit erschienenen Briefromane auf ihren tatsächlichen Wahrheitsgehalt zu untersuchen. Wurden die Briefe doch mit entsprechenden Kommentaren versehen, häufig auch nachträglich bearbeitet, manchmal sogar verändert, was unserem heutigen wissenschaftlichem Verständnis widerspricht, an dem die Zeitgenossen jedoch nichts auszusetzen hatten. So sind die Beschreibungen Bettinas als durchwegs subjektiv anzusehen, allerdings oft gerade darum von einem gewissen Reiz.

Eine sozialkritische Schriftstellerin

Nach der Veröffentlichung der Briefwechsel mit Goethe, dem Bruder Clemens und der Günderode, die sämtlich der Romantik verpflichtet waren, folgte Bettinas sozialpolitische Phase. »Dies Buch gehört dem König«, erschienen 1843, formuliert eine Kritik an den bestehenden sozialen und politischen Zuständen und ist dem neuen preußischen König Friedrich Wilhelm IV. gewidmet, in den die liberalen Kräfte des Landes vorerst große Hoffnungen gesetzt hatten.

Das Ungewöhnliche, Revolutionäre dieses Buches, in dem sich eine Frau mit ihrer Kritik an bestehenden Zuständen direkt an den König wandte, ist heute nicht mehr nachvollziehbar. Viele Jahre zuvor hat Bettina bereits mit dem König korrespondiert, ihn zu demokratischeren Verhältnissen aufgefordert, die Partei der Unterdrückten vertreten. »Sie will Konstitution, Preßfreiheit, Vernunft und Licht«, notiert Varnhagen im Dezember 1840. »Sie will dem König die Wahrheit sagen.«

Das war kühn und wurde zumindest anfangs trotzdem von Friedrich Wilhelm IV. toleriert. Er hat auch häufig ihre Briefe selbst beantwortet. Später kam sie immer mehr mit der restriktiven Zensur des Vormärz in Konflikt. Immerhin jedoch erwirkte sie des Königs Erlaubnis, ihm das Buch widmen zu dürfen – ein geschickter Schachzug, um die Zensurbehörde zu umgehen.

Das Buch erregte Aufsehen. Hier wagte es jemand – und noch dazu eine Frau –, dem Monarchen nicht nur das Elend des Volkes vor Augen zu führen, sondern auch Pflichtvergessenheit vorzuwerfen, Versäumnisse, deren sich ein aufgeklärter Landesvater nicht schuldig machen darf.

Bald wurde sie als »Communistin« verschrien und allerorts bespitzelt. Um der Zensur zu entgehen, hat sie schließlich einen eigenen Verlag, die Arnimsche Verlagsexpedition, gegründet, die ihr allerdings auch häufig Verdruß bereitete. Die Verdächtigungen wurden genährt durch ihre Kontakte mit dem fortschrittlichen, um eine Verbesserung der Lage der Armen bemühten schlesischen Fabrikanten Schloessel, der mit der Beschuldigung, Haupt einer »communistischen Verschwörung« zu sein, inhaftiert worden war und für dessen Freilassung sie sich einsetzte. Ebenso intervenierte sie für den Freiheitsdichter Hoffmann von Fallersleben und den Revolutionär Gottfried Kinkel nach deren Gefangennahme. Aber obwohl sie Karl Marx in Bad Kreuznach getroffen und mit ihm lange Spaziergänge unternommen haben soll, ist sie trotzdem keine Kommunistin in seinem Sinn gewesen. Weil ihr die nötige Einsicht in wirtschaftliche, vor allem kapitalistische Verhältnisse fehlte, war ihr auch seine Ausbeutungstheorie durch das Kapital fremd. Eher ist sie als eine Anhängerin des utopischen Sozialismus zu bezeichnen, der im 18. und frühen 19. Jahrhundert ganz im Sinne der Aufklärung Elend und Not der Unwissenheit und Unaufgeklärtheit der Menschen zuschrieb.

1844 verdächtigte sie der preußische Innenminister, den Aufstand der in bitterster Not lebenden schlesischen Weber verursacht zu haben. 1847 schließlich wurde sie selbst zu Gefängnisstrafen verurteilt, und zwar auf Grund einer fadenscheinigen Beschuldigung des Berliner Magistrats, sie habe sich bei der Eröffnung ihres »Gewerbes« der Steuerhinterziehung schuldig gemacht, da sie die hierfür nötigen Bürgerrechte nicht erworben habe. Die vorerst drei, nach der Berufung zwei Monate Gefängnis – die höchstmögliche Strafe für Leute von Stand – blieben ihr allerdings nach Intervention einflußreicher Leute, insbesondere ihres Schwagers Savigny, erspart.

Damals wurde Bettina wohl klar, daß eine Veröffentlichung ihres »Armenbuches« zu diesem Zeitpunkt nicht in Frage kam. Es war dies ein ehrgeiziges Projekt, an dem sie bereits seit längerem arbeitete. Schon während der Choleraepidemie 1831, als sie mit großem Einsatz die Kranken in den Armenvierteln pflegte, wurde sie mit den Problemen und Bedürfnissen der armen Bevölkerung konfrontiert. Ganz nach Art des modernen Journalismus hat sie ihr Projekt in verschiedenen großen Tageszeitungen Deutschlands angekündigt, um so zur Mitarbeit aufzufordern. Das zugeschickte Material, das u. a. aus Statistiken, Bittschriften, Zeitungsartikeln und Denkschriften bestand, hat sie dann geordnet und bearbeitet. Zu einem Druck ist es aus oben angeführten Gründen nie gekommen. Trotzdem hat bereits das Projekt Aufsehen erregt, es zeigte sich, daß sie damit den Nerv der Zeit getroffen hat, und die wenigen Zitate, die an die Öffentlichkeit gelangten, wurden zu geflügelten Worten. So etwa Bettinas Vorschlag, statt eines ehrgeizigen Dombauprojekts »tausend Hütten« in Schlesien zu bauen.

Bettinas Erfolge als Autorin führten auch zu einer regen Geselligkeit in ihrer Wohnung »in den Zelten«, denn jeder wollte die berühmte Schriftstellerin sehen und kennenlernen. Einen Salon im üblichen Sinn hat sie trotzdem nicht geführt, ihre Tochter Maximiliane spricht richtiger von »Empfängen«: Hier wurde weniger über Literatur und schöne Künste diskutiert – es gab auch nicht die für einen Salon typischen festgesetzten Zeiten, in denen die Gäste zusammen kamen –, dafür dominierten die politischen Gespräche, an denen meist nur wenige Besucher teilnahmen. Adolf Stahr, ein Oldenburger Lehrer, und seine Frau, die Schriftstellerin Fanny Lewald, haben hier verkehrt, ebenso die Gebrüder Grimm, der Junghegelianer Bruno Bauer und Michael Bakunin, der einen Teil ihres Goethe-Buches ins Russische übersetzte. Außerdem der Historiker Leopold von Ranke, der kritische Schriftsteller und Programmatiker des »Jungen Deutschland« Karl Gutzkow, natürlich Savigny und Varnhagen, ihr Freund und Seelentröster nach Rahels Tod, sowie die Studenten Philipp Nathusius und Julius Döring, mit denen sie ausgedehnte Briefwechsel führte (jenen mit Nathusius hat sie später veröffentlicht). Bettinas tolerante Einstellung beweist auch die Existenz von zwei »Salons«: einen »aristokratischen« für die konservativ eingestellten Töchter, und einen »demokratischen«, in dem Bettina und ihre jüngste, ihr sehr ähnliche Tochter Gisela residierten.

Auch daran läßt sich erkennen, wie sehr Bettina zwischen den Zeiten stand. Sie ist sowohl eine romantische als auch sozialkritische Schriftstellerin gewesen. Aber genau mit dieser flexiblen Haltung hat sie sich dann später zwischen alle Stühle gesetzt. Den Junghegelianern, die etwa ab 1843 ein konstitutionelles Königstum ablehnten, war sie zu konservativ. Auch Marx plädierte für einen gewaltsamen Umsturz, in dem ein König keinen Platz mehr hatte. Den Konservativen hingegen schien ihr Eintreten für eine Konstitution sowie völlige Pressefreiheit als zu revolutionär. Ihr Programm einer konstitutionellen Monarchie, das sie immer vertreten hat – eine Demokratie ohne königliche Autorität war für sie nicht vorstellbar –, wurde von niemandem gewünscht.

Noch einmal, nach der Revolution von 1848, wandte sich Bettina mit ihren »Gesprächen mit Dämonen« an den König. Aber das beeindruckte niemand mehr. Sie geriet in wachsende Isolation. In den fünfziger Jahren erlitt Bettina mehrere Schlaganfälle.

Sie starb im Kreis ihrer großen Familie. Die Tochter Maxe schildert ihren Tod bewegt: »Es war schon Mitternacht – da bewegte sie ihre Arme um sich her, uns herbeizurufen … sie suchte ihren Friedmund. Dann legte sie segnend ihre Hand auf eines nach dem anderen ihrer Kinder – und ihre schöne, große Seele ging hinüber«.

»Die Emanzipation des Fleisches« Saint-Simonistinnen

In den ersten Jahrzehnten des 19. Jahrhunderts, als die Erinnerung an die Schrecken der Französischen Revolution noch sehr lebendig war und sich neue, reaktionäre Tendenzen wieder um patriarchale Autorität und frauenfeindliche Gesetze bemühten, entstand – abermals in Frankreich – eine sozialutopische Bewegung mit religiösem Charakter, die sich nicht nur der Probleme annahm, die durch die industrielle Revolution entstanden waren, sondern die auch die Frauenfrage in das Zentrum ihres Programms rückte: der nach dem Sozialphilosophen Claude Henri de Saint-Simon so benannte Saint-Simonismus.

Wobei den Begründer das Geschlechterproblem noch weniger beschäftigt hat. Ihm ging es in seinen wichtigsten sozialphilosophischen Werken »Über das System der Industrie« (1823/24) und »Neues Christentum« (1825) vornehmlich um eine grundlegende Umorganisierung der Gesellschaft, in der nicht den durch Geburt und Stand Begünstigten, sondern vielmehr den arbeitenden Menschen (les industriels) Macht zuerkannt werden müsse. Saint-Simon, dieser »Exzentriker des Hochadels«, wollte auch eine Erneuerung der Kirche, deren Desinteresse an der zunehmenden Verelendung breiter Bevölkerungsschichten er heftig kritisierte.

Jahrzehnte vor Marx verurteilte er die »Ausbeutung des Menschen durch den Menschen«, die tatsächlich ein unerträgliches Ausmaß angenommen hatte. Arbeitstage von 12 bis 16 Stunden waren die Regel, dazu kam der Skandal der Kinderarbeit, oft schon im Alter von fünf oder sechs Jahren. In der ersten Hälfte des Jahrhunderts wurden auch Frauen massiv in die Arbeitswelt eingegliedert, ungebildet, ohne berufliche Ausbildung und ohne Schutz bei Schwangerschaften. Sie waren hauptsächlich in den Textilmanufakturen beschäftigt, in der die Löhne im Norden täglich sechs Sous für Kinder, zwölf bis vierzehn Sous für Frauen und zwei bis drei Franc für Männer betrugen. (Das Brot zu 4 Pfund kostete 1830 elf Sous.) Aber auch in den Kohlebergwerken Frankreichs und Englands arbeiteten Frauen und Kinder; angespannt wie Tiere, mußten sie auf allen vieren die Förderkarren durch die niedrigen Gänge ziehen. Ihre erbärmlichen Unterkünfte hat Victor Hugo in seinen »Choses vues« (»Historische Notizen aus der Zeit, in der ich lebte«) als »Proletariergetto« beschrieben, »grauenhafte Wohnverhältnisse, wo Elendsgestalten leben und Kinder, die nur wie der Schatten ihrer selbst aussehen«.

Der Saint-Simonismus, voller Inspiration, von der Romantik geprägt und von tiefem Mitleid mit den Ärmsten erfüllt, hat eine große Faszination auf führende Intellektuelle und Künstler ausgeübt. »Der utopische Sozialismus«, meinte der Philosoph Durkheim, »war ein einziger Schmerzensschrei«. Vom Kommunismus unterschied er sich nicht nur durch seinen lyrisch-poetischen Stil und eine stark religiöse Ausrichtung, sondern auch durch die Ablehnung jeder Form von Gewalt und die von den Kommunisten propagierte Abschaffung des Eigentums. Ihm ging es lediglich um die Beseitigung des Eigentums*privilegs*. Durch den Aufbau von »harmonischen Gruppen«, von seinen Schülern auch »Assoziationen« genannt (die als Vorläufer der Genossenschaften bezeichnet werden können), sollte eine Kapitalkonzentration aufgehoben und Rangordnungen aufgrund der Arbeitsfähigkeit geschaffen werden.

Bei seiner Suche nach einer gleichwertigen Lebensgefährtin soll sich Saint-Simon übrigens für Germaine de Staël als einzige Frau mit der nötigen politischen Begabung interessiert haben, dabei jedoch mit deren Freund Benjamin Constant in Konflikt geraten sein. Über Näheres schweigen die Quellen. Fest steht, daß seine Bemühungen zu keinem Erfolg geführt haben.

Die Befreiung der Frau haben erst seine Anhänger, Prosper Enfantin und Armand Bazard, zu einem Anliegen gemacht. »Unter uns soll es weder ein Privileg des Geschlechts noch der Geburt mehr geben«, lautete das hochherzige saint-simonistische Credo, das verkündet wurde. Und weiter: »Die totale Befreiung der Frau ist es, durch die sich die Saint-Simonistische Ära auszeichnen wird.«

Allerdings war damit hauptsächlich die sexuelle Gleichberechtigung gemeint, die unter dem Schlagwort »Emanzipation des Fleisches« zusammengefaßt wurde. Weil Materie und Geist, Sinnlichkeit und Intellekt gleichrangig seien, gebe es, so Enfantin, keinen Grund, »die fleischlichen Gelüste zurückzuhalten oder sie in die engen Grenzen der Ehe einzuschließen, da man ebensowenig die geistigen Gelüste zügele«. Ähnlich wie die Frühromantiker wollten auch die Saint-Simonisten das geschlechtsspezifische Rollenverhalten, das den erobernden Mann und die passive Frau forderte, auflösen, um beide Partner zu einem selbständigen, von eigener Lust bestimmten Handeln zu befreien. Und ähnlich wie die – männlichen – Vertreter der Romantik haben sie dabei die gesellschaftliche Realität der Frauen wenig beachtet. Auch hier liegt also der Gedanke nahe, daß es in erster Linie um eine Befreiung der eigenen, männlichen Sexualität gegangen ist und weniger um eine Befreiung der Frau, deren Sexualität nicht isoliert und unabhängig von gesellschaftlichen Verhältnissen betrachtet werden kann, sondern in diese eingebunden werden muß. Die »freie Liebe« konnte für Frauen, die daran gehindert wurden, einen Beruf auszuüben und damit finanzielle Unabhängigkeit zu erlangen, und deren Existenz daher ausschließlich von einem Ehemann abhing, die völlige Zerstörung dieser Existenz und damit auch oft ihres Lebens bedeuten. Weshalb vor allem jene Frauen dem Aufruf nach freier Liebe folgten, die aus der Unterschicht stammten, arm und rechtlos waren und nichts zu verlieren hatten, bürgerliche Mittelschichtsfrauen sich hingegen davon distanzierten.

Daß die Freiheit des Mannes unmittelbar an die Freiheit der Frau gebunden ist, unfreie Frauen also auch unfreie Männer zur Folge haben, wird an diesem Beispiel neuerlich besonders deutlich. Die hochgespannten Erwartungen, die nach Freiheit und Gleichheit zielenden Ideen mußten ebenso wie jene der Romantik scheitern, weil die eine Hälfte der Menschheit, nämlich die Frauen, aufgrund ihrer allgemeinen Benachteiligung gar nicht in der Lage war, Forderungen, die so sehr von ihrer gesellschaftlichen Realität abgekoppelt wurden, zu erfüllen.

Das Programm der freien Liebe hat die Saint-Simonistinnen dann auch in zwei Lager gespalten: jenes der Befürworterinnen (payennes, d. h. Heidinnen) und jenes der Gegnerinnen (chrétiennes, d. h.

Christinnen). Die Mehrheit der Männer hingegen fand Gefallen daran. Sie, die einen ständigen Partnerinnenwechsel kaum als risikoreich empfanden (wurde doch auch für die entstehenden Kinder die Verantwortung der Frau übertragen), haben erotische, sexuelle Abwechslung durchaus geschätzt. Enfantin selbst, der charismatische Führer und Prophet, hat es sein Leben lang geschickt vermieden, in den Ehestand zu treten. Er hat seine zahlreichen Kinder zwar in meist feierlichen Zeremonien anerkannt – aber er hat deren Mütter, die bei diesem Ritual übrigens nicht anwesend sein durften, nicht geheiratet. Er hat auch nie den versprochenen weiblichen Messias ernannt, die große »Glaubensmutter«, die aus einer nicht geringen Zahl von Anwärterinnen ausgewählt werden sollte und auf die sich die Hoffnung vieler Frauen gründete. Allerdings wurde er von Frauen, die nie gelernt hatten, an sich zu glauben, in seinem Zögern bestärkt: »Nein, nicht einmal der holdesten aller Frauen, derjenigen, die ihre Befreiung begreifen kann, wird es gegeben sein, sich vor der Welt erheben und sagen zu können: ›Ich bin der weibliche Messias‹«, meinte Aglaé Saint-Hilaire, die lange Zeit als Ersatz-Mutter fungierte.

Die Ideen des Saint-Simonismus, die einen Frontalangriff auf das bestehende Moralsystem bedeuteten, haben weit über die Grenzen des Landes hinausgewirkt. Vermittler für Deutschland waren vor allem Ludwig Börne und Heinrich Heine – beide häufige Gäste in Rahels Salon, der zu einem Zentrum des Saint-Simonismus in Berlin wurde. Hier hatte die Pariser Juli-Revolution von 1830 in vielen Kreisen neue Hoffnungen geweckt. Vor allem die Juden glaubten, daß die großen gesellschaftlichen und politischen Veränderungen auch eine Verbesserung ihrer eigenen Lage zur Folge haben würden. Heine, der 1831 nach Paris übersiedelte, war begeistert: »Eine neue Kunst, eine neue Religion, ein neues Leben wird hier geschaffen, und lustig tummeln sich hier die Schöpfer einer neuen Welt.« Auch in Bettinas Salon wurde der Saint-Simonismus als Welterneuerungsidee gefeiert, hier war es vor allem Gutzkow, der sich als Reformator der Liebe fühlte. Man las die Zeitschrift »Le Globe«, die ursprünglich als Blatt französischer Goethe-Kenner galt, nach der Juli-Revolution aber hauptsächlich über das saint-simonistische Programm informierte.

Von den zahlreichen Saint-Simonistinnen, die leidenschaftlich für die Lehre eingetreten sind, daran geglaubt haben, sich Befreiug erhofften, ist wenig bekannt. Die großen Namen gehören Männern. Frauen wurden nach dem Scheitern dieser Bewegung noch viel gründlicher ins Abseits gestoßen. Abhängig von einem Ehemann, ohne Ausbildung und daher ohne berufliche Möglichkeiten und als Tabuverletzerinnen besonders geächtet, hatten sie noch weniger Zukunft.

Und doch hat es auch hier bedeutende Frauen gegeben, die ungeheuer mutig gegen die Unterdrückung und Benachteiligung ihres Geschlechts gekämpft haben. Es gab – ebenso wie während der Französischen Revolution – erstaunliche feministisch-politische Aktivitäten, es wurden Frauenzeitschriften, Frauenvereinigungen gegründet, und es wurde Frauenpolitik gemacht. Aber weil diese Frauen Einzelkämpferinnen waren, weil ihre Bemühungen wenig literaturwürdig erschienen, sondern ganz im Gegenteil schnell vergessen werden sollten, weil sie sich nicht, wie vielfach die Romantikerinnen, im Gefolge oder im Schatten großer Männer bewegten – darum auch sind ihre Lebensgeschichten zerstoben, blieb ihr Schicksal unbekannt. Erst in den siebziger Jahren des 20. Jahrhunderts haben feministische Historikerinnen versucht, in einem mühsamen Aufholprozeß einige von ihnen aus dem Geschichtsdunkel herauszulösen.

Suzanne Voilquin wurde früh zur Waise, hatte jüngere Schwestern zu versorgen und erhielt eine kaum ausreichende Grundschulausbildung. Von Beruf Stickerin, hat sie 1832 die Leitung der Zeitung »La Tribune des Femmes« geleitet, die sie auch finanziell unterstützte. Das feministische Blatt, in dem Frauen nur unter ihrem Vornamen veröffentlichten (ein Vergleich zur heutigen feministischen Praxis drängt sich auf), forderte die Gleichberechtigung der Geschlechter und verurteilte in einer sehr modernen Form die doppelte Unterdrückung der Frau: nämlich am Arbeitsplatz durch den Unternehmer und in der Ehe durch den Mann. Es sprach sich für die Erlangung der vollständigen bürgerlichen Rechte, eine berufliche Besserstellung der Frau, eine Wiedereinführung des Scheidungsrechts und eine Heirats- und Besitzrechtsreform aus. Nach Einstellung der Zeitung 1834 folgte Voilquin Prosper Enfantin nach Ägypten, wohin er, ganz im Sinne romantisch-utopischer Ideen, mit

Gefolge aufgebrochen war, um den weiblichen Messias zu suchen. Sie pflegte dort Pestkranke und lernte den Beruf einer Hebamme. Nach dem Tod ihres einzigen Kindes arbeitete sie in Rußland als Hebamme, später zog sie in eine Phalanstèregemeinschaft in Louisiana und starb 1864 in einem Armenhaus. Interessant sind ihre »Souvenirs d'une fille du peuple« (Erinnerungen einer Tochter des Volkes) als anschauliches Zeugnis ihrer Zeit.

Jeanne Désirée Gay, geb. Veret, gründete 22jährig mit der 20jährigen Marie Reine Guinsdorf die erste feministischen Zeitung, »Le femmes libre«, eine Vorläuferin von »La Tribune des Femmes«. Auch Gay, 1810 geboren, arbeitete als Textilarbeiterin. In den Jahren 1833 bis 1837 lebte sie in England, lernte dort im Umkreis des Sozialisten Robert Owen ihren zukünftigen Mann, den Fourieristen Leopold Gay, kennen, den sie 1837 heiratete. Nach Frankreich zurückgekehrt, versuchte sie ein Waisenhaus zu gründen, was allerdings mißlang. Dann begann sie, für sozialistische Zeitschriften zu schreiben und wurde Redakteurin der Zeitschrift »L'Opinion de Femme«. 1848 trat sie zusammen mit der Schriftstellerin Eugénie Niboyet und Jeanne Deroin vehement für die Einführung des weiblichen Wahlrechts ein, womit diese drei Simonistinnen eine ausgesprochene Vorreiterrolle spielten. Sogar bei Vorkämpferinnen der Emanzipation wie etwa George Sand stießen derartige Forderungen auf Widerstand. Sand hat den Vorschlag Eugénie Niboyets, sich nach 1848 als Kandidatin für die neu zu bildende »Verfassunggebende Versammlung« aufstellen zu lassen, glatt abgelehnt. »Die Frauen«, meinte sie in einer Stellungnahme, »die behaupten, sie hätten Zeit, Abgeordnete zu sein und (außerdem) Kinder aufzuziehen, haben niemals selbst Kinder aufgezogen ... Selbstverständlich kann die Frau irgendwann einmal eine soziale und politische Aufgabe mit ihrer Inspiration erfüllen, aber niemals solche Funktionen für Dauer selbst übernehmen. Denn das entzieht sie ihrer natürlichen Aufgabe: der Familienliebe.« Es war also wieder einmal die Natur der Frau, die einer politischen Betätigung entgegenstand.
Da dachten die Saint-Simonistinnen, die wir heute als linke Feministinnen bezeichnen würden, anders. Sie stellten sehr konkrete politische Forderungen an die Arbeiterkommissionen der Provisori-

schen Regierung, verlangten soziale Einrichtungen für alle Arbeiter, insbesondere aber Arbeiterinnen, wie nationale Restaurants, Waschküchen und Wäschereien. Am 5. April 1848 wurde Désirée Gay als eine der fünf weiblichen Delegierten gewählt und saß zusammen mit Jeanne Deroin im Vorstand der »Association des Chemises et Nouveauté«. 1851 machte sie einen Modeladen auf, mußte aber bald darauf das Land verlassen, weil ihr Mann wegen sozialistischer Betätigung verfolgt wurde. Das Ehepaar hielt sich in verschiedenen europäischen Ländern, u. a. in der Schweiz und in England auf und ließ sich 1876 in Brüssel nieder. Désirée wurde Mitglied der »Internationale« und gehörte zeitweise dem dieser Organisation angeschlossenen Präsidium der Frauenabteilung an. Sie war bis zu ihrem Tod 1890 für die Sozialistische Partei Belgiens aktiv und starb einsam und fast blind.

Die feministischste Frau unter den Saint-Simonistinnen war aber wohl *Eugénie Niboyet*, geborene Mouchon, die aus der vornehmen Lyoner Gesellschft stammte und sich mit zahlreichen feministischen Publikationen einen Namen gemacht hat. Die professionelle Journalistin und Schriftstellerin, die in verschiedenen Zeitungen vehement für die Emanzipation der Frau eintrat, gründete zusammen mit Désirée Gay und Jeanne Deroin den »Club de l'emancipation de femme« und war Präsidentin des 1848 von Jean Deroin ins Leben gerufenen »Club de femme«, aus dem später die »Gesellschaft der Stimme der Frau« (»Société de voix des femmes«) wurde. Außerdem gründete sie die feministische Tageszeitung »La Voix des Femmes«, die in der Zeit vom 20. März 1848 bis zum 18. Juni 1848 mit 46 Nummern erschien. Ihre »Association fraternelle des démocrates des deux sexes« (»Brüderliche Vereinigung der Demokraten beiderlei Geschlechts«) legte den Abgeordneten mehrere Projekte zugunsten der bürgerlichen und juristischen Ehrenrechte für die Frauen vor, die in der Kammer regelmäßig spöttische Bemerkungen zur Folge hatten. Fast hätte Eugénie auch die deutsche Schriftstellerin und Frauenrechtlerin Fanny Lewald kennengelernt, an die sie nach dem nicht zustandegekommenen Treffen eine Nummer ihrer Zeitschrift mit einem Begleitschreiben schickte, das Fanny in ihren »Erinnerungen aus dem Jahre 1848« abgedruckt hat. Eugénie versucht darin, Gemeinsamkeiten zu betonen: »... erlauben Sie mir, daß ich Sie Schwester nenne. Wir haben alle das Bedürfnis, mit einander zu sprechen und uns zuzuhören …« Aber Fanny fand »die Haltung des Blattes … im ganzen ungemein übertrieben«, obwohl »viel Vernünftiges darin« enthalten sei und es auf jeden Fall »jedem als eine Lebensäußerung der Jetztzeit und ihrer Bestrebungen interessant« erscheinen müsse.

Deutschen Autorinnen gingen die radikalen Forderungen ihrer französischen »Schwestern« damals noch zu weit.

Auch die Näherin *Jeanne Deroin*, die ebenfalls bei der Zeitschrift »Voix de Femmes« mitarbeitete, hatte in Briefen an die »Provisorische Regierung« das aktive und passive Wahlrecht gefordert. Worauf allerdings ein Vertreter der gemäßigten Demokraten antwortete, daß die Einführung des »allgemeinen« Wahlrechts keinesfalls auch eines für Frauen sei.

Während ihrer Wahlkampagne, die sie als einzige Kandidatin für die gesetzgebende Versammlung 1849 führte, erntete sie Hohn und Spott. Oft durfte sie nicht einmal in der Öffentlichkeit das Wort ergreifen. Ihr Scheitern stand vom Anfang an fest. Politische Rechte für Frauen zu fordern, galt auch im Frankreich der Februarrevolution noch als Verletzung eines Tabus. Und darin waren sich Konservative und Revolutionäre, Monarchisten und Republikaner durchaus einig.

Etwas mehr Akzeptanz fand Jeanne Deroin in ihren Forderungen zur Verbesserung der Arbeitsbedingungen für Frauen. Wurde doch die Unterdrückung der Frauen stets mit jener der Proletariats verknüpft. Zusammen mit Pauline Roland und weiteren Frauen gründete sie die Vereinigung sozialistischer Lehrer und Lehrerinnen und kurz darauf eine Union, der 83 Arbeiterverbände angehörten. Ein ehrgeiziges Projekt, das u. a. eine Hygienekommission vorsah, die über die Zuteilung einer ausgeglichenen Ernährung wachen und ordentliche Kleider verteilen sollte. Es wurden Gemeinschaftsgaststätten gegründet und Hilfsmittel an Witwen und Opfer von Arbeitsunfällen bereitgestellt. Gezielte Forderungen bezogen sich auf die Ungleichheit der Löhne, die in einer Situation, in der auch Männer in die Frauenberufe drängten, dramatische Ausmaße angenommen hatte. So etwa erhielten in den Webereien Arbeiterinnen 1 Franc 50 pro Tag, während ein Laufbursche ohne jede Berufserfahrung lediglich aufgrund seines Geschlechts mit drei Franc bezahlt wurde.

Doch schienen auch diese Aktivitäten den Regierenden suspekt, es wurde eine Gefährdung gegenwärtiger Machtverhältnisse befürchtet, die Polizei bespitzelte und überwachte die Versammlungen, und schließlich, im Mai 1850, drangen 80 Polizisten in den Versammlungsraum und nahmen an die 30 Personen, darunter auch Jeanne Deroin und später Pauline Roland, fest. Auffallend ist die Vernehmungstaktik des Gerichtspräsidenten, der, obwohl beide wegen der Gründung einer geheimen Vereinigung angeklagt waren, ständig etwas über ihre Einstellung zur Ehe wissen wollte, was schließlich sogar dem Rechtsanwalt der Frauen auffiel. Daß die Frauen offen gegen die patriarchale Ehe protestierten, weil sie »ein Zustand der Leibeigenschaft für die Frau« sei, war eigentlicher Gegenstand des präsidentialen Interesses. Was Jeanne allerdings von ihrer Meinung nicht abgebracht hat. »Ich ... will absolute Gleichheit zwischen beiden Geschlechtern. Man hat behauptet, ich träumte von Promiskuität! Gütiger Himmel! Ich träume vom Gegenteil, ich ersehne die Verwirklichung eines Sozialstaates, in dem die Ehe geläutert, moralisiert und egalisiert wird ... was ich will, ist ein Wandel in der Institution der Ehe ...«.

Jeanne Deroin wurde zusammen mit Pauline Roland zu sechs Monaten Haft verurteilt. Nach ihrer Freilassung mußte sie feststellen, daß ihr Mann verschwunden war. Wegen Beschäftigung mit sozialistischen Schriften arbeitslos geworden, scheint eine geistige Verwirrtheit eingetreten zu sein, die wahrscheinlich zur Einlieferung in ein Heim geführt hatte. Ihre drei Kinder lebten bei Verwandten an verschiedenen Orten. Um einer neuerlichen Verhaftung zu entgehen – sie hatte nach der Machtergreifung Louis-Napoleons Hilfsaktionen für sozialistische Familien organisiert –, ist sie im August 1852 nach London ausgewandert, wo sie sich weiter für Arbeiterkreditgenossenschaften, insbesondere aber für Frauenfragen eingesetzt hat und außerdem mehrfach zu einschlägigen Themen publizierte. Später lebte sie von einer kleinen Pension und Spenden jener Familien, denen sie geholfen hatte, bis sie in ihrem 89. Lebensjahr in London starb.

»Verrückte ... Märtyrerin ... Heilige«
Pauline Roland (1805–1852)

Ihre Freundin und Weggefährtin Pauline Roland, die sich von ihrer berühmteren Namensschwester Manon u. a. durch ihre Radikalität unterschied, hat Benoite Groult durch eine Biographie vor dem Vergessen bewahrt. Pauline gehörte zu Jenen, die mit voller Härte erfahren haben, was es als Frau bedeutete, die Ideen der Saint-Simonisten wirklich ernst zu nehmen und danach zu leben.

Leidenschaftlich und kompromißlos hat sie sich dieser Lehre in die Arme geworfen, eine »Verrückte ... Märtyrerin ... Heilige«, wie George Sand meinte. Ein Mensch, der selbst im größten Leid, in der größten Verzweiflung an seinen Grundsätzen festhielt.

Sie wurde 1805 in dem kleinen Städtchen Falaise geboren. Ihr Vater starb, als sie zwei Jahre alt war, die Mutter wurde zu dieser Zeit Postmeisterin. Pauline erhielt zusammen mit ihrer jüngeren Schwester eine für die damalige Zeit sehr gute Schulbildung. Sie sollte einen Ausgleich darstellen für die fehlende Mitgift. In den Hauslehrer M. Desprez, verheiratet und 29 Jahre alt, hat sich Pauline bald verliebt, doch blieb die Liaison platonisch. Dafür verschaffte Desprez, selbst Saint-Simonist, seiner Schülerin den Zugang zu dieser damals gerade im Aufschwung befindlichen Bewegung. Und damit war Paulines Schicksal auch schon besiegelt. Das lerneifrige und intelligente, aber auch schwärmerische und romantisch veranlagte Mädchen hatte ein Ziel gefunden, dem sie künftig ihr ganzes weiteres Leben mit einer seltenen Hingabe und Hartnäckigkeit unterordnen sollte.

Sie begann mit Aglaé Saint-Hilaire, der verhinderten großen »Glaubensmutter«, eine ausgedehnte Korrespondenz, bevor sie 1832 nach Paris zog, um dort eine Stelle als Lehrerin anzunehmen und nebenbei eifrig die Predigten und Vorträge der Saint-Simonisten zu besuchen. »Niemals«, schrieb sie ganz im Sinne von Saint-Simon, »werde ich bereit sein, irgendeinen Mann zu heiraten in einer Gesellschaft, die ich nicht dazu bewegen kann, meine völlige Gleichheit mit demjenigen zu akzeptieren, an den ich mich binden oder vielmehr verkaufen würde. Ich ... will in gänzlicher Gleichheit und Freiheit leben.« Und weiter: »Ich bin eine Frau der Liebe, aber nicht der mystischen Liebe, nein, der fleischlichen ebenso wie der des Herzens; der ganzheitlichen Liebe eben.«

Das war kühn gesagt, aber für eine Frau jener Zeit höchst gefährlich. Sätze wie jene des jungen Saint-Simonisten Duveyrier, der von »Männern und Frauen« sprach, die, »in namenloser Liebe vereint … sich mehreren verschiedenen hingäben…«, konnte sich, wenn überhaupt, nur ein Mann leisten. Zwar war auch ihm nach dieser Aufforderung zum Gruppensex eine empörte Reaktion der Öffentlichkeit sicher, aber zumindest gefährdete er damit nicht seine gesamte Existenz.

Die Folgen von Paulines kompromißlosen, von einem heiligen Eifer erfüllten Verhalten zeigten sich bald. Zumal sie nicht nur völlige Freiheit in der Liebe forderte, sondern sich auch als Retterin männlicher Seelen sah. Den um vier Jahre jüngeren, schüchternen und sich ihrer nicht würdig empfindenden Literaturkritiker Adolphe Guérot etwa wollte die inzwischen 28jährige zu sich selbst befreien, denn »Guérolt wurde nie von einer Frau erfühlt und geliebt. Daher das Geschwür in seinem Herzen. Einzig eine Frau kann ihm vollständige Heilung bringen.« Der junge Saint-Simonist hingegen, zu seiner Ehre sei's gesagt, hatte Angst, »es könnte ein zu großes Opfer« für sie werden, außerdem wollte er sich keinesfalls »für immer und ewig an eine Frau binden lassen«. Derartige Skrupel hat ihm Pauline dann bald genommen, und auch als sie ein Kind von ihm erwartete, war es für sie klar, daß sie allein Verantwortung und Sorge dafür übernehmen werde.

Die Werbende, Aktive in diesem Verhältnis war also zweifellos Pauline. Ähnlich handelte sie bei ihrem zweiten Liebhaber, dem beinahe 30jährigen Juristen Jean-François Aicard, mit dem sie – noch schwanger von Guérot – eine weitere Beziehung eingegangen ist. Auch zu ihm trieb sie ein missionarischer Eifer, sie wollte ihn glücklich machen, weil er »ein edler und starker, aber auch ein ungläubiger und tiefbetrübter Mensch ist«, und auch ihn hat sie nach einer zehnjährigen Beziehung, in deren Verlauf sie drei Kinder von ihm bekam, verlassen, weil sie seine Beziehung zu einer anderen Frau nicht ertrug.

Diese Männer, die mit ihr zusammen lebten, haben ihre Großzügigkeit, ihren Mut und ihre aufrechte Haltung wohl geschätzt. »Sie, Pauline, Sie sind rein«, meinte Guérot, »… Sie sind stolz auf sich selbst und voller Vertrauen in Ihre Fähigkeiten. Ich hingegen habe meinen Körper prostituiert, habe Frauen gekauft und die Lüge ihrer Zärtlichkeiten hingenommen … Ich kann von Ihnen nehmen, aber ich habe nichts, was ich Ihnen geben könnte« . Und Aicard: »Bewunderung erfüllte mich angesichts der Echtheit ihres Glaubens, der Tiefe ihrer Opferbereitschaft, des Stolzes in ihrem Herzen und der unerschrockenen Entschlossenheit ihres Wesens.«

Als sie dann allerdings mit drei kleinen Kindern (ein viertes ist früh gestorben) ins Elend abrutschte, wurde sie allein gelassen. Und obwohl sie damit gerechnet, obwohl sie das Schicksal geradezu herausgefordert hatte, empfand sie es doch als schmerzlich. »Gott ist gut, gewiß, und Seine Vorsehung wird, so denke ich, eine Mutter und drei Kinder nicht sterben lassen. Allerdings muß ich gestehen, daß ich, wenn ich auch noch ein klein wenig Vertrauen in mich und Ihn, so doch gar keines mehr in die Menschen habe.« Als sie Aicard darum bat, ihr wenigstens seine Schulden von 17 500 Franc, die er bei ihr hatte, zurückzuzahlen, erging er sich zwar in Versprechungen: »Du kannst mich immer um alles bitten, was ich habe, aber nicht, weil ich es Dir etwa schulde, sondern weil Du es bist und es meine Pflicht ist. Ich werde für meine Kinder schon sorgen.« Tatsächlich jedoch erhielt sie lediglich 2 000 Franc von seinem Vater, weshalb sie sich gezwungen sah, alles zu verkaufen, was ihr an Möbeln und sonstigen Wertsachen geblieben war, und verzweifelte und demütigende Bittbriefe an Freunde zu schreiben, weil ihr sonst wegen Verschuldung das Gefängnis drohte.

Zu Hilfe kam ihr der Sozialphilosoph Pierre Leroux, der an der Gründung der saint-simonistischen Zeitung »Le Globe« beteiligt gewesen war und jetzt in Boussac im Département Creuse mit Unterstützung von George Sand ein Phalanstère* gegründet hatte, wo er ihr die Leitung einer Schule anbot. Mit Leroux verband sie eine alte Freundschaft, bereits Jahre zuvor hatte ihr die Mitarbeit an seiner »Encyclopédie nouvelle«, für die sie Geographie und Geschichtsaufsätze schrieb, ein bescheidenes, aber doch regelmäßiges Einkommen gesichert. In Boussac lieferte sie dann auch Beiträge für die von Leroux und George Sand herausgegebene Zeitschrift

---

* Von Ch. Fourier initiierte Produktions-, Konsum- und Lebensgemeinschaft, die ein Leben in Harmonie ermöglichen sollte.

»Revue indépendante« und gehörte dem leitenden Komitee des »Éclaireur«, eines politisches Wochenblatts, an.

Das Jahr 1847, das sie zusammen mit ihren Kindern in Boussac verbrachte, gehörte sicher zu den glücklichsten ihres Lebens. Sie arbeitete 15 Stunden am Tag, aber sie lebte in einer jener Gemeinschaften, die nicht nur damals, sondern auch vor dieser Zeit und wieder nachher in den Kommunen und Wohngemeinschaften der sechziger und siebziger Jahre des 20. Jahrhunderts die Sehnsucht nach einer harmonischen Gemeinschaft verwirklichen wollte. Zerstört wurde dieser Traum durch die Ereignisse des Jahres 1848, die vorerst große Hoffnungen weckten: die Aufständischen forderten die Republik, der »Bürgerkönig« Louis Philippe mußte abdanken, die Todesstrafe wurde abgeschafft, Presse- und Versammlungsfreiheit wiederhergestellt, das »allgemeine« Wahlrecht eingeführt, eine provisorische Regierung gebildet. Als sich jedoch Pauline Roland an Leroux' Seite im Rathaus von Boussac um eine Wählerinnenkarte bemühte, wurde auch ihr klar gemacht, daß die Frau aus dieser »Allgemeinheit« ausgeschlossen blieb und »an den verschiedenen Wahlen … nur in Herz und Geist Anteil nehmen kann«. Wieder hatte eine Revolution ohne Frauen stattgefunden. Für sie galt weiter der Code Napoléon, in dem Frauen mit Straffälligen, Minderjährigen und Geistesgestörten gleichgesetzt und zum Gehorsam gegenüber dem Mann verpflichtet wurden.

Trotzdem nahm Pauline, die inzwischen nach Paris zurückgekehrt war, weiter an politischen Aktivitäten teil. Sie ist also nicht nur eine große, gesellschaftliche Verhältnisse völlig ignorierende Liebende, sondern auch ein politischer Mensch gewesen. Sie hat für gleiche Bildungschancen von Kindern beiderlei Geschlechts und aller Gesellschaftsschichten gekämpft, für die Einführung von Kinderkrippen, um die arbeitenden Frauen zu entlasten, und gute, auch nach heutigen Vorstellungen modern geführte Kindergärten. Ebenfalls sehr modern ist ihre Bemerkung, daß die Mutterschaft für die Frau zwar »eine heilige, ja sogar unwiderlegbare Aufgabe …«, jedoch »nicht ihre einzige« sei.

Nach der Niederlage der Sozialisten bei den Aprilwahlen des Jahres 1850 gründete sie mit Jeanne Deroin die bereits erwähnte erste sozialistische Näherinnen-, Lehrer- und Lehrerinnenvereinigung, worauf sie zusammen mit Deroin wegen »ungesetzlichen Zusammenschlusses« zu sechs Monaten Haft verurteilt wurde. Obwohl sie keinesfalls aktiv am Staatsstreich gegen Louis-Napoleon vom Dezember 1851 teilgenommen hat, wurde sie im Februar 1852 erneut verhaftet und zusammen mit etwa 10 000 Gefangenen nach Algerien deportiert. Die Entbehrungen und Schikanen, die sie dort ertragen mußte, hat sie dann nicht mehr verkraftet. Als unbeugsam und unbelehrbar verschrien, wurden die Bedingungen zudem ständig verschärft, sie mußte, als besonders staatsgefährdende Gefangene mehrmals ihren Aufenthaltsort wechseln, so etwa vom Klostergefängnis El Biar in das gottverlassene Nest Sétif, was eine mehrtägige Reise auf dem Rücken eines Maultieres bei über 40 Grad Hitze nötig machte. »Schon am zweiten Tag waren mir Gesicht und Hände geschwollen, ich hatte dicke Wasserblasen auf der Haut und dank dem Maultier konnte ich acht Tage lang nicht mehr sitzen«, berichtete sie in einem Brief an den Freund Gustave Lefrançais. Weil sie jedes Gnadengesuch ablehnte, kam sie anschließend in die gefürchtete Kasbah von Annaba, wo 600 politische Gefangene langsam am Fieber dahinsiechten. Ihre aufrechte Haltung, ihr Mut und ihre Stärke wurden allerdings auch hier registriert. Nach etwa einem halben Jahr, Ende November 1852, sollte sie endlich, bereits völlig entkräftet und in einem sehr schlechten gesundheitlichen Zustand, mit dem Schiff nach Frankreich zurückgebracht werden. Aber weil sie kein Geld für eine Kabine besaß, mußte sie sechs Tage lang, nur leicht bekleidet, im stürmischen Seewind oben auf der von ständigen Brechern umspülten Brücke bleiben. »Mein Leben lang wird es mich durchschauern bei dem Gedanken daran, was ich auf dieser Schiffsbrücke durchzustehen hatte, wo ich, seekrank wie noch nie, vierundzwanzig Stunden mitten im Wasser lag ohne daß mir auch nur eine Menschenseele Hilfe angeboten hätte«, schrieb sie aus Marseille in ihrem letzten Brief. Sie starb am 16. Dezember auf der Strecke nach Paris an Rippenfellentzündung, ohne ihren ältesten Sohn, der zu ihr geeilt war, noch zu erkennen.

Die Nachrufe waren unterschiedlich je nachdem, ob sie aus dem Lager der Anhänger oder Gegner stammten. In gewisser Weise als verrückt, weil an der Realität vorbei lebend, haben sie fast alle empfunden. Aber, so meint ihre Biographin Benoite Groult richtig, »mußte man nicht verrückt sein, um sich im Jahr 1830 als freie Frau verstehen zu wollen? Mußte man nicht verrückt sein, um eine

Theorie von individueller und sexueller Freiheit in die Tat umzusetzen, deren alleinige Erwähnung schon ehrbare Leute beiderlei Geschlechts in Harnisch brachte? Mußte man nicht schließlich auch verrückt sein, wenn man ganz allein alle Risiken dieses Verhaltens tragen wollte, und das hundert Jahre, bevor die Medizin die Frauen davor bewahrte, den Zufälligkeiten der Zeugung ausgesetzt zu sein ...?«

Pauline Roland ist daran gestorben, daß sie die Lehre von der Freiheit des Individuums auch für die Frau verwirklichen wollte.

Frühfeministinnen des Vormärz

Es waren allerdings nicht nur Saint-Simonistinnen, die in der ersten Hälfte des 19. Jahrhunderts vehement für die Gleichberechtigung der Frau eintraten, wenngleich sich diese Bewegung durch eine besondere Radikalität auszeichnete und auch in anderen Ländern des Kontinents die Beziehung zwischen den Geschlechtern beeinflußt hat. Allmählich jedoch wurde die Emanzipation der Frau ein allgemeines Thema, dessen sich mehr und mehr Frauen auf unterschiedliche Art und Weise annahmen. In Deutschland waren es vor allem Schriftstellerinnen, die langsam aus ihrer – häufig selbst verordneten Anonymität – heraustraten und ihren Unmut öffentlich machten.

Während es den Romantikerinnen noch vornehmlich um ihre eigene Subjektwerdung und damit im Zusammenhang um Beziehungsprobleme gegangen war, die in Salons und gesellschaftlichen Zirkeln diskutiert wurden, forderten diese frühfeministischen Schriftstellerinnen eine Beteiligung am öffentlichen, allmählich auch am politischen Leben, eine qualifizierte Berufsausbildung für Frauen und damit im Zusammenhang vor allem eine bessere Mädchenbildung.

Wobei vor allem die 'bejammernswerte, häufig geradezu groteske Situation der unverheirateten Töchter des Mittelstandes in das Visier dieser meist aus bürgerlichen Kreisen stammenden Frauen geriet. Denn trotz zunehmender materieller Notlage, die es für Familienväter immer schwieriger machte, ihren Töchtern mit der erforderlichen Mitgift eine standesgemäße Heirat zu sichern (immerhin war um die Mitte des 19. Jahrhunderts in Deutschland nahezu die Hälfte der Frauen zwischen 15 und 50 Jahren unverheiratet), durften Frauen des Bürgertums keinen Beruf außer jenen der Lehrerin und Gouvernante ausüben. Aber selbst diese berufliche Tätigkeit galt im Grunde als unschicklich, ehrenrührig und als schwacher Er-

satz für den Ehestand, die nach wie vor einzige respektable Daseins-
form für eine Frau. Den Unverheirateten blieb lediglich ein unnüt-
zes, unausgefülltes und meist nur geduldetes Dasein bei den Eltern
oder irgendwelchen Verwandten, die diesen »alten Jungfern« – wozu bereits unverheiratete Mädchen Ende Zwanzig zählten – das
Gnadenbrot gewährten.

Widersprüche in Leben und Werk
Fanny Lewald (1811–1891)

Fanny Lewald, eine der bekanntesten und erfolgreichsten deutschen
Autorinnen des 19. Jahrhunderts, von Zeitgenossen als »Galionsfigur des preußischen Feminismus« bezeichnet, hat in ihrer »Lebensgeschichte« eine eindringliche Schilderung dieser »Leidensjahre«
hinterlassen. Trotz unverkennbarer schriftstellerischer Begabung
mit Handarbeiten und einem ungeliebten Musikunterricht gequält,
mußte sie viele unnütze Jahre in ihrem Elternhaus verbringen, bis
ihr Vater der bereits 32jährigen endlich die Erlaubnis erteilte, in
Berlin ein unabhängiges Lebens als Schriftstellerin zu führen.
Und doch hat auch Fanny die Ehe stets als eigentliche Bestimmung
der Frau dargestellt – allerdings als eine »freierwählte, freigeschlos-
sene Verbindung gleichberechtigter Gatten« und nicht als aufge-
zwungene Versorgungsanstalt für die Frau. Gleichzeitig jedoch
räumte sie ihrem Ehemann Adolf Stahr die Möglichkeit ein, ihr »in
jedem Sinne ein Lehrer, ein Erzieher und ein Vorbild« zu sein.
Ansichten, die verwundern angesichts ihrer konsequenten emanzipatorischen Forderungen vor allem in ihren zwei Streitschriften
»Osterbriefe an die Frauen« (1863) und »Für und Wider die Frau-
en« (1875). Und doch sind es gerade diese Widersprüche in Fanny
Lewalds Leben und Werk, die zu einem Verständnis der frauenemanzipatorischen Entwicklung in diesem Jahrhundert führen.
Fanny Lewald wuchs in einem streng patriarchalen Haushalt auf, in
dem der gesamten Familie Gehorsam gegenüber dem Vater, einem
angesehenen jüdischen Königsberger Kaufmann, »eingeimpft (war)
mit der Luft, die wir atmeten … Das Gehorchen lernen verstand
sich für uns ebenso von selbst wie die Übung unserer Sinne und

unserer Achtsamkeit«. Sie hat sich nie von dieser bedingungslosen Gehorsam fordernden Vaterfigur befreit und ihr Bedürfnis nach Unterordnung auf den Ehegatten übertragen. Trotzdem war ihr Schritt aus dem Vaterhaus in die ungeschützte Existenz einer freiberuflichen Schriftstellerin eine emanzipatorische Tat, die damals in Deutschland nur sehr wenige Frauen schafften.

Fanny, die einem relativ wohlhabenden Bürgertum entstammte, hatte dabei andere Hindernisse zu überwinden als Frauen des Kleinbürgertums oder der Unterschicht: Es waren die Schranken der sogenannten Wohlanständigkeit, der Etikette, die Frauen ans Haus fesselten und zur Unmündigkeit erzogen.

Anschaulich beschreibt sie die Auswirkungen dieser verinnerlichten Erziehung zur Abhängigkeit: ihre Ängste, die sie als fast 34jährige (zuvor hatte sie bei einer Verwandten in einem »Durchgangszimmer« zur Miete gewohnt) während der ersten Nacht in der ihr endlich vom Vater zugestandenen eigenen Berliner Wohnung durchlitt, das Unbehagen, wenn sie, der es nie gestattet gewesen war, ohne Begleitung aus dem Haus zu gehen, jetzt plötzlich am Abend alleine ausging. »Ich kam mir erniedrigt, gelegentlich auch so einsam und verlassen vor.« Auch bei der Auszahlung ihres ersten selbstverdienten Geldes empfand sie widerstreitende Gefühle: Neben der Freude über die erbrachte Leistung auch Demütigung, weil Geld verdienen für eine Frau ihres Standes als unschicklich und degradierend galt.

Vor dem Hintergrund eines patriarchalen, jeden Widerstand ausschließenden Vaterhauses wird auch die ungeheure Anstrengung deutlich, die es Fanny gekostet hat, sich in einem einzigen – allerdings bedeutsamen – Schritt dem Willen des Vaters zu widersetzen: Als er sie – aus reinen Versorgungsgründen – mit einem Mann verheiraten wollte, der ihr überhaupt nicht zusagte, hat sie sehr bestimmt abgelehnt. Aber »elender als in dieser Stunde habe ich mich mein ganzes Leben nicht gefühlt«. Dem geliebten, verehrten und gefürchteten Vater, der sich – wie sie keinesfalls ironisch notierte – »bis zu einer Bitte gegen mich herabgelassen« hatte, etwas abschlagen zu müssen, ging fast über ihre Kräfte.

Und noch ein zweites Mal haben sich Zweifel an ihrer absoluten Gehorsamspflicht geregt: als die anbahnende Liebesbeziehung der erst 16jährigen Fanny zu dem jungen Theologen Leopold Bock vom Vater, der offenbar Schwierigkeiten wegen der eigenen jüdischen

Herkunft fürchtete, unterbunden wurde. Obwohl Fanny dieses väterliche Gebot widerstandslos akzeptierte, wurde sie doch nach dem bald darauf folgenden Tod Leopolds von heftigen Schuldgefühlen geplagt. »Ich konnte nicht weinen, und aus der Erstarrung rang sich in mir eine verzweiflungsvolle Reue darüber empor, daß ich blind und willenlos wie eine Maschine den Befehlen meines Vaters Folge geleistet … Ein nicht zu bannendes Schuldbewußtsein, ein Zorn gegen meinen Vater kamen als neue, quälende Gefühle hinzu …«

Trotzdem ist auch Fanny eine Vatertochter gewesen, ihre Mutter, einer durch zehn Geburten erschöpften, ständig kränkelnden Frau, die trotz ihrer schwankenden Gesundheit klaglos den großen Haushalt bis an ihr Lebensende führte, konnte der ältesten Tochter kein Vorbild sein. Fanny, nicht nur zu absolutem Gehorsam, sondern auch zu ehrerbietiger Liebe gegenüber den Eltern erzogen (ein dreimaliger Handkuß täglich war obligatorisch, außerdem mußten Vater und Mutter stets mit »lieber Vater« und »liebe Mutter« angeredet werden), meinte in ihren Lebenserinnerungen, daß sie »den Vater noch lieber« als die Mutter gehabt hätte, da er trotz seiner Geschäfte Zeit fand, mit ihr zu spielen, zu lesen oder sich anderweitig mit ihr zu beschäftigen. Für derartigen »Luxus« hatten die abgearbeiteten, abgeschufteten Mütter dieser Epoche keine Zeit.

So wie die ältere Rahel Varnhagen, deren Briefe, die sie mit 23 Jahren zum erstenmal las, für Fanny zu einer »Offenbarung und Erlösung« wurden, litt auch sie unter der doppelten Benachteiligung als Jüdin und als Frau. »Daß wir Juden wären, und daß es schlimm sei, ein Jude zu sein, darüber war ich aber mit fünf Jahren, noch ehe ich in die Schule gebracht wurde, vollkommen im Klaren«. 17jährig ließ sie sich taufen – möglicherweise als Folge der Begegnung mit dem jungen Theologen, und als 32jährige hat sie das Judenproblem in ihrem Roman »Jenny« thematisiert. Die Zurücksetzung aufgrund ihres Geschlechts hingegen wurde ihr schmerzlich bewußt, als sie mit 14 Jahren die geliebte Schule, in der sie stets durch ihre guten Leistungen aufgefallen war, verlassen und einen ungeliebten häuslichen Dienst antreten mußte. Sie beneidete ihre jüngeren Brüder, die studieren durften, »ihr ganzes Dasein erschien mir vornehmer als das meine …« Um Fanny zu beschäftigen entwarf ihr Vater jenen inzwischen berühmt gewordenen »Stundenzettel«, der einen minutiös eingeteilten Tagesplan enthielt, und u. a. zwei Stunden

Klavierspielen und fünfeinhalb (!) Stunden Handarbeit nebst dem Nachlesen in alten Lehrbüchern umfaßte. Auch wurde das interessierte junge Mädchen, das jeden verfügbaren Lesestoff verschlang und bereits mit 16 Jahren Kant gelesen hatte, mißtrauisch auf eine zu große »Gelehrsamkeit« hin beobachtet, weil, wie ihr die Eltern ständig klarzumachen versuchten, »nichts widerwärtiger und unbrauchbarer sei, als ein gelehrtes, unpraktisches Frauenzimmer«. In den folgenden, fast 20jährigen »Leidensjahren«, in denen sie das unbefriedigende Dasein einer »höheren Tochter« führte, die mit sich nichts Rechtes anzufangen wußte, erkrankte sie an allen möglichen Leiden, die, wie damals üblich, mit »Nervenfieber« umschrieben wurden und heute unschwer als psychosomatisch zu erkennen sind. Alle ihre Versuche, sich in irgendeiner Weise außerhalb des Hauses zu betätigen, sei es auf dem Gebiet der Wohltätigkeit oder als Gouvernante, scheiterten am Widerstand des Vaters, der derartige Wünsche seiner Tochter als persönliche Schande und Schmach empfand. Fanny durfte ihn zwar gelegentlich auf seinen Geschäftsreisen begleiten, allerdings zu dem Zweck – wie sie nachträglich erfuhr –, einen passenden Heiratskandidaten für sie zu finden. »Ich hätte«, meinte sie rückblickend, »vor Scham und Zorn aufschreien mögen«.

Ein Lichtblick in diesen trüben Jahren war ein mehrmonatiger Aufenthalt im Hause der Familie Simon (Verwandte der mütterlichen Linie) in Breslau, in dem es wesentlich aufgeschlossener und fortschrittlicher zuging als zu Hause in Königsberg. So etwa durften an den Diskussionen der hier verkehrenden liberal gesinnten und literarisch gebildeten Männer auch Frauen teilnehmen, was in Fannys Familie unmöglich gewesen wäre. Prompt verliebte sich Fanny auch in ihren Vetter Heinrich Simon, der später als gemäßigter Linker in der Politik eine wichtige Rolle spielen sollte. Aber Simon brachte für sie lediglich freundschaftliche Gefühle auf, verliebt war er nämlich in Ida Hahn-Hahn, die in den folgenden Jahren zu ähnlichem literarischem Ruhm gelangen sollte wie Fanny und damit nicht nur ihre private, sondern auch berufliche Konkurrentin wurde.

Zur schriftstellerischen Laufbahn verholfen hat ihr schließlich ihr Vetter August Lewald, der in Stuttgart die Zeitung »Europa« leitete. Fanny schickte ihm – nachdem sie zuvor die Erlaubnis ihres Vaters eingeholt hatte – 1841 einen kleinen Bericht über die Huldigungsfeierlichkeiten anläßlich des Besuches von Friedrich Wilhelm IV. von Preußen in Königsberg, der dem Vetter so gut gefiel, daß er sie ermutigte, weiter zu schreiben. Worauf sie in den »Briefe(n) über die Mädchenerziehung«, die anonym erschienen, ihren Unmut über die mangelnde Bildung der Frauen äußerte. Anonym kamen auch im selben Jahr (1843) die Romane »Clementine« und »Jenny« heraus, die zu einem beachtlichen literarischen Erfolg führten.

Die Anonymität war eine wichtige, vom Vater gestellte Bedingung. Fanny durfte ihre Urheberschaft keinem Menschen verraten, nicht einmal dem sie wegen anhaltendem Nervenleiden behandelnden und inzwischen ziemlich ratlosen Arzt.

In Berlin lernte Fanny dann Frauen kennen, die so wie sie schriftstellerisch tätig waren und aus einem neuen Bewußtsein heraus die Benachteiligung der Frau anprangerten. Weil allerdings die deutschen Frauen durch das Fehlen von Revolutionen keine Möglichkeit hatten, ein politisches Bewußtsein zu entwickeln, haben ihre emanzipatorischen Bemühungen vor allem in Richtung bessere Mädchenerziehung und damit größere finanzielle Unabhängigkeit besonders der unverheirateten Frau gezielt. Zum erstenmal sind Frauen damals in größerer Zahl als Schriftstellerinnen hervorgetreten und haben daraus auch eine Profession gemacht. Während sie in der Zeit der Französischen Revolution noch eher Einzelkämpferinnen waren und sich die Romantikerinnen vor allem für ihre eigene, subjektive Entwicklung interessierten, entstand jetzt allmählich so etwas wie ein weibliches Solidaritätsgefühl. Obwohl sie sich noch nicht organisierten – das geschah erst in der zweiten Hälfte des 19. Jahrhunderts –, begannen begabte, emanzipatorisch engagierte Frauen untereinander freundschaftliche Interessengemeinschaften zu bilden, wie sie bislang nicht möglich waren. Fanny wurde nicht nur mit Henriette Herz bekannt, die damals bereits eine alte Frau gewesen ist, sondern auch mit der Erzählerin, Dramatikerin und Übersetzerin *Karoline von Woltmann* (1782–1872), die unter dem Pseudonym Luise Berg schrieb und sich nach ihrer Scheidung vom Kriegsrat Carl Müchler mit Herrn von Woltmann verheiratet hatte. Zu ihr schien Fanny allerdings kein besonderes Nahverhältnis gehabt zu haben, denn obwohl sie bei dieser »Frau von Geist und Herz« eine reiche Bildung und ausgedehnte philosophische

Studien erwähnt, vermißt sie an ihr doch eine ansprechende Weiblichkeit. »Sie kam mir nie recht wie eine Frau vor ...«, hingegen würde sie »stets den Eindruck eines in seine Studien und Gedanken aufgegangenen Sonderlings« vermitteln. Fanny war auch mit der erfolgreichen Schriftstellerin Luise Mühlbach befreundet, an der sie vor allem ihre ungeheure Produktivität bewunderte, ihre Belesenheit und ihre verschiedensten Sprachkenntnisse. *Luise Mühlbach* (1814-1873), die eigentlich Klara Mundt hieß, zählte zweifellos zu den produktivsten der jungdeutschen Autorinnen. Wahrscheinlich aufgrund einer wesentlich unkonventionelleren Erziehung in einem fortschrittlicherem Elternhaus als jenem Fannys (sie war die Tochter des Oberbürgermeisters Müller in Neubrandenburg) gelang es ihr, bereits mit 24 Jahren ihren ersten Roman zu veröffentlichen, dem im Laufe ihrer 59 Lebensjahre weitere unvorstellbare 289 Werke folgten. Vom Standpunkt der Frauenemanzipation sind allerdings nur jene elf Bücher interessant, die sie in den Jahren von 1838 bis 1849 publizierte. Mit »Erste und letzte Liebe« und »Aphra Behn« hat sie emanzipatorische Meilensteine gesetzt. Um so erstaunlicher der totale Bruch nach dem Revolutionsjahr 1848. In ihren nun folgenden zahlreichen Historienromanen sind die frauenemanzipatorischen Gedanken verstummt, und die bislang eifrige Verfechterin einer Republik wurde zur Verherrlicherin zahlreicher gekrönter Häupter. Sie ist allerdings nicht die einzige Schriftstellerin gewesen, der die Restauration die Flügel gebrochen hatte. Fast alle schreibenden Frauen wurden in ihren kurzen, emanziptorischen Aufbrüchen empfindlich getroffen und haben sich meist auch nicht mehr davon erholt. Wahrscheinlich am geringsten ließ sich Fanny Lewald davon beeinflussen. Zwar wollte auch sie ab den fünfziger Jahren »keine Parteischrift, sondern ein Kunstwerk schaffen«, in dem ausgedehnte Naturbeschreibungen, Seelenanalysen und Kunstreflexionen ein bedeutender Platz eingeräumt wurde. Trotzdem ist sie bis in ihr hohes Alter unermüdlich für das Recht der Frau auf Bildung und Berufsarbeit eingetreten, hat sie für eine Verbesserung der Lage der Dienstboten plädiert und sich generell für unterprivilegierte und schlecht bezahlte Frauen eingesetzt. In bezug auf das Frauenwahlrecht war sie etwas zögerlicher: obwohl sie sich grundsätzlich dafür aussprach, meinte sie doch, daß die meisten Frauen erst durch eine entsprechende Erziehung politische

Reife erlangen können. Eine ähnliche Haltung nahm sie gegenüber dem Frauenstudium ein. Daß sie die Lehre von der »Emanzipation des Fleisches« als »Schrankenlosigkeit des sinnlichen Genusses« und »im tiefsten Inneren unsittlich« verurteilt hat, war naheliegend für eine Frau, die in der Ehe »den einzigen Weg« sah, »der den Menschen zu der größten Vollkommenheit führte«.

Eine gute Freundschaft verband Fanny Lewald auch mit Bettina von Arnim, über die sie 1849 schrieb: »Ich liebe sie sehr und sehe sie oft.« Ihre engste Freundin aber war die Schriftstellerin *Therese von Bacheracht* (1804–1852), geb. Struve, eine Verwandte des Revolutionärs Gustav Struve. Sie schrieb unter dem Pseudonym Therese Reisetagebücher, Romane und Feuilletons und hatte ein Liebesverhältnis mit Karl Gutzkow. 1849 wurde ihre Ehe mit Bacheracht geschieden, und seit dieser Zeit lebte sie mit ihrem zweiten Mann, Oberst Heinrich von Lützow, im indonesischen Surabaya.

Auf einer Italienreise lernte Fanny Lewald dann ihren zukünftigen Mann, den Oldenburger Gymnasialprofessor Adolf Stahr, kennen und heiratete ihn 1853 in ihrem 41. Lebensjahr. Vorangegangen war ein fast zehnjähriges Warten, bedingt vor allem durch Adolfs familiäre Verhältnisse: Er war verheiratet und eine Scheidung damals eine komplizierte Angelegenheit. Daß ihre Ehe allgemein als »glücklich« bezeichnet wird, wundert nicht angesichts ihrer als gerechtfertigt empfundenen, freiwilligen Unterordnung. Der literarische Salon, den sie nach ihrer Verheiratung in Berlin an die 30 Jahre führte, war Sammelpunkt der liberalen, aufgeschlossen Kräfte des Vormärz.

Als sie im August des Jahres 1889 78jährig starb, rühmte sie Julius Rodenberg in seinem Nachruf als »hingebendes Weib und aufopfernde Gefährtin ihres Mannes«, und auch Ludwig Geiger meinte 1900: »Sie fügte sich dem Manne und erkannte durch Dienen seine Superiorität an.« Das waren Worte aus dem Geist der Zeit, der Frauen vornehmlich in dieser Funktion wahrnehmen wollte. Sie machen aber auch die Brüchigkeit in Fanny Lewalds Leben und Werk deutlich, in dem einer scharfen Kritik am bürgerlichen Familienleben und an der Erziehung zur Unmündigkeit gleichzeitig eine Rechtfertigung väterlicher Autorität und (Ehe) sowie männlicher Überlegenheit gegenübersteht. Obwohl sie sich gegen Konvenienzehe und für die Scheidung aussprach, blieb sie doch der bürgerlichen

Ehe-Auffassung treu, in der weibliches Leben als eine vom Mann abgeleitete Existenz begriffen wurde.

Die »tolle Gräfin«: Ida Hahn-Hahn (1805–1880)

Daß die mecklenburgische Gräfin Ida Hahn-Hahn zu einer Gegenspielerin Fanny Lewalds wurde, verwundert nicht. War sie doch nicht nur ihre stärkste Konkurrentin auf literarischem Gebiet – auch ihre Werke gehörten zu den erfolgreichsten ihrer Zeit –, sondern darüber hinaus auch die große Liebe von Heinrich Simon, dem Fanny ihre Zuneigung geschenkt hatte. Darüber hinaus aber fand auch Idas Auffassung von der individuellen Selbstverwirklichung der Frau keinesfalls Fannys Zustimmung. In ihrer »Lebensgeschichte« empört sie sich über die »weibliche Selbstsucht« und »Herzlosigkeit« der Hahn-Hahnschen Frauengestalten und wirft ihren Romanen »innere Unsittlichkeit« und »geschmacklosen Leichtsinn« vor. Schließlich hat sie ihre Kontrahentin sogar in einem eigenen Roman mit dem Titel »Diogena« als Nachfahrin des Diogenes persifliert und lächerlich gemacht.

Idas Biographie unterscheidet sich von jener Fannys nicht nur durch ihre Geburt. Ausschlaggebend für ihr weiteres Leben scheint eine traumatische Eheerfahrung gewesen zu sein, die bewirkte, daß sie für sich jede weitere Ehe ausschloß. Auch ihr Liebesverhältnis zu Heinrich Simon ist schließlich an ihrer Weigerung, ihn zu heiraten, zerbrochen.

Ida Hahn-Hahn wird häufig als eine der interessantesten und schillerndsten Schriftstellerinnen dieser Epoche bezeichnet. Aufsehen erregten auch ihre ausgedehnten Reisen, die sie – als erste Frau – bis in den Orient führten und die sie dann schriftstellerisch verarbeitet hat.

Diese, nicht nur von einem ungeheuren Freiheitsdrang, sondern auch von großem Wissensdurst motivierten Ausbrüche sind erst vor dem Hintergrund ihrer Herkunft so richtig zu verstehen: Sie entstammte einem zutiefst reaktionären mecklenburgischen Adelsgeschlecht, das streng hierarchisch gegliedert war und immer noch mit absoluter Selbstherrlichkeit über die bäuerlichen Untergebenen herrschte. Luise Mühlbach beschreibt das Land um Remplin, in dem Ida geboren wurde, als rückständig und unaufgeklärt, »fern ab von allem Verkehr, von jeder geistigen Zugehörigkeit, gleichsam umgeben von einer chinesischen Mauer, die es abtrennte von der ganzen übrigen Welt«.

In dieser Umgebung wuchs die kleine Ida heran, ohne regelmäßigen Schulunterricht, wie das in anderen Teilen Norddeutschlands für die Töchter höherer Stände bereits üblich war, und ohne Vater, der wie jener Fannys zumindest über einen »Stundenzettel« wachte. Idas fehlende Bildung hat ihr später oft den Vorwurf des Dilettantismus eingebracht, wobei niemals berücksichtigt wurde, daß Frauen aufgrund ihres Geschlechts von Bildungsstätten weitgehend ausgeschlossen waren, keinen Zugang zu den Universitäten hatten und sich nur unter günstigsten Bedingungen im Selbststudium Kenntnisse aneignen konnten, die für begabte Männern ihres Standes eine Selbstverständlichkeit waren.

Ida Hahn-Hahn wurde zumeist aristokratischer Hochmut, eine undemokratische Gesinnung und elitäre Haltung vorgeworfen. Richtig ist, daß sie in ihren Romanen hauptsächlich jene Welt beschrieben hat, die sie kannte: die Welt der Aristokratie, des Hochadels. Auch ist sie nie eine wirkliche Demokratin gewesen, und ihre Konversion im Jahre 1850 tat ein übriges, um sie von der Literaturgeschichtsschreibung endgültig in die reaktionäre Ecke der AntidemokratInnen und GegnerInnen der 48er-Revolution zu verbannen.

Trotzdem ist das Frühwerk Hahn-Hahns für die Frauenforschung von Interesse, weil sie darin die Emanzipationsversuche von Frauen ihres Standes beschreibt, die sich aufgrund spezieller gesellschaftlicher Verhältnisse von jenen des Bürgertums oder Proletariats unterschieden. Ihnen ging es nicht um die Möglichkeit einer Berufsausübung wie den Bürgerlichen, denn das Ideal der Berufslosigkeit galt in diesen Kreisen für beide Geschlechter, und im Falle einer Nichtvermählung oder Scheidung stand ihnen eine Rente zu. Auch standen sie der Situation der Arbeiter- bzw. Bauersfrau, die unter den Abhängigkeitsverhältnissen einerseits vom Ehemann, andererseits vom Arbeitgeber litten, meist verständnislos gegenüber. Frauen des Adels ging es in erster Linie um ihre emotionale und intellektuelle Emanzipation. In ihren Romanen beschreibt die Hahn-

Hahn häufig den Aufbruch von Frauen, die gesellschaftliche Unterdrückungsmechanismen durchschauen, wobei sie sich – im Gegensatz zu Fanny Lewald – auch nicht scheut, in der (Kern-)Familie die eigentliche Keimzelle des patriarchalen Staates zu sehen. Auch begründet sie die Benachteiligung der Frau nicht durch ihre Biologie, sondern durch ihre Sozialisation, womit sie sogar über George Sand hinausgeht, die in vielen Aspekten an einem – durch die Natur bedingten – geschlechtsspezifischen Rollenbild festhält. »Schickt die Mädchen auf die Universität und die Knaben in die Nähschule und Küche: nach drei Generationen werdet ihr wissen … was es heißt, die Unterdrückten sein«, ist wohl einer ihrer am häufigsten zitierten Aussprüche. Er zeigt deutlich, wie sehr sich Ida Hahn-Hahn der Bedeutung gesellschaftlicher Einflüsse bewußt gewesen ist, womit sie unter den Autorinnen dieser Zeit eine Einzelposition vertrat.
Sie wurde zur »ersten deutschen Romanschriftstellerin von Bedeutung« (Möhrmann), die das Leben des Adels zu kritisieren wagte. Die Reaktionen waren je nach ideologischer Ausrichtung unterschiedlich. Während die einen eine »vornehme Dilettantin« in ihr sahen (Heinrich Spiero), bezeichneten sie andere als ein »Originalgenie« à la Max Stirner (Richard M. Meyer). So manchen galt sie als Vorkämpferin der Frauenemanzipation, wieder andere vermeinten eine »krankhafte Emanzipationssucht« feststellen zu müssen.
Als krank erschien sie vielen, man sprach von einer Art »Erbtick«, der in der Familie liege und zu standesunüblichen Beschäftigungen geführt habe. So hatte bereits den Großvater die Beobachtung der Himmelskörper mehr interessiert als langweilige gesellschaftliche Ereignisse. Idas Vater, Karl Graf von Hahn, hingegen frönte einer Leidenschaft, die weit verhängnisvoller verlief: Der »verrückte Theatergraf« hatte einer Komödientruppe auf seinem Hauptgut ein eigenes Theater errichtet und den Schauspielern so lange großzügig Quartier gewährt, bis sein gesamtes Vermögen aufgebraucht war.
Ida haben diese väterlichen Eskapaden wenig imponiert, sie war keine Vater-, eher eine Muttertochter. Mit der als sanft und still beschriebenen Mutter hat sie nach der elterlichen Scheidung auch zusammengelebt. Sie muß eine gehorsame, leicht lenkbare Tochter gewesen sein, zumindest läßt ihr Verhalten gegenüber der Heiratspolitik ihrer Familie darauf schließen: Widerspruchslos hat die

21jährige ihrem verliebten Vetter das Jawort gegeben, weil ihre Eltern es so wollten. Die Ernüchterung stellte sich erst später ein, als sie feststellen mußte, daß die Neigungen des Ehemannes, die sich vornehmlich auf die Zähmung und Züchtung von Pferden, Parforcejagden und Geländeritte bezogen, nicht die ihren waren, hingegen ihre schöngeistigen Interessen wiederum seine Ablehnung fanden. Es kam zu Tätlichkeiten des Ehegatten, die sie anfangs auch noch glaubte, ertragen zu müssen, denn eine Frau, so meinte sie damals nach Berichten von Augenzeugen, müsse sich »ihrem Mann stets fügen ... auch wenn ihr Unrecht geschähe«.

Ihr Emanzipationsprozeß verlief also nicht langsam und kontinuierlich, sondern abrupt und radikal. Auslösendes Moment wird nicht nur eine Ehehölle gewesen sein, sondern auch die darauffolgende Scheidungskrise, die in einer kriminellen Handlung des Ehemannes gipfelte: Er versteckte einen fingierten Briefwechsel mit einem Pferdemaler in ihrem Schreibtisch, um damit eine Trennung zu ihren Lasten zu erzwingen.

Kurz nach der Scheidung, die 1829 nach dreijähriger Ehe vollzogen wurde, brachte Ida eine geistig behinderte Tochter zur Welt, die sie einer Pflegemutter übergab. Auch ein zweites Kind, einen Sohn, ließ sie adoptieren. Ihre Biographin Gerlinde Geiger vermutet, daß sie zum einen nicht als Mutter eines unehelichen Kindes gebrandmarkt werden wollte, zum anderen aber Mutterschaft und eine Existenz als Schriftstellerin für unvereinbar hielt. »Ich schrieb«, so meint sie selbst, »mit einer Art von Leidenschaft ... und zwar so, wie ich alles tat, was ich tat: aus innerem Drang, um mir selbst zu genügen, um in irgend etwas den Durst meiner Seele nach Vervollkommnung auszusprechen ... «. Neben dieser »Leidenschaft« gab es nur noch den Lebensgefährten Baron Adolf Bystram, mit dem sie eine über 20jährige Gemeinschaft verband, und das Reisen. Ein Kind empfand sie wohl als hinderlich. Bereits diese Einstellung, nie deutlich ausgesprochen, aber für aufmerksame Beobachter zwischen den Zeilen zu lesen, mußte als skandalös empfunden werden.

Fast alle ihre Frauengestalten streben nach Selbstverwirklichung, weil »auf der Entwicklung innerhalb der eingeborenen Grenzen des Individuums, sei es Mann oder Weib ... der Fortschritt der Menschheit« beruht. Was heute als selbstverständlich erscheint, galt damals – für eine Frau – als Sakrileg. Sie hatte für andere dazusein, aber nicht für sich selbst. Und genau daran stießen sich ihre Zeitgenossen. Das hat Fanny Lewald so sehr gestört, und das veranlaßte den fürstlichen Reiseschriftsteller Pückler-Muskau, von »Unnatur« in ihren Romanen zu sprechen, in denen »immer das unbefriedigte, sich selbst vergötternde Weib die Hauptrolle« spielt, und auch Fontane nennt sie »sehr klug, bodenlos eitel und die Verneinung jeder Moral. Die Karikatur des Individualismus«.

Trotzdem hat die Hahn-Hahn keine wirklichen Emanzipationsromane geschrieben. Es fehlen dazu wichtige Aspekte wie die Betonung einer beruflichen und politischen Gleichstellung der Frau, an der sie als Aristokratin nicht interessiert war. Es ging ihr nicht um ein allgemeines, sondern um ein individuelles Befreiungskonzept, das auf ihren eigenen persönlichen Erfahrungen beruhte. In dieser Einseitigkeit zeigen sich auch ihre Grenzen.

Immerhin jedoch hat die Gräfin mit vielen Regeln sowohl ihres Standes als auch ihres Geschlechtes gebrochen. Sie hat nicht nur die Ehe verweigert und in freier Liebesgemeinschaft gelebt, sie hat auch zusammen mit ihrem Lebensgefährten Adolf Bystram die halbe Welt bereist, was damals äußerst beschwerlich war und insbesondere für eine Frau ungewöhnlichen Mut erforderte. Auf diesen Reisen hat sie einiges von ihrer vernachlässigten Bildung nachgeholt, sie waren auch wichtig für ihren Emanzipationsprozeß. Denn Ida hat sich nicht nur an den Kulturdenkmälern erfreut, sie hat auch Kontakt zu den Eingeborenen gesucht, Märkte, Volksfeste, Spitäler und sogar einen türkischen Harem besucht. Sie fuhr auf verschmutzten Dampfschiffen und saß täglich acht bis zehn Stunden im Pferde- oder Kamelsattel, häufig bedroht von räuberischen Horden. Sie hat oft auf der nackten Erde übernachtet und gegessen, was ihr angeboten wurde. »Wer nicht lernen kann, aus der Flasche eines Arabers zu trinken, komme lieber gar nicht her«, schrieb sie nach Deutschland, wo die verschiedensten Zeitungen über ihre abenteuerlichen Exkursionen berichteten.

Zu Hause angekommen, hat sie ihre Erlebnisse sofort literarisch verarbeitet und auf diese Art und Weise in der Zeit vor ihrer Konversion insgesamt sechs umfangreiche Reiseberichte verfaßt, die auch ein intensives Studium der Völkerkunde und Geschichte mit besonderer Berücksichtigung der Frauengeschichte verraten. Einiges davon wurde in den letzten Jahren nachgedruckt. Weiters erschienen in dieser Zeit fünf Gedichtsammlungen und zehn Romane.

Begonnen hat sie mit ihrer literarischen Tätigkeit 1831, einige Jahre später verdiente sie bereits genug, um ein angenehmes Leben zu führen. Diese finanziellen Einkünfte waren wichtig, weil ihr Vater das Vermögen der Familie vergeudet hatte und die Rente des Ehemannes gerade ausreichte, um die geistig behinderte Tochter zu versorgen.

Von der Kritik mußte sich die Gräfin trotz ihres großen literarischen Erfolges einiges gefallen lassen. Sie wurde nicht nur aufgrund ihres Doppelnamens als »Gräfin Kikeriki« verspottet, sondern auch aufgrund ihres Aussehens lächerlich gemacht. Hatte ihr doch eine Augenoperation 1840 ein Auge entstellt, was Anlaß zu ironischen Bemerkungen gab. Heinrich Heine etwa meinte beziehungsvoll: »O die Weiber! ... Wenn sie schreiben, haben sie ein Auge auf das Papier und das andre auf einen Mann gerichtet, und dieses gilt von allen Schriftstellerinnen, mit Ausnahme der Gräfin Hahn-Hahn, die nur ein Auge hat.«

Aber es gibt auch schmeichelhafte Darstellungen. Varnhagen etwa beschreibt sie 1840 in seinem Tagebuch als »eine blonde, hübsche Frau, feingliedrig, jugendlicher aussehend als sie wirklich ist«.

Ihre Konversion zum Katholizismus im Jahre 1850 bedeutete einen radikalen Einschnitt in ihrem Leben und Werk und ist nur durch eine vorangegangene schwere Lebenskrise zu erklären. Es war wohl einerseits der Tod Adolf Bystrams, nach dem sie ihr »innerliches Leben« als »todt, trost- und freudlos« bezeichnete, ebenso wie die gesellschaftliche und politische Entwicklung des Jahres 1848, die sie nicht verkraftet hat. Dem Subjektivismus des jungdeutschen Liberalismus nahestehend, erschrak sie vor dem kommunistischen »Gesindel ... es wird zerstören und nichts aufbauen«. Sie fühlte sich grenzenlos verlassen und allein. »... mein Herz hat nicht mehr seinen alten Schlag. Es ist gelähmt«, schrieb sie an Fürst Friedrich zu Schwarzenberg.

Das Hahn-Hahnsche Schicksal steht exemplarisch für viele Frauen nicht nur dieser Epoche. Als »die Andere« (Simone de Beauvoir), »die Paria« (Flora Tristan) ausgeschlossen aus der Geschichte, der Kultur, dem gesamten Gesellschaftssystem, sind sie »Vagabundinnen« (Christina Thürmer-Rohr), ständig auf der Suche nach einer

Heimstatt. Diese verspricht ein patriarchales System in der – dienenden – Hinordnung zum Mann. Alternativen waren in dieser Zeit noch spärlich. Am ehesten boten sie sich durch den Eintritt in eine religiöse Gemeinschaft (Sekte) oder in die christlichen Kirchen. So wie sich Pauline Roland an den Saint-Simonismus geklammert hat und Fanny Lewald an die Institution der Ehe, so klammerte sich Ida Hahn-Hahn an die katholische Kirche.

»Warum«, so fragt sie zum Zeitpunkt ihrer Konversion, »wehrt sich die Welt nicht gegen die Lüge und die Sklaverei, welche das böse Prinzip ihr aufzudringen sucht? ... Wie rettest du dich aus ihr und wohin? – wohin? Und da gab es in der ganzen großen, wunderschönen Natur nicht einen Punkt, nicht einen! bei dem ich gedacht hätte: Dahin! Ja, da ist die Rettung für dich! – Kein Land, kein Volk, keine Einsamkeit, kein Gebirg, keine Wüste, kein Eiland, nichts zeigte mir den Hafen, nach dem ich mich vertrauensvoll hingewendet hätte ...«

Sie vollzog eine völlige Bewußtseinsveränderung, ihre Bekenntnisse zur Religion sind ab diesem Zeitpunkt von einem derart ausufernden, ekstatischen Jubel erfüllt, daß Gerlinde Geiger in ihren Analysen die Vermutung wagt, daß sie möglicherweise »einer Art Wahnsinn« verfallen sei.

Freiheit – und damit auch Freiheit der Frau – findet für Ida Hahn-Hahn ab nun nur noch auf religiöser Grundlage statt, denn das gläubige Weib »wird entweder überhaupt nicht unterdrückt oder mit einer solchen sittlichen Kraft ausgerüstet, daß ihm äußere Unterdrückung eine höhere innere Freiheit bringt«. Nach diesem Rückzug in die innere Emigration hört Ida Hahn-Hahn auf, Gegenstand eines frauenemanzipatorischen Interesses zu sein. Sie schrieb in Zukunft hauptsächlich Mariengedichte und »katholische« Romane. 1854 gründete sie aus ihren schriftstellerischen Einkünften ein Kloster »Zum guten Hirten« in Mainz als Rettungsstätte für unverheiratete Mütter. Dort lebte sie dann auch bis zu ihrem Tode am 12. Januar 1880.

»Mannweib mit der Männerkleidung«
George Sand (1804–1876)

Ida Hahn-Hahn wurde häufig eine deutsche George Sand genannt. Auch andere Frauen mußten sich diesen Vergleich gefallen lassen, wie etwa Luise Mühlbach, Louise Aston und sogar Fanny Lewald. Daß sich diese Frauen in Charakter und Lebenslauf meist grundsätzlich voneinander unterschieden, spielte keine Rolle. Ausschlaggebend für diese pauschalierende Beurteilung war ihr gemeinsames emanzipatorisches Interesse, das in einer Zeit zunehmender Sensibilisierung für das sogenannte »Frauenproblem« zu heftigen öffentlichen Diskussionen führte.

Mit Ida Hahn-Hahn hatte Amandine Aurore-Lucie Baronin Dudevant, Pseudonym George Sand, lediglich eine unglückliche Ehe gemeinsam. Auch Aurore heiratete mit achtzehn einen Mann, mit dem sie nicht nur keinerlei geistige Interessen verband, sondern der sie darüber hinaus schlug. Auch sie glaubte, sich in Demut unterwerfen zu müssen, und bemühte sich, eine gute Landedelfrau zu sein. »Wenn zwei Menschen«, so schrieb sie wenige Wochen nach ihrer Hochzeit mit Casimir Dudevant an eine Freundin, »miteinander eine Ehe eingehen, so muß, glaube ich, einer von ihnen vollkommen auf sein eigenes Ich verzichten und nicht nur auf seinen Willen, sondern auch auf seine eigene Meinung ...«. 20 Jahre später gab sie in einem Brief an ihren Halbbruder anläßlich der Verheiratung seiner Tochter eigene Erfahrungen wider: »Verhindere, daß dein Schwiegersohn in der Brautnacht brutal mit Deiner Tochter umgeht ... Die Männer wissen nicht genügend, daß dieses Vergnügen für uns eine Marter ist ... Nichts ist abscheulicher als der Schrecken, die Qual und der Abscheu eines armen Kindes, das von nichts weiß und sich nun von einem Rohling vergewaltigt sieht. Wir erziehen sie wie Heilige, dann aber geben wir sie wie Stutenfüllen preis ...«

Casimir Dudevant, ein als legitim anerkannter Sohn des Obersten Baron Dudevant und einer Dienstmagd, liebte Treibjagden, Saufgelage und Lokalpolitik, Aurore Bücher, Musik und philosophische Gespräche. Zum Bruch jedoch kam es, als Aurore in Casimirs Schreibtisch sein Testament vorfand, in dem er, wie Aurore einem

George Sand

ihrer Freunde schrieb, »alle seine Anwandlungen von Mißgelaunt-
heit und Zorn gegen mich zusammengetragen hatte, alle seine Gedanken über meine Perversität, alle Gefühle der Verachtung wegen
meines Charakters«. Aurore teilte Casimir ihren Entschluß mit,
künftig sechs Monate im Jahr in Paris und sechs Monate zusammen
mit ihm auf ihrem Gut in Nohant zu verbringen. Außerdem forderte sie von ihrem Mann, der sich die Vermögensverwaltung über
ihr Erbe gesichert hatte, das im Ehekontrakt festgelegte bescheidene
Nadelgeld von 1700 Franc.
George Sand, wie sie nach Veröffentlichung ihrer ersten Werke in
Paris allgemein genannt wurde, galt als Inbegriff weiblicher Emanzipation, als grenzüberschreitende Leitfigur, an der sich auch Frauen
anderer europäischer Länder orientierten. Diesen Ruf hatte sie
nicht nur ihren außergewöhnlich erfolgreichen Romanen zu verdanken, sondern auch ihrer unkonventionellen Lebensweise, wobei
die unermüdlich kolportierte Tatsache, daß sie Männerkleider trug,

Zigarillos rauchte und zahlreiche Liebhaber hatte, beinahe mehr Beachtung fand als ihr literarisches Talent.

Dabei wurde das Tragen von Männerkleidung ausschließlich von praktischen Überlegungen bestimmt. Aurore war schon als Siebzehnjährige in Männerkleidern durch die Gegend um das heimatliche Gut Nohant geritten und hatte bereits damals durch ihr »unschickliches« Betragen Anstoß erregt. In Paris verschaffte sie sich neuerlich ein Männerkostüm, nicht um zu provozieren, sondern weil sich damit viele Vorteile verbanden. Es ermöglichte nicht nur den Ausgang ohne Begleitung, sondern auch bei jedem Wetter, welch letzteres bei der unpraktischen Damenmode mit den zarten Schühchen oft unmöglich war. Außerdem konnte sie damit im Theater auf den billigen Plätzen und nicht nur auf den für Damen vorgesehenen Logen- und Balkonplätzen sitzen.

Aurore, alias George, war die Ururenkelin Augusts des Starken und »der schönsten Frau der Welt«, wie dessen Geliebte Aurora von Königsmark genannt wurde. Ihr Vater war der Sohn der unehelichen Tochter des Marschalls Moritz von Sachsen, ihre Mutter die Tochter eines Pariser Vogelhändlers. Diese Zugehörigkeit zu verschiedenen gesellschaftlichen Schichten prägte ihr späteres Leben. Sie hatte Zugang zur Aristokratie, aber auch zu den einfachen Menschen des Volks. Nach dem Tod ihres Vaters 1804 – Aurore war erst vier Jahre alt – auf dem Landgut ihrer streng aristokratischen Großmutter Marie-Aurore Dupin de Francueil aufgewachsen, wurde sie einerseits nach der Standesettikette erzogen, andererseits aber spielte sie mit den Kindern der Dienstboten und Bauern. Auch durch ihre Mutter, die fröhliche und zärtliche Sophie-Victoire Delaborde, die bald nach dem Tod ihres Mannes wieder nach Paris in eine bescheidene Mansardenwohnung gezogen war, wo die kleine Aurore die Wintermonte verbrachte, wurde sie mit dem Leben der Unterschichten bekannt. »Ich gehöre zum Volk«, meinte sie selbst, »durch das Blut ebensosehr wie durch das Herz«.

In ihrer »Geschichte meines Lebens« hingegen, die 1855 in deutscher Übersetzung erschien und 1600 Seiten umfaßt, schildert George Sand auf mehreren hundert Seiten das Leben ihrer gräflichen Vorfahren. Es wimmelt darin von unehelichen Kindern, illegitimen Halbgeschwistern, Herrschern und Kokotten. Daß Aurore selbst ein legitimes Kind gewesen ist, hat sie der Standhaftigkeit ihres Vaters zu verdanken, der die schöne Grisette Sophie-Victoire gegen den Willen seiner Mutter schnell und heimlich kurz vor der Geburt geheiratet hat. Der kleinen Enkelin, die bald die ganze Liebe ihrer Großmutter besaß, ist es dann gelungen, ihren Vater mit seiner Mutter zu versöhnen.

Die nach dem Tod des Vaters ausbrechenden Streitigkeiten zwischen Mutter und Großmutter, die beide ihren Einfluß auf das Kind sichern wollten, führten jedoch dazu, daß Aurore froh und glücklich war, als sie 13jährig in ein Kloster gesteckt wurde. Und das, obwohl sie auf dem Landgut trotz aristokratischer Sittenstrenge der Großmutter doch recht frei und unkonventionell aufgewachsen war. So wie Manon Roland ein gutes halbes Jahrhundert zuvor verfiel auch Aurore im Kloster einer glühenden, ekstatischen Frömmigkeit, hatte Visionen und Halluzinationen, bis sie ihre – über diese Entwicklung ziemlich entsetzte – Großmutter nach dreijährigem Aufenthalt wieder zu sich nach Nohant nahm. Dort las Aurore dann alles, was sie bekommen konnte: Locke, Montesquieu, Aristoteles, Pascal, Montaigne, Bacon, Dante, Vergil, Shakespeare und natürlich Rousseaus »Emile«. Als die Großmutter bald darauf starb, war Aurore mit 17 Jahren Alleinerbin des Landgutes Nohant sowie eines vornehmen Privathauses in Paris.

Die Tatsache eines respektablen Vermögens hat es Casimir Dudevant sicherlich erleichtert, um die junge Erbin zu werben. Zwei Kinder entstammten dieser Ehe, die immerhin neun Jahre dauerte, bevor sich Aurore im Alter von 27 Jahren entschloß, ganz nach Paris zu ziehen und dort ihr abenteuerliches Leben als George Sand zu beginnen.

Anlaß dazu war der 19jährige Student Jules Sandeau, in den sie sich heftig verliebte. Beide mieteten eine kleine Mansardenwohnung in Paris, wo später auch ihre Tochter Solange wohnte. Bald schrieb sie für die satirische Zeitschrift »Figaro«, dann verfaßte sie gemeinsam mit Jules Sandeau den Roman »Rose et Blanche«, der unter dem Pseudonym J. Sand erschien und ein großes Leserpublikum fand. Ein durchschlagender Erfolg jedoch war ihrem Roman »Indiana« beschieden, den sie unter dem Pseudonym George Sand allein verfaßt hatte. Sie widmet sich darin einem Thema, das auch in ihren folgenden Romanen in abgewandelter Form wiederkehrt: der Beschreibung echter, wahrhafter Liebe und der Verurteilung einer erzwungenen, lieblosen Ehe. Es ist das Hauptthema fast aller Schriftstellerinnen dieser Zeit, weil es das eigentliche Problem dieser bürgerlichen oder aristokratischen Frauen traf. Aber es ist wahrscheinlich von keiner so konsequent und radikal geäußert worden.

Die Brisanz ihrer Ehekritik ist nur vor dem Hintergrund der damaligen rechtlichen Situation der Frau zu verstehen, die in den dreißiger Jahren noch schlechter war als zu Ende des 18. Jahrhunderts. Sie wurde in den reaktionären Bestimmungen des Code civil (Code Napoléon) festgelegt, der neuerlich die Unmündigkeit der Frau festschrieb. Sie unterstand der absoluten Herrschaft des Mannes, der bestimmte, ob, wann und mit wem sie ausgehen durfte, der das Züchtigungsrecht besaß und sie bei Ehebruch, soferne er sie in flagranti ertappte, sogar töten konnte, während er sie nach Belieben betrügen durfte. Geringfügige Scheidungsmöglichkeiten – eine Errungenschaft der Französischen Revolution – wurden 1816 rückgängig gemacht. Die einzige Möglichkeit für die Frau, einer unerträglichen Ehe zu entgehen, war die kanonische Trennung von Tisch und Bett, bei der sie jedoch meist noch die letzten Rechte verlor.

Sand empörte sich gegen Gesetze, die die einfachste Humanität verleugneten, und brandmarkte die doppelte Moral. Neben der gesellschaftlichen und moralischen Abhängigkeit der Frau wollte sie vor allem ihre emotionale Unterdrückung deutlich machen. Ihre Frauengestalten sind nicht mehr demütige Geliebte, sondern vom Mann eine gleichwertige Liebe Fordernde, die dieser allerdings in den seltensten Fällen erbringen kann. Er beansprucht zwar die vollkommene Hingabe der Frau, ist jedoch selbst nicht fähig oder willens, diese in gleicher Weise zu erwidern. Wobei sich Georges Gleichheitsvorstellungen nicht wie bei Ida Hahn-Hahn lediglich auf Vertreterinnen der Aristokratie, sondern ebenso auf Frauen der unteren Klassen beziehen.

Diese Solidarität, die aus Georges Herkunft resultiert, wurde durch die sozialutopischen und revolutionären Bewegungen verstärkt, die zu jener Zeit Paris erschütterten. Die Juli-Revolution hatte eben stattgefunden, die saint-simonistische Bewegung näherte sich ihrem Höhepunkt, die Pressezensur wurde aufgehoben. George Sand, eben aus bedrückenden Verhältnissen ausgebrochen, begeisterte sich für den neuen Liberalismus und schrieb in diesem Sinne nicht nur zahlreiche Artikel, sondern gab in der Folgezeit selbst Zeitungen heraus wie »L'éclaireur de l'Indre«, »Revue índépendante« und »La Cause du peuple«.

Später, in den Jahren 1840 bis 1850, schrieb sie ihre »Lettres au peuple« und bezeichnete sich unverblümt als Sozialistin.

Wie aber stehen wir heute zu George Sands Sozialismus und Feminismus? Die Problematik in ihrer Auffassung von der überlegenen Liebe der Frau liegt wohl darin, daß diese nicht als gesellschaftsbedingtes Konstrukt, sondern als geschlechtsspezifische Konstante beschrieben wird. Daß Sand im Grunde ihre Vorstellung von einem angeborenen, in der Natur der Geschlechter festgeschriebenen Verhalten nie aufgegeben hat, führte auch zu der bereits erwähnten Ablehnung, sich als Kandidatin für die neu zu bildende »Verfassunggebende Versammlung« im Jahre 1848 aufstellen zu lassen. Denn das, so meinte sie in einem Brief an ihre Freundin Madame Pomperry, entziehe die Frau ihrer »natürlichen Aufgabe: der Familienliebe«. Und genau darin ist wohl der Grund für die breite Akzeptanz zu suchen, die ihre Romane gefunden haben. Sand stritt zwar für die zivilrechtliche Gleichheit, die Gleichheit in der Ehe und in der Familie, aber im eigentlichen bewahrte sie das alte, durch Rousseau verfestigte Klischee von der gefühlsstarken Frau und dem verstandesmächtigen Mann. Der Status quo sollte verbessert, er mußte nicht verändert werden.

Auch Sands Begeisterung für den Sozialismus ist geprägt von einer gewissen romantischen und schwärmerischen Emotionalität. Sie sah in ihm weniger ein ökonomisches oder politisches System, sondern eher eine moralische Einstellung, eine Religion, womit sie sich dem Saint-Simonismus und Fourierismus annäherte.

»Es lebe die Republik! Welcher Traum! Welcher Enthusiasmus«, schrieb sie 1848 begeistert an den Arbeiterdichter Charles Poncy. »Ich habe das Volk gesehen, es ist großartig, großmütig … Alle Menschen sind außer sich, trunken, froh, im Kot eingeschlafen zu sein und im Himmel zu erwachen.«

Trotzdem hat sie sich tatkräftig für die neuen Ideen eingesetzt und dabei Schwierigkeiten und Kritik in Kauf genommen. Als sich Buloz, der Herausgeber der immer konservativer werdenden »Revue des deux mondes«, weigerte, ihren sozialistischen Roman »Horace« abzudrucken, erschien dieser in der von Sand und Pierre Leroux

1841 gegründeten Zeitschrift »Revue indépendante«, bei der auch Pauline Roland mitarbeitete. Nach der Niederschlagung des Arbeiteraufstandes im Juni 1848 unternahm Sand viele Bittgesuche für ihre sozialistischen Freunde, besorgte für sie Geld, erwirkte Begnadigungen oder half ihnen bei der Flucht.

Mindestens ebenso interessiert wie an ihren Romanen zeigten sich Zeitgenossen und Nachwelt an George Sands Liebesaffären. Der Dichter Prosper Mérimée, der Revolutionär Michel de Bourges, der Dandy und Dichter eines romantischen Weltschmerzes, Alfred de Musset, und dessen italienischen Arzt Pietro Pagello gehörten zu ihren Liebhabern. Außerdem wird ihr ein lesbisches Verhältnis mit der Schauspielerin Marie Dorval nachgesagt, das allerdings nicht bewiesen ist. Am bekanntesten wurde wohl ihre neunjährige Beziehung zu Frédéric Chopin, die sie in ihrem 1841 erschienen Buch »Ein Winter auf Mallorca« ebenso wie in der »Geschichte meines Lebens« ausführlich beschrieben hat. Auch das stürmische Verhältnis zu Alfred de Musset, das im »Drama von Venedig« gipfelte, wurde nicht nur durch Musset und Sand literarisch verarbeitet, sondern darüber hinaus noch anderweitig literarisch und gesellschaftlich beklatscht. Daß George während eines Aufenthaltes in Venedig neben dem kranken Musset ein Verhältnis mit dessen Arzt begann, überschritt in den Augen vieler Moralapostel endgültig die Grenzen der Toleranz.

Vor allem im konservativen Deutschland wurde dem »Mannweib mit der Männerkleidung, mit der Reitpeitsche in der Hand, dem Dolch im Gürtel, der Zigarette im Mund« häufig »die systematische Untergrabung der Ehe« vorgeworfen. Sie habe, so meinte der Literaturgeschichtler Ludwig Spach in ihrem Todesjahr 1876, »unsägliches Unheil im Innern der Familienkreise und am häuslichen Herd« angerichtet. Hingegen waren vor allem die Dichter des jungen Deutschland wie Gutzkow, Mundt und Heinrich Heine von ihr begeistert. Renate Möhrmann weist in ihren Analysen zu Recht auf die Tatsache hin, daß Sand von den jungdeutschen Schriftstellern mit größerer Begeisterung aufgenommen wurde als von den Schriftstellerinnen, und sieht als Ursache dafür das in den Sandschen Romanen propagierte Ideal einer »femme libre«, deren sexuelle Freizügigkeit so wie im Saint-Simonismus von Männern erwünscht, von Frauen jedoch häufig als Gefahr betrachtet wurde.

Ihre letzten Jahre hat George Sand auf dem Landgut Nohant verbracht, das ihr nach der endlich erfolgten Scheidung von Casimir Dudevant 1836 wieder zugesprochen worden war, wobei sie sich verpflichten mußte, ihm die Hälfte der Erträge ihrer Besitzungen zu überlassen. Aber sogar nach ausgesprochenem Scheidungsurteil hat Casimir sie weiter verfolgt und versucht, sie durch Entführung ihrer Kinder zu erpressen.

Nach Nohant ist sie auch zwischendurch immer wieder zurückgekehrt, erschöpft, verzweifelt nach gescheiterten Beziehungen. Hier haben sie ihre zahlreichen Freunde besucht: Honoré de Balzac, Eugène Delacroix, Heinrich Heine, Marie Dorval und der polnische Dichter Adam Mickiewicz. Hier hat sie einen Großteil ihrer Werke geschrieben, es waren insgesamt etwa 180, neben vielen Zeitungsartikeln. Ihre Produktivität ist auf ihren Fleiß zurückzuführen – normalerweise schrieb sie acht Stunden pro Tag. Ein lieber Freund der letzten Zeit war der 17 Jahre jüngere Gustave Flaubert, der auch jenen oft zitierten Nachruf hinterließ: »Der Tod der armen Mutter Sand hat mir unendlichen Kummer bereitet ... Arme, liebe große Frau! ... Man mußte sie so kennen, wie ich sie gekannt habe, um zu wissen, welch ungeheuer weibliches Gefühl in diesem bedeutenden Menschen war und welch ungeheure Zärtlichkeit sich in diesem Genius befand ... Stets wird sie eine der Größten und eine einzigartige Zierde Frankreichs sein.«

Im Grunde hat George Sand alle ihre Liebhaber mütterlich geliebt: hingebend, geduldig, verzeihend! Das war es, was sie bei aller skandalösen Selbstbestimmung doch noch akzeptabel machte.

»Ich bin eine Paria«: Flora Tristan (1803–1844)

Die von vielen Frauen als so drückend empfundene Eheproblematik, die George Sand nicht nur aus eigenem Erleben kannte, sondern auch in zahlreichen Romanen thematisiert hat, gestaltete sich in Flora Tristans Leben zu einem geradezu absurden Drama: Nach der Trennung von ihrem Mann 15 Jahre von diesem verfolgt, bedroht und eingeschüchtert, wurde ihr schließlich das Sorgerecht über die

Kinder entzogen, die Tochter vom Vater sexuell mißbraucht und sie selbst vom Ehegatten auf offener Straße niedergeschossen. Das alles unter den Augen des Gesetzes, da eine Ehefrau ihrem Mann unter allen Umständen Gehorsam schuldete.

Trotz dieses Schicksals, mit dem sich George Sand aus einer eigenen Betroffenheit heraus hätte solidarisieren können, empfand sie für ihre Zeitgenossin keine schwesterlichen Gefühle. Flora sei ihr, so schrieb sie an den sozialistischen Publizisten Edouard de Pompéry, »nie sympatisch« gewesen,«trotz ihres Mutes und ihrer Überzeugung. Es gab zu viel Selbstgefälligkeit und Einfalt bei ihr.« Ein Urteil, das möglicherweise in Tristans leidenschaftlichem Feminismus und glühendem Sozialismus gründet. Für dezidierte Feministinnen hatte George Sand nicht viel übrig, und von einer politischen Betätigung von Frauen hat sie sich ebenfalls distanziert.

Dabei ist auch Flora Tristan aus heutiger Sicht nicht als wirkliche Feministin zu bezeichnen. Trotz ihrer wütenden Polemik gegen die Unterdrückung, Benachteiligung und den Ausschluß von Frauen hat sie letztendlich doch am traditionellen, familienorientierten Frauenbild festgehalten. Sie hat zwar eine gleichwertige, aber doch geschlechtsspezifische Erziehung befürwortet und die Freiheit der Frau weniger als ein menschliches Grundrecht, sondern eher im Hinblick auf die Nützlichkeit einer – männlichen – auf die Arbeiterfrage hin orientierten Gesellschaft gefordert. Wobei vor allem in ihren späteren Werken die Frauenproblematik zunehmend durch ihr sozialistisches Engagement überlagert wird.

Flora Tristan war eine Freundin von Pauline Roland, gilt aber nicht als Saint-Simonistin (obwohl sie dieser Lehre nahestand), sondern eher als Frühsozialistin und Frühfeministin.

Ihr Leben gleicht einem Abenteuerroman, wie er spannender nicht geschrieben werden könnte. Das beginnt bereits bei ihren Vorfahren väterlicherseits, die ihre Abstammung auf den legendären Aztekenkönig Montezuma II. zurückführten. Er soll seine Tochter den Spaniern übergeben haben, die einen Offizier aus der Umgebung des spanischen Eroberers Hernando Cortez geheiratet und damit das peruanische Tristan-Geschlecht begründet hat.

Ob diese Geschichte nun stimmt oder nicht, die Tristans gehörten zu den reichsten Großgrundbesitzern Perus. Auch Floras Vater, der sich nach einer Militärlaufbahn im Dienst des spanischen Königs in

Frankreich niedergelassen hatte und dort mit einer Französin zusammen lebte, besaß ein stattliches Anwesen in der Nähe von Paris, wo seine Tochter Flore-Célestine-Thérèse-Henriette im April 1803 geboren wurde.

Aber die gute Zeit dauerte für Flora nicht lange. Als sie vier Jahre alt war, starb der Vater plötzlich an einem Schlaganfall, und jetzt stellte sich heraus, was bis dahin niemand wußte: daß er mit Floras Mutter, der wahrscheinlich aus dem französischen Kleinbürgertum stammenden Anne-Pierre-Thérèse Laisnay, die er überall als seine Frau ausgegeben hatte, gar nicht wirklich verheiratet, sondern lediglich eine Scheinehe eingegangen war, was für Mutter und Tochter fatale Folgen hatte: Sie verloren sämtliche Besitztümer und glitten allmählich in bitterste Armut ab. Außerdem wurde Flora als illegitimes Kind nicht nur mit den üblichen Diskriminierungen konfrontiert, sondern auch um ihr väterliches Erbteil sowie anderweitige Unterstützungen ihrer reichen Verwandten in Peru gebracht.

Es sind also zwei Welten, in denen Flora aufgewachsen ist: jene der Erinnerung, genährt durch ein Porträt des verstorbenen Vaters in prächtiger Uniform und den Erzählungen der Mutter von unermeßlich reichen Verwandten in Peru, und die täglich erfahrene, reale, in der es am Nötigsten fehlte. Zahlreiche Briefe Anne-Pierres mit der dringenden Bitte um Unterstützung, die sie an den mächtigen Bruder ihres Mannes, Pio de Tristan y Moscoso, richtete, der im peruanischen Arequipa riesige Ländereien besaß, blieben unbeantwortet. Aber das Wissen um ein anderes Leben in Reichtum und Glanz ebenso wie Floras exotisches Aussehen – sie wird von allen Zeitgenossen als eine orientalische Schönheit mit dunklen Augen, langen, schwarzen Haaren, schmaler Taille und zarten Händen beschrieben – verliehen ihr wohl schon als junges Mädchen einen gewissen, geheimnisvollen Reiz, dem auch ihr zukünftiger Mann, der kleine, unansehnliche Graveur André-François Chazal, nach eigenen Worten sofort erlag.

Flora hat wenig gelernt und sich erst später eine gewisse Bildung selbst beigebracht. Bekannt ist, daß sie Zeichenunterricht nahm, und damit versuchte sie auch als 17jährige bei dem Graveur Chazal Geld zu verdienen. Aus dem Beruf wurde nichts, dafür kam es zu einer Ehe: »Meine Mutter zwang mich, diesen Mann zu heiraten, den ich weder lieben noch schätzen konnte«, berichtet Flora später.

Natürlich sah Anne-Pierre darin ein großes Glück: Ein Geschäftsin-haber, Bruder des bekannten Malers Antoine Chazal, wollte ihre uneheliche Tochter ohne jede Mitgift heiraten. Für Flora hingegen gestaltete sich diese Ehe zum Unglück ihres Lebens.

Weil an diesem Beispiel die Situation der Ehefrau in der ersten Hälfte des 19. Jahrhunderts, ihre völlige Abhängigkeit vom Ehe-mann, ihre Gehorsamspflicht und die Unmöglichkeit einer Schei-dung deutlich werden und weil wir überdies genaue diesbezügliche Aufzeichnungen aus dem Prozeß des Jahres 1839 gegen Chazal be-sitzen, sei an dieser Stelle etwas ausführlicher darauf eingegangen.

Schon bald nach der Hochzeit kam es zwischen den jungen Eheleu-ten zu heftigen Szenen, weil es mit der »Versorgung« Floras nicht wie erwartet zu klappen schien. André trug nämlich trotz der bald darauf erfolgten Geburt eines Sohnes das meiste Geld ins Wirtshaus oder verschleuderte es beim Würfelspiel, weshalb auch seine Werk-statt stark verschuldet war und im Haushalt der Chazals bittere Not herrschte. Ein zweites Kind machte die Situation nicht besser, ganz im Gegenteil, ein großer Teil der Möbel mußte versteigert werden, und André Chazal drohte wegen seiner Schulden das Gefängnis.

Flora hat später bei dem Prozeß ausgesagt, daß ihr Mann sie in die Prostitution zwingen wollte, um seine Schulden zu bezahlen – ein Vorwurf, der von ihm nicht entkräftet werden konnte. Bei Berück-sichtigung der damaligen Verhältnisse erscheint ein derartiges An-sinnen gar nicht so unwahrscheinlich. Prostitution war in den ersten Jahren der industriellen Revolution eine weit verbreitete Er-scheinung bei den ärmsten Schichten des Volkes, was auch den auf-fallenden Gleichmut, mit dem Richter und Geschworene diese An-klage aufgenommen haben, verständlich macht.

Weil es keine legale Möglichkeit gab, sich von Chazal zu trennen, flüchtete Flora zusammen mit ihrem ältesten Sohn zu ihrer Mutter, die sie, von Schuldgefühlen gepeinigt, mit offenen Armen aufnahm. Anders verhielt sich ihr Onkel Thomas-Joseph Laisnay, der Bruder der Mutter, der zwar durch regelmäßige Zuschüsse seine Schwester vor dem Bettel bewahrte, für die Situation der Nichte jedoch kein Verständnis aufbrachte. Der Platz einer Ehefrau, so meinte er be-lehrend, sei neben dem Ehemann, und jede, die den gemeinsamen Haushalt verläßt, werde zur Ausgestoßenen, zur Paria.

Als eine solche hat sich Flora dann auch in Hinkunft gefühlt. Der

aus dem indischen Kastenwesen hergeleitete Ausdruck für die sogenannten »Unberührbaren«, die aus der Gesellschaft Ausgeschlossenen, schien ihr allerdings nicht nur ihre eigene Situation treffend
zu charakterisieren, sondern auch jene ihrer Geschlechtsgenossinnen. In dem erst nach ihrem Tod erschienenem Werk »L'Emancipation de la Femme ou Le Testament de la Paria« hat sie diese Gedanken näher ausgeführt.

Ab nun war Flora auf der Flucht vor ihrem Ehemann. Aus ihrer
speziellen Situation, die durch das Gesetz gedeckt wurde, ist auch
ihre leidenschaftliche, für das heutige Verständnis fast exaltiert
klingende Sprache verständlich, in der sie Frauen als »Sklaven« bezeichnet, »deren Körper man verkauft und deren Herzen ersticken«
… »Prostituierte schmutziger Begierden … Sklavinnen männlicher
Brutalität«, in einer »unglücklichen Gesellschaft«, in der »die Frau
Paria von Geburt« an ist, »Dienerin von ihrer Lage her, unglücklich
durch ihre Pflichten«, die fast immer wählen muß »zwischen Heuchelei und Entehrung«.

Chazal, ein schwer verschuldeter Trinker, der beschuldigt war, seine
Frau zur Prostitution zu zwingen, befand sich trotzdem im Genuß
aller Rechte. Er durfte seine Frau jederzeit zu sich zurückholen und
war, obwohl er jahrelang keinen Unterhalt für seine Kinder bezahlte, gesetzmäßiger Besitzer aller ihrer Einkünfte. 1828 hat sie daher
einen Antrag auf Gütertrennung gestellt, dem auch stattgegeben
wurde. Sie war damals bereits mehrere Jahre Gesellschafterin bei
einer wahrscheinlich zum hohen Adel gehörenden Engländerin und
verdiente ihren eigenen und den Unterhalt ihrer Kinder.

Über die Jahre bei dieser Aristokratin, vor der sie ihre Ehe und ihre
Kinder verheimlichen mußte (die bald nach ihrer Flucht geborene
Tochter Aline lebte bei ihrer Mutter, die zwei Söhne waren in Pflege auf dem Land), gibt es keine Aufzeichnungen. Sie habe, meinte
sie in dem Prozeß von 1839, aus Scham über diese schwere und
demütigende Zeit, die über sechs Jahre dauerte, sämtliche Dokumente vernichtet.

Zurück in Paris lebten Flora und ihre Tochter Aline aus Furcht vor
Chazal, der sie polizeilich suchen ließ, meist inkognito oder unter
falschem Namen in verschiedenen Wohnungen. Trotzdem gelang es
ihm immer wieder, ihren Aufenthaltsort ausfindig zu machen. Flora
schilderte dem Gericht eine groteske Szene: Wie ihr Chazal gefolgt

war, die Leute auf der Straße aufforderte, ihm zu helfen, seine unbotmäßige Frau zu ihm zurückzubringen. Wie sie von Gendarmen auf die Wache geschleppt, jedoch anschließend wieder freigelassen wurde, worauf sie auf der Straße, von Chazal zusammengeschlagen, auf die Hilfe von drei Studenten, die sich ihrer annehmen wollten, verzichten mußte, als diese erfuhren, daß es sich bei dem Gewalttäter um ihren Ehemann handelte. Denn in diesem Fall einer rechtmäßig ausgeübten Gewaltanwendung könne, so wurde ihr beschieden, nichts unternommen werden.

Viele Jahre später – Chazal hatte inzwischen eine Schuldhaft im Pariser Gefängnis Sainte-Pélagie hinter sich gebracht, Flora hingegen war allmählich zu einer erfolgreichen Schriftstellerin avanciert – versuchte er die Tochter Aline zu entführen. Auf diese Idee wurde er durch ein anonymes Schreiben gebracht, in dem ihm eine hohe Unterhaltszahlung Floras für ihre gemeinsame Tochter in Aussicht gestellt und der Aufenthaltsort Floras mitgeteilt wurde. Der Schreiber dieses Briefes konnte nie ausfindig gemacht werden. Flora Tristans Biograph Gerhard Leo vermutet, daß er von der Geheimpolizei Louis-Philippes abgefaßt worden war, der die emanzipierte, im Kreise oppositioneller Schriftsteller und Künstler verkehrende Frau, die Petitionen für die Freiheit politischer Häftlinge, die Abschaffung der Todesstrafe und das Recht auf Scheidung unterzeichnete, ein Dorn im Auge war. Beweise dafür gibt es nicht. Auf jeden Fall wurde Chazal bei seinem Unternehmen von dem Polizeikommissar, bei dem er vorgesprochen hatte, volle Unterstützung bei der Entführung Alines zugesichert, weil dem Gesetz nach ja allein der Vater über den Aufenthaltsort seiner Kinder bestimmen konnte.

Wieder müssen wir uns ein Operettenstück mit ziemlich makabrem Inhalt vorstellen: Chazal zog seine Uniform eines Mitglieds der Nationalgarde an (der er allerdings wegen unterbliebener Steuerzahlung seit Jahren nicht mehr angehörte) und lauerte mit seinem Sohn Ernest samt zwei Kumpanen Aline auf, die von einem Dienstmädchen zur Schule geführt wurde. Gewaltsam entriß er die Kleine dem schreienden Dienstmädchen und fuhr mit ihr in einer wartenden Kutsche davon. Die verzweifelte Flora fand ihr Kind schließlich zusammen mit Chazal bei ihrem Onkel Laisnay, wo ihr die Tochter weinend in die Arme stürzte und beide im strömenden Regen, verfolgt von dem seine Frau eine Hure schimpfenden Chazal, auf die Straße liefen, wo sie bald von Polizisten abgefangen und auf das Polizeikommissariat gebracht wurden.

Nach langen Verhandlungen kam folgender Kompromiß zustande: Aline sollte auf Kosten Floras im Internat bleiben und beide Eltern die Möglichkeit erhalten, sie abwechselnd am Sonntag zu sich zu nehmen.

Da sich jedoch die Zehnjährige weigerte, ihren gewalttätigen Vater zu besuchen, untersagte ihr dieser jedes Treffen mit der Mutter, worauf das wie eine Gefangene gehaltene Kind aus dem Pensionat ausbrach und zu Flora flüchtete. Der völlig zur Raserei gebrachte Chazal ließ darauf seine Tochter durch einen Beamten, der eine Art Haftbefehl vorweisen konnte, zu sich in sein Elendsquartier bringen. Und diesmal mußte Flora das Gerichtsurteil akzeptieren.

Bereits nach vier Monaten jedoch erhielt sie einen Brief Alines, der ihre schlimmsten Erwartungen übertraf: Der Vater, inzwischen ein schwerer Alkoholiker, hatte sie in der Nacht in dem einzigen Bett, das er zusammen mit Sohn Ernest und Tochter Aline einnahm, sexuell belästigt. »Er hat mit unsittlichen Berührungen begonnen und sich offenbar damit nicht begnügt«, schrieb Flora später.

Jetzt wurde Chazal unter der Anklage des Inzestes festgenommen, aber nach zweieinhalb Monaten Untersuchungshaft wegen Mangels an Beweisen wieder freigelassen, obwohl der Hausbesitzer ebenso wie ihr Bruder Ernest die Aussage Alines bestätigten.

Trotzdem verfügte Flora nun endlich über genügend Argumente, um eine Trennung von Tisch und Bett von ihrem Mann zu beantragen. Interessant und aufschlußreich ist dabei die Strategie von Chazals Anwalt Favre, der sich in seiner Verteidigung beinahe ausschließlich auf Floras eben erschienenes Buch »Reisen einer Paria« stützte, in dem der gesellschaftskritische Charakter des Werkes als Beweis für Floras Verworfenheit angeführt wurde. »Dieses Buch zeigt eindeutig, daß sie keine der Tugenden besitzt, welche das junge Mädchen, die Ehefrau oder die Dame der Gesellschaft auszeichnen …« Diesmal allerdings erschienen Chazals Alkoholismus, seine Schulden, die Gewalttätigkeiten gegenüber der Ehefrau und schließlich der sexuelle Mißbrauch an der Tochter dem Gericht doch schwerwiegender zu sein als die von Favre herausgestrichene Tatsache, daß Flora das traditionelle Weiblichkeitsbild verletzt hatte:

die Trennung von Tisch und Bett wurde am 14. März 1838 ausgesprochen. Aline wurde Flora, ihr Bruder Ernest dem Vater zugesprochen (ein zweiter Sohn war in der Zwischenzeit gestorben).

Kurz darauf – es war der 20. März 1838 (das Papier ist mit Datum versehen) – schrieb der offenbar inzwischen psychisch schwer gestörte Chazal unter einen sorgfältig gezeichneten Grabstein folgende Worte: »Die Paria. Es gibt eine Gerechtigkeit, vor der Du fliehst, die Dich aber einholen wird. Ruhe in Frieden als Beispiel für diejenigen, die sich so weit vergessen, Deinen unmoralischen Geboten zu folgen …«

Am 20. September desselben Jahres lauerte er ihr, mit zwei Pistolen bewaffnet, vor ihrer Wohnung auf und schoß ihr zweimal in den Rücken. Sie stürzte, lebensgefährlich verletzt, zu Boden, während Chazal von Passanten entwaffnet und der Polizei übergeben wurde. Er beteuerte, jetzt »zufrieden, ja glücklich« zu sein, denn »man wollte mir die Gerechtigkeit verweigern, ich habe sie wiederhergestellt. Die Justiz hat geschlafen, sie wird jetzt aufwachen«.

Dieses Ehedrama mag als Einzelfall erscheinen. Doch derartige »Einzelfälle« kamen ziemlich häufig vor. Sie entstanden meist dann, wenn sich eine Frau gegen die ihr aufgrund ihres Geschlechts verordnete Unterordnung wehrte und ein freier Mensch sein wollte. Hätte Chazal eine jener unterwürfigen Ehefrauen besessen, wie Flora sie selbst charakterisierte, die eine »Ruhe der Resignation den Ängsten des Kampfes vorziehen«, hoffnungslose Gefangene, »verkümmert, erstickt, verdorben, entmutigt«, hätte er sich höchstwahrscheinlich nicht zu dieser Eskalation der Gewalt hinreißen lassen. Eine stolze, eine selbständige Frau, die noch dazu wesentlich erfolgreicher war als er, hat er nicht verkraftet. Parallelen zur heutigen Situation sind unverkennbar.

Ablehnung schlug Flora Tristan auch während der Gerichtsverhandlung im Januar 1839 entgegen, an der sie, noch geschwächt von dem monatelangen Krankenlager, teilgenommen hat. Auch die Geschworenen, ausschließlich Männer, verhehlten nicht ihre Abneigung gegen die unbotmäßige, ihrem Mann den Gehorsam verweigernde Frau. Ständig wurden ihre Moral angezweifelt, ihr freier Lebenswandel ins Treffen geführt und Chazal als Opfer einer Anstand und Sitte gefährdenden Gattin dargestellt, das zumindest mildernde Umstände verdiente. Er entkam daher auch dem bei solchen

Fällen üblicherweise ausgesprochenen Todesurteil und wurde zu 20 Jahren Zwangsarbeit und Ausstellung am Pranger verurteilt. Eine königliche Verfügung verwandelte anschließend die Zwangsarbeit in Gefängnishaft und erließ ihm den Pranger. André-François Chazal wurde nach 17 Jahren, als Flora längst nicht mehr lebte, freigelassen.

Flora erfuhr während der Zeit ihrer Genesung und des darauf folgenden Prozesses aber auch viel Mitgefühl. Schriftsteller, Journalisten, Bekannte und Unbekannte erkundigten sich nach ihrem Befinden. Zunächst wurde an ihrem Überleben gezweifelt, später besserte sich ihr Zustand, über den die Zeitungen laufend berichteten. Auch der Prozeß wurde in den Gazetten seitenlang dokumentiert, oft auf großformatigen Titelseiten. Flora war endgültig zu einer berühmten Frau geworden.

Die Inhaftierung Chazals hat sie von einem jahrzehntelangen Druck, von einem Leben auf der Flucht und schließlich ständigen Todesängsten befreit. Endlich konnte sie unbehelligt ihrer Arbeit nachgehen. Waren doch ihre 1837 erschienen »Reisen einer Paria«, in denen sie die Eindrücke ihres einjährigen Aufenthaltes in Peru zusammengefaßt hat, zu einem beachtlichen literarischen Erfolg geworden.

Schriftstellerin, Publizistin und politische Agitatorin

In dem umfangreichen Buch hat sie die Erlebnisse ihrer 1833 unternommenen Reise zu ihren peruanischen Verwandten detailliert beschrieben: Die mehrmonatige Schiffsreise als einzige Frau unter fünf Passagieren und 15 Mitgliedern der Schiffsbesatzung, die Strapazen, Seekrankheit und völlige Erschöpfung, ihre Romanze mit dem Kapitän des Schiffes, Zacharie Chabrié, der ihr einen Heiratsantrag machte, den sie jedoch abgelehnt hat (Favre führte später in dem Prozeß gegen Chazal diese Episode als Beweis für Floras Lasterhaftigkeit an). Sie berichtet von der herzlichen Aufnahme durch ihre Verwandten, dem überwältigenden Luxus, dem bezwingenden Charme ihres Onkels Don Pio, der jedoch schlagartig nachließ, als Flora mit ihrem eigentlichen Anliegen herausrückte. Von den politischen und sozialen Zuständen in Peru, an denen sie interessierten Anteil nahm, von den Frauen in Lima, die sie als selbstbewußt und unabhängig beschreibt (natürlich meint sie damit lediglich die Frauen der Oberschicht), und über die Sklaverei, die sie mit leidenschaftlicher Empörung erfüllte.

Flora mußte auch ihren peruanischen Verwandten gegenüber ihre verunglückte Ehe und die Existenz ihrer Kinder verschweigen, und sie hat sehr hartnäckig um ihr väterliches Erbe gekämpft. Aber Don Pio, der gleichzeitig seiner Nichte wiederholt seine Zuneigung versicherte, blieb in diesem Punkt beinhart: Vom Erbe ihres Vaters, auf das sie als uneheliches Kind lediglich einen Anspruch von einem Fünftel hatte, sei nach Tilgung erheblicher Schulden nichts mehr übrig geblieben (tatsächlich jedoch soll ihr Vater nach Angabe von Verwandten ein Millionenvermögen in Peru zurückgelassen haben), weshalb er auch nicht imstande sei, ihr in gewünschter Weise entgegenzukommen. (Die Großmutter war an dem Tag, als Flora das Schiff bestieg, gestorben.) Schließlich ließ er sich zu einer bescheidenen Jahresrente von 2 500 Francs überreden, die für Flora, die ständig an der Armutsgrenze lebte, trotzdem fast so etwas wie Wohlstand bedeutete.

Die Jahresrente wurde Flora allerdings bereits nach Erscheinen des Buches »Die Fahrten einer Paria« gestrichen. Es war klar, daß sich nicht nur Onkel Pio und die gesamte Verwandtschaft, sondern darüber hinaus sämtliche Angehörigen der Oligarchie über Floras Gesellschaftskritik, ihrer Schilderungen der elenden Lage des unterdrückten peruanischen Volkes und ihre vehemente Verurteilung der Sklaverei maßlos empörten. Obwohl das Buch nur in französischer Sprache erschienen war, wurde es sofort auf die Liste der in Peru verbotenen Bücher gesetzt und schließlich sogar eine Puppe in Frauenkleidern – stellvertretend für Flora – vor dem Theater in Lima und auf der Grande Plaza in Arequipa verbrannt. Die erste spanische Ausgabe des Buches konnte erst 1947 in Lima erscheinen. Heute tragen zwei Straßen in den Elendsvierteln von Lima Floras Namen, außerdem eine Volksbibliothek, die sich auf Literatur von und über Frauen spezialisiert hat.

Erst nachdem Flora von den Nachstellungen ihres Ehemannes befreit war, konnte sie ihre Tätigkeit als Schriftstellerin, Publizistin und politische Agitatorin so richtig entfalten. Es erschien ihr zweibändiger Roman »Mémphis«, die Geschichte einer Liebesbeziehung mit stark autobiographischen Zügen, dem allerdings kein Erfolg beschieden war. Mehr Beachtung fanden ihre aufrüttelnden

Sozialreportagen, in denen sie sich leidenschaftlich für die Situation der Arbeiter eingesetzt hat. »Promenades dans Londres« heißt der harmlose Titel ihres nächsten Buches, dem ausgedehnte Reportagefahrten nach England vorausgingen, wo sie sich über die Lage der Industriearbeiter informierte. Sie besuchte aber nicht nur die Fabriken, sondern auch die Londoner Elendsquartiere, die Gefängnisse und durchstreifte, von zwei mit Stöcken bewaffneten Freunden begleitet, die Prostituiertenviertel. Ihre Beschreibungen sind packend, aufrüttelnd, erschütternd. Sie erkennt in der Lage der arbeitenden Klasse das schlimmste menschliche Elend – schlimmer noch als jede Sklaverei. Denn »der Sklave ist sich des täglichen Brotes sein Leben lang sicher, auch der Pflege, wenn er krank wird; dagegen gibt es keinerlei Bindung zwischen dem englischen Arbeiter und dem Unternehmer«. Tiere, so Flora, werden besser behandelt.

Das Buch wurde ein großer Erfolg.

Flora Tristan hat noch daran geglaubt, daß die Arbeitervereinigung die Gleichheit der Geschlechter in ihr Programm aufnehmen wird, sie erlebte nicht mehr die Diskussionen mit dem »Frühsozialisten« und Antifeministen Proudhon, die Ende der vierziger Jahre einsetzten und bis in die siebziger Jahre andauerten, die unsäglichen Diffamierungen der Feministinnen durch die Arbeiterbewegung nach 1870 in Deutschland und die Hetze in England, als »Demokraten« Frauen, die um demokratische Minimalrechte kämpften, als »Verbrecherinnen« bezeichneten. Vor allem Proudhon, der bis heute als bedeutender »Frühsozialist« gilt, hat Frauen mit einem geradezu pathologischen Haß verfolgt. Er betrachtete sie als physisch, moralisch und intellektuell minderwertig und daher als eine aus der Gesellschaft ausgeschlossene Gruppe. Frauen, so meint er, sollen, »wenn es zum Äußersten käme … hinter Schloß und Riegel« gesetzt, und unter besonderen Umständen wie z. B. Ehebruch, Unkeuschheit oder Trunksucht vom Ehemann ermordet werden dürfen.

Vier Jahre vor dem Kommunistischen Manifest von Karl Marx und 20 Jahre vor der Gründung der ersten Arbeiterassoziationen ruft Flora Tristan in ihrem Werk »L'Union Ouvriére« (Die Arbeiterunion) zur Bildung einer internationalen Arbeiterorganisation auf, die für die Verbesserung der Lebensbedingungen des Proletariats kämpfen soll. Sie hat damit als erste erkannt, daß das Proletariat sich nur selbst befreien konnte, sie hat als erste die Konstituierung der Arbeiterklasse gefordert und die Schaffung einer Klassenorganisation, die gleichzeitig Gewerkschaft und politische Partei sein sollte. Sie hat weiters als erste den internationalen Charakter des Proletariats gesehen und im Unterschied zu anderen Frühsozialisten, die in ihren Abhandlungen immer nur die Lage der Arbeiter berücksichtigen, ein eigenes Kapitel der Arbeiterin gewidmet, in der die schreiende zusätzliche Benachteiligung der Frauen, die nur die Hälfte der Männerlöhne erhalten, thematisiert wird.

Durch die Unterstützung von Subskribenten gelang es ihr, das Buch in einer größeren Auflage herauszubringen. Es wurde zu einem durchschlagenden Erfolg. Weil es aber von Arbeitern, die zu drei Viertel Analphabeten waren, wenig gelesen wurde, beschloß sie, auf Wanderschaft zu gehen. Im Frühjahr 1844 trat sie eine sechsmonatige Reise durch Südfrankreich an. Bespitzelt von der Polizei, die teilweise in ihr Hotelzimmer eindrang, ihre Papiere untersuchte und beschlagnahmte, hielt sie Vorträge, besuchte die Arbeiter/innen in ihren elenden Behausungen, sprach mit ihnen und versuchte, sie für die Idee einer Organisation zu mobilisieren, die nicht den Kampf mit Waffen anstrebt, sondern durch Solidarität und Argumentation ihr Ziel erreicht.

Im September 1844 traf sie in Bordeaux ein Gehirnschlag, und im November desselben Jahres ist sie daran gestorben. Ihrem Sarg folgten zahlreiche Arbeiter und Intellektuelle. Eine eigentliche Demonstration für Flora Tristan fand allerdings erst vier Jahre später anläßlich der Einweihung ihres Grabmals in Bordeaux statt, zu der sich 7 000 bis 8 000 Menschen versammelt haben sollen.

Dann geriet sie in Vergessenheit. Ins Gedächtnis zurückgerufen hat sie bezeichnenderweise die Tatsache, daß ihre Tochter Aline, um die sich nach Floras Tod ihre Freundin Pauline Roland gekümmert hat, die Mutter des berühmten Malers Paul Gauguin geworden ist. Die erste, ausführlichere Biographie Floras trug den Titel: »Gauguins erstaunliche Großmutter«. Ihr Enkel Gauguin hat nicht viel über sie gewußt. Er bezeichnete sie als eine »merkwürdige Frau«, die »einen Haufen sozialistischer Dinge ... erfand, unter anderem die Arbeiterunion ... ein sozialistischer, anarchistischer Blaustrumpf«, der »wahrscheinlich ... nicht kochen« konnte.

»Das Recht der freien Persönlichkeit ist in mir beleidigt« Louise Aston (1814–1871)

Eine interessante Zeitgenossin Flora Tristans in Deutschland ist die elf Jahre jüngere Schriftstellerin und Revolutionärin Louise Aston. Auch sie erlitt ein Schicksal, wie es damals für die meisten Frauen vorgesehen war: Sie wurde aus Versorgungsgründen an einen ungeliebten Mann verheiratet. Und noch etwas hatte sie mit Flora Tristan gemeinsam: ihr Eintreten für die Armen, die Besitzlosen, die Proletarier. Wesentlich konsequenter als etwa Fanny Lewald in ihrer Novelle »Der dritte Stand« schildert sie in dem Roman »Aus dem Leben einer Frau« die Konflikte zwischen Fabrikbesitzer und Arbeitern, erkennt sie die revolutionären Folgen von Ausbeutung und Elend.

Trotzdem ist Louise Astons großes Vorbild George Sand gewesen. Als eine der wenigen Schriftstellerinnen Deutschlands hat sie ihre berühmte französische Kollegin mehrfach erwähnt und ihr in vielen Dingen nachgeeifert. Auch Louise vertrat das Prinzip der freien Liebe, trug Männerkleider und rauchte Zigarren. Aber während George Sand in Paris trotz restriktiver, frauenfeindlicher Gesetze doch ein weltoffeneres, vor allem in Fragen der Moral toleranteres Klima vorfand, wurde Louise Aston im noch konservativeren, rückschrittlichen Preußen zu einer Verfolgten und Gehetzten, die nirgendwo geduldet war und deren Publikationen teilweise im Ausland erscheinen mußten oder überhaupt verboten wurden.

Auch Louise ist am ehesten als skandalöse, Männer verführende Frau in Erinnerung geblieben, als Zigarren rauchendes Mannweib und die allgemeine Sittlichkeit gefährdende Person. Ihre Werke allerdings wurden noch viel gründlicher als jene der – wohl begabteren – George Sand vergessen und erst durch die feministische Bewegung in das kollektive Gedächtnis zurückgeholt.

Die von Germaine Goetzinger zusammengetragenen Dokumente, Polizeiberichte, Briefe und Artikel vermitteln ein anschauliches Bild von den unglaublichen Diskriminierungen und Diffamierungen, denen diese Frau ausgesetzt war, den Verleumdungen, Verdächtigungen und oft geradezu lächerlichen Unterstellungen, mit denen sie zu einer »persona ingrata«, einer Ausgestoßenen, Verfolgten und Verfemten gemacht wurde. Daß Louise Aston lediglich so gelebt hat, wie es heute für jede intelligente, an kulturellen und politischen Zeitströmungen interessierte Frau selbstverständlich ist, daß sie an den Zusammenkünften junger Künstler teilnahm, sich an politischen und philosophischen Diskussionen beteiligte und sich offen zur freien Liebe und zum Atheismus bekannte war Anlaß genug, sie unter polizeiliche Kontrolle zu stellen und aus mehreren Städten auszuweisen.

Louise Aston wurde 1814 in Gröningen bei Halberstadt als jüngste Tochter des Konsistorialrats und Superintendenten Dr. Johann Gottfried Hoche und seiner Frau Louise Charlotte Berning geboren. Nach Beurteilung von Zeitgenossen hat sie in einer gebildeten Familie – der Vater hinterließ ein umfangreiches schriftstellerisches Werk, die Mutter wird als »hochgebildet und phantasievoll« beschrieben – eine gute Erziehung und Ausbildung erhalten. Mit 20 Jahren heiratete sie 1835 in Gröningen den 24 Jahre älteren englischen Dampfmaschinenfabrikanten Samuel Aston, doch wurde die Ehe bereits drei Jahre später geschieden. Daß die Verheiratung auf Druck ihrer Eltern zustande kam, kann aufgrund ihres autobiographischen Romans »Aus dem Leben einer Frau« vermutet, aber nicht bewiesen werden. Die in sämtlichen Lebensbeschreibungen Astons widerkehrende Behauptung, der Vater habe wegen der Weigerung seiner Tochter einen tödlichen Schlaganfall erlitten, weshalb die von Schuldgefühlen geplagte Louise ihren Widerstand aufgegeben habe, ist nach Goetzinger durch Recherchen widerlegt. Sie basiert vielmehr auf der kritiklosen Übernahme der Beschreibungen in Astons autobiographischem Roman. Tatsächlich ist der Vater erst ein Jahr nach der Hochzeit seiner Tochter gestorben.

Sicher jedoch hat es sich dabei um eine der üblichen Konvenienzehen zum Zweck der Versorgung der Tochter gehandelt, die Louise bald als »Schmach«, »Seelenhandel« und »Meineid« empfand. Nach ihrer endgültigen Scheidung im Jahr 1844, der eine Wiederverheiratung mit Samuel Aston vorausgegangen war, zog Louise zusammen mit ihrer Tochter Jenny Louise (zwei weitere Kinder starben früh) nach Berlin, um sich hier, versehen mit einer bescheidenen Rente, als freie Schriftstellerin zu versuchen.

Louise Aston

Den Ruf einer skandalumwitterten »Emanzcipirten« hat sie sich allerdings bereits eingehandelt, bevor noch eine einzige Zeile von ihr
erschienen war. Immerhin verkehrte sie nicht nur in Berliner Intel-
lektuellen- und Literatenkreisen, sondern hatte auch Eingang bei
den Berliner Freien gefunden, einer linken Vereinigung, der u. a.
Bruno und Edgar Bauer, Ludwig Buhl und Max Stirner angehörten.
Die Freien waren nicht nur bekannt für ihre kritische Haltung
sämtlichen Zeit- und Tagesproblemen gegenüber, sondern auch für
ausschweifende Zechgelage, die oft bis in die Morgenstunden dau-
erten. Außerdem nahmen sie Frauen auf, wozu sich keinesfalls alle
politischen und literarischen Vereinigungen herabließen. Louise
führte darüber hinaus eine Art literarischen Salon, in dem neben
dem jungdeutschen Schriftsteller Rudolf Gottschall (auch er hat
sich später zum nationalkonservativen Erzähler gewandelt) auch
Rudolf Loewenstein, Gustav von Szczepansky und Titus Ullrich zu
Gast waren.

Ganz im Gegensatz zu dem kolportierten Bild eines »polternden Mannweibes« beschreiben Zeitgenossen sie in diesen Berliner Jahren als liebenswürdig und attraktiv.

Die Diffamierungskampage gegen Louise Aston begann bereits 1845 mit der Veröffentlichung des schmalen Bändchens »Madonna und Magdalena, zwei Liebesdithyramben« von Rudolf Gottschall, die ihr gewidmet waren. Gottschall, mit dem sie ein Liebeshältnis hatte, verherrlicht darin die freie, sinnliche Liebe.

Interessanterweise traf der daraufhin losbrechende Sturm der Entrüstung nicht in erster Linie den Verfasser, sondern die Adressatin dieser Zeilen. Und als diese dann mit der Gedichtsammlung »Wilde Rosen« antwortete, war der Skandal perfekt. Die Zeilen

»Freiem Leben, freiem Lieben
Bin ich immer treu geblieben«

wurden bei jeder Gelegenheit zitiert und als Beispiel für die Sittenlosigkeit und Liederlichkeit der Verfasserin angeführt. Von den zahlreichen Liebhabern, die Louise angeblich gehabt haben soll, sind jedoch nur zwei bekannt: neben dem genannten Rudolf Gottschall noch der Literat Gustav von Szczepansky.

Anonyme Briefe mit gehässigen Beschuldigungen gingen allerdings schon vor Veröffentlichung ihres Gedichtbandes beim Berliner Polizeipräsidenten ein. So etwa jener vom Dezember 1845, in dem »eine gewisse Aston« beschuldigt wird, »durch ihre Verführungskünste, und durch entsetzliche Ausschweifungen, Männer jedes Standes und Alters« an sich zu ziehen. Außerdem habe »dies Weib im Verein mit vielen Männern … ein Komplott gegen den Staat, den König und (die) Religion gebildet …« Ein weiterer anonymer Brief vom Januar 1886 bezeichnet sie als »eine gemeine Hure, die noch obendrein verdächtig ist, auch Umgang mit Spitzbuben zu haben … Muß denn«, so fährt der/die entrüstete VerfasserIn fort, »ein solches Geschöpf ganze Familien unglücklich machen … sowohl für Familien als für die öffentliche Ruhe ist dies Weib ein gefährlicher Gegenstand.«

Die Reaktion ließ nicht lange auf sich warten: Bereits am 21. März 1846 wurde Louise Aston aufgefordert, Berlin binnen acht Tagen zu verlassen. Auf ihre Berufung hin wurde sie am 24. April vom preußischen Innenminiser in einer Audienz empfangen, vier Tage später richtete sie an den König als letzte Instanz ein Gesuch, das nach 15 Tagen abschlägig beantwortet wurde.

Vorangegangen war eine Vernehmung im Polizeipräsidium, die sie in ihrer Schrift »Meine Emancipation, Verweisung und Rechtfertigung« beschrieben hat. Danach wurde sie von einem gewissen Herrn Stahlschmidt im Vorzimmer des mit ihrer Angelegenheit befaßten Regierungsrates Lüdemann in ein vertrauliches Gespräch verwickelt, in dem sie in dem Glauben, daß es sich dabei um private Äußerungen handle, unbefangen über ihre Einstellung zu Ehe und Religion Auskunft gab. Was sie nicht wußte: daß gleichzeitig von einem anwesenden Beamten ein Protokoll angefertigt worden war, das anschließend dem Regierungsrat mit der Bemerkung »Dies ist das Glaubensbekenntniß der Madame Aston« übergeben wurde.

Astons Rechtfertigungsschreiben, das bezeichnenderweise in Brüssel erscheinen mußte, enthält noch weitere, wichtige Aussagen zum Verständnis der Autorin. »Unser höchstes Recht, uns're höchste Weihe ist das Recht der freien Persönlichkeit, worin all uns're Macht und all unser Glauben ruht, das Recht, unser eigenstes Wesen ungestört zu entwickeln.« Dieses Recht sieht sie in sich beleidigt. Auch glaubt sie »nicht an die Nothwendigkeit und Heiligkeit der Ehe, weil ich weiß, daß ihr Glück meistens ein erlogenes und erheucheltes ist ... Ich verwerfe die Ehe, weil sie zum Eigenthume macht, was nimmer Eigenthum sein kann: die freie Persönlichkeit ...« Was ihre religiöse Einstellung betraf, so nahm sie »das Recht in Anspruch auf ›meine Façon‹ selig zu werden, mich auf meine Art mit dem Weltall zu vermitteln, ein Recht, das den Frauen so gut zusteht wie den Männern«.

Das waren kühne Worte, und sie wirbelten entsprechend Staub auf. Louise Aston war zu einer bekannten Persönlichkeit geworden. Doch gab es nur wenige demokratische Frauen und Männer, die zu ihr standen, wie etwa Mathilde Franziska Anneke und Karl Varnhagen. Selbst von der linken Presse und linken Frauen wurde Louise angegriffen. Schon gar jedoch von Vertreterinnen der bürgerlichen Frauenbewegung, die in ihr ein »Schreckgespenst ehrsamer Hausfrauen« und eine »Emanzipations-Caricatur« sahen, deren »unweibliches Gebahren« gegen die »weibliche Würde und Schamhaftigkeit« verstoße und die Frauenemanzipation insgesamt in Verruf gebracht habe.

Louise Aston zog nach ihrer Ausweisung aus Berlin nach Köpenick, wo sie nicht nur »Meine Emancipation und Verweisung« verfaßte, sondern auch die Romane »Aus dem Leben einer Frau« und »Lydia«. Während letzterer von der Literaturkritik allgemein als literarisch mißlungen bezeichnet wird, ist die stark autobiographische Geschichte »Aus dem Leben einer Frau« interessant als Kritik am unwürdigen Zustand einer als Besitz verkauften Frau, der die Anprangerung des gesellschaftlich bedingten Elends der Arbeiterschaft gegenübersteht.

Von Köpenick hat Louise Aston zwischendurch immer wieder Abstecher nach Hamburg und Berlin gemacht, ständig auf der Flucht vor der Polizei, von der sie beobachtet wurde. Schließlich sollte ihr infolge ihres verderblichen Einflusses auch noch die Vormundschaft über ihre sechsjährige Tochter entzogen werden, aber Louise strengte einen Prozeß gegen den Kindesvater an, über dessen Ausgang Unklarheit herrscht. Sicher ist, daß Samuel Aston ein Jahr danach im Januar 1848 an der Cholera starb und fünf uneheliche Kinder hinerließ.

Auch über die Rolle Louises im Revolutionsjahr wissen wir wenig. Allerdings hat sie einen Roman mit dem Titel »Revolution und Conterrevolution« verfaßt, der als der einzige Achtundvierziger-Revolutionsroman gilt, der noch dazu aus der Perspektive einer politisch aktiven Frau geschrieben wurde.

Besser unterrichtet sind wir über Louise Astons Beteiligung an der schleswig-holsteinischen Erhebung, der sie sich so wie Gustav von Szczepansky angeschlossen hatte. Sie widmete sich dabei vor allem der Pflege verwundeter deutscher Soldaten, trug aber auch Waffen und wurde bei Gefechten durch einen Streifschuß an der Hand verletzt. Über den Aufenthalt bei den Berliner Freischaren gibt es zwei Beschreibungen, die sich trotz einer eher wohlwollenden Beurteilung ihrer pflegerischen Tätigkeiten sexistischer Äußerungen nicht enthalten können. Während sich der Freiwillige Martens in seinem »Tagebuch eines Freiwilligen« einerseits entzückt über »die poetische Erscheinung eines Weibes« äußert, das »... mit wallenden Locken ... als hülfreicher Engel den zahlreichen Verwundeten erschienen war«, andererseits jedoch ihren »Ansichten ... über Emancipation des Weibes« nichts abgewinnen kann, ist es dem Korrespondenten der Zeitschrift »Grenzboten« ein Anliegen, Louise als Männerverführerin hinzustellen, der es im Heer endlich möglich wurde, ihre Vorstellungen der freien Liebe zu verwirklichen. »Diese

Dame hat in unserem Feldzug ein Stück ihrer ›Wilden Rosen‹ ins Praktische übersetzt«.

Im Juni 1848 finden wir Louise Aston wieder in Berlin, wo sie von einer jetzt demokratischeren Polizei vorläufig geduldet wird. Sie beteiligte sich begeistert am politischen Leben, fand Zugang zu verschiedenen politischen Zirkeln, verfolgte die Debatten in der Nationalversammlung und gab schließlich im November die erste Nummer ihrer Zeitschrift »Der Freischärler. Für Kunst und sociales Leben« heraus, die u. a. Gedichte, Theaterkritiken, Kommentare zur politischen Lage und Berichte über die Sitzungen der Nationalversammlung brachte, aber bereits nach sieben Nummern eingestellt werden mußte. Ebenfalls im November beschloß die Berliner Polizei ihre neuerliche Ausweisung, und Ende Dezember 1848 mußte Louise Aston endgültig die Stadt verlassen.

Ab nun führte sie das Leben eines politischen Flüchtlings. Wo immer sie sich niederlassen wollte, wurde sie ausgewiesen: in Leipzig, Breslau, München, Hamburg und Zürich. Lediglich in Bremen hat sie sich länger aufgehalten. Dort schrieb sie auch ihren Roman »Revolution und Conterrevolution«, und 1850 erschien als letzte Veröffentlichung die Gedichtsammlung »Freischärler-Reminiscenzen«, die überwiegend Trauer, Resignation und Wut über die gescheiterte Demokratisierung ausdrücken.

Ebenfalls 1850 heiratete Louise Aston den Bremer Arzt Daniel Eduard Meier, den sie bereits in Schleswig-Holstein kennengelernt hatte und der sich durch die Ehe mit dieser skandalösen Frau viele Unannehmlichkeiten einhandelte. Auch hier vermitteln vorliegende Dokumente einen Einblick in die ungeheure Borniertheit und Spießigkeit der Bremer Gesellschaft, die eine Frau mit dieser Vergangenheit unbedingt aus ihren Reihen entfernen wollte. Schon vor der Heirat wurde Meier, stellvertretender Leiter der bremischen Krankenanstalten und aus einer angesehenen Bremer Familie stammend, nahegelegt, seine Verlobung mit Louise Aston rückgängig zu machen. Am Hochzeitstag war es dann klar, daß die vorgesehene Ernennung zum zweiten Arzt des neuen Bremer Krankenhauses nicht stattfinden wird. Obwohl Louise in der Folge still und zurückgezogen in Bremen lebte, erließ fünf Jahre später, im November 1854, der Senat ein Dekret, in dem Dr. Daniel Meier die Stelle eines Arztes an der neuen Krankenanstalt aufgekündigt wurde.

Die folgenden Jahre glichen einer Odyssee. Heimatlos und entwurzelt, zog das Ehepaar Aston von einem Ort zum anderen: Zunächst arbeitete Meier als Militärarzt in Odessa und Charkow, später als Bezirksphysikus in Sephi Sent Gyorgy, als Brunnenarzt in Borszek, als Bahnarzt in Unterwaltersdorf bei Wien und schließlich nach längeren Aufenthalten in Klagenfurt und Bischofslack als Badearzt in Bad Liebenzell. Letzte Station war Wangen im Allgäu.

Eduard Meier, der beinamputiert war, muß ein redlicher Mann gewesen sein, der nicht nur unbeirrt zu seiner Frau hielt, sondern auch unterprivilegierten, diskriminierten Menschen half wie etwa seiner ledigen, schwangeren Köchin, die er nicht, wie anbefohlen, sofort entlassen, sondern bis drei Tage vor der Niederkunft bei sich im Hause behalten hatte. Später wurde dies als einer der Gründe für seine Entlassung angeführt.

In Wangen ist Louise Aston, völlig unbekannt und vergessen, nach einem langen Lungenleiden 1871 in ihrem 57. Lebensjahr gestorben. Ihr Mann folgte ihr zwei Jahre später. Auf ihren Grabsteinen mit dem Symbol der Wilden Rosen sind beide als Aston-Meier und Meier-Aston angeführt. Auf Louises Grabstein steht »Nach Kampf Frieden«. Daniel Meier bestimmte für sich den Spruch:
»Der mitleidsvolle Tod gönnt Ruh und Rasten,
dem mitleidlos gehetzten Einfuß Meier-Aston«.
Und darunter in hebräischer Sprache:
»Wem ein Weib gab Gott,
dem gab er ein Kleinod«.
Anna Blos berichtet in ihrem Buch »Frauen der deutschen Revolution«, 1928, daß beim Umgraben des Friedhofes die Gräber des Paares fast vernichtet wurden, weil niemand mehr wußte, um wen es sich dabei handelte. Nur durch einen Zufall seien die Grabplatten gerettet und an der Kirchhofsmauer angebracht worden.

Die Amazonen

Bewaffnete, kriegerische Frauen, die ein Männermonopol
durchbrachen, gleichzeitig aber auch die Klischeevorstellung
von der sanften, schutzbedürftigen, hilflosen Frau, haben schon immer das besondere Interesse der Männer erregt. Die »Amazonen«,
wie diese Frauen seit den Tagen der alten Griechen genannt wurden, sind »unweiblich«, gleichzeitig jedoch wirken sie erotisch. Sie
stimulieren die männliche sexuelle Phantasie, schüren aber auch
uralte Männerängste und provozieren Widerstand.

Die »Amazone« tritt auf mit einem Gleichheitsanspruch, aber sie
ist auch ein Phänomen – männlicher – Kriegsgesellschaft und als
solche Trägerin des patriarchalen Systems. Weil Militarismus schon
immer auf das engste mit patriarchaler Herrschaft verknüpft war,
kann die »Amazone« vom feministischen Standpunkt aus nicht als
eine wirklich emanzipierte, selbstverantwortliche Frau bezeichnet
werden. Sie ist Teil einer militaristisch-patriarchalen Gesellschaft,
sie bietet keine Alternative.

Trotzdem hat die »Amazone« in gewisser Hinsicht immer emanzipatorisch gewirkt. Sie zerstörte das geschlechtsspezifische Rollenverhalten, das der Frau die demütig-dienende und dem Mann die
gewalttätig-herrschende Rolle zuschreibt und stellt gleichzeitig damit bestehende Machtverhältnisse in Frage.

Davor hatten schon die alten Griechen eine geradezu pathologische
Angst. Ob es die sagenhaften Amazonenreiche, von denen der Mythos berichtet, je gegeben hat, ist bis heute umstritten. Tatsache jedoch bleibt, daß kein Sieg – nicht einmal jener über die Perser – so
verherrlicht und gefeiert wurde wie jener über die Amazonen.
Denn damit wurde kein gewöhnlicher Feind besiegt, dieser Sieg bedeutete für den Griechen, dem alte, matrizentrische Ordnungen
noch gut in Erinnerung waren, die endgültige Vernichtung weiblicher Macht und die Errichtung neuer, patriarchaler Verhältnisse.

Die kämpfende, auch tötende Frau tritt uns als »widernatürliches«
Wesen in der gesamten, nun folgenden Geschichtsschreibung ent-

gegen. Weil sie gegen ihre geschlechtsspezifisch festgelegten Verhaltensweisen verstößt, ist sie auch liederlich, geil und hurenhaft. Die wenigen glorifizierten »Heldenjungfrauen«, die uns das 19. Jahrhundert überliefert hat, mußten daher mit dem Nimbus der »Sittenreinheit«, »Unberührtheit« und »Keuschheit« umgeben werden. Hingegen waren »Amazonen«, die sich in dieses Bild nicht einfügen ließen, verfolgt und geächtet.

Kämpfende Frauen begegnen uns vor allem in Zeiten von Revolutionen und Befreiungskriegen. Wobei sich der Kampf gegen allgemeine Unterdrückung häufig mit jenem gegen die spezifische Benachteiligung der Frau verband. Schon während der Französischen Revolution wurde von Frauen die Bildung eines »Amazonencorps« gefordert, und die »Freiheitsheldin« Théroigne de Méricourt rief öffentlich zur Bewaffnung von Frauen auf, was um so wichtiger erschien, als das bislang dem Bürger vorenthaltene »allgemeine« Wahlrecht mit dem Waffenrecht verbunden war. Daß es nur für Männer galt, mußte den Frauenaktivistinnen als besonders diskriminierend erscheinen.

Es gab relativ viele junge Frauen, die sich der Revolutionsarmee angeschlossen hatten, sie trugen Männerkleidung, blieben meist unbekannt und waren an einer Preisgabe ihrer Identität auch gar nicht interessiert. Einige von ihnen haben sogar den Offizierstrang erreicht, so wie jene »Witwe Brulon«, Marie-Angélique Duchemin, die nach dem Tode ihres Gatten dem 42. Infanterieregiment, das von ihm befehligt worden war, als Soldat beitrat. Vorerst einmal für verrückt erklärt, gelang es ihr später doch, akzeptiert zu werden, und schließlich wurde sie sogar als erste Frau Frankreichs in die Ehrenlegion aufgenommen. Ihren Lebensabend durfte sie als Unteroffizier im Hospital von Versailles beschließen.

Auch in den Freiheitskriegen gegen Napoleon haben Frauen gekämpft, wobei vor allem jene im Freikorps des Adolf von Lützow bekannt geworden sind. Sie waren dort nämlich nicht nur akzeptiert, sondern sogar angesehen, womit sich dieses Corps von anderen Armeen deutlich unterschied.

Berühmt wurde posthum die Lützowerin *Eleonore Prohaska*, Tochter eines invaliden Unteroffiziers und aus geordneten, die Sittsamkeit der Tochter streng überwachenden Familienverhältnissen stammend, was ihren Ausbruch um so bemerkenswerter macht. Sie hatte sich unter dem Namen August Renz als Schneider ausgegeben und sogar zwei Briefe hinterlassen, in denen sie ihre Tugendhaftigkeit selbst im rauhen Kriegsalltag beschreibt. Derartige Hinweise waren wichtig und finden sich später in den Nachrufen noch öfter, denn Tugendhaftigkeit war eine Voraussetzung, um die folgende Heldinnenverehrung zu rechtfertigen.

Eleonore ist zeitgerecht und sehr anständig 1813 an einer tödlichen Verwundung gestorben. Ein Leutnant Förster beschreibt in seinem Kriegstagebuch bewegt den Augenblick der Wahrheit. »Herr Lieutnant, ich bin ein Mädchen«, soll sie gerufen haben, nachdem eine Kanonenkugel ihr den rechten Schenkel zerschmettert hatte. Der Arzt öffnete »den beklemmenden Waffenrock«, worauf »der schneeweiße Busen ... in pochenden Schlägen das jungfräuliche Heldenherz« verriet.

An ihrem Begräbnis nahmen hochgestellte Persönlichkeiten teil, ihr Sarg wurde »von ihren Waffenbrüdern getragen«, und: »Eine dreimalige Gewehrsalve rief der vom Sturme des Krieges geknickten Lilie den letzten Gruß noch in das Grab.«

Die Popularität der Eleonore Prohaska wurde von keiner der in den Freiheitskriegen kämpfenden »Amazonen« erreicht. Sie ist nicht nur in die Geschichtsbücher eingegangen, sie wurde auch von Dichtern besungen, von Malern gemalt und von Beethoven in einem Trauerspiel geehrt.

Sie war auch Vorbild für eine weitere bekannte Lützowerin, die Bremerin *Anna Lühring*, die ein Jahr nach Eleonores Tod 17jährig in den Kleidern ihres Bruders von zu Hause fortgelaufen war, um sich als Eduard Kruse den Kämpfern gegen die Franzosenherrschaft anzuschließen. Auch sie blieb vorerst als Frau unerkannt, hat den Berichten zufolge an sämtlichen Strapazen nicht nur teilgenommen, sondern sich dabei noch besonders hervorgetan und war später, nachdem das »Geheimnis« entdeckt worden war, ebenfalls ständig bemüht, ihre trotzdem bewahrte Sittenreinheit zu betonen.

Das war auch durchaus notwendig, weigerte sich doch ihr Vater, ein Bremer Zimmermeister, nach dem Friedensschluß vom April 1814 die ungeratene, in seinen Augen inzwischen verkommene Tochter wieder bei sich aufzunehmen. Es bedurfte der Intervention hochgestellter Persönlichkeiten, um ihn umzustimmen. Anna hat dann nach vorerst überschwenglichen Ehrungen in sehr beschränkten

Verhältnissen gelebt und erst in ihrem 64. Lebensjahr auf Antrag eines einflußreichen Lützowers endlich eine regelmäßige Pension erhalten. Wie Helga Grubitzsch in ihren Analysen deutlich macht, paßte diese »Heldenjungfrau« lediglich in das historische Konzept, sie half, den Kampfgeist, die patriotische Begeisterung zu schüren. Nach den Ansichten, Wünschen, Bedürfnissen der Frauen wurde nicht gefragt. Sie hatten einem bestimmten Bild zu entsprechen, und sie haben sich in dieses Bild gefügt. Damit verhinderten sie eindrucksvoll, zum Ärgernis zu werden.

Zu diesem wurden ganz andere Frauen, solche, die für die eigene Freiheit, die eigenen Bedürfnisse, die eigenen Wünsche kämpften. Louise Aston beispielsweise, die sich 1848 nicht nur den schleswig-holsteinischen Freischaren angeschlossen hatte, sondern auch für die freie Liebe und die Rechte der Frau eintrat, war geächtet und verfolgt. Ebenso Mathilde Franziska Anneke, die an der badisch-pfälzischen Volkserhebung beteiligt war und sich gleichzeitig frauenemanzipatorisch engagierte. Diese »Amazonen« wurden verspottet und verlacht, gejagt und ausgewiesen, ihnen wurden keine Ehrungen zuteil, sie wurden nicht verherrlicht oder glorifiziert. Selbst Emma Herwegh und Amalie Struve, die sich bei jeder bietenden Gelegenheit vom streitbaren Amazonenbild distanzierten und ständig die Liebe zu ihrem Gatten in den Vordergrund rückten, dem sie als treue Gefährtin in die Kämpfe des Jahres 1848 gefolgt seien, waren von Diffamierungen nicht ausgenommen.

Trotzdem sind auch diese Frauen keinesfalls nur Gattinnen, sondern durchaus selbstbewußte Persönlichkeiten gewesen. Sie haben sich an den Forderungen nach politischer Selbstbestimmung und gesellschaftlichen Freiheiten genauso beteiligt wie die Männer, auch sie haben für eine selbstgegebene bürgerliche Verfassung, für Presse- und Versammlungsfreiheit sowie die Lösung der sozialen Frage gekämpft. Obwohl die Befreiung und Gleichberechtigung der Frauen 1848 kein zentrales Thema war, haben jene Frauen, die sich mit so großer Begeisterung für die Ziele der Revolution einsetzten, ihre eigene Befreiung mitgedacht und oft auch speziell formuliert. Sie können also zusammen mit den »Frühfeministinnen« des Vormärz als Vorläuferinnen der ersten Frauenbewegung betrachtet werden. So wie schon 1789 haben Frauen auch 1848 nicht nur unter Wahrung des geschlechtsspezifischen Rollenbildes Wohltätigkeitsarbeit verrichtet, Soldaten versorgt und Verwundete gepflegt, sondern auch Versammlungen besucht, Reden gehalten, Clubs und Zeitungen gegründet. Sie waren journalistisch und schriftstellerisch tätig und verbreiteten die revolutionären Ideen von der Freiheit des Individuums. Aber sie haben auch Barrikaden gebaut, die Soldaten angefeuert und bewaffnet mitgekämpft. Viele von ihnen wurden verwundet oder fanden im Kampf den Tod.

Namentlich sind nur wenige dieser »Amazonen« bekannt, die meisten wurden von der Geschichte überrollt und aus dem Gedächtnis gestrichen. Einige haben überlebt, darunter vor allem jene, die an der badisch-pfälzischen Erhebung teilgenommen haben. Eine *Elise Blenker* (1824–1908) beispielsweise unternahm zusammen mit ihrem Mann und 30 Freischärlern in der Nacht vom 20. auf den 21. Mai 1849 einen Sturm auf die Festung Landau, der allerdings mißlang. Sie wird als »eine hübsche, interessante Blondine, ein wenig kammerjungfernartig, aber mit Charakter in den Zügen« beschrieben und für den »Unfug« verantwortlich gemacht, daß im Blenkerschen Corps so viele liederliche Frauen »in Mannskleidern und die Muskete auf der Schulter mitzogen«. Sogar die demokratische Schriftstellerin Kathinka Zitz zeigte sich von dem Anblick Elises, der sich anläßlich eines Besuches bei Blenkers bot, »widerlich berührt«: »Frau Blenker lag in Freischarentracht, mit dem Heckerhute auf dem Kopf und der Zigarre im Mund, der Länge nach auf dem Sofa«. Zitz mokiert sich über diese »Mannweiber … die über die Schranken ihres Geschlechts hinausgehen«, fand jedoch gleichzeitig durchaus anerkennende Worte für »die hingebende Liebe der Gattin … die sich jeder Gefahr preisgibt, um das Schicksal des geliebten Gatten zu teilen«.

Überliefert hat die Chronik auch eine *Mathilde Hitzfeld* (1826–1905), die in Kirchheimbolanden als Tochter von Anna Maria Weinkauf und dem Arzt Johann Ludwig Hitzfeld geboren wurde. Ihre Eltern führten ein offenes Haus. Der Vater war 1849 Mitglied des kantonalen Verteidigungsausschusses beim Reichsverfassungskampf, die Mutter versorgte in demselben Jahr in einem Frauenkomitee die Freischärler mit Essen und Kleidung. Die Tochter Mathilde begleitete die Freischaren ins benachbarte Dorf Morschheim, half in Kirchheimbolanden 1849 beim Barrikadenbau und meldete den Anmarsch der Preußen, den sie vom Kirchturm aus beobachtet hatte. Schließlich wollte sie 1851 als erste Frau in Heidelberg Medizin studieren, soll aber wegen ihrer politischen Vergangenheit von Reaktionären daran gehindert worden sein, weshalb sie in die USA auswanderte, wo sie 1853 den jüdischen Maler Theodor Kaufmann heiratete.

Emma Herwegh (1817–1904) war eine entschiedene Demokratin, wurde steckbrieflich gesucht und riskierte als Kundschafterin ihre Freiheit und auch ihr Leben. Sie galt als herausragende »Amazone« des Jahres 1848, mit der sich die Klatschspalten genüßlich beschäftigten. Schon ihre Liebesheirat mit dem jungen Dichter Georg Herwegh, der mit seinem revolutionären Lyrikband »Gedichte eines Lebendigen« bekannt geworden war, gab Anlaß zu heftigen Spekulationen. »Von den vielfachen Reden über Dich und unser Verhältnis kannst Du Dir keine Vorstellung machen«, schrieb sie im Januar 1843 an ihren Geliebten.

Daß Emma eine energische, unerschrockene Frau gewesen ist, bestätigt auch Otto von Corvin, wobei er allerdings nicht vergißt hinzuzufügen, daß sie »trotz ihres männlichen Mutes … durchaus Weib« und »eine vortreffliche Mutter und Gattin« geblieben sei. »Man schildert sie häufig als eine Amazone, als eine ›emanzipierte‹ Frau, welche sich darin gefällt, männliche Gewohnheiten nachzuahmen … Alles dies ist grundfalsch«. Das verdächtige Wort »emanzipiert« durfte einer achtbaren Frau nicht anhaften, emanzipierte Frauen waren höchst suspekt. Da wurde schon eher akzeptiert, daß der junge Künstler Anselm Feuerbach Emma als heroisches germanisches Weib malte, das die flüchtenden Kämpfer in die Schlacht zurücktreibt, denn das war immerhin allegorisch gemeint, hatte also mit der Realität wenig zu tun.

Besonders bemerkenswert und vielfach anstößig schien den Zeitgenossen die »Amazonenkleidung«, in der sich diese Frauen an den Aufständen beteiligten. Sie wurde ausführlichst beschrieben, die Berichterstatter schwelgten geradezu in phantastischen Übertreibungen. Emma Herwegh etwa sah je nach »Augenzeugen« jedesmal anders aus. Laut Karlsruher Zeitung vom 5. Mai 1848 trug sie ein »spanisches Kostüm von blauem Samt mit weiten Beinkleidern, hohen Stulpstiefel und weißem Schlapphut«, außerdem »Pistolen im ledernen Gürtel«. Andere Berichte sprechen von einer schwarzgoldenen Männerkleidung. Am glaubwürdigsten dürften die Angaben des demokratischen Publizisten Otto von Corvins sein, der sich ebenfalls in der Pariser Legion befand. Danach war sie in »schwarze Tuchpantalons und eine schwerze Sammetbluse mit einem Ledergürtel« gekleidet, »in welchem zwei Terzerole und ein Dolch steckten … Als Kopfbedeckung trug Frau Herwegh einen breitkrämpigen schwarzen Hut ohne Kokarde oder Feder. Das blondbraune Haar war nach Männerweise geordnet.« Im übrigen, so fügt er hinzu, sei ihre Erscheinung nicht besonders auffallend gewesen, »denn wir alle sahen abenteuerlich genug aus; man hielt sie für einen halbwüchsigen Jungen«.

Die Tochter des zum Protestantismus konvertierten wohlhabenden jüdischen Kaufmanns Gottfried Siegmund war bald nach ihrer Heirat in Baden-Aargau zusammen mit ihrem Ehemann nach Paris emigriert. Als Georg 1847 zum Anführer der deutschen demokratischen Legion gewählt wurde, die sich aus nach Paris geflüchteten Deutschen zusammensetzte und den Republikanern in der Heimat zu Hilfe eilen wollte, schloß sich Emma den Revolutionären an. In dem Bändchen »Zur Geschichte der deutschen demokratischen Legion aus Paris. Von einer Hochverräterin«, das 1849 erschienen ist, hat sie dieses Unternehmen beschrieben, anonym natürlich, war ihr doch, wie sie in dem mit E. H. gezeichneten Vorwort kundtat, keinesfalls daran gelegen, »die Zahl der schriftstellerischen Frauen … irgendwie, selbst auch nur vorübergehend vermehren zu wollen«.

Emma Herwegh ist sicher eine mutige Frau gewesen, die Tabus durchbrach und in so manchem Aspekt ein geschlechtsspezifisches Frauenbild sprengte. Eine Feministin war sie trotzdem nicht.

Nach dem Scheitern des Feldzugs mußte das Paar in Bauernkleidung in die Schweiz flüchten, wo die bald fünfköpfige Familie in Schulden und tiefe Not geriet. Als 1866 eine Amnestie für die politisch verfolgten »Achtundvierziger« erlassen worden war, zogen die Herweghs wieder zurück nach Deutschland. Ihre letzten Jahre hat Emma nach dem Tod Georgs bei ihren Söhnen in Paris verbracht, bis zuletzt überzeugte Demokratin und Gegnerin Napoleons III. sowie der reaktionären Politik in Preußen unter Wilhelm II.

Eine weitere »Amazone«, die die Gemüter erregte, war *Amalie Struve* (1825 ? – 1862). Sie hat den demokratischen Journalisten und Revolutionskämpfer Gustav Struve geheiratet und ebenfalls an den badischen Aufständen des Jahres 1848 teilgenommen. Nach dem gescheiterten Kampf im September 1848 wurden Gustav und Amalie nach einem spektakulären Fluchtversuch verhaftet. Amalie verbrachte nach eigenen Schilderungen 205 Tage unter inhumanen Bedingungen im Freiburger Turm, wo sie sich lebenslange gesundheitliche Schäden zuzog. Befreit wurden beide erst im Mai 1849 während des zweiten badischen Aufstandes, dem jedoch ebenfalls kein Erfolg beschieden war, weshalb die Struves zuerst in die Schweiz, dann nach Frankreich, England und schließlich in die USA auswanderten. Hier teilten sie das Emigrantenschicksal vieler Gleichgesinnter: in ungesicherten ökonomischen Verhältnissen lebend, von Heimweh geplagt. Gustav arbeitete als Journalist, Amalie als Sprachlehrerin und als Journalistin. 1850 brachte sie ihre »Erinnerungen aus den badischen Freiheitskämpfen« heraus, in denen sie ihre Kriegserlebnisse sowie ihre politischen Ansichten festgehalten und den deutschen Frauen gewidmet hat. Ebenfalls 1850 erschienen die »Historischen Zeitbilder«, ein dreibändiges Werk über die englische Revolution, die Religionskämpfe in Frankreich und die Hugenottenverfolgungen. Außerdem war sie Mitarbeiterin an Gustav Struves fünfbändiger »Weltgeschichte«. Auch gibt es Anzeichen dafür, daß sie sich in Amerika für die Frauenrechtsbewegung eingesetzt und u. a. die Veröffentlichung eines Frauenalmanachs plante. Den Geburten von drei Töchtern, die nach langen, kinderlosen Jahren in kurzen Zeitabständen einander folgten, hielt ihre Gesundheit nicht stand. Sie starb 1862 in noch jungen Jahren im Kindbett.

Otto von Corvin beschreibt Amalie als eine sehr schöne Frau mit brillanten schwarzen Augen. Obwohl sie an allen Kämpfen teilgenommen hat, trug sie trotzdem keine Männerkleidung und folgte ihrem Mann auch nicht hoch zu Roß, wie etwa Mathilde Franziska Anneke, sondern in einem Wagen. Auch sie wurde als »Amazone« lächerlich gemacht und in dem sogenannten »Struvelied« verhöhnt:

»Um den Hals die goldene Kette,
Vor den Augen die Lorgnette,
Liegt zur angenehmen Schau
Breit im Wagen Struwwels Frau …«

Die stärkste Persönlichkeit unter den badischen Freiheitskämpferinnen, die sich darüber hinaus dezidiert für Fraueninteressen eingesetzt hat, ist

Mathilde Franziska Anneke (1817–1884)

Auch sie hat zusammen mit ihrem Mann, dem Revolutionär Fritz Anneke, am zweiten badischen Aufstand des Jahres 1849 teilgenommen, und auch über sie haben sich die Berichterstatter lustig gemacht. Von einer »üppigen Weibsperson« berichtete etwa der ehemalige Freiwillige Albert Förster, »angetan mit einem Reitkleide aus schwarzem Samt, im roten Gürtel zwei Pistolen, an der Seite einen Schleppsäbel ...« Außerdem habe sie »eine rote Feder auf dem Hecker-Hute« und eine »Brille auf der Nase« getragen – obwohl Mathilde nie Brillenträgerin gewesen ist.

In ihren »Memoiren einer Frau aus dem badisch-pfälzischen Feldzuge« versuchte sie sich dann später in der Emigration zu verteidigen: »Viele von euch in fremden wie im Heimtlande werden mich schmähen, daß ich, ein Weib, dem Kriegsrufe gefolgt zu sein scheine. Ihr besonders, ihr Frauen daheim, werdet mit ästhetischer Gravität sehr viel schön reden über das, was ein Weib thun darf und thun soll ... Seid milde, Ihr Frauen ... und richtet nicht; wisset, nicht der Krieg hat mich gerufen, sondern die Liebe – aber ich gestehe es Euch, auch der Hass, der glühende, im Kampf des Lebens erzeugte Hass gegen die Tyrannen und Unterdrücker der heiligen Menschenrechte.«

Mathilde Franziska wurde als ältestes von zwölf Kindern des Rentmeisters und Ratsherrn Karl Giesler geboren und hatte auf dem väterlichen Gutshof Ober-Levringhausen in der preußischen Rheinprovinz eine unübliche Freiheit und gute Bildung genossen. Um so schmerzlicher erschien dem geistig interessierten Mädchen die Notwendigkeit einer Versorgungsehe, die sie wegen finanzieller Schwierigkeiten des Vaters 19jährig mit dem reichen adeligen Weinhändler Alfred von Tabouillot eingehen mußte. Er war zehn Jahre älter als sie, trank und wird außerdem von Zeitgenossen als ungeschlachter Rüpel beschrieben.

Daß sie bereits nach einem Jahr, kurz nach der Geburt ihrer Tochter, die Scheidung einreichte, zeugt von Mut und Selbstbehauptungswillen. Denn obwohl Scheidung in Preußen seit 1794 möglich war, wurde eine Frau, die von sich aus die Scheidung verlangte, selbst in den vierziger Jahren des 19. Jahrhunderts immer noch zur geächteten Unperson. Auch nachdem Mathilde Franziska schuldlos geschieden wurde, das Kind zugesprochen bekam und die Familie Tabouillot einen, wenn auch geringen, Unterhalt zahlen mußte, mokierte sich vornehmlich die hochgestellte, adelige Gesellschaft über eine geschiedene Frau und hungernde Poetin, mit der zu verkehren nicht mehr schicklich war. So etwa schrieb Annette Freiin von Droste-Hülshof, die Mathilde die Mitarbeit an ihrem »Westfälischen Jahrbuch« angeboten hatte: »Mama hat die Tabouillot sehr hübsch gefunden … hat freundlich mit ihr gesprochen, sie aber nicht eingeladen und sagte mir nachher, die Tabouillot scheine ihr eine gute, unschuldige Frau, aber sehr genant, und ich möge ihr lieber aus dem Wege gehen. Mir ist's ganz recht …« Und an anderer Stelle deutlich und brutal: »Ich bin gewiß, die Tabouillot würde mich ganz aussaugen an Beutel, Geist und Körper. Sie ist nämlich blutarm und muß sich und ihr Kind allein mit Schriftstellern ernähren. Bis jetzt hat sie die Kost (ich glaube auch die Wohnung) bei ihrer Herzensfreundin Klementine Amelunxen eigentlich umsonst … und die arme Klementine liegt ohne Hoffnung an der Schwindsucht, vor vier Wochen erwartete man täglich ihren Tod. Du siehst, wohin eine Bekanntschaft mich führen würde.«

Während des insgesamt siebenjährigen Scheidungsprozesses und den darauffolgenden harten Jahren wurde Mathilde zur Feministin. Damals, schrieb sie rückblickend, »war ich zum Bewußtsein gekommen und zur Erkenntnis, daß die Lage der Frauen eine absurde und der Entwürdigung der Menschheit gleichbedeutende sei. Und so begann ich früh durch Wort und Schrift für die geistige und sittliche Erhebung des Weibes soviel ich mochte zu wirken.«

Tatsächlich kämpfte Mathilde für sich und ihre Tochter ums Überleben. Sie redigierte Almanache, arbeitete an Übersetzungen, verfaßte ein Theaterstück und schrieb, um sich über ihren Jammer hinwegzutrösten, religiöse Gedichte. Spätestens in ihrer Streitschrift »Das Weib im Conflict mit den socialen Verhältnissen«, in der sie sich auf die unter dem Vorwurf, »nicht an Gott zu glauben«, aus Berlin ausgewiesenen Louise Aston bezieht, hat sie sich von ihren religiösen Neigungen allerdings distanziert. Klar erkennt sie die Religion als Mittel patriarchaler Unterdrückung: »Warum ist das Bekenntnis des Atheismus im Munde eines Weibes so schwer verpönt? Warum erscheinen die Ansichten, die den Männern seit Jahrhunderten bereits angehören durften, einem Staate gerade bei den

Frauen so sehr gefährlich? ... Weil die Wahrheit uns befreit von dem trüglichen Wahn, daß wir dort oben belohnt werden für unser Lieben und Leiden, für unser Dulden und Dienen; weil sie uns zu der Erkenntnis bringt, daß wir gleichberechtigt sind zum Lebensgenusse wie unsere Unterdrücker.«

Mathilde begann Artikel für liberale Zeitungen zu schreiben und schloß sich dem »Demokratischen Club von Münster« an, der bald als »Communistenclub« von sich reden machte und u. a. dadurch in Verruf geriet, daß er eine Frau als geachtete Diskussionspartnerin aufgenommen hatte. Als »Communistenmutter« und »Apostolin des Communismus« verschrien, blieb Mathilde auch hier der Zugang zur sogenannten guten Gesellschaft verwehrt, was sie allerdings inzwischen wenig gestört haben dürfte. Sie verkehrte in liberalen revolutionären Kreisen, lernte viele politische Journalisten kennen und schloß Freundschaft mit dem Freiheitsdichter Freiligrath und mit Hoffmann von Fallersleben. Schließlich heiratete sie 1847 den fortschrittlichen peußischen Fahnenjunker Fritz Anneke, kurz nachdem dieser wegen seiner politischen Ansichten aus der Armee ausgeschlossen worden war. Beide zogen nach Köln, wo der »Salon Anneke« bald zu einem Kristallisationspunkt revolutionärer und frauenemanzipatorischer Ansichten wurde. Die Annekes, deren Freundin Emma Bunteschuh und der Armenarzt Gottschalk gründeten schließlich ein »Kommunistisch-ästhetisches Klübchen«, aus dem später der »Kölner Arbeiterverein« hervorging, die mit 7000 Mitgliedern bislang größte Arbeiterorganisation. Während der Haftstrafen, die Fritz Anneke wegen revolutionärer Umtriebe nach der Pariser Februar-Revolution 1848 abzusitzen hatte, bereitete Mathilde zusammen mit Freiligrath die Gründung der von Fritz geplanten »Neuen Kölnischen Zeitung« vor, die dann auch fast ausschließlich von ihr redigiert wurde. Als das Blatt mit zunehmender Reaktion im September 1848 eingestellt werden mußte, änderte Mathilde Franziska einfach den Namen und führte es als »Frauenzeitung« weiter, von der allerdings nur zwei Nummern erscheinen konnten.

Mit dem Fall der Festung Rastatt im Juli 1849 war auch der revolutionäre Traum ausgeträumt. Jene Demokraten, die den Todesurteilen entkommen waren, flohen ins Exil. Annekes reisten über Zürich in die USA, wo Mathilde 1853 in Newark in New Jersey ihre Erinnerungen publizierte und außerdem eine »Deutsche Frauenzeitung« herausgab, die eine beachtliche Auflagenhöhe erreichte, von der Ostküste Amerikas bis nach Texas und Brasilien Verbreitung fand und immerhin zwei Jahre existierte. Weil sie ausschließlich weibliche Setzer beschäftigte, mußte die Zeitung allerdings nach Protesten der männlichen Arbeiter in Milwaukee eingestellt werden und erschien künftig abwechselnd an verschiedenen Orten.

Mathilde Anneke hat die Frauenbewegung in den USA entscheidend mitgetragen, sie trat bei der Konvention der Frauenrechte 1853 in New York als erste deutsche Rednerin auf und absolvierte umfangreiche Vortragsreisen. Außerdem versuchte sie, die deutschen Frauen untereinander zu vernetzen, gründete Vereine, forderte immer wieder eine Verbesserung der sozialen Lage der Frau, ihr Recht auf Arbeit und vor allem das politische Stimmrecht. 1866 gründete sie in Milwaukee eine Töchterschule, an der als absolutes Novum auch Naturwissenschaften und Mathematik unterrichtet wurden und die sie bis zu ihrem Tod leitete.

In Amerika hat sie zu ihren zwei Kindern noch einen Sohn, zwei Mädchen (Zwillinge) und eine weitere Tochter geboren. Drei von diesen Kindern, die 1858 geborene Tochter, die sich als Säugling angesteckt hatte, einer der noch nicht dreijährigen Zwillinge und der zehnjährige Fritz starben an den Blattern, da der Vater grundsätzlich keine Impfungen erlaubt. Gleichzeitig damit vertiefte sich ein bereits schwelender Konflikt zwischen den Eheleuten, der vor allem auf Fritzens unberechenbare Launenhaftigkeit zurückzuführen war, mit der er auf sein Leben im Exil reagierte, das Mathilde wesentlich besser verkraftet hat. Auch von weiteren Schicksalsschlägen blieb sie nicht verschont: Nach einer Blutvergiftung mußte der 59jährigen die rechte Hand amputiert werden, was Schreibarbeiten weitgehend unmöglich machte. Außerdem zerstörte eine Überschwemmung die Wohnung und den größten Teil der Bibliothek samt wichtigen Manuskripten und Briefen.

Während des amerikanischen Bürgerkrieges lebte die Familie neuerlich in der Schweiz, kehrte aber nach dessen Beendigung in die USA zurück. 1872 starb Fritz Anneke, der sich zuletzt journalistisch und schriftstellerisch betätigt hatte, durch den Sturz in eine Baugrube.

Mathilde arbeitete mit den bekannten Frauenrechtskämpferinnen

Susan B. Anthony und Elisabeth Cady Stanton zusammen, mit denen sie außerdem eine enge Freundschft verband. 1869 wurde sie Vizepräsidentin der »National Women Suffrage Association« für Wisconsin. Sie engagierte sich in der Antisklavereibewegung und beschrieb in zahlreichen Novellen, die in deutschen, amerikanischen und Schweizer Zeitungen abgedruckt wurden, die zweifache Unterdrückung der Sklavin als Schwarze und als Frau. Es handelt sich dabei um Trivialliteratur, im Stil der Zeit geschrieben und für ein breites Publikum gedacht. Daß Mathilde auch anders schreiben konnte, beweisen ihre nüchternen politischen Berichte für seriöse Zeitungen wie etwa die »Augsburger Allgemeine«.

1904 wies Susan Anthony bei der Gründung des Weltbundes für Frauenstimmrecht auf ihre überragende Rolle in der amerikanischen Frauenstimmrechtsbewegung hin. Damals war Mathilde Franziska Anneke allerdings bereits 20 Jahre tot.

Der erste Arbeiterinnenaufstand in Wien, 1848

Ähnlich wie bei den Brotunruhen im Paris der Jahre 1789 bis 1793/94 kam auch bei den Arbeiteraufständen 1848 in Wien den Frauen der Unterschichten eine führende Rolle zu. Auch jetzt waren sie es, die am meisten unter den erhöhten Preisen für Grundnahrungsmittel, den Getreidemißernten, Arbeitslosigkeit oder ausbeuterischen Arbeitsbedingungen zu leiden hatten. Die Krise der Wiener Textilindustrie traf vor allem Frauen, denen die meisten anderen Berufszweige verschlossen blieben und die außerdem von Männern als Lohndrückerinnen empfunden wurden. Trotzdem waren auch im Jahre 1848 hauptsächlich sie für das Überleben ihrer Familien zuständig, weshalb sie wie die Männer Bäckerläden plünderten, Warentransporte überfielen oder sich anderswo Nahrungsmittel zu verschaffen suchten. Und auch diesmal wurden Frauen in den Hunger, den Bettel und die Prostitution getrieben.

Als daher Minister Schwarzer im August 1848 den Lohn für die über 8 000 bei Erdarbeiten beschäftigten Frauen von 20 auf 15 Kronen kürzte, war das Maß voll (ein kleines Brot kostete 6 Kronen, ein Mittagessen 16 Kronen). Die Frauen, deren Löhne damit weiter unter jene der Männer gedrückt wurden (Arbeiter erhielten täglich 25 Kronen), gingen auf die Straße, und am 21. August, ein gutes halbes Jahrhundert nach dem Marsch der Marktfrauen nach Versailles, fand die erste Frauendemonstration in Wien statt.

Diese Frauen waren nicht lieblich, keine »hilfreichen Engel«, die ihre Funktion als unterstützende, anfeuernde Gehilfin der kämpfenden Männer erfüllten, keine »Zierde« des männlichen Geschlechts, als die sie noch beim Barrikadenbau in den Maitagen gepriesen wurden, sie waren hungrig, verzweifelt, und sie forderten Brot. Die empörte Reaktion folgte auf dem Fuß. Die kurze Solidarisierungsphase zwischen Bürgersfrauen und Proletarierinnen während der Barrikadenkämpfe zerbrach. Vor allem konservative Kreise empfanden das »ungeheuerliche Verhalten« der Arbeiterinnen als Provokation. Aber auch die demokratische Presse erging sich in Beschimpfungen: »Besonders die Weibsbilder betrugen sich wie Furien. Auf die roheste, empörendste, unsittlichste Weise wurde die Garde beleidigt …« Bei neuerlichen Ausschreitungen zwischen Arbeiterinnen, denen sich inzwischen zahlreiche Männer angeschlossen hatten, und Sicherheitsbeamten zwei Tage später richteten Militär und Teile der Nationalgarde ein Blutbad unter den DemonstrantInnen an. Die »Wiener Gassenzeitung« berichtete von 282 registrierten Verwundeten und 18 Toten.

Aus der letzten Phase der Wiener Revolution, als sich die Situation dramatisch zuzuspitzen begann, der kaiserliche Hof zum zweiten Mal Wien verlassen hatte, das Kriegsministerium gestürmt, der Kriegsminister Latour aufgehängt und das kaiserliche Zeughaus geplündert worden waren, besitzen wir die meisten Berichte von bewaffneten, kämpfenden Frauen. Es handelt sich dabei vornehmlich um Arbeiterinnen, Frauen der Unterschicht, die nichts zu verlieren hatten und die wußten, was ihnen bevorstand, wenn sie den kaiserlichen Truppen in die Hände fielen. Die anfangs noch positive Haltung, mit der in den Oktoberkämpfen bewaffnete Frauen als »muthvolle Weiber« gefeiert wurden, als Retterinnen, die nach dem Vorbild einer Jeanne d'Arc die Stadt vor einer Niederlage bewahren sollten, kehrte sich allmählich in kritische Distanz, das massive Auftreten kämpferischer Frauen löste Unbehagen aus. »Bewaffnete Weiber mischten sich jetzt unter die Männer«, schreibt der linke

Abgeordnete der Frankfurter Nationalversammlung Julius Fröbel in seinen Erinnerungen »Ein Schauer, ich gestehe es, durchlief mich, als die eine von ihnen, ein Bajonett als Dolch in der Hand, mit dem Ausdrucke unbeschreiblicher Exaltation von mir eine Muskete verlangte ...« Andere Zeitzeugen berichten von der Bildung eines Frauenkorps an der Universität am 17. Oktober, wieder andere von mehreren hundert Frauen, die mit Gewehren und Pistolen bewaffnet und mit Kalabresern verwundeter oder gefallener Studenten auf den Köpfen herumgezogen sind. Allgemein wurde die »wachsende Hemmungslosigkeit« beklagt, die »Frauen rasen«, es fehle die Autorität. Bertold Auerbach spricht in seinem »Tagebuch aus Wien von Latour bis auf Windischgrätz« von einem »Amazonentrupp«, der »eine häßliche Farce« gewesen sei.

Zwei Namen sind uns aus diesen Tagen überliefert: Jener der *Pauline Pfiffner* (1825–1853), einer Polin, die Mitglied der akademischen Legion war und in der Armee Kossuths zum Leutnant aufstieg. Sie starb nach dem Scheitern der ungarischen Revolution im Gefängnis. Und *Maria Lebstück* (1830–1892), die als Mann verkleidet auf den Barrikaden Wiens, aber auch während des Aufstandes in Ungarn kämpfte. Sie wurde in Ungarn Oberstleutnant und beteiligte sich an vielen Schlachten gegen das kaisertreue österreichische Militär.

Die Angst der Frauen, die in diesen Oktobertagen mit dem Mut der Verzweiflung gekämpft haben, war nur zu berechtigt. Denn nachdem die Wiener am 31. Oktober gegen die erdrückende Mehrheit der kroatisch-österreichischen Kaisertruppen kapituliert hatten, wiederholten sich die alten, immer wieder neuen Racheakte an Frauen. Berichte sprechen von furchtbaren Greueltaten, wie sie uns auch aus jüngster Vergangenheit bekannt sind: Vergewaltigungen, grausame Verstümmelungen, schließlich Tötung von Frauen. »Der Wirtin vom Schüttelbach wurden die Brüste abgeschnitten, der Bauch aufgeschlitzt, und dann ihr Mann ins Feuer geworfen. Kinder und Frauen wurden ermordet, alles geplündert und zerschlagen ... Ein sechzehnjähriges Mädchen auf dem Erdberg starb infolge einer Notzüchtigung, welche sie von sechs Kroaten hintereinander erlitten hatte.«

Nach der Zerschlagung der Revolution wurden die errungenen Freiheiten wie Pressefreiheit, Volksbewaffnung und eine »Constitu-

tion«, die allerdings gar nicht den allgemeinen Vorstellungen von
»Volkssouveränität« entsprach, wieder zurückgenommen. Am härtesten trafen die neuen Verordnungen wiederum Frauen. Weil man
nach »den Zügellosigkeiten der letzten Monate ... in jeder Wiene-
rin eine Hetäre« sah, wurde verfügt, daß jede Frau, die alleine auf
der Straße ging, aufgehalten und mitgenommen werden konnte.
Außerdem wurde ab 21 Uhr ein Ausgehverbot für Frauen ohne
männliche Begleitung verhängt.

»Unweibliche Geliebte eines Demagogen«
Karoline Perin (1806–1888)

Die einzige Frau der Wiener 1848er-Bewegung, über die etwas ausführlichere Lebensdaten vorliegen, ist Karoline Perin. Es sind zwar
keine Berichte überliefert, die sie als bewaffnete Amazone beschreiben, trotzdem wird sie als »Megäre«, »politische Marktschreierin«
und »Egeria der Revolution« beschimpft.
Sie war eine der Gründerinnen und später Präsidentin des »Wiener
Demokratischen Frauenvereins«, der großes Aufsehen erregte, obwohl ihm nur ein zweimonatiges Bestehen beschieden war (August
bis Oktober 1848). Ein Frauenverein, der sich nicht vornehmlich
wohltätigen Zwecken widmete, sondern politische Forderungen
stellte, war ein Novum zu dieser Zeit. Als Provokation wurde auch
der Ausschluß von Männern empfunden, der zu heftigen Reaktionen führte.
Auch Karoline Perin mußte als Tochter des Freiherrn von Pasqualti,
Besitzer großer Obst – und Blumenplantagen in Wien, mit ihrer Familie und der Gesellschaft brechen, ehe sie sich der revolutionären
demokratischen Bewegung anschloß. 24jährig war sie eine standesgemäße Ehe mit dem Freiherrn Perin-Gradenstein eingegangen,
mit dem sie drei Kinder hatte. Nach dem Tod ihres Mannes verliebte sie sich in den Klavierlehrer ihrer Tochter Marie, Alfred Julius
Becher, einen führenden »Achtundvierziger« und Herausgeber der
Zeitung »Der Radikale«. Bald war das politisch engagierte Paar, das
unverheiratet zusammenlebte, stadtbekannt. Verletzte es doch mit
seiner freien Lebensgemeinschaft die gängigen Vorstellungen von

Sitte und Moral. Daß Frauen, die aus der eigenen, begüterten und wohlhabenden Schicht ausbrachen, um demokratische und feministische Ziele anzustreben, von niemandem wirklich akzeptiert wurden, mußte auch Karoline Perin erfahren: Sie wurde nicht nur von ihrer Gesellschaft abgelehnt, sondern ebenso von Gleichgesinnten. Fenner von Fenneberg etwa rühmt zwar die »Aufopferung« für »die Partei, die sie ergriffen« hat, meint jedoch gleichzeitig, sie habe keinen Nutzen gebracht, sondern »uns durch die Gründung des Frauenclubs mehr geschadet«. Ganz besonders jedoch schien Wenzeslav Dunder, Offizier beim Oberkommando der Nationalgarde und damit Parteigänger der revolutionären Bewegung, an Karoline Perin die nötigen geschlechtsspezifischen Eigenschaften zu vermissen. In seiner Denkschrift ist sie ein »Weib bar jeder Weiblichkeit« und außerdem die »unweibliche Geliebte eines Demagogen«. Eine Frau Bouvard hingegen, die offensichtlich einem radikaleren Lager angehörte und über die sich Perin in ihrer Erinnerungsschrift bitter beklagt, schimpfte Karoline eine »schwarzgelbe Baronin«, die sich zusammen mit ihren Mitstreiterinnen »Schlafhauben über den Kopf« ziehe.

Allgemeiner Stein des Anstoßes war der oben erwähnte »Wiener Demokratische Frauenverein«, dessen erste Versammlung am 28. August, 10 Uhr vormittags im Salon des Wiener Volksgartens bereits zu tumultartigen Ereignissen führte, die in den Gazetten ausgiebig kommentiert wurden. Erwähnung findet eine Katharina Strunz, die vor über 100 Teilnehmerinnen (die Angaben schwanken zwischen 150 und 400) zwei Punkte zur Tagesordnung vorlegte: private Geldsammlungen für die durch Lohnkürzungen betroffenen Arbeiterinnen und Entsendung einer Frauendelegation zu den Studenten, ArbeiterInnen und zur Nationalgarde, um die nach der Praterschlacht gespaltene und geschwächte Bewegung wieder zu vereinen. Allerdings scheinen unterschiedliche politische Positionen der Frauen so gravierend gewesen zu sein, daß die Anhängerinnen der »alten« monarchischen Ordnung von den 1848-erinnen vor die Türe gewiesen wurden. Das damit entstandene Durcheinander nutzten die zahlreich vor dem Eingang versammelten Männer, um »sich in den Salon des Volksgartens mit Gewalt den Weg« zu bahnen. Sie »sprangen dort auf die Tische, äfften die Stimmen der Frauen nach, beleidigten mit gemeinsten Grobheiten«, wie die »Neue Politische

Straßenzeitung« berichtet. Als schließlich einer der Männer auf die
Bitte »einer sehr bekannten Dame«, doch den Saal zu verlassen, mit
einer Ohrfeige drohte, zogen sich die Frauen fluchend und schimpf-
end zurück. Zuvor allerdings hatte eine Frau von Wertheimer, die
zweite namentlich bekannte Teilnehmerin, eine neuerliche Versammlung um 17 Uhr im Gasthaus »Wasen« an der Laimgrube be-
kanntgegeben, die dann so überfüllt war, daß die Diskussionen teilweise auf der Straße abgehalten werden mußten.

Die Statuten des Frauenvereins, die bereits von Caroline Perin als
Präsidentin gezeichnet waren, nennen eine dreifache Aufgabe: eine
politische, eine soziale und eine humane. Die politische umfaßte
u. a. die Weiterverbreitung des demokratischen Prinzips, die soziale
die Gleichberechtigung der Frau und die humane die üblichen
Wohltätigkeitsarbeiten.

Wie unerhört skandalös die Bildung eines politischen Frauenvereins
unter Ausschluß der Männer empfunden wurde, zeigen die Presse-
stimmen. »Wenn es aber so fortgeht, daß die Damen allerwelts politische Meetings haben, so bleibt den Männern nichts übrig, als zu
Hause zu bleiben, zu kochen und für Rektifizierung nicht der Steuern, sondern der Strümpfe zu sorgen«, malt die »Bohemia« ein
männliches Schreckensbild an die Wand.

Die Existenz des Frauenvereins drang bis in den süddeutschen
Raum, wo »Die Wienerinnen« als abschreckendes Beispiel für politisch engagierte Frauen herhalten mußten. Im »Neuen Tagblatt für
Stuttgart und Umgebung« wurden die Ehemänner Wiens bedauert,
deren »Wäsche nicht gewaschen und geflickt … Küche und Wirtschaft zu Grunde« gerichtet und deren »Kinder nicht erzogen«
würden.

Von den Aktionen des Wiener Frauenvereins, die infolge der Kürze
seines Bestehens nicht sehr zahlreich waren, erregte vor allem eine
»Petition zur Einberufung des Landsturms« die Gemüter. Sie war
von Karoline Perin »im Namen des ersten demokratischen Frauenvereins« und weiteren 1000 Frauen unterzeichnet worden und forderte die Einberufung des Landsturms, um das demokratische Wien
gegen die kaisertreuen Truppen zu verteidigen. Wie nicht anders zu
erwarten, erweckte die »große Prozession von mehr als hundert
Frauen und Mädchen … natürlicherweise einen fast lächerlichen
Eindruck« und löste »heitere Augenblicke« bei den Abgeordneten

aus. Vor allem Wenzeslav Dunder gibt neuerlich seiner Empörung über fehlendes weibliches Verhalten Ausdruck: »Was haben die Weiber mit Politik zu schaffen? Man kann die Geliebte eines Demagogen sein und doch Weib bleiben, aber freches Eindringen in Völkerfragen bleibe fern dem weiblichen Gemüthe.«

Als nach der Besetzung Wiens durch die kaiserlichen Truppen am 31. Oktober 1848 der »Wiener demokratische Frauenverein« so wie alle mit der 1848er-Bewegung verbundenen Vereine aufgelöst wurde, hat der Karikaturist Johann Christian Schoeller unter dem Titel »Der letzte Augenblick des Demokratischen Frauen-Vereines im Jahre 1848« eine böse pornographische Darstellung verfaßt: Nach der Aufforderung eines Uniformierten, »Dieser Damen-Club muß sich aufheben«, lüften die vor ihm in Reih und Glied stehenden Damen ihre Röcke, um sich damit nackt zu zeigen (Unterwäsche gab es damals noch nicht), und entblößen außerdem ihre Brüste. Reaktionäre Männer dieser Zeit, die den Frauen Verstand absprachen und sie auf ihr Geschlecht reduzierten, konnten emanzipatorische Ansätze von Frauen offenbar lediglich als Prostitution begreifen.

Bereits am 4. November wurde Karolines Versteck verraten, sie wurde verhaftet und körperlich mißhandelt. C. Grüner berichtet in seiner Geschichte der Oktober-Revolution in Wien 1849, daß Perin bei ihrer Arretierung im Polizeigefängnis »bei den Haaren gerissen, geschlagen und unbarmherzig behandelt« wurde.

Nach 23 Tagen wurde sie als psychisch krank erklärt, allerdings keinesfalls zum ersten Mal. Schon in den Oktobertagen, als sie sich in eine schwarzgoldene Trikolore gehüllt hatte, um ihr Bekenntnis zur Revolution zu demonstrieren, war sie als »überspannt, unzurechnungsfähig und verrückt« bezeichnet worden, ebenso bei der Präsentation der Petition vor dem Reichstag zur Einberufung des Landsturms. Nach ihrer Haftentlassung emigrierte sie nach München, wo sie sich wohl in der Hoffnung, wieder nach Wien zurückkehren zu können, in ihren Erinnerungen von ihrem revolutionären Engagement distanzierte.

Karoline Perin, die als 40jährige Frau Familie und Klasse verließ, um mit einem jüngeren Mann eine Lebensgemeinschaft einzugehen, hatte nach der Niederlage der Revolution alles verloren: Julius Becher wurde erschossen, viele ihrer Freunde fielen in den Kämpfen, wurden hingerichtet oder mußten emigrieren. Die Vormundschaft über ihre Kinder wurde ihr genommen, ihr Vermögen eingezogen.

Viele Zeitgenossen betrachteten ihr Schicksal als verdiente Strafe. »Möge sie zur Einsicht kommen«, schrieb etwa die »Bohemia«, »daß Frauen Mutterpflichten zu erfüllen haben und keinen Platz in der Avantgarde eines mobilen Heeres …«

Seit den Tagen der Französischen Revolution hatte sich diesbezüglich wenig geändert. Perin selbst hat in ihren Erinnerungen ihrer Erbitterung Ausdruck verliehen: »Statt Teilnahme bewarf man mich mit Kot, hatte kein Mitleid, daß man mir den Geliebten, den Bräutigam erschossen, soviele Freunde ins Elend gestürzt, daß ich mein ganzes Vermögen verloren, meine nächste Familie mich verlassen … daß die Behörde mir meinen einzigen Trost, meine letzte Stütze, meine lieben Kinder entzog, in der Voraussetzung, ich dürfte sie in zu radikalen Grundsätzen erziehen …«

Wohl aufgrund ihrer Distanzierung tatsächlich im Oktober 1849 wieder in Wien, errichtete Karoline dort ein Stellenvermittlungsbüro, um nicht von ihrer Familie abhängig zu sein. Ein einziges Mal noch wird von ihr berichtet: Im Mai 1859 notierte der Polizeiminister von Kempen in seinem Tagebuch, Baronin Perin, »eine Republikanerin im Jahre 1848«, sei bei ihm erschienen, habe seine Hände geküßt und ihm ihre Dienste angetragen. Dabei habe sie folgende bedeutungsvollen Worte gesprochen: »Sie haben mit mir ein Wunder bewirkt.«

Nachdem weitere Angaben fehlen, sind sämtliche Interpretationen zugelassen.

Der organisierte Kampf
für Frauenrechte
Die Frauenbewegung

Der revolutionäre Prozeß von 1848 war zu kurzlebig, um frauenemanzipatorischen Interessen wirklichen Nachdruck zu verleihen. Dennoch wurde im Verlauf eines allgemeinen, emanzipatorischen Aufbruchs auch Frauenanliegen eine gewisse Beachtung zuteil, es gab auch zahlreiche Frauen die erkannten, daß für ihre eigene Befreiung ein spezieller Kampf geführt werden muß, weil diese im allgemeinen bürgerlichen Befreiungskonzept nicht enthalten ist.

Die Anfänge in den USA

Trotzdem sind die Anfänge der organisierten Frauenbewegung, wie sie für die zweite Hälfte des 19. Jahrhunderts charakteristisch ist, nicht auf dem alten Kontinent, sondern in Amerika zu suchen. Auslöser war die sogenannte abolitionistische Bewegung, die Anti-Sklaverei-Bewegung, in der auffallend viele Frauen tätig waren. Daß das eigene Schicksal viel mit jenem der Sklaven gemeinsam hatte, war Frauen häufig bewußt, und indem sie sich für diese ausgebeuteten Menschen einsetzten, erkannten sie Parallelen zur eigenen Situation. Bereits in den dreißiger Jahren wurden etwa 100 Organisationen in vielen Staaten der USA gegründet, in denen weiße und schwarze Frauen gemeinsam arbeiteten. In den Jahren 1837 bis 1839 wurde jährlich die Anti-Slavery Convention of American Women abgehalten, Treffen von Frauen, die nicht nur von Sklavenhaltern und Befürwortern der Sklaverei, sondern ebenso von der Kirche massiv bekämpft wurden. Auch die zahlreichen weißen Lehrerinnen, die begannen, schwarze Kinder zu unterrichten, waren mit enormen Widerständen konfrontiert, die teilweise zu Brandstiftungen und Verhaftungen führten.

Eine herausragende Rolle in der Anti-Sklaverei-Bewegung spielten die Schwestern *Sarah und Angelina Grimke*, die außerdem früh den Kampf gegen die Sklaverei mit jenem für Frauenrechte verbanden. Sie stammten selbst aus einer sklavenhaltenden Familie in South-Carolina und hatten bereits als junge Mädchen leidenschaftlich Partei für versklavte Menschen ergriffen. Später gingen sie in den Norden der USA, schlossen sich den Quäkern, 1836 jedoch der abolitionistischen Bewegung an. Schließlich begannen sie vorerst im kleinen Kreis, dann vor größerem Publikum Vorträge über ihre eigenen Erlebnisse mit der Sklaverei zu halten, wobei sie als die ersten »female agents« größtes öffentliches Aufsehen erregten. Sie waren beide begnadete, von einem tiefen Engagement erfüllte Rednerinnen, was dazu beitrug, daß sich in ein ursprünglich überwiegend weibliches Publikum immer mehr Männer mischten. Dieses Anwachsen einer nun gemischten Zuhörerschar rief jedoch bald die Gegner auf den Plan, wobei die Tatsache, daß es sich dabei um Frauen handelte, vielfach als beispiellose Provokation empfunden wurde. Es kam zu massiven Ausfällen und Attacken vornehmlich religiöser Kreise. So etwa gab im Juli 1837 der Rat der kongregationalistischen Geistlichen, der größten protestantischen Sekte von Massachusetts, einen Hirtenbrief heraus, der wegen der Bedeutung dieser Religionsgemeinschaft breite Zustimmung fand. »Die Stärke der Frau«, hieß es darin u. a., »ist ihre Abhängigkeit, die aus dem Wissen um die Schwächen entsteht, die ihr Gott zu ihrem Schutz gegeben hat«. Und weiter: »Wir begrüßen die stillen Gebete der Frau, um der Sache der Religion näher zu kommen … Wenn sie sich aber anmaßt, wie ein Mann an der Öffentlichkeit für Reformen aufzutreten … verwirkt sie die Kraft, die ihr Gott zu ihrem Schutz gegeben hat, und wird in ihrem Wesen unnatürlich …«

Spätestens in diesem Augenblick mußten die Schwestern Grimke begreifen, daß die Rechtlosigkeit der Frau einen erfolgreichen Einsatz für versklavte Menschen von vornherein unmöglich machte und daher die Aufhebung dieser Rechtlosigkeit eine Voraussetzung für einen effektiven Kampf gegen die Sklaverei darstellt.

»Wir können die Abschaffung der Sklaverei nicht mit all unserer Macht vorantreiben, solange wir nicht für uns den Stein des Anstoßes aus dem Weg geräumt haben. Was kann … eine Frau noch tun für einen Sklaven, wenn sie selber die Füße eines Mannes im Nacken hat und zum Schweigen verdammt ist?«

In ihren »Briefen« über »Die Gleichheit der Geschlechter und die Lage der Frauen« im Jahre 1838 hat Sarah Grimke dann die ersten ausführlichen Analysen über die Stellung der Frau in den USA geliefert. »Männer und Frauen sind ebenbürtig geschaffen: beide sind moralische und verantwortliche menschliche Wesen.«

Die Schwestern mußten in der Folge ihre öffentlichen Auftritte einschränken, der Widerstand war zu groß geworden.

Aber den Frauen, die sich so zahlreich und leidenschaftlich für die Abschaffung der Sklaverei eingesetzt hatten, stand noch eine andere Demütigung bevor: Als im Jahre 1840 in London die »World Anti Slavery Convention« stattfand, wurden weibliche Delegierte nicht zugelassen. Wütend und empört beschlossen zwei der betroffenen Frauen, die Abolitionistin Lucretia Mott, Gründerin der ersten »Female Anti-Slavery Society«, und Elisabeth Cady Stanton, eine »Women's Rights Convention« einzuberufen. Die konnte allerdings erst nach acht Jahren, nämlich 1848, in Seneca Falls realisiert werden. Die dabei veröffentliche Deklaration, an der viele Frauen aus der Anti-Sklaverei-Bewegung mitgearbeitet hatten, wird, zusammen mit der Deklaration der Rechte der Frau und Bürgerin von Olympe de Gouges, von Historikerinnen zu den für frauenemanzipatorische Anliegen welthistorisch wichtigsten Deklarationen gezählt. Sie hat die erste Frauenbewegung in den Vereinigten Staaten eingeleitet, die, im Gegensatz zu Frankreich, Deutschland und Österreich (England bildet hier eine Ausnahme) sich von diesem Zeitpunkt an kontinuierlich weiter entwickeln konnte.

Diese Frauen-Deklaration ist eine Gegenerklärung und zugleich eine eigene Unabhängigkeitserklärung zur »Unabhängigkeitserklärung« der amerikanischen weißen Männer vom Jahr 1776, die in ihrem Grundsatzartikel »Alle Menschen sind von Natur gleichermaßen frei« Frauen und Sklaven ausgespart haben. So wie Olympe de Gouges rund 50 Jahre zuvor forderten Frauen auch jetzt die Einbeziehung ihres Geschlechts: »Angesichts dieser völligen Rechtlosigkeit der einen Hälfte der Menschen dieses Landes, angesichts ihrer sozialen und religiösen Erniedrigung, angesichts der ungerechten Gesetze … bestehen wir jetzt darauf, daß sie sogleich Zugang haben zu allen Rechten und Privilegien, die ihnen als Bürger der Vereinigten Staaten gehören.«

Einen Schönheitsfehler allerdings hatte diese Konferenz. Denn obwohl sie von so vielen Abolitionistinnen mitgetragen wurde, obwohl, wie Hannelore Schröder meint, »zweifellos auch die Sklaven« in diese Forderungen einbezogen wurden, befand sich unter den KonferenzteilnehmerInnen keine einzige schwarze Frau.

Tatsächlich wurde die Solidarität zwischen weißen und schwarzen Frauen spätestens zu jenem Zeitpunkt empfindlich gestört, als die schwarzen Männer nach dem Sezessionskrieg 1867 das Wahlrecht bekamen, alle Frauen jedoch neuerlich leer ausgingen. Während sich die weißen Frauen nach jahrzehntelangen Bemühungen, einschließlich des Kampfes gegen die Sklaverei, gedemütigt und betrogen fühlten, beklagten die schwarzen Frauen einen wachsenden Rassismus auch unter ihren weißen Geschlechtsgenossinnen. Ein weiteres Beispiel dafür, wie sehr es patriarchalem Herrschaftsanspruch immer gelungen war (und nach wie vor gelingt), solidarisches Verhalten unter Frauen zu verhindern.

Elisabeth Cady Stanton (1815–1902) war eine der profiliertesten Vertreterinnen der amerikanischen Frauenbewegung. Die Tochter des Kongreßabgeordneten und Richters Cady hatte als eines von sechs Kindern zunächst von Privatlehrern Unterricht u. a. auch in für Mädchen eher unüblichen Fächern wie Griechisch, Mathematik und Latein erhalten. Später besuchte sie die Johnstown Academy und ein Frauencollege in Troy. Bereits als junges Mädchen wurde sie durch den Beruf ihres Vaters mit weiblicher Diskriminierung konfrontiert: In zahlreichen Rechtsfällen beobachtete sie die Ungerechtigkeit einer bestehenden Gesetzeslage. 1840 heiratete Elisabeth den Abolitionisten Henry B. Stanton, der eine Rechtsanwaltskanzlei in Boston eröffnete. Die Geburten von sieben Kindern in den folgenden Jahren ließen ihr wenig Zeit für eine Öffentlichkeitsarbeit. Trotzdem organisierte sie in Seneca Falls, wohin sie 1847 übersiedelt war, zusammen mit Lucretia Mott und anderen Frauen die erwähnte Frauenkonferenz, wo sie bereits damals gegen den Widerstand ihres Mannes und anderer Frauen u. a. das Frauenwahlrecht forderte.

Eine enge Freundschaft verband Cady Stanton mit der fünf Jahre jüngeren *Susan Brownell Anthony* (1820–1906), ebenfalls eine führende Persönlichkeit in der amerikanischen Frauenbewegung. Ihre Eltern waren Quäker, die Frauen stets größere Freiheiten einräumten, und sie hatte sieben Geschwister. Auch Susan engagierte sich vorerst in der Anti-Sklaverei-Bewegung und erkannte erst 1852, nachdem sie öffentliches Redeverbot erhalten hatte, die vorrangige Bedeutung des Kampfes für Frauenrechte. 1850 lernte Susan dann Cady Stanton kennen. Beide arbeiteten in der Folge zusammen, gründeten eine Reihe von Frauen-Konventionen im Staat New York und in ganz Amerika. 1854 organisierte Susan B. Anthony eine Unterschriftensammlung zu einer Petition um das Frauenwahlrecht und eine Verbesserung des Married Women's Property Law. Sie war radikal und unerschrocken. »Stürzt diese Regierung, übergebt ihre blutbefleckte Verfassung den Flammen, vertilgt alle Spuren der mit Schuld beladenen Taten der Väter«, schrieb die dezidierte Feindin der Sklaverei und wurde dafür in beleidigender und brutaler Weise von der Presse und Öffentlichkeit attackiert.

1868, nach der Niederlage der Frauenstimmrechtsbewegung, gab sie die Wahlrechts-Zeitschrift »Revolution« heraus, und 1869 gründeten Anthony und Stanton die »National Women Suffrage Association« (NWSA), auf die kurz danach die Organisation einer gemäßigteren, den Republikanern nahestehenden »American Woman Suffrage Association« (AWSA) folgte, die zum Unterschied der NWSA auch Männer aufnahm.

Anthony und Stanton haben ein halbes Jahrhundert zusammengearbeitet, sie verfaßten Reden, Resolutionen, Flugblätter, offene Briefe und erreichten 1860, daß wenigstens im Staate New York verheiratete Frauen das Recht erhielten, ihren eigenen Lohn zu besitzen und Vormund ihrer Kinder zu sein. 1869 erhielten in Wyoming als erstem Territorium die Frauen das Stimmrecht, 1870 wurde im benachbarten Utha den Frauen das Wahlrecht zuerkannt.

Von 1869 bis 1890 war Stanton Präsidentin der NWSA, unternahm zusammen mit Anthony Vortragsreisen und hielt Lesungen für das New York-Lyceum Bureau, hauptsächlich aus finanzieller Not, denn inzwischen war sie von ihrem Vater enterbt worden. Beide suchten Kontakt zu Emigrantinnen und knüpften internationale Beziehungen zu anderen Frauenbewegungen in Europa. Franziska Mathilde Anneke hat, wie erwähnt, mit diesen Frauen zusammengearbeitet und möglicherweise auch Amalie Struve. 1876 verfaßten

Anthony und Stanton zusammen mit anderen Frauen eine Protest-Deklaration, die in ihrer Radikalität von keiner anderen Kundgebung in Europa erreicht wurde: »Wir bestreiten das Dogma vieler Jahrhunderte, eingearbeitet in die Gesetzbücher aller Nationen, daß die Frau für die Zwecke des Mannes geschaffen ist ... Wir verlangen Gerechtigkeit, wir verlangen Gleichheit, wir verlangen, daß alle bürgerlichen und politischen Rechte, die den Bürgern der Vereinigten Staaten gehören, uns und unseren Töchtern für immer garantiert werden.«

1890 kam es dann zur Vereinigung der beiden Frauenorganisationen, sie nannte sich National American Woman Suffrage Association, und auch dieser diente Stanton zwei Jahre als Präsidentin. Noch an ihrem 80. Geburtstag schockierte sie mit einer Kritik an der Frauenfeindlichkeit der Theologen und Kirchen, und 1902 schrieb sie einen Brief an Präsident Roosevelt, in dem sie ihn aufforderte, sich für das Frauenstimmrecht einzusetzen. Die bald darauf einsetzende Suffragettenbewegung nach englischem Vorbild hat sie nicht mehr erlebt. Auch in Amerika fesselten sich Frauen an das Gitter vor dem weißen Haus und traten nach ihrer Verhaftung in den Hungerstreik. Nach Stantons Tod sollten noch 18 Jahre vergehen, ehe Frauen in Amerika tatsächlich wählen durften.

Deutsche und österreichische Frauenrechtskämpferinnen

Die kämpferischen Frauen in der zweiten Hälfte des 19. Jahrhunderts, bereits eingebunden in eine Bewegung, haben meist ihr ganzes Leben in den Dienst der Sache gestellt. Privates hatte dabei eine untergeordnete Rolle zu spielen oder wurde überhaupt ausgeklammert, wie etwa bei Helene Lange oder Auguste Fickert. Streng blicken sie uns an, diese Frauen in ihren hochgeschlossenen Kleidern mit glatt zurückgekämmtem Haar, aufrecht, diszipliniert und durchaus selbstbewußt. Da ist wenig von einer weiblichen Koketterie zu spüren, wie sie noch ihre Vorgängerinnen auszeichnet, Arbeit hat das Leben dieser Frauen geprägt, Selbstzucht und ein oft sehr harter Kampf. Im Grunde sehen sie alle ein wenig aus wie Lehrerin-

nen oder Gouvernanten, verblüht bereits Mitte Dreißig und mit
fünfzig alte Frauen. Und doch haben wir vor allem ihnen zu verdanken, was uns heute selbstverständlich ist: das Recht auf Bildung,
auf Arbeit, auf politische Betätigung und als Schlußlicht auch Rechte in der Familie.

Die Viten dieser Frauen sind nicht so spektakulär wie jene der Einzelkämpferinnen, der Außenseiterinnen, die auf sich selbst gestellt
waren und selbst von Geschlechtsgenossinnen keine Solidarität erwarten durften. Die Frauen der ersten Frauenbewegung hatten bereits fest gesteckte Ziele, sie agierten in einem bestimmten Rahmen
und wurden vor allem durch ihre frauenemanzipatorischen Arbeiten sichtbar.

Der »gemäßigte Flügel«

Den Beginn der deutschen Frauenbewegung hat Louise Otto-Peters
eingeleitet. Sie hat mit der Gründung des »Allgemeinen deutschen
Frauenvereins« 1865 dem Einzelkämpferinnenschicksal ein Ende
bereitet und Frauen zu einer gemeinsamen Bewegung organisiert.
Ganz offensichtlich war der Boden für ein gemeinschaftliches Vorgehen inzwischen vorbereitet worden, gab es genügend Frauen, die
sich gegen Unterdrückung und Benachteiligung zur Wehr setzten.
Daß es vorerst bürgerliche Frauen waren, ist naheliegend, hatten
diese doch immer noch mehr Möglichkeiten, sich zu bilden und
auch mehr Zeit für aufwendige Organisationsarbeiten als die ausgebeuteten Arbeiterinnen mit einem 12- bis 14stündigen Arbeits-
tag.

Louise Otto-Peters (1819–1895)

Louise Otto-Peters hat ihren Erfolg einer seltenen Kombination
von Progressivität und Traditionalismus zu verdanken, mit der sie
sich heute noch in kein gängiges Schema einordnen läßt. Dachte sie
sozialistisch oder bürgerlich, war sie radikal oder konservativ, kann
sie als Feministin bezeichnet werden oder machen sie ihre Angriffe
gegen Geschlechtsgenossinnen, die sich für die freie Liebe einsetz-

ten, zum Gegenteil? Louise Otto hatte von all dem etwas, das macht sie angreifbar, aber auch vielschichtig und interessant.

Ihre Kindheit muß eine glückliche gewesen sein, zumindest lassen ihre eigenen Beschreibungen darauf schließen. Als Jüngste von vier Töchtern eines Justizrats in Meißen wuchs sie in einem großzügigen Haushalt auf, den sie in ihren »Erinnerungen aus der Vergangenheit« liebevoll beschreibt. Die ungeheuer aufwendigen Leistungen der Hausfrau aus der Biedermeierzeit werden hier aufgezählt, als im »ganzen Haus« immer noch beinahe alles selbst angefertigt werden mußte, vom Brotbacken über das Trocknen von Früchten, Pökeln und Räuchern von Fleisch bis zur Herstellung von Kerzen und Seife. Würde und Ansehen einer Hausfrau, die für das Funktionieren des Hauswesens zuständig war, wurde Louise durch ihre Mutter vermittelt, während der Vater, Justizrat Otto, mit seiner liberalen Einstellung ihr Freiheitsbewußtsein förderte. Er bezog seine vier Töchter nicht nur früh in politische Diskussionen ein, ermunterte sie, Zeitungen zu lesen und sich am politischen Geschehen zu beteiligen, er verschaffte ihnen auch durch Privatunterricht eine relativ gute Bildung, und als in Sachsen 1831 – Louise war gerade zwölf Jahre alt – die Geschlechtsvormundschaft für Frauen aufgehoben wurde, gab es im Hause Otto ein richtiges Freudenfest.

Auf diese Art und Weise hat Louise Otto wohl beides verinnerlicht: den Respekt vor der Hausfrau und Mutter, der in dem unbedingten Glauben gipfelt, daß die Ehe der »eigentliche Beruf des Weibes« sei, und ihr mutiges, engagiertes Eintreten für die Rechte der Frau.

Sie war die erste, die in Deutschland die soziale Gleichberechtigung ihres Geschlechts nachdrücklich verfochten und die Betätigung im öffentlichen, politischen Leben als Recht gefordert hat. Als in den von Robert Blum redigierten »Sächsischen Vaterlandsblättern« die Frage gestellt wurde: »Haben die Frauen ein Recht zur Teilnahme an den Interessen des Staates?« antwortete Louise Otto als damals 24jährige: »Die Teilnahme der Frauen an den Interessen des Staates ist nicht allein ein Recht, sie ist eine Pflicht der Frauen.«

Das war ungeheuer kühn in einer Zeit, in der Frauen keinen Bürger-Status hatten, Diskussionen in der Öffentlichkeit, Bürgerrechte und Politik generell als exklusiv männliche Privilegien galten, und es erregte entsprechendes Aufsehen. Auch ihr zwei Jahre später, nämlich 1846, veröffentlichter Roman »Schloß und Fabrik«, in dem

Louise Otto-Peters

die Not der Weber im sächsischen Erzgebirge dargestellt wird, wurde wegen »communistischer Tendenzen« vorerst konfisziert und erst nach persönlicher Vorsprache beim sächsischen Kultusminister und Zensurierung etlicher Seiten freigegeben. Ebenso wurde ihre »Adresse eines deutschen Mädchens« (gemeint ist ein offener Brief) an die »Arbeiterkommission«, in der sie als erste deutsche Frau zur Arbeiterinnenfrage Stellung nahm, zum Politikum und in sämtlichen deutschen Blättern abgedruckt: »Meine Herren – wenn Sie sich mit der großen Aufgabe unserer Zeit: mit der Organisation der Arbeit beschäftigen, so wollen Sie nicht vergessen, daß es nicht genug ist, wenn Sie die Arbeit für die Männer organisieren, sondern daß Sie dieselbe auch für die Frauen organisieren müssen.«
Gleichzeitig jedoch kritisierte sie jene Frauen, die »freie Liebe« forderten, Zigaretten rauchten und Männerkleidung trugen, als »unmoralische«, »schamlose« »Mannweiber«, die der eigentlichen »Natur des Weibes« zuwiderliefen und Imitationen der Männer, aber

keine wirkliche Frauen seien. Sogar von George Sand hat sie sich distanziert, weil diese Frauengestalten zeichnete, die aus bürgerlichen Ehen ausbrachen. Es zeigt sich hier jene unglückliche Einseitigkeit, die von Anbeginn die Frauenbewegung gespalten hat und bis heute fortwirkt: das Festlegen auf eine Lebensform als die der Frau angemessene und daher »natürliche« unter gleichzeitiger Ausschaltung von Alternativen. Zwar hat sie das Abhängigkeitsverhältnis in der Ehe strikt abgelehnt, die menschenunwürdige ökonomische Abhängigkeit der Ehefrauen als »Herabwürdigung der Ehe« scharf kritisiert und das Recht auf Erwerbsarbeit auch für die Frau immer wieder gefordert. Gleichzeitig aber hat sie die spezielle Zuständigkeit der Frauen für Familie und Kinder grundsätzlich nie in Frage gestellt.

Auf jeden Fall galt Louise Otto trotz ihrer kühnen Forderungen nicht als Außenseiterin, sie konnte auch vor einem Männerstaat bestehen. Als die junge Lehrerin *Auguste Schmidt*, eine spätere enge Mitarbeiterin Louise Ottos, sich der Frauenbewegung anschloß, meinte ihre Mutter: »Unter der Führung von Louise Otto darfst du ruhig in den Kampf eintreten.« Louise galt als gemäßigt und »echt frauenhaft«, und von einer »Emancipation«, vor der viele Frauen Angst hatten, weit entfernt.

Auf zeitgenössischen Abbildungen erscheint sie streng, matronenhaft, mit hochgeschlossener Bluse und aufgestecktem Haar. Aber es gibt auch eine Zeichnung, die sie als Dreißigjährige zeigt mit sanftem, fast ein wenig verträumten Gesicht.

Louise Otto blieb kinderlos, und sie war lediglich sechs Jahre verheiratet. Wir wissen nicht, wie sie, die in der Ehe doch die eigentliche Berufung des Weibes sah, damit zurecht gekommen ist. Tatsache jedoch bleibt, daß sie ihre bemerkenswertesten Publikationen als unverheiratete Frau geschrieben hat, in den Jahren ihrer Ehe als Mitarbeiterin ihres Mannes hingegen kaum an die Öffentlichkeit trat.

Durch den frühen Tod der Eltern war sie bereits mit 17 Jahren zur Selbständigkeit gezwungen: Sie führte zusammen mit ihren ebenfalls noch unmündigen Schwestern alleine den Haushalt, wobei die Mädchen auch das Vermögen selbst verwalteten – in einer Zeit, in dem ein anständiges Bürgermädchen nicht einmal alleine auf die Straße ging, ein ungewöhnliches und Aufsehen erregendes Verhalten. Auch die Konfrontation mit einer Konvenienzehe blieb ihr unter diesen Umständen erspart: Ihre Verlobung im Jahre 1840 mit dem Dresdner Advokaten und Dichter Gustav Müller geschah aus Neigung. Umso größer war ihr Schmerz, als er kurze Zeit darauf an der Schwindsucht starb.

Schon damals jedoch hatte Louise den Entschluß gefaßt, Schriftstellerin zu werden, sie schrieb Gedichte und 1843 den ersten sozialkritischen Roman »Ludwig der Kellner«. Ihre vom revolutionären Geist der vierziger Jahre geprägten »Lieder eines deutschen Mädchens«, in denen sie die Einbeziehung der Frau in die allgemeinen Freiheitskonzepte verlangt, machten sie mit einem Schlag bekannt.

Ernst Keil, der sie für seine demokratische »Gartenlaube« engagierte, meint allerdings, daß sie trotz ihrer poetischen Ambitionen eine »geborene Journalistin« sei. Ihre in dieser Zeitschrift veröffentlichten Artikel mußte sie jedoch mit dem Pseudonym »Otto Stern« zeichnen, denn während die Beschäftigung mit Poesie Frauen gerade noch zugestanden wurde, gehörten Zeitfragen, politische Diskussionen und selbst die Behandlung von Frauenrechten in das männliche Ressort. An der Revolution 1848 hat sie lebhaften Anteil genommen und 1949 dann unter dem Motto »Dem Reich der Freiheit werb' ich Bürgerinnen« ihre vielbeachtete »Frauen-Zeitung« gegründet, die sich trotz bald darauf einsetzender Reaktion bis ins Jahr 1852 halten konnte. 1851 verlobte sie sich mit dem Webergesellen August Peters, der zu dieser Zeit wegen Teilnahme am Heckerschen Aufstand im Zuchthaus saß. Ursprünglich sollte er deswegen standrechtlich erschossen werden, aber wegen eines Herzleidens wurde die Todesstrafe in eine siebenjährige Zuchthausstrafe umgewandelt, während der Louise ihren Verlobten lediglich viermal im Jahr sehen konnte. 1858 hat sie ihn dann nach seiner Entlassung endlich geheiratet, aber da sich sein Herzleiden während seiner Haft verschlimmert hatte, starb er bereits 1864.

Als typische Vertreterin der bürgerlichen Frauenbewegung setzte sich Louise Otto-Peters vor allem für eine verbesserte Frauenbildung ein, die ihr auch für die »armen Schwestern« der Arbeiterklasse äußerst notwendig schien. Der damit vermittelte »feste moralische Halt«, so war sie überzeugt, würde dazu beitragen, mit ihren Berufsproblemen besser fertig zu werden. Die »armen Schwestern« haben allerdings solche und ähnliche Fürsorge bürgerlicher Frauen mit eher gemischten Gefühlen betrachtet. Ihnen ging es vornehmlich um eine Verbesserung ihrer Arbeitsbedingungen.

Im Frühjahr 1865 gründete sie zusammen mit ihrer engen Freundin Auguste Schmidt den Leipziger »Frauenbildungsverein«, aus dem nach der Einberufung der ersten deutschen Frauenkonferenz im Oktober desselben Jahres als erste organisierte Frauenvereinigung Deutschlands der »Allgemeine deutsche Frauenverein« (ADF) hervorgegangen ist, dessen Vorsitz sie bis zu ihrem Lebensende führte. Organ des Vereins waren die »Neuen Bahnen«, die sie zusammen mit Auguste Schmidt herausgab.

Louise Otto hat neben ihren polemischen Schriften zahlreiche Romane, Gedichtbände und historische Erzählungen veröffentlicht. In einem Gedicht anläßlich des zehnjährigen Jubiläums des »Allgemeinen deutschen Frauenvereins« entwirft sie eine Zukunftsvision, betreffend das Jahr 1965:

»… Das spätere Geschlecht wird kaum verstehn
daß Ihr einst kämpftet, daß Ihr viel gewagt,
denn keine Schranken wird es um sich sehn.
Und wo Ihr jetzt erst ängstlich schüchtern fragt,
da wird das Leben längst die Antwort haben …«

Wie die meisten futuristischen Prognosen stimmt auch diese nur halb: Zwar haben kommende Generationen errungen, wofür diese Frauen gekämpft haben. Gleichzeitig jedoch wurde der Widerstand der Männer unterschätzt und hat eine neue wirtschaftliche und politische Entwicklung neue Probleme geschaffen.

Helene Lange (1848–1930)

Helene Lange, die nach Auguste Schmidt 1902 die Leitung des ADF übernahm, war ebenfalls eine der bedeutendsten Vertreterinnen der bürgerlichen gemäßigten Frauenbewegung. Wie so viele der bürgerlichen Frauenrechtlerinnen hat auch sie wegen mangelnder Alternativen den Beruf einer Lehrerin gewählt. Kein Wunder also, daß sich der von Auguste Schmidt, Helene Lange und Marie Loeper-Houssell 1890 gegründete »Allgemeine Deutsche Lehrerinnenverein« zu einem Zentrum feministischer Agitation entwickelte.

Mit ihrem strengen Gesichtsausdruck, ihrem zu einem Knoten geformten Haar und der aufrechten Haltung erinnert Helene Lange an eine boshafte Karikatur, an das »deutsche Fräulein Lehrerin in Person«, wie ihre Biographin Luc Jochimsen meint, furchtein-flößend, aber auch bewundernswert.

Tatsächlich hat sie ihr ganzes Leben einer verbesserten Mädchenbil-dung gewidmet, konsequent und ungeheuer diszipliniert. Gefühle hatten darin keinen Platz, über Liebschaften ist nichts bekannt. Sie selbst betont mehrmals in ihren Lebenserinnerungen, daß sie ihr eigentliches Privatleben »als unerheblich« ausgespart hat. Briefe privaten Inhalts wurden vernichtet. Und so erfahren wir lediglich, daß sie eine glückliche Schulzeit erlebte, die ihr als kleines Mädchen aufgezwungenen Handarbeiten allerdings haßte, daß sie der frühe Tod ihrer Mutter – sie starb an der Schwindsucht, als Helene noch nicht ganz sieben Jahre alt war – mit großem Schmerz erfüllte und daß ihr die übliche »Wartezeit« als »Haustochter« im großelterli-chen Haus bis zum möglichst baldigen Eintritt in den Ehestand eine »unerträgliche Qual« gewesen ist. Ihre Lebensgefährtin Gertrud Bäumer berichtet außerdem in einem Nachruf, daß Helene als Kind an die Wand hinter ihrem Bett die Bilder von drei Freiheitshelden befestigt hatte: Theodor Körner, Garibaldi und Herzog von Augu-stenburg. Umwunden waren sie mit einem schwarz-rot-goldenem Band, Symbol des freiheitlichen, demokratischen Nationalstaates Deutschland.

Helene selbst betont keine besondere Freiheitsliebe als Kind. Um so gesprächiger wird sie, wenn sie über ihren zähen und entschlosse-nen Kampf um bessere Bildungsmöglichkeiten für Frauen berichtet, in denen sie den eigentlichen Schlüssel für weibliche Emanzipation zu erkennen glaubte – ein teilweiser Irrtum, wie wir heute wissen. Läßt doch trotz inzwischen gleicher Bildungschancen die Gleichbe-rechtigung nach wie vor auf sich warten.

So wie viele Vertreterinnen der bürgerlichen Frauenbewegung war auch Helene Lange von einem hohen, unerschütterlichen Sen-dungsbewußtsein erfüllt, wie wir es gegenwärtig nicht mehr nach-vollziehen können. Sie glaubte an »die weibliche Kulturkraft«, eine »Weltmission der Frau«, die allerdings eine entsprechende Bildung zur Voraussetzung macht. Die Frau »muß in die Welt ihre eigenen Werte tragen und dadurch in einer Arbeit von Jahrhunderten eine neue soziale und sittliche Gesamtanschauung schaffen helfen, in der *ihre* Maßstäbe dieselbe Geltung haben wie die des Mannes. Das alles kann sie nur auf Grund einer selbständigen, geistigen Bildung …« Auch Lange war überzeugt von der »fundamentalen Verschiedenheit beider Geschlechter«, sie unterschied strikt zwischen den speziellen Aufgaben der Frau und jenen des Mannes, die nur zusammen ein Ganzes ergeben würden. Die »seelische Produktivität der Frau« und »die rein geistige des Mannes« müßten sich ergänzen. Diese weibliche Produktivität, so ist Helene überzeugt, beweist sie einerseits als Hausfrau und Mutter, die »ihre Aufgabe in der Familie bewußt vertieft …«, die »nicht nur männliche Maßstäbe« annimmt, »sondern auch eigene zu schaffen weiß« und damit eine »neue Kultur heraufführen« und dazu beitragen wird, »die Frau zu einer Macht im Leben der Völker zu machen«. Andererseits jedoch auch »in der öffentlichen Fürsorge und der Erziehung«, in der sie die einzige Möglichkeit sieht, »eine Wandlung einzuleiten, die das Leben sicherstellt vor den Brutalitäten all der materiellen Instinkte, die jetzt unseren ganzen Kontinent dem Untergang entgegenzuführen scheinen …«

Arme Helene! Arme Frauen! Wir Heutige wissen, wie sehr derartige hochgespannte Erwartungen in zwei entsetzlichen Kriegen, in sich zunehmend brutalisierenden Gesellschaften zerstört wurden. Daß es die sogenannte »Macht« der Hausfrau und Mutter nicht gibt, weil die großen Welt- und Machtfragen ganz woanders bestimmt werden, und daß die Fixierung auf die sogenannten weiblichen Eigenschaften nur dazu diente, Frauen neuerlich zu benachteiligen und zu unterdrücken.Wir haben es erlebt, in welch menschenverachtender Weise der Nationalsozialismus den Mutterkult für seine Zwecke mißbraucht hat, wie bedenkenlos Frauen als unbezahlte Hausmütter ausgebeutet wurden bzw. werden. Eine Entwicklung, die von diesen Frauen in der zweiten Hälfte des 19. Jahrhunderts nicht vorausgesehen werden konnte.

Ihre »Geburtsstunde« als »Frauenrechtlerin«, wie sie selbst meint, erlebte Helene Lange in einem württembergischen Pfarrhaus, in dem sie, nach dem Tod des Vaters 16jährig zur Vollwaise geworden, das damals für höhere Töchter übliche Pensionsjahr verbrachte. Ihre Verbitterung über den Ausschluß der Frauen von den Gesprächen der akademisch gebildeten Männer, die im Hause des Pfarrers verkehrten, ist aus jeder Zeile ihrer Beschreibung zu spüren. Es muß das ungeheuer wiß- und lernbegierige Mädchen tief verletzt und gedemütigt haben, als Mensch zweiter Klasse behandelt zu werden. Die Empörung darüber kommt auch in späteren Jahren immer wieder zum Ausdruck. So etwa, als sie angesichts der ständigen Diffamierung und Herabsetzung weiblicher Intellektualität im allgemeinen und der Fähigkeiten weiblicher Lehrkräfte im besonderen ausschließlich Lehrerinnen für Mädchenschulen fordert. Denn: »Wie kann ein Mann sich dazu hergeben, ein Geschlecht zu unterrichten, das geistig derartig minderwertig ist! Wie kann ein Mann, der den Lehrerinnen ›auch die geringste Befähigung zum Rechenunterricht‹ abspricht, sich der hoffnungslosen Aufgabe unterziehen, an der Mädchenschule Rechenunterricht zu erteilen ... Wie kann er sich entschließen, den Unterricht im deutschen Aufsatz zu übernehmen, wenn er auf dem Boden steht: ›Verschlossen ist dem weiblichen Geist, und hier denke ich kaum noch an Ausnahmen, jedes Gebiet, das Logik erheischt‹.«

Helene Langes Sprache ist klar, scharf und voll bissiger Ironie. Und vielleicht verstehen wir jetzt ihre Strenge und Unerbittlichkeit besser : Sie hatte ständig gegen eine Phalanx männlicher Vorurteile anzukämpfen, deren Unhaltbarkeit es zu beweisen galt.

Nach ihrem Aufenthalt im erwähntem Pfarrhaus wollte sie das Lehrerinnenseminar besuchen, was ihr vom Vormund mit dem Hinweis, etwas Derartiges habe noch nie ein Mädchen in Oldenburg verlangt, nicht gestattet wurde. Sie nahm also bis zu ihrer Volljährigkeit eine Au-pair-Stelle halb als Schülerin, halb als Lehrerin in einer Erziehungsanstalt im Elsaß an und erwarb autodidaktisch Kenntnisse in Geschichte, Philosophie und alten Sprachen. 1871 ging sie nach Berlin, um dort das Lehrerinnenexamen abzulegen und anschließend an einer privaten Schule zu unterrichten – die einzige Möglichkeit, die Frauen damals offenstand. 1888 veröffentlichte sie ihre unter der Bezeichnung »Gelbe Broschüre« bekanntgewordene Schrift »Die höhere Mädchenschule und ihre Bestimmung«, die einer Petition an das Preußische Kultusministerium beigegeben war und in der eine größere Beteiligung weiblicher Lehrkräfte an der Mittel- und Oberstufe und Anstalten zur Ausbildung wissenschaftlicher Lehrerinnen gefordert wurde. Mit Schärfe wendet sich Helene Lange darin gegen das Rousseausche Ideal, nach dem die Frau lediglich für den Mann zu bilden sei, damit, wie eine

Denkschrift einer Versammlung deutscher Mädchenschulpädagogen aus dem Jahre 1872 meint, »der deutsche Mann nicht durch die geistige Kurzsichtigkeit und Engherzigkeit seiner Frau an dem häuslichen Herde gelangweilt und in seiner Hingabe an höhere Interessen gelähmt werde«. Helene Lange konterte aufgebracht: »Solange die Frau nicht um ihrer selbst willen als Mensch und zum Menschen schlechtweg gebildet wird, solange sie ... nur des Mannes wegen erzogen werden soll, solange konsequenterweise die geistig unselbständigste Frau die beste ist ... solange wird es mit der deutschen Frauenbildung nicht anders werden.«

Während diese erste bedeutende Petition, in der Frauen mit konkreten Ansprüchen auftraten, praktisch ohne Wirkung blieb, erregte die Broschüre ungeheures Aufsehen. Vor allem die Lehrer gerieten in helle Aufregung, weil sie sich von den Frauen konkurrenziert fühlten. Sie gründeten in der Folge einen »Bund zur Bekämpfung der Frauenemanzipation«, der es sich zur Aufgabe machte, die Bestellung von Lehrerinnen an Mädchenschulen, vor allem aber in leitende Positionen zu verhindern. »Ich hatte kaum je in meinem Leben«, schreibt Helene Lange, »so stark das Bewußtsein ... im Kampf zu stehen.«

1889 gründete Helene Lange eine Anstalt mit »Realkursen für Frauen«, die als Grundlage für eine höhere gewerbliche oder wissenschaftliche Tätigkeit gedacht waren. Sie wurden 1893 in dreiklassige, von den Frauenvereinen finanzierte Gymnasialkurse umgewandelt, an denen Lehrerinnen ehrenamtlich arbeiteten. 1896 konnten dann die ersten Schülerinnen unter großer öffentlicher Anteilnahme extern mit teilweise sogar besserem Erfolg als ihre männlichen Kollegen das Abitur ablegen. »Der Beweis für die so vielfach bestrittene Fähigkeit der Frauen zur gymnasialen Bildung war damit unter erschwerenden Umständen erbracht«, notierte Helene Lange.

Staatliche Mädchengymnasien wurden allerdings auch jetzt nicht errichtet, und auf die Genehmigung zum Studium mußten Frauen noch zwölf Jahre warten. Als das Thema Frauenstudium 1891 endlich auf die Tagesordnung des Reichstages gesetzt wurde, erregte es bei den Abgeordneten lediglich allgemeine Heiterkeit. Gertrud Bäumer, eine der ersten deutschen Akademikerinnen, beschreibt das Risiko, auf das sich Frauen dabei einließen: »Sie hatten sich auf die

Reifeprüfung vorbereiten müssen, ohne zu wissen, ob man sie zulassen würde. Sie hatten sie bestanden, ohne zu wissen, ob sie zur Hochschule gehen könnten. Sie hatten die Hochschule besucht ohne die Gewißheit, einen Abschluß zu erreichen, und sie hatten schließlich auch akademische Prüfungen gemacht, ohne zu wissen, ob der Beruf sie aufnehmen würde.« Daß dieser Entwicklung vom Nationalsozialismus neuerlich Einhalt geboten wurde, ist bekannt.

Ab 1893 gab Helene Lange die Monatszeitschrift »Die Frau« heraus, die sie als ihr Lebenswerk bezeichnete.

Erbittert zu Felde zog sie gegen den sogenannten radikalen Flügel der bürgerlichen Frauenbewegung und dabei insbesondere gegen die »neue Ethik« von Helene Stöcker, in der sie eine »gefährlich salbadernde Demagogie … innerlich haltloser Menschen« und »sexuelle Unkultur« zu entdecken glaubte. Da doch »hundertmal lieber ein Zuviel an bürgerlich puritanischer Strenge, selbst wenn sie einmal ein Stück Leben ersticken sollte …«, bringt sie ihre Einstellung auf den Punkt.

Ähnlich engherzig und kleinlich verhielt sie sich gegen Sozialdemokratinnen, mit denen sie eine Kooperation ablehnte. Lily Braun, Aristokratin, Sozialistin und lebenslang um eine Verbindung zwischen bürgerlicher und sozialdemokratischer Frauenbewegung bemüht, hat diese Haltung Helene Langes in ihren »Memoiren einer Sozialistin« scharf kritisiert. Helene wehrte sich gegen diesen Vorwurf: Sie habe gegen die Aufnahme sozialdemokratischer Frauenvereine in den 1894 gegründeten Bund deutscher Frauenvereine gestimmt, weil es sich dabei im Grunde um politische Vereine handelte, die nach dem Gesetz eigentlich gar keine Frauen aufnehmen durften, der Bund daher in seiner Existenz gefährdet gewesen wäre.

Tatsächlich wurde dieses preußische Vereinsgesetz, das bis 1908 bestand und Frauen (sowie Schülern und Lehrlingen) jede Mitgliedschaft in Vereinen, »welche bezwecken, politische Gegenstände zu erörtern«, sowie die Beteiligung an deren Versammlungen verbot, ständig umgangen. Während es bürgerlichen Frauenrechtlerinnen jedoch beser gelang, ihre Tätigkeit als unpolitisch zu deklarieren, gerieten die sehr viel politischer agierenden Arbeiterinnenvereine häufig mit dem Gesetz in Konflikt, wurden verboten oder entstanden anderswo unter neuem Namen. Helene Lange, die sich einerseits strikt für die politische Betätigung der Frau ausgesprochen hat und 1919 als Abgeordnete in die Hamburger Bürgerschaft eingezogen ist, unterwarf sich andererseits Gesetzen, die diese Betätigung unmöglich machten, statt dagegen zu revoltieren.

Wobei allerdings vermerkt werden muß, daß die proletarische Frauenbewegung der bürgerlichen ebenfalls mehrheitlich ablehnend gegenüberstand und eine Zusammenarbeit ebensowenig wünschte.

Obwohl Helene einmal Mitglied der »Friedenskommission des Frauenweltbundes« war, revidierte sie bei Ausbruch des Ersten Weltkriegs ihre Haltung und zeigte sich als pflichtbewußte Patriotin: »Wenn die Frage heißt: Krieg oder Stillstand deutscher Entwicklung, Tod oder Knebelung deutschen Lebens, so lautet die Antwort der deutschen Frau ohne Besinnung, Krieg und Tod«.

Als sie 50 Jahre alt war, zog sie mit der 25 Jahre jüngeren *Gertrud Bäumer* zusammen, mit der sie bis an ihr Lebensende einen gemeinsamen Haushalt führte. Während jedoch Bäumer in ihren Erinnerungen über ihre Liebe und Verehrung zur älteren Freundin spricht, ist über die Gefühle Helenes wenig bekannt. Bäumer ermöglichte durch ihren selbstlosen Einsatz der inzwischen an einer schweren Augenerkrankung Leidenden, daß sie wenigstens ihre Vereinstätigkeit fortsetzen konnte, »Die Frau« nicht eingestellt werden mußte und beide gemeinsam das »Handbuch der Frauenbewegung« fertig schrieben, das als ein Standardwerk der Frauenbewegung gilt.

Die Trauerrede nach ihrem Tod im Mai 1930 hielt Theodor Heuss, damals Mitglied der Deutschen Demokratischen Partei und Dozent an der Hochschule für Politik in Berlin, später erster Bundespräsident der Bundesrepublik Deutschland und Friedenspreisträger des deutschen Buchhandels.

Gertrud Bäumer (1874–1954)

Bäumer setzte das Lebenswerk der Freundin fort. »Ich wuchs«, so meint sie selbst, »in sie hinein«. Sie übernahm nicht nur Funktionen Helene Langes, wie etwa die Leitung der Zeitschrift »Die Frau«, sie übernahm auch ihre Weltanschauung. Wie Lange hat sich auch Bäumer ihr ganzes Leben für Frauen eingesetzt, war sie von hohen, humanistischen Idealen erfüllt, gleichzeitig jedoch auch von betont vaterländischer Gesinnung. Auch sie stand dem nationalen, imperialistischen Gedankengut des liberalen Theologen und Demokraten Friedrich Naumann nahe, dessen Anhänger sich später häufig unter den engagierten Gefolgsleuten Hitlers befanden.

In Gertrud Bäumer wird jene gefährliche Geisteshaltung, jene gewisse Affinität zum Faschismus, wie sie bei vielen Vertreterinnen der bürgerlichen Frauenbewegung dieser Zeit beobachtet werden kann, wohl am deutlichsten sichtbar. Sie war keine Nationalsozialistin, zeitweise stand sie dieser Partei sogar recht kritisch gegenüber. Trotzdem fanden viele Ansichten und Zielsetzungen der Nationalsozialisten ihre Zustimmung, fühlte sie sich dieser Ideologie innerlich verwandt.

Vertiefen wir uns in ihre Lebenserinnerungen, ihre Briefe (letztere 1954 von Emmy Beckmann unter Auslassung kompromittierender Stellen herausgegeben), so entsteht vor uns das widersprüchliche Bild einer Frau, wie sie damals für die bürgerliche Frauenbewegung wohl charakteristisch war: einerseits für Frauenrechte kämpfend, andererseits bestehende Ordnungen akzeptierend, einerseits den Frieden wünschend, andererseits den Krieg bejahend, einerseits vaterländischer Patriotismus, andererseits Betonung von Mütterlichkeit und friedliebender Weiblichkeit.

Das alles vertrug sich nicht!

Am Beispiel Gertrud Bäumers zeigt sich deutlich, wie sehr Nationalismus und Feminismus einander ausschließen, wie wenig sich der Kampf um die Gleichstellung der Frau mit einer nationalen Gesinnung vereinbaren läßt. Das gilt für heute ebenso wie für damals.

Bäumer litt – so wie wohl die meisten ihrer Zeitgenossen – tief an der »Schmach von Versailles«, und die Hoffnung, der Nationalsozialismus werde ein großes, mächtiges Deutschland schaffen, überwog vorhandene Bedenken.

Schon im Ersten Weltkrieg, den sie als Freiheits- und Verteidigungskrieg empfand, fiel sie durch ihre Kriegsbegeisterung auf. Mehrmals verwendete sie das Zitat vom Krieg als dem Vater aller Dinge, sie pries die Kriegszeit als »herrlich und erhebend ... trotz ihrer Angst und Opfer, ihres Grauens und ihrer unausdenkbaren Summe von Leid«.

Es fällt uns heute schwer, damit umzugehen. Sicher hat sie gegen

Ende des Krieges ihre Ansichten teilweise revidiert, das Ausmaß eines bis dahin nicht gekannten Vernichtungskrieges hat auch sie verstört und erschreckt. Nach einem Besuch des Schlachtfeldes von Verdun 1927 bemerkte sie erschüttert, »daß dies alles ein sinnloser Anachronismus war«, und nach der Lektüre von Briefen gefallener Studenten schreibt sie, daß es für den Krieg »gerade nach diesen Zeugnissen keine Legitimation« gibt.

Trotzdem hat sie aus dieser Erfahrung nicht gelernt, hat sie Zusammenhänge nicht erkannt, hat sie ihrer Hoffnung auf Wiedergewinnung der »deutschen Ehre«, auf die Gründung eines großdeutschen Reiches im Grunde die Fraueninteressen untergeordnet. Dem pazifistischen Gedanken stand sie stets distanziert bis ablehnend gegenüber.

Gertrud Bäumer gilt neben Helene Lange als führende Vertreterin der gemäßigten Richtung der bürgerlichen Frauenbewegung. Sie war nicht nur jahrelang (1910–1919) Vorsitzende des »Bundes Deutscher Frauenvereine«, jenes mächtigen, 1894 gegründeten Dachverbandes der bürgerlichen Frauenbewegung, der 1912 bereits 328 000 Mitglieder zählte, sie war auch Mitbegründerin der Deutschen Demokratischen Partei (DDP) und gehörte von 1919 bis 1933 dem Reichstag an. 1920 wurde sie als erste Frau Deutschlands Ministerialrätin und betreute im Reichsministerium das Schulreferat und die Jugendwohlfahrt.

Als Tochter eines evangelischen Theologen, der später als Kreisschuldirektor in Pommern arbeitete, erlebte sie eine unbeschwerte Kindheit. Nach dem frühen Tod des Vaters, an dem sie sehr hing – Gertrud war eben neun Jahre alt –, zog die Mutter mit ihren drei Kindern in ihr Elternhaus in Halle an der Saale. Schon damals erkannte Gertrud die Wichtigkeit ökonomischer Selbständigkeit der Frau.

Ihre Mutter, die keinen Beruf erlernt hatte, mußte sich wegen Geldmangels dem strengen häuslichen Regiment der Großmutter unterwerfen. Weil ihr außerdem beinahe gänzlich der Einfluß über ihre Kinder entzogen wurde, entschloß sie sich daher nach einigen Jahren, die wirtschaftliche Leitung der Privatklinik ihres Bruders zu übernehmen, wobei sie allerdings scheiterte.

Gertrud wollte Lehrerin werden. Sie besuchte das Lehrerinnenseminar, das mit der Magdeburger Höheren Töchterschule verbunden war, und trat 19jährig nach ihrem Examen in Halberstadt ihre erste Lehrerinnenstelle in der Volksschule in Kamen, einem Ort in der Nähe von Dortmund, an. Zwei Jahre später begann sie ihren Unterricht an der Mädchenvolksschule in Magdeburg-Neustadt, wo sie Klassen bis zu 100 Schülern unterrichten mußte und mit dem Elend der Magdeburger Armenviertel konfrontiert wurde. Damals nahm sie die ersten Kontakte zur bürgerlichen Frauenbewegung und zu Helene Lange auf. Als sie dann 1889 mit etwas erspartem Geld nach Berlin ging, stand ihr Entschluß fest: Sie wollte sich nach Ablegung eines Oberlehrerinnenexamens weiterbilden, sie wollte an der Universität studieren.

Das war damals immerhin bereits möglich, wenn auch nur unter bestimmten Voraussetzungen. Bis Studentinnen im Jahre 1903 immatrikulieren durften, hing die Zulassung von Frauen zu Lehrveranstaltungen von der Entscheidung des jeweiligen Professors ab. Aber auch nach 1903 fanden Professoren immer noch Möglichkeiten, Frauen vom Studium auszuschließen. Bäumer spricht von einer »Atmosphäre des männlichen Akademikertums«, in das Frauen nicht hineinpaßten.

Es gab »Damensperren« und »Damenseminare«, in der die Studentinnen vom Nebenraum aus zuhören mußten, und insgesamt war die Atmosphäre so frauenfeindlich, daß viele Studentinnen aufgaben. Trotzdem war Gertrud Bäumer über diese neu gewonnenen geistigen Freiheiten begeistert. »Vielleicht ist noch niemals neues Leben mit so frühlingsfrischem Enthusiasmus gelebt, hat die Geisteswelt noch nie so strahlend vor eines Menschen Auge sich ausgebreitet, als nach diesem Auftun verschlossener Tore«, schreibt sie mit dem Pathos ihrer Generation.

Bäumer studierte neben Germanistik, Theologie und Philosophie auch noch Sozialwissenschaften und befaßte sich insbesondere mit Nationalökonomie. Schon während des Studiums arbeitete sie eng mit Helene Lange zusammen und gab mit ihr gemeinsam die Zeitschrift »Die Frau« heraus. 1904 promovierte sie mit einer Dissertation über Goethes »Satyros«, 1907 übernahm sie die Redaktion der »Neuen Bahnen«, des Vereinsorgans des »Allgemeinen Deutschen Frauenvereins, und 1908, als die weibliche Mitgliedschaft in den Parteien erlaubt wurde, trat sie der linksliberalen Fortschrittlichen Volkspartei (FVP) bei.

Nach ihrer Übernahme des Vorsitzes im »Bund Deutscher Frauenvereine« begann für den Dachverband eine Öffnung nach rechts. Es
wurden jetzt auch religiöse Frauenverbände aufgenommen, hingegen Sozialdemokratinnen, Pazifistinnen und fortschrittlichen Vereinen, wie etwa dem von Helene Stöcker gegründeten »Bund für
Mutterschutz und Sexualreform«, die Aufnahme verweigert.
Ab 1912 war Bäumer dann für die von Friedrich Naumann herausgegebene Zeitschrift »Die Hilfe« tätig, es wird auch vermutet, daß
zwischen beiden ein intimes Verhältnis bestand. Beweise dafür stehen allerdings aus. Nach Kriegsausbruch wurde unter ihrer
Führung der »Nationale Frauendienst« gegründet, der für den rei-
bungslosen Ablauf an der »Heimatfront« zu sorgen hatte. Als ihre
»dunkelste Stunde« bezeichnet Bäumer den Waffenstillstand von
1918. In einer Erklärung des BDF heißt es: »Die deutschen Frauen
halten es für eine Forderung der nationalen Selbstachtung, und für
eine Pflicht gegen die Toten, die reinen Wollens für die Ehre des Vaterlandes gestorben sind, daß das deutsche Volk sich keinen Maßnahmen beugt, die den Charakter der ›Bestrafung‹ tragen. Ehe das
deutsche Volk Bedingungen auf sich nimmt, die das Andenken seiner Toten verleugnen und seinem Namen einen unauslöschlichen
Makel anheften, würden auch die Frauen bereit sein, ihre Kräfte für
einen Verteidigungskampf bis zum äußersten einzusetzen.«
Nach dem Krieg verfolgte Gertrud Bäumer vor allem ein Ziel: Frau-
en in den Staat und in politische Verantwortung einzubinden. Die
zunehmenden faschistischen Tendenzen in der Weimarer Republik
hat sie Anfangs mit Mißtrauen verfolgt. Denn obwohl die vom Nationalsozialismus propagierte Geschlechterpolarität und der Mutterkult schon längst in der bürgerlichen Frauenbewegung beheimatet waren, bürgerliche Frauen hier also mehrheitlich mit Zustimmung reagierten, erkannte Bäumer doch gleichzeitig klar die Frauenfeindlichkeit des faschistischen Männerstaates, seine Ablehnung
politischer Frauenarbeit. Während sie jedoch vor 1933 den Nationalsozialismus im allgemeinen und seine Frauenfeindlichkeit im
besonderen zum Teil scharf verurteilte: »Der politische Sieg dieser
Stimmungswelle wäre der deutsche Zusammenbruch.« Nach der
Machtergreifung Hitlers ist ein Gesinnungswandel festzustellen.
Noch vor den Märzwahlen 1933 gab der BDF ein Flugblatt heraus,
in dem die Frauen aufgefordert wurden, sich »gegen die Verdrän-

gung der Frau im Staatsleben«, »gegen Volksverhetzung und volks-
zerstörenden Radikalismus« zu wehren. Nachdem jedoch die Wür-
fel gefallen waren, bemühte sich Bäumer vor allem, »das Brauchba-
re und Fruchtbare«, »das Echte und Kräftige der Bewegung« zu erkennen und zu pflegen.

1933 ereilte sie das Schicksal jener wenigen Frauen, die inzwischen
in verantwortungsvollen Positionen tätig waren: Sie wurde ihres
Amtes im Ministerium enthoben, war jedoch als Herausgeberin der
Zeitschrift »Die Frau« weiter tragbar. Das Blatt wurde erst 1943 wegen Papiermangels eingestellt. Sie hat dann in Obergrießmannsdorf
in Schlesien, wohin sie sich 1934 zurückzog, zahlreiche Biographien
und historische Romane verfaßt. 1945 ließ sie sich nach ihrer Flucht
aus Schlesien in Bad Godesberg nieder, gehörte 1949 noch zu den
Mitbegründerinnen der CSU, wechselte jedoch später zur CDU
über.

Das Jahr 1933 bedeutete auch das Ende der alten Frauenbewegung.
Die unabhängigen Frauenvereine wurden aufgelöst oder in die NS-
Frauenschaft unter Führung von Gertrud Scholtz-Klink eingeglie-
dert. »Das Haus ist zerfallen«, schrieb Gertrud Bäumer in ihrer
Zeitschrift »Die Frau«. Es wurde auch später nicht mehr aufgebaut.
Krieg und Nachkriegszeit haben Frauen anderweitig beansprucht.
An Gleichberechtigung denken konnten sie erst wieder in den sech-
ziger Jahren, dann jedoch unter anderen politischen, wirtschaftli-
chen und weltanschaulichen Voraussetzungen.

Die Entwicklung in *Österreich* verlief sehr ähnlich, wenngleich mit
einer geringfügigen Zeitverschiebung. Die Uhren gingen hier noch
langsamer als im keineswegs fortschrittlicheren Preußen. Führende
Feministinnen haben häufig eine gewisse Apathie beklagt, die Reformen erschwere. Die Ursachen sind vielschichtiger Natur. Zum
einen war das habsburgische Kaiserreich nicht nur sehr katholisch,
sondern auch autoritär, weitgehend feudalistisch und ohne jene gewisse demokratische, parlamentarische Tradition, wie sie etwa England auszeichnete. Zum anderen hatte ein großer Teil von Frauen
hier einige Rechte, auf die ihre ausländischen Schwestern verzichten mußten. So etwa durften sie unter bestimmten Umständen
über ihr Eigentum verfügen, in manchen Fällen an Gemeinde- und
Landtagswahlen teilnehmen und ohne vorherige Zustimmung ihrer

Ehemänner eine Arbeit annehmen. Viele, vor allem verheiratete Frauen lebten also recht zufrieden, das revolutionäre Potential war nicht besonders groß.

Marianne Hainisch (1839–1936)

Als Pionierin der österreichischen Frauenbewegung, die sich erst in den letzten Jahrzehnten des 19. Jahrhunderts formierte, gilt Marianne Hainisch, nach eigenen Angaben »ein Kind des gebildeten deutsch-österreichischen Bürgertums«, eine Frau, die sämtliche, für die gemäßigte Richtung charakteristische Wertvorstellungen gebündelt in sich vereinigte. Die vorbildliche Tochter, Ehefrau und Mutter, die stets das »ewig Weibliche« betonte und die Familie als »das Höchste, das die sittliche Welt kennt«, genoß allgemeine Wertschätzung und Anerkennung. Auch Marianne Hainisch glaubte an die kulturelle Erneuerung durch die Frau, ohne gleichzeitig bestehende Machtverhältnisse in Frage zu stellen, auch sie betrachtete eine verbesserte Mädchenbildung als wichtigste Forderung der entstehenden Frauenbewegung, und auch für sie ging es nicht darum, brutale Ausbeutungsverhältnisse zu beseitigen, um Frauen – und Männern – der Arbeiterklasse ein menschenwürdiges Dasein zu sichern, sondern es ging ihr um »Wohlfahrtseinrichtungen für alle wahrhaft Bedürftigen«.

Die Strategie konservativer Frauen und ihrer Gruppierungen war bzw. ist natürlich klar: Damit sollen männliche – und eigene – Ängste vor einem »Umsturz« bestehender Verhältnisse zerstreut werden, um gleichzeitig minimale Frauenforderungen durchsetzen zu können. Auch die ständige Betonung der »Andersartigkeit«, der »Sonderart« (Helene Lange) der Frau verfolgte im Grunde den Zweck, Frauen durch Zuweisung eines »weiblichen Bereiches« als Konkurrentinnen der Männer von vornherein auszuschalten. Das geschah sicher nicht immer bewußt, an die besondere Mission des Weiblichen haben diese Frauen geglaubt. Die moderne Gender-Forschung hat allerdings inzwischen klar gemacht, daß derartige Bemühungen in eine Sackgasse führen mußten, weil es dieses Weibliche, Jahrhunderte bzw. Jahrtausende ausgeschlossen aus gesellschaftlichen, kulturellen Prozessen, gar nicht gibt, oder wenn, dann lediglich als Negation, als Minderwertigkeit, die nur in ihrer Hinordnung zum Männlichen so etwas wie Bedeutung erfährt.

Die alte Frauenbewegung hat das noch nicht durchschaut.

Hainischs Leben und Werk bilden ein harmonisches Ganzes. Sie wurde als Tochter eines wohlhabenden Kaufmanns und Industriellen 1839 in Baden bei Wien geboren, wo sie als eine der ganz wenigen Frauen der österreichischen Frauenbewegung durch ein Denkmal geehrt wurde. Wobei allerdings nicht ganz klar ist, wem diese Huldigung gilt: der Frauenrechtlerin oder aber der Mutter des ersten Bundespräsidenten der ersten österreichischen Republik, Michael Hainisch.

Marianne erlebte eine behütete Kindheit in einem wohlgeordneten Haus, über die sie als über 90jährige in ihren »Lebenserinnerungen« liebevoll berichtet. Vor allem ihrer Mutter, die sie als vorbildlich beschreibt, bewahrte sie ein ehrenvolles Andenken, wie sie ja überhaupt der Mütterlichkeit eine bedeutende Rolle zuweist. Weshalb es auch wenig verwundert, daß sie 1924 nach englischem Vorbild in Österreich den Muttertag eingeführt hat.

Ihre Erziehung war die übliche: vorerst durch Hauslehrer, später in einer Privatschule. Natürlich gab es auch Unterricht in der Haushaltsführung. Über eine Auflehnung gegen geschlechtsspezifische Einschränkungen berichtet sie nichts. 1857 heiratete die 18jährige den Industriellen Michael Hainisch, mit dem sie eine mustergültige Ehe führte. Er betrieb in Aue bei Schottwien eine Spinnerei, und hier wurde Marianne mit den Problemen der Arbeiter und vor allem der Arbeiterinnen konfrontiert, die neben ihrer täglichen Arbeitszeit von zehn bis dreizehn Stunden auch noch Haushalt und Familie versorgen mußten. Ihr eigentliches Schlüsselerlebnis jedoch hatte sie an jenem »schönen Sommertag«, als sich eine junge Freundin an sie um Hilfe wandte, weil ihr kranker Mann die Familie nicht mehr ernähren konnte. »Sie wollte Brot schaffen und holte sich bei mir Rat. Aber obwohl wir beide uns von morgens bis abends den Kopf zermarterten, konnten wir für die Frau, die mehrere Sprachen sprach und sehr musikalisch war, keine Erwerbsmöglichkeit ausfindig machen ... Nun wurde mir klar, daß bürgerliche Mädchen für den Erwerb vorbereitet werden müßten. Ich war tief ergriffen und wurde an diesem Tage zur Frauenvorkämpferin.«

Das Problem verarmter Frauen aus der Mittelschicht begann sie in

Hinkunft zu beschäftigen. Vor allem nach der Niederlage im Deutschen Krieg gegen Preußen wurden viele Familien in den finanziellen Ruin getrieben, die Mitgift für Töchter war immer schwieriger aufzubringen, womit die Heiratschancen weiter fielen. Die schöngeistige Erziehung für »höhere Töchter« taugte nicht mehr. Eine Erkenntnis, die in der Folge den Ruf nach praktischer, berufsorientierter Ausbildung immer lauter werden ließ.

Schon der 1866 durch *Iduna Laube* gegründete »Wiener Frauenerwerbsverein« hatte diesen Überlegungen Rechnung getragen. Dieser erste nichtkonfessionelle und nichtkaritative Verein sollte vor allem Frauen aus dem Bürgertum durch die Gründung einer Handelsschule sowie Kurse in Schneidern, Sticken, Spitzenklöppeln und Frisieren eine Erwerbsmöglichkeit verschaffen. Außerdem wurden Frauen für den Eintritt in den Post- und Telegrafendienst vorbereitet, worauf im Jahr 1872 tatsächlich »probeweise« die ersten 40 Telegrafistinnen vom Staat angestellt werden konnten.

Während jedoch die Notwendigkeit dieser Art von weiblicher Berufsarbeit vielfach eingesehen wurde, rief der Vorschlag Marianne Hainischs, an einem Realgymnasium Wiens Parallelklassen für Mädchen einzurichten, öffentlichen Protest hervor. Das damit in der Folge drohende Eindringen von Frauen in den Wissenschaftsbereich (Gymnasien sind immerhin als Vorstufe für ein Universitätsstudium zu betrachten) schien den Hütern männlicher Gelehrsamkeit so ungeheuerlich, daß ein derartiges Ansinnen rundweg abgelehnt wurde und erst 22 Jahre später verwirklicht werden konnte.

Auf jeden Fall jedoch erregte ihr Antrag, den sie während einer einstündigen Rede im März 1870 als 31jährige »bebend« auf einer Versammlung des Frauenerwerbsvereins stellte, großes Aufsehen. Noch im selben Jahr lud das Unterrichtsministerium den Vorstand des Frauenerwerbsvereins zu einer Besprechung der Gymnasienfrage ein, die allerdings ergebnislos verlief. Die »Höhere Bildungsschule für Mädchen«, die statt dessen 1871 auf Initiative des Frauenerwerbsvereins in Wien eröffnet wurde, vermittelte neuerdings »aus Rücksicht auf die Wesensart und die Aufgaben der Frau« eine geschlechtsspezifische Ausbildung, von der sich Hainisch schwer enttäuscht zeigte. Erst 1892 konnte dank der Initiative des bürgerlich-liberalen »Vereins für erweiterte Frauenbildung«, in dem Marianne Hainisch Vorstandsmitglied war, eine private gymnasiale Mädchenschule eröffnet werden, deren Lehrplan jenem der Knabengymnasien entsprach, die jedoch keine staatliche Anerkennung besaß. Viele Jahre hindurch mußten die Abschlußprüfungen an einem Knabengymnasium abgelegt werden, und erst 1906 erhielt die Schule das Recht zugesprochen, eigenständige Prüfungen durchzuführen. Womit das wichtigste Ziel Marianne Hainischs, dem sie ihr gesamtes Leben gewidmet hatte, zweifellos erreicht worden war.

Trotzdem wollte sie eine Universitätsausbildung lediglich auf die begabte Frau beschränken, die »aus innerster Berufung« studiert. Denn auch zum Studium wurden Frauen inzwischen zugelassen: 1897 hob die philosophische Fakultät der Universität Wien das Studienverbot für Frauen auf, 1900 folgte die medizinische Fakultät, Juristinnen allerdings hat es erst im nächsten Jahrzehnt gegeben. Noch im Jahre 1907 veröffentlichte Karl Kraus Franz Wittels Essay über Ärztinnen (unter dem Pseudonym Avicenna), in dem der Wunsch von Frauen, Medizin zu studieren, mit Hysterie gleichgesetzt und Ärztinnen als »Bedrohung« dargestellt wurden.

1899 nahm Marianne Hainisch als österreichische Delegierte an der zweiten Generalversammlung des Frauen-Weltbundes in Washington teil, von der sie sich sehr beeindruckt zeigte. Nach dem Vorbild dieses »International Council of Women»(ICW) hat sie dann drei Jahre später den »Bund Österreichischer Frauenvereine« (BÖF) gegründet, dessen Vorsitz sie bis 1918 führte. Denn inzwischen hatten sich viele Berufsgruppen zu Vereinen zusammengeschlossen: die Lehrerinnen als Vorhut der Frauenemanzipation 1870 zum Verein der Lehrerinnen und Erzieherinnen und die Postbeamtinnen 1876 zum Postbeamtinnenverein. Es folgte der Verein der Schriftstellerinnen und Künstlerinnen, die Vereinigung der arbeitenden Frauen, und der Allgemeine Österreichische Frauenverein, von dem später noch die Rede sein wird.

Zu Beginn seines Bestehens umfaßte der Bund 13 Vereine, 1914 waren sie dann auf stattliche 90 angewachsen.

Ab 1905 publizierte der Bund die Zeitschrift »Der Bund, Zentralblatt des Bundes Österreichischer Frauenvereine«, dessen Herausgeberin *Henriette Herzfelder* war.

Die Ziele des österreichischen Dachverbandes, der sich ebenso wie jener in Deutschland gemäßigt gab, waren allerdings vorerst bescheiden. Sie beschränkten sich auf die Gründung von Berufsschulen, die Zulassung von Frauen zu höherer Bildung und Wohltätigkeitsarbeit. Darüber hinaus beschäftigte sich der Bund mit Fragen der Moral in Erziehung und Öffentlichkeit, also auch mit der Prostitution, und reichte eine Petition ein, die gegen staatlich kontrollierte Bordelle protestierte.

Auch das Frauenstimmrecht hat Marianne Hainisch gefordert und die Zulassung der Frauen zu den Wahlen im Jahr 1919 als »große Errungenschaft« bezeichnet. Sie war eine der Initiatorinnen des Frauenstimmrechtskomitees, das als erste Organisation, die ausschließlich für die politischen Rechte der Frau kämpfte, 1906 gegründet wurde.

Marianne Hainisch wird häufig als »leidenschaftliche Pazifistin« (Erika Weinzierl) bezeichnet. Das ist nur begrenzt richtig. Wohl war sie eine Freundin Bertha von Suttners und hat nach deren Tod die Leitung der Friedenskommisssion im Bund übernommen. Nach Ausbruch des Ersten Weltkrieges allerdings schwächte sie ihr pazifistisches Engagement deutlich ab.

»Wir sind tief erschüttert und beklagen den Krieg, er trifft uns furchtbar, aber dennoch können wir dagegen nichts tun. Es wäre Verrat am Vaterland und an unseren Männern, die es verteidigen, wenn wir jetzt für den Frieden eintreten würden.« Womit sie das Dilemma aller friedliebenden Frauen in Kriegszeiten ausgesprochen hat.

Auch in Wien wurde ein Zentralkomitee gegründet, das die Arbeit an der »Heimatfront« zu übernehmen hatte. Als im April 1915 das »Internationale Frauenkomitee für dauernden Frieden« in Den Haag tagte, an dem trotz Gegenmaßnahmen seitens der Regierungen Pazifistinnen aus 12 Ländern, vornehmlich aus dem radikalen Flügel der bürgerlichen Frauenbewegung, teilgenommen hatten, lehnte der Bund eine Beteiligung mit dem Hinweis ab, »daß der Grund, der in seltener Einmütigkeit alle größeren Frauenorganisationen von dem Kongreß ferngehalten hat, konzentrierte Vaterlandsliebe ist.«

Eine Kriegsbegeisterung, wie sie gelegentlich Gertrud Bäumer äußerte, ist bei Marianne Hainisch allerdings nicht zu beobachten. Sie hat auch nach dem Krieg ihr pazifistisches Engagement wieder aufgenommen und den Abbau der Heimwehr und des Schutzbundes, der jeweiligen paramilitärischen Organisationen der Rechten und der Linken, gefordert. Als 91jährige gründete sie dann noch 1929 eine Österreichische Frauenpartei, die den Frauen ein politisches Forum bieten und die Verbindung zwischen den männlich dominierten Parteien und der Friedenspartei herstellen sollte. Die grundsätzliche Affinität des überwiegend konservativen Bundes zu rechts gerichteten Verbindungen zeigte sich allerdings erneut im Jahre 1935, als führende Mitglieder dem Frauenkomitee der Vaterländischen Front beitraten.

Marianne Hainisch ist 97jährig in Baden bei Wien gestorben.

Der »radikale Flügel«

Damals haben sich diese Frauen nicht so bezeichnet. Sie nannten sich »fortschrittlich«, das drückte besser aus, was sie anstrebten: eine kulturelle, gesellschaftliche, über die reine Frauenemanzipation hinausreichende »sittliche Regeneration der Kulturmenschheit« (Auguste Fickert). Darin trafen sie sich mit den gemäßigten bürgerlichen Frauen, und trotzdem gab es grundsätzliche Unterschiede. Denn der »radikale Flügel« strebte die Abschaffung jener Machtverhältnisse an, die von den Gemäßigten geduldet, oft sogar verteidigt wurden.

In Österreich war der »Allgemeine Österreichische Frauenverein« (AÖF) Sammelbecken all jener Frauen, die sich fortschrittlich nannten. Er war 1893 von

Auguste Fickert (1855–1910)

gegründet worden und umfaßte am Ende seines ersten Jahres fünf Gründungsmitglieder (unter denen sich auch Männer befanden) und 207 Vollmitglieder. Später schwankten die Mitgliedszahlen zwischen 200 und 300. Trotz dieses relativ bescheidenen Zulaufs (der antisemitische und antiemanzipatorische Christliche Wiener Frauenbund wies etwa um die gleiche Zeit 14 000 Mitglieder auf) war es der AÖF, der mit seinem Dreigestirn Auguste Fickert, Rosa Mayreder und Marie Lang Geschichte gemacht hat.

Die Biographie Auguste Fickerts, sofern sie ihr Privatleben betrifft, liest sich recht dürr: Die Tochter Wilhelm und Louise Fickerts (ihr Vater war Werkmeister der k. k. Hof- und Staatsdruckerei, die Mutter Hausfrau) besuchte nach der Volksschule ein Jahr lang eine Klosterschule in Bayern und trat 1872 in die St.-Anna-Lehrerinnenbildungsanstalt ein. Dort bestand sie 1876 mit Auszeichnung das Examen, das sie »zur Anstellung als Unterlehrerin oder prov. Lehrerin an öffentlichen Volksschulen und als Lehrerin für weibliche Handarbeiten und Haushaltskunde an allgemeinen Volks- und Bürgerschulen mit deutscher Unterrichtssprache« befähigte.

Sie soll ein wildes Kind gewesen sein, schwer zu bändigen, so daß Verwandte oft bedauerten, daß sie als Mädchen geboren wurde. In der Klosterschule steigerte sie sich in eine leidenschaftliche Frömmigkeit, von der sie sich allerdings später deutlich distanzierte. Den Lehrberuf hat sie dann bis zu ihrem Tode ausgeübt und von ihrem schmalen Gehalt nach dem frühen Tod des Vaters (1881) auch noch Mutter und Geschwister unterstützt. Dabei wollte sie einmal Schauspielerin werden und gleichzeitig in einer glücklichen Ehe leben.

Es scheint, als habe sie alle ihre Sehnsüchte nach einer besseren, moralischeren Welt in die Frauenbewegung investiert und die Liebe, die sie predigte, in persönlichen Beziehungen kaum verwirklicht. Auch die Freundschaft mit ihrer Lebensgefährtin *Ida Baumann*, mit der sie zwölf Jahre zusammen lebte, ging in Brüche. »Heute früh ist Ida Baumann ausgezogen«, notierte sie trocken am 15. Juli 1883 in ihrem Tagebuch »Was übrig bleibt kann im besten Fall nur mehr ein oberflächlich freundschaftlicher Verkehr sein, wie man ihn auch mit fremd gewordenen Genossen der Kindheit, mit nicht geistesverwandten Blutsverwandten pflegt ...« Ida Baumann hingegen schrieb bitter an Fickert: » Ich ... will von nun an nicht mehr so egoistisch sein, Deine Kraft und Deine so gesuchte Persönlichkeit 2 Mal wöchentlich der Menschheit zu entziehen und Dich noch obendrein zu langweilen.« Sie hat sich drei Jahre nach Fickerts Tod in der Donau ertränkt.

»Tyrannisch nannten viele diese Frau«, meinte ihre Mitarbeiterin *Leopoldine Kulka*, und weiter, daß sie nach dem Grundsatz gehandelt habe: »Wer nicht mit mir ist, der ist gegen mich.« Gleichzeitig jedoch wird sie als ein ungemein hilfsbereiter Mensch beschrieben, der sich stets der zahlreichen Notleidenden annahm, die sie aufsuchten, um Rat und Hilfe zu erbitten. »Ihre Wohnung glich oft einer Auskunftsstelle. Ein Rathbedürftiger reichte dem anderen die Tür.« Wer etwa die von Karola Auernig herausgegebenen und kommentierten Briefe einer jungen Arbeiterin an das »geehrte Fräulein« liest, bekommt einen Eindruck von der Hochachtung, die dieser Frau vielfach entgegengebracht wurde.

Bei den Behörden allerdings sei sie »ebenso gefürchtet wie geachtet« gewesen. Und hier wurde sie oft vorstellig. Schon ihre erste Intervention endete mit einem Paukenschlag: Als 1888 den steuerzahlenden Frauen Niederösterreichs das 1849 errungene Wahlrecht zum Niederösterreichischen Landtag entzogen werden sollte, organisierte sie zusammen mit *Marie Schwarz*, Präsidentin des Vereins Lehrerinnen und Erzieherinnen, zwei Protestversammlungen. Ergebnis des ersten Treffens war eine Petition mit etwa 100 Unterschriften, in der die Beibehaltung des Frauenstimmrechts für die Gemeindevertretung sowie das Wahlrecht für den Landtag verlangt wurden. Auf der zweiten Versammlung hingegen wurde das Wahlrecht zum Reichsrat für alle Österreicherinnen und Österreicher gefordert, ohne Unterschied der Steuerklasse oder des Geschlechts. Während die erste Petition Erfolge verbuchen konnte, wurde die zweite selbstverständlich abgelehnt. Mediale Aufmerksamkeit erzielte sie trotzdem. Was Fickert bewog, einen ersten österreichischen Frauentag zu planen, der in seinen Zielsetzungen – u. a. sollten Themen wie Prostitution, Fabriksarbeit der Frauen, freie Wahlen für beide Geschlechter und Gründung einer politischen Frauenorganisation behandelt werden – allerdings vielen zu radikal erschien, weshalb dieses Vorhaben schließlich auch platzte. Statt dessen jedoch wurde im Januar 1893 der »Allgemeine Österreichische Frauenverein« (AÖF) gegründet, dessen Leitung Auguste Fickert übernahm, die auch das Programm des Vereins ausgearbeitet hat. Als Vollmitglieder traten bereits im ersten Jahr u. a. Marie Schwarz, die provokante feministische Schriftstellerin und Theoretikerin *Irma von Troll-Borostyáni* und *Rosa Mayreder* bei.

Ab 1899 gab der Verein eine eigene Zeitschrift mit dem Titel »Dokumente der Frauen« heraus, die sich mit politischen Artikeln, philosophischen Essays und Aufsätzen über allgemeine gesellschafts-

politische Themen deutlich von den üblichen Frauenzeitschriften
unterschied. Neben Mitarbeiterinnen wie Marianne Hainisch, *Adelheid Popp, Bertha Zuckerkandl* und *Therese Schlesinger-Eckstein*
haben hier auch etliche Männer wie der Advokat und Sozialreformer Julius Ofner und Fritz Winter für ein hohes intellektuelles Niveau gesorgt. Sie wurde vorerst von Auguste Fickert, *Marie Lang*
und *Rosa Mayreder* gemeinsam, später von Lang alleine herausgegeben, mußte 1902 jedoch wegen finanzieller Schwierigkeiten ihr
Erscheinen einstellen. Etwa um diese Zeit hat Fickert eine weitere
Zeitschrift gegründet, der sie sich in Hinkunft mit vollem Einsatz
widmete. Das »Neue Frauenleben« wahrte die Tradition der »Dokumente« und wurde nach Fickerts Tod 1910 von Leopldine Kulka sowie der ersten Universitätsdozentin für Germanistik in Österreich,
Christine Touaillon, und Fickerts Bruder Emil herausgegeben.
Auguste Fickert muß eine sehr energische Frau gewesen sein. Das
wird auch an ihrem Auftreten gegen die Schulbehörde deutlich, die
wegen ihrer Kritik am Schulsystem sowie »Religionsstörung« mehrere Disziplinarverfahren gegen sie anstrengte, ihr schließlich ihre
Gehaltsansprüche kürzte und sie an eine andere Schule versetzte.
Ausschlaggebend dafür dürfte ihr Austritt aus der katholischen Kirche gewesen sein, im damaligen katholischen Österreich für eine
Volksschullehrerin eine unerhört mutige Tat. Auch ihre ständigen
scharfen Attacken gegen die antisemitisch und antifeministisch eingestellten Christlichsozialen und dabei vor allem gegen Lueger
dürften ihre Lage nicht eben erleichtert haben. Fickert verstieß mit
ihrem politischen Engagement und ihren scharfen Reden gegen das
von Frauen – und insbesondere von Lehrerinnen – erwartete bescheidene und unauffällige Verhalten. Das zeigte sich auch bei den
Disziplinaruntersuchungen, in denen nicht ihre fachliche Qualifika-
tion, dafür jedoch ihre selbstbewußte Art kritisiert wird.
Fickerts Polemiken richteten sich allerdings nicht nur gegen die
Christlichsozialen, sondern auch gegen die Liberale Partei, die »eine
engherzige Interessenpolitik« betrieb und »an die Stelle des Grund-
satzes ›Gleiches Recht für alle‹ … das Schlagwort von der Wahrung
des politischen Besitzstandes« gesetzt habe.
Der Sozialdemokratie stand sie nahe, ohne jedoch selbst Sozialistin
zu sein. 1901 gründete der AÖF auf Anregung Fickerts eine eigene
Sektion für Beamtinnen, um sie politisch zu organisieren. Tatsäch-

lich waren die Arbeitsbedingungen der frisch eingestellten Telegrafistinnen und Postbeamtinnen skandalös. Sie erhielten trotz langer Arbeitszeiten, die Sonn-und Feiertage einschlossen, durchschnittlich ein Monatsgehalt, das nicht einmal für bescheidenste Lebensverhältnisse reichte. Sie waren nicht in der staatlichen Krankenversicherung und hatten nur alle zwei Jahre Anspruch auf zwei Wochen Urlaub. Außerdem wurden nur unverheiratete, kinderlose oder verwitwete Frauen angestellt. Fickert hat es nicht mehr erlebt, daß durch die Aktivitäten des Vereins die Lage der Beamtinnen tatsächlich wesentlich verbessert werden konnte. Auch das Heim für beruflich tätige Frauen, das auf Fickerts Initiative zurückging, konnte erst nach ihrem Tod fertiggestellt werden. Der »Heimhof«, als Genossenschaft auf den Prinzipien der Selbsthilfe und Selbstorganisation geplant, sollte mit einer Zentralküche, einer Bibliothek und einem Gemeinschaftsraum bedürftigen Frauen eine menschenwürdige Unterkunft ermöglichen. Tatsächlich jedoch sind nach seiner Eröffnung im Oktober 1911 vor allem Frauen mit gehobenerem Einkommen eingezogen, weil die jährlichen Kosten für Unterkunft und Verpflegung nicht niedrig genug gehalten werden konnten.
Von Hainischs Feminismus hat sich Auguste Fickert distanziert. Darum ist der AÖF auch bereits ein Jahr nach der Gründung des BÖF aus diesem ausgetreten. Fickert wollte nicht die Familie als Hort einer neuen moralischen Gesellschaftsordnung sehen, sondern die intellektuelle, politisch bewußte und arbeitende Frau. Auch betrachtete sie die Abschaffung des Kapitalismus als Voraussetzung für eine Verbesserung der Lage der Arbeiterin, für die sie sich stärker engagierte als Hainisch. Ebenso nahm sie in der Kriegsfrage eine andere Haltung als der von Marianne Hainisch vertretene Bund ein. Sie analysierte das Phänomen des Krieges nüchterner nach materialistischen Grundsätzen, wie sich der AÖF überhaupt eher von nationaler Begeisterung distanzierte, seine Friedensbereitschaft betonte und offen blieb für internationale Aktivitäten. Es waren auch vornehmlich Vereinsmitglieder, die 1915 am internationalen Friedenskongreß in Den Haag teilnahmen.
In ihren letzten Lebensjahren zeigte sich Fickert zunehmend enttäuscht. Wie so viele Vertreterinnen des »visionären Feminismus« (Harriet Andersen) dieser Zeit hatte sie ihre Erwartungen zu hoch gesteckt, konnte ihr »naiver Idealismus«, von dem Mayreder

spricht, der Realität nicht standhalten. Leopoldine Kulka beschreibt in ihrem Nachruf die hohen Ansprüche Fickerts an die Frauen: »Sie dachte, sie würden weibliche Güte bringen, wo jetzt Härte waltet, mütterliche Liebe und Opfermut, wo jetzt engherziger Egoismus herrscht, reine Sittlichkeit, wo Schmutz und Roheit, natürliche Freiheitsliebe, wo jetzt Unterdrückung ist.« Statt dessen mußte sie erkennen, »wie viele anstatt Opfermut Eitelkeit, anstatt Weitherzigkeit Kleinlichkeit, anstatt Reinheit Falschheit und Eigennutz, anstatt kühnem Freiheitsdurst feige Kompromißbereitschaft mitgebracht hatten. Bitter war diese Enttäuschung.« An die Sendung der Frauen, so meint Kulka, habe Fickert am Ende ihres Lebens nicht mehr geglaubt, obwohl sie nie aufgehört habe, für Frauenrechte zu kämpfen.

Auguste Fickert wurde ein Denkmal errichtet. Es steht im Türkenschanzpark im 18. Wiener Gemeindebezirk. Die Inschrift verfaßte die Schriftstellerin und Essayistin Rosa Mayreder, bis 1903 Vizepräsidentin des AÖF und damit rechte Hand Fickerts.

Rosa Mayreder (1858–1938)

Rosa Mayreder ist die herausragende Persönlichkeit der österreichischen Frauenbewegung. Sie wurde sogar für würdig befunden, mit ihrem Porträt die neugedruckten 500-Schilling Banknoten (1998 bis zur Einführung des Euro) zu zieren.

In ihrem Äußeren entspricht sie allerdings so gar nicht der Vorstellung von einer kämpferischen Frauenrechtlerin; den in den ersten Jahrzehnten des 20. Jahrhunderts bewunderten Typ einer »garçonne« oder »femme fragile« hat sie nicht verkörpert. Statt dessen tritt uns aus erhaltenen Abbildungen eine rundliche, vollbusige Frau vor dem respektablen Hintergrund eines großbürgerlichen Salons entgegen, mit einem beherrschten, aber freundlichen Gesichtsausdruck und leichtem, ein wenig nachsichtig und überlegen wirkenden Lächeln. Auch von einer feministischen »Vereinsmeierei« hat sie sich distanziert. »Ich bin ein ›Büchelschreiber‹, das praktische Leben verwirrt und verstört mich bis zum Blödsinn«, ebenso fehle ihr »für Politik, soweit sie Praxis der Interessen ist, … das Organ«. Und doch verdanken wir ihr die wichtigsten Analysen zur Ge-

Rosa Mayreder

schlechterfrage in der Zeit des frühen Wiener Feminismus. In ihrem Hauptwerk, dem zweibändigen Essayband »Zur Kritik der Weiblichkeit« (1905; eine Fortsetzung »Geschlecht und Kultur« folgte 1923) kritisierte sie die misogynen Tendenzen ihrer Zeit, respektlos, humorvoll, begabt mit einem klaren, logischen Verstand. Daneben hat sie sich mit Themen der Kulturgeschichte, Anthropologie und Soziologie auseinandergesetzt – ein Novum für eine Frau der damaligen Zeit. Sie schrieb Novellen, Romane, Gedichte und ein Libretto für Hugo Wolf, das dieser allerdings erst fünf Jahre später vertont hat. Aufsehen erregten ihre Vorträge und Abhandlungen über Prostitution, Sexualität und die Friedensfrage.

Über Kindheit und Jugend Rosa Mayreders sind wir durch ihre zwei Bücher »Das Haus in der Landskrongasse« und anschließend den »Lebenserinnerungen« recht gut unterrichtet. Anschaulich schildert sie das Leben der Familie Obermayer, die in dem sogenannten »Winterbierhaus« in der Nähe des Hohen Marktes den ersten und zweiten Stock bewohnte. Das traditionelle Gasthaus des Franz Obermayer, in dem sich allabendlich Künstler und Wiener Originale versammelten, hatte seinen Namen von einem steinernen gotischen Figürchen, das einen Mann in bäurisch-mittelalterlicher Tracht darstellt, der sich an einem Kohlebecken zwischen seinen Füßen wärmt.

Rosa beschreibt den Vater als autoritären »pater familias«, der von seiner Ehefrau unbedingte Unterwerfung erwartete, bei den insgesamt 13 überlebenden Kindern hingegen (sechs davon aus erster Ehe) gelegentlich Nachsicht walten ließ. Er stammte aus einer bäuerlichen Familie in Oberösterreich, gab sich in religiöser und politischer Hinsicht tolerant und fühlte sich als »Achtundvierziger« dem Liberalismus verpflichtet. Als jedoch seine erste Frau bei der Geburt ihres achten Kindes starb, obwohl der Arzt nach zwei Totgeburten im Falle einer weiteren Schwangerschaft ihr Ende vorhergesagt hatte, schien ihm dies keine Schuldgefühle zu bereiten. »Die Ehe jener Zeit war unerbittlich. Und so gebar sie ihr letztes Kind mit dem vollen Bewußtsein, daß sie sterben müsse ... Bei meinem Vater hingegen scheint niemals der leiseste Vorwurf gegen sich über den Tod seiner Frau aufgetaucht zu sein; wie er das Leben auffaßte, waren diese Dinge der menschlichen Willkür entrückt und Sache der Natur, der man ihren Lauf lassen mußte.«

Die zweite Frau, Maria Engel, Rosas Mutter, war als Erzieherin in das verwaiste Haus gekommen, worauf sich der wesentlich ältere Franz Obermayer Hals über Kopf in die hübsche, aber mittellose Frau verliebte, die den Heiratsantrag eines wohlhabenden Mannes sicherlich als Glücksfall betrachtet hat. Allerdings stellte die gebildete, zarte Frau Befreiung von der Hauswirtschaft zur Bedingung, ein ungewöhnlicher Wunsch für die Gattin eines Wirts, den der verliebte Obermayer erfüllte. Dafür las sie Werke über französische, englische und deutsche Literatur, heimlich natürlich, ohne einem Menschen davon zu erzählen. Rosa entdeckte als junges Mädchen die Bücher eines Tages im Kleiderschrank ihrer Mutter und vielleicht wurde ihr bereits damals die Tragik eines Frauenlebens bewußt, das sich nicht zu seinen eigentlichen Interessen bekennen durfte.

Die Kindheit Rosas verlief im normalen bürgerlichen Rahmen, betreut von der alten Kinderfrau Hanni, einem Unikum vom Land, die resolut, aber doch warmherzig die 13 Obermayer-Kinder unter ihre Fittiche nahm. Wahrscheinlich animierte die Gasthausküche im Parterre bereits früh die Eßlust der kleinen Rosa, deren Ausspruch »Wenn ich nur essen kann, bin ich schon froh« jahrelang zu einem geflügelten Wort in der Familie wurde. Asketentum war auch der späteren Philosophin fremd, Übertreibungen jeder Art hat sie aber abgelehnt.

Die Winter verbrachte die Familie in der Stadt, die Sommer in ihrer Villa auf der Hohen Warte, wo Rosa eine eigene Dachkammer besaß, in der sie ungestört träumen und lesen konnte. Der ansonsten unduldsame und herrische Vater (sie selbst spricht von einer »das ganze Haus beherrschenden Furcht vor dem Vater«) tolerierte ihren Lese- und Bildungshunger, was in dieser Zeit keinesfalls selbstverständlich war. Sie durfte sogar mit ihrem um drei Jahre jüngeren Bruder Fritz private Unterrichtsstunden in Latein und Griechisch besuchen, die sie, die von der »Höheren Töchterschule« völlig unterfordert war, »spielend« bewältigte, wogegen sie sich »beim Kochen gänzlich vernagelt« zeigte.

Mit diesen geschlechtsuntypischen Eigenschaften geriet sie als heranwachsendes Mädchen zunehmend in Konfrontation zu ihrer Familie. »Die Auflehnung dagegen«, schreibt sie in ihren »Lebenserinnerungen«, »bildet im Bereich meines persönlichen Schicksals das entscheidende Erlebnis. Kraft meiner Wesensart, dem alten Ideal der Weiblichkeit entgegengesetzt … nahm ich den Kampf … als ein ganz isoliertes, ganz auf sich selbst gestelltes Einzelwesen auf …«

Rosa konnte nicht nur nicht kochen, sie verstieß auch gegen die von Mädchen erwartete Ordnungsliebe, kleidete sich nachlässig und protestierte gegen den Schnürleib, den sie mit 18 Jahren verweigerte. Dafür las sie von früh bis spät, was ihr in die Hände fiel – die Schriften Wagners, Schopenhauers und Nietzsches haben sie ebenso begeistert wie Goethe und Kant –, und beneidete glühend ihre Brüder, die wenig Interesse am Mittelschulstudium zeigten, »indes ich vor Begierde brannte, die Laufbahn, zu der sie sich mit so unverdientem Aufwand zwingen ließen, freiwillig zu betreten«. Sie galt aus »Ausnahme« und »überspannt« und reagierte schließlich mit schweren gesundheitlichen Störungen, verweigerte die Nahrungsaufnahme und führte sich in selbstpeinigenden Absichten mit der Nadel Verletzungen zu. Dazu kam eine unglückliche Liebe, in deren

Verlauf Rosa versuchte, den Angebeteten durch geistige Interessen für sich zu interessieren, was völlig mißlang. In sexuellen Angelegenheiten hatte die Mutter Obermayer ihre Töchter unwissend gelassen, was Rosa später veranlaßte, in etlichen Novellen die Tragik der Unerfahrenheit junger Mädchen aus gutem Hause und ihre Folgen zu schildern.

Im Grunde war das kein ungewöhnliches Mädchenschicksal. Rosa wuchs in einer normalen bürgerlichen Familie auf, die ihre Kinder keinesfalls mit besonderen Zwangsmaßnahmen quälte, sondern die lediglich so handelte und dachte, wie es damals eben üblich war. Auf einem Foto aus dieser Zeit wirkt das pummelige Mädchen in langem dunklem Kleid mit weißem Kragen und einem bis über die Hüften reichendem Zopf sehr sittsam und keinesfalls aufbegehrend. Und doch registrierte sie früh Ungerechtigkeiten, vor allem zwischen den Geschlechtern, und zog daraus ihre Konsequenzen.

Ursprünglich wollte sie sich zur Malerin ausbilden lassen, für den Hausgebrauch natürlich und daher für eine Frau schicklicher als die spätere, noch dazu von emanzipatorischem Gedankengut durchtränkte Schriftstellerei. Aber der privat erteilte Malunterricht – Akademien waren Frauen damals noch verschlossen – begann Rosa bald zu langweilen, vor allem deshalb, weil er sich meist in Anleitungen zum Kopieren erschöpfte. Das Malen nach der Natur hingegen stieß insofern auf Schwierigkeiten, als es für unziemlich galt, wenn sich ein Mädchen alleine, ohne weibliche Begleitung mit einem Mann – in diesem Fall dem Lehrer – in der Natur erging.

Trotzdem ist Rosa Mayreder zuerst als Malerin an die Öffentlichkeit getreten: 1891 wurden erstmals Aquarelle von ihr im Wiener Künstlerhaus gezeigt. Als sie jedoch voll Stolz ihr erstes Bild verkaufte, gab ihr Vater ihrem Ehemann Karl Mayreder mißbilligend zu verstehen, daß es seine Tochter nicht nötig hätte, selbst Geld zu verdienen.

Sie hatte den Architekten Mayreder an einem jener Obermayerschen Samstagstammtische kennengelernt, die regelmäßig stattfanden und zu denen junge Intellektuelle und Künstler geladen waren. Geheiratet hat sie ihn 1881 – aus Zuneigung und Liebe, wie Rosa immer wieder versicherte. Sicherlich unterschied sich Mayreder in vielem von anderen Geschlechtsgenossen, er behinderte seine Frau nicht in ihrer Entwicklung, sondern versuchte sie vielmehr zu fördern. Aber das von ihr selbst propagierte hohe Ideal der Ehe als einer Vereinigung zweier sich ergänzenden Individuen konnte sie nicht verwirklichen. Während nach außen hin die Fassade einer gelungenen Ehe weiter aufrechterhalten wurde, sprechen ihre Tagebücher eine andere Sprache. Vor allem nach dem Einsetzen von Karls psychischer Erkrankung, mit der sie 20 Jahre leben mußte, befiel sie eine tiefe, bis zur seelischen Abstumpfung reichende Verzweiflung. Empört und gekränkt fühlte sich Rosa auch durch die Diagnose Sigmund Freuds, den Karl Mayreder aufgesucht hatte und der zumindest indirekt Rosa für die Erkrankung ihres Mannes verantwortlich machte, da dieser ihre geistige Überlegenheit ebenso wie ihre Kinderlosigkeit (Rosa hatte eine Fehlgeburt) nicht verkraftet hätte.

Ein ebensolches Mißverhältnis zwischen den von Rosa Mayreder vertretenen Idealen und der Realität ergab sich in ihrer außerehelichen Beziehung zu dem Ministerialrat Dr. Paul Kubin, die von 1902 bis 1909 andauerte und über die sie sich Karl gegenüber offen geäußert hat. Auch hier konnte der Geliebte ihr Ideal einer Synthese von Intellekt und Charakter nicht erfüllen. Daß er gleichzeitig Prostituierte aufsuchte – und zwar ohne eine Spur von Reue –, empfand sie nicht nur als schwere Demütigung, es widersprach auch ihrer Einstellung, mit der sie öffentlich gegen Prostitution eingetreten ist. Trotzdem war sie nicht in der Lage, sich aus dieser Beziehung zu befreien, was sich wiederum mit ihrer nach außen vertretenen Ansicht von der freien, selbstbestimmten Frau nicht in Einklang bringen ließ.

Neben der Malerei begann Rosa bald zu schreiben, wobei sich der philosophische und sozialwissenschaftliche Essay als ihre eigentliche Stärke erwies. Ihre psychologischen Novellen und ihr Roman »Idole, Geschichte einer Liebe« wurden von der zeitgenössischen Kritik unterschätzt. In der Lyrik und im Drama blieb sie Epigonin. Nach der Gründung des »Allgemeinen Österreichischen Frauenvereins« widmete sie sich verstärkt der Frauenbewegung, schrieb Artikel zur »Frauenfrage« für die Zeitschrift »Dokumente der Frauen« und hielt öffentliche Vorträge, darunter auch jene flammende Rede für die Prostituierten am 20. Februar 1897 im Alten Rathaus, die großes Aufsehen erregte. Wobei sich ihre Argumente in einigen Punkten von jenen des BÖF unterschieden: Während der Bund vor allem den Verfall von Familie und Moral beklagte, hat Mayreder eher die wirtschaftlichen und sozialen Aspekte der sich prostituierenden Frauen in den Vordergrund gerückt.

Im Gegensatz zu den Frauen im BÖF hat Mayreder auch nie ihr pazifistisches Engagement verleugnet. Sie nahm zusammen mit Marie Lang und vier weiteren Österreicherinnen 1915 am Haager Frauenfriedenskongreß teil, wo sie auch die Eröffnungsansprache hielt. Darin rühmte sie die internationale Solidarität der Frauenbewegung, die von äußeren Faktoren unabhängig sei. Die Eintragung in ihrem Tagebuch klingt allerdings resignativ: »Ich redete von zukunftsmächtigen Kulturidealen – aber sie klangen mir wie Phrasen.« 1916 hielt sie im AÖF den Vortrag »Die Frau und der Internationalismus«, der eine Polemik gegen die »herrschenden, kriegerisch-nationalen Männerwerte« darstellte und dessen Drucklegung als wehrzersetzend verboten wurde. Ihr Ausspruch: »Theoretisch betrachtet stellt der Krieg die äußerste Ausgeburt des Mannwesens dar, die letzte und furchtbarste Konsequenz der absoluten männlichen Aktivität«, wurde in der Folge trotzdem häufig zitiert. Nach dem Krieg wurde sie Mitglied der auf dem 2. Internationalen Frauenkongreß in Zürich gegründeten »Internationalen Frauenliga für Frieden und Freiheit«, deren österreichische Sektion unter Leitung Mayreders besondere Bedeutung gewann. 1924 organisierte sie gemeinsam mit dem »Neuen Frauenklub« eine Ausstellung antimilitaristischen Kinderspielzeugs, und noch 1936 war sie eine der letzten Sympathisantinnen der pazifistischen Bewegung, die sich an die Öffentlichkeit wagte.

Trotz ihrer Ablehnung der »Vereinsmeierei« war sie außerdem Mitglied der »Wiener Ethischen Gesellschaft« und der »Soziologischen Gesellschaft«. Sie hatte einen umfangreichen Bekanntenkreis, dem u. a. der Anthroposoph Rudolf Steiner, der Musiker Hugo Wolf, der Soziologe Rudolf Goldscheid und zeitweise Marie Lang und Auguste Fickert angehörten. Ebenso hielt sie Kontakt zu deutschen Feministinnen wie Helene Stöckert und Lida Gustava Heymann. An ihrem 70. Geburtstag bereits so etwas wie eine Galionsfigur der österreichischen Frauenbewegung, wurde sie mit einer Festschrift unter dem Titel »Der Aufstieg der Frau« geehrt und zur

»Bürgerin der Stadt Wien« ernannt. Um diese Zeit vollendete sie auch ihr großes philosophisches Werk »Der letzte Gott«.

Nach dem Tod ihres Mannes (1935) hat sie sich dann mehr und mehr zurückgezogen, betreut von der 30 Jahre jüngeren Schriftstellerin jüdischer Abstammung Käthe Braun-Prager, die Mayreders im Alter verfaßte autobiographischen Aufzeichnungen in das englische Exil mitnahm und erst 1948 veröffentlichen konnte.

Daß trotz Erfüllung der wichtigsten Forderungen der Frauenbewegung wie dem Wahlrecht, dem Zugang zur Universität und zu verschiedenen Berufsgruppen von Gleichberechtigung noch keine Rede sein konnte, hat Rosa Mayreder allerdings bereits 1928 klar erkannt: »Erst bis die Frauen durch die Erfahrung bekehrt worden sind, daß mit der sozialen Gleichstellung nicht einmal die materiellen, geschweige denn die ideellen Interessen des weiblichen Geschlechts entscheidend gefördert wurden, kann eine neue Frauenbewegung in die Welt treten.«

Es hat weitere 40 Jahre gedauert, bis Frauen zu dieser neuen Bewegung zusammenfanden.

Marie Lang (1858–1934)

Durch Rosa Mayreder kam auch die mit ihr befreundete Marie Lang mit der Frauenbewegung in Kontakt. Zuvor hatte sich Marie für die Ideen der Theosophen begeistert, jener mystischen Weltschau, der Persönlichkeiten wie Franz Hartmann, Friedrich Eckstein und zeitweise auch Rudolf Steiner angehörten. In den Jahren 1888 und 1889 verbrachte die Familie Lang zusammen mit Eckstein, Hugo Wolf und dem Ehepaar Mayreder die Sommer auf Schloß Bellevue bei Grinzing, das sie gemeinsam gemietet hatten. Wahrscheinlich hat Mayreder ihre Freundin bereits damals für die Ziele der Frauenbewegung interessiert, die Marie bald darauf voll Enthusiasmus als ihre eigenen erklärte. Sie wurde zur dritten führenden Persönlichkeit im »Allgemeinen Österreichischen Frauenverein« und hat – wenn auch nur kurz – die Entwicklung in Österreich wesentlich mitbestimmt.

Marie Lang war die Tochter einer wohlhabenden Zimmermannsfamilie. Ihr Vater Karl Wisgrill beschäftigte 600 Arbeiter und besaß damit eine der größten Zimmermannswerkstätten von Wien. Der begeisterte Anhänger liberaler Ideen pflegte intensive gesellschaftliche Kontakte zu Künstlerkreisen und war u. a. mit den Architekten Van der Nüll, Siccardsburg und Ferstel befreundet. Van der Nüll war auch Taufpate von Marie. Ihre Mutter, die Schauspielerin Emilie Scholtz, wollte zunächst trotz Schwangerschaft Karl Wisgrill nicht heiraten, was für ein beachtliches Maß an Selbständigkeit spricht. Erst als Marie ein halbes Jahr alt war, gab sie dem Drängen Wisgrills nach, doch wurde die Ehe nach etlichen Jahren wieder geschieden.

Geldsorgen hat Marie Wisgrill nicht gekannt. Erst als sie in zweiter Ehe den Juristen Edmund Lang heiratete, mußte sie sich ein wenig einschränken, ohne jedoch gezwungen zu sein, einen gewissen bürgerlichen Wohlstand aufzugeben.

Die Scheidung von ihrem ersten Mann, dem Hofjuwelier Theodor Köchert, den sie 23jährig geheiratet hatte, und ihre Wiederverheiratung galten in bürgerlichen Kreisen auch damals noch als Skandal. Marie hatte sich schon kurz nach der Geburt ihres Sohnes Erich im Jahre 1882 in den Bruder ihrer Schwägerin Edmund Lang verliebt und nach einem Selbstmordversuch 1884 Köchert verlassen, um Lang zu heiraten, was nur aufgrund ihres evangelischen Glaubensbekenntnisses möglich war. Sie verzichtete damit nicht nur auf ein beinahe luxuriöses Leben an der Seite Köcherts – die Familie lebte in der Folge in einer wenn auch bequemen und gut ausgestatteten Dreizimmerwohnung –, sie verzichtete auch auf den Sohn Ernst, der dem Vater zugesprochen wurde. Vor allem der Verlust des Kindes muß für sie, die Mutterschaft als das höchste Glück des Weibes betrachtete, schmerzlich gewesen sein. Trotzdem ist es ihr gelungen, später wieder einen intensiveren Kontakt mit ihrem ältesten Sohn herzustellen, und ihre letzten Lebensjahre hat sie auch mit seiner Familie am Traunsee verbracht.

Trotz etwas beengter Verhältnisse setzte sie in ihrer Wohnung in der Belvederegasse die Geselligkeiten, an die sie von Jugend an gewohnt war, fort. Die Abende, an denen regelmäßig führende Politiker und Künstler wie Gustav Klimt, Adolf Loos, Gustav Mahler, die exzentrische Lou Andreas-Salomé, die Familien Wittgenstein und Hofmannsthal sowie Karl Renner und Ludo Moritz Hartmann zusammentrafen, wurden nach Zeitungsberichten zur »stärksten Attraktion von Wien«, und es waren diese vielfältigen Kontakte, die Marie später halfen, prominente MitarbeiterInnen für die Zeitschrift »Dokumente der Frauen« zu finden.

Sie wird allgemein als eine impulsive, begeisterungsfähige und auch extrovertierte Frau beschrieben, die sich schnell für Menschen und Ideen gewinnen ließ, der es jedoch an Ausdauer und Beharrlichkeit fehlte. Ihren raschen Aufstieg im AÖF hat sie vor allem einer glänzenden Rednergabe zu verdanken, mit der sie zu überzeugen und begeistern vermochte. Rosa Mayreder und später auch Auguste Fickert hat sie bedingungslos bewundert und verehrt, aber es war gerade diese schwärmerische, manchmal fast exaltiert wirkende Anbetung, die sie allmählich beiden Frauen ein wenig suspekt erscheinen ließ und zum Ende dieser Freundschaft beigetragen hat.

Als junge Frau hat sich Marie Lang wenig für Frauenfragen interessiert: »Der Begriff der unterdrückten Frau war niemals in meinem Leben aufgetaucht … Meine Mutter war Herrin in ihrem Reich, der gehuldigt wurde. Ich kannte keine unterdrückte Frauen – unglückliche ja.« Schreibt sie 1930 unter dem Titel »Wie ich zur Frauenbewegung kam« in der Zeitschrift »Die Österreicherin«. Anders als bei Mayreder und Fickert handelt es sich also bei Marie Lang um keine Theoretikerin der Frauenbewegung, die ein spezielles Programm vertrat. Vielmehr waren es in ihrem Fall stets Menschen, über die sie sich für eine Idee begeisterte, und mit dem Zerfall von Freundschaften zerfiel häufig auch ihr Engagement für eine Sache.

Sie trat 1894, ein Jahr nach der Gründung des AÖF, dem Verein bei. Damals war sie etwa 36 Jahre alt. Im Winter 1893 hatte sie gemeinsam mit Rosa Mayreder eine Frauenversammlung des AÖF besucht und war sofort von der Persönlichkeit Auguste Fickerts fasziniert: »Welche Schönheit, dieses feste, klare, reine Angesicht, diese stahlharten, graublauen Augen … überlegen und doch streng der Mund … und nun kam ihre Rede. Ganz schlicht, ganz sachlich. Tatsachen gebend, beinahe kalt, aber vielleicht gerade darum von überwältigender Kraft … Unauslöschlicher Eindruck!«

Bereits 1896 wurde sie in die Vereinsleitung gewählt, Ende 1898 begann sie gemeinsam mit Mayreder und Fickert die »Dokumente«, das Vereinsorgan des AÖF, zu redigieren. Daneben hielt sie Vorträge, leitete Diskussionen und vertrat im Juli 1898 den AÖF auf dem Abolitionistenkongreß in London, wo sie durch ihre in Englisch gehaltene Rede beeindruckte. In London lernte sie auch die Einrichtung der Settlements kennen, die sie dann in Wien propagiert hat. 1900 wurde auf ihre Initiative der erste Wiener Frauenklub gegründet, der sich jedoch trotz vielversprechender Anfänge – immerhin hatten sich gleich zu Beginn 400 Mitglieder einschreiben lassen – bereits ein knappes Jahr danach aufgelöst hat.

Marie Lang gehörte bald zu den führenden Frauenrechtlerinnen Österreichs, aber ihr Aufstieg war nicht von langer Dauer. Denn schon im Laufe des Jahres 1899 kühlte das Verhältnis zwischen Fickert und Lang, das sich inzwischen zu einer innigen Freundschaft entwickelt hatte, langsam ab. Die eher sachliche und nüchterne Fickert konnte Marie Langs überschwengliche Art immer weniger ertragen, vor allem aber kam es zu Meinungsdifferenzen, was die redaktionelle und finanzielle Führung der »Dokumente« betraf. »Ich habe x – Briefe an die Fickert geschrieben und wieder zerrissen. Aber Dir muß ich wenigstens sagen, daß ich Höllenqualen durch sie leide … Es ist, als ob die Fickert von einem Dämon besessen wäre …«, schreibt sie im August 1899 an Rosa Mayreder.

Aber auch Mayreder fand es bald schwierig, mit Lang zusammen zu arbeiten. Die zunehmende Entfremdung muß auch darum bedrückend gewesen sein, weil beide zuvor viele Jahre in einem freundschaftlichen Nahverhältnis gestanden sind und Rosa die Taufpatin der Lang-Söhne Heinz und Erwin war, die sie regelmäßig mit Kleidern und Süßigkeiten versorgte. Auch mit Geld hat sie Marie gelegentlich ausgeholfen, wenn diese in finanziellen Schwierigkeiten war, was dann regelmäßig begeisterte Dankesbriefe zur Folge hatte: »Liebes Röslein! … Du Gute, Du Treue, Liebe – Du ahnst nicht, wie oft, wie zahllose Male ich an Dich denke und mit was für einer innigen Dankbarkeit …«

Trotzdem kam es bereits im Oktober desselben Jahres zum Bruch: Mayreder und Fickert reichten ihren Rücktritt von der Redaktion der »Dokumente« ein. Lang ihrerseits, die seit 1897 zusammen mit Mayreder Vizepräsidentin des AÖF gewesen war, gab ihren Austritt aus dem Verein bekannt. Ab nun fungierte Marie Lang als alleinige Herausgeberin und Eigentümerin der Zeitschrift, zu der der Verein offiziell jede Verbindung abgebrochen hatte. Aber bald kam das Blatt wegen mangelnder organisatorischer Fähigkeiten Langs in finanzielle Schwierigkeiten, und trotz dringender Appelle Maries an einflußreiche Freunde mußte die Zeitschrift im September 1902 eingestellt werden.

Das eigentliche Drama in Marie Langs Leben, das auch ihren Aktivitäten für die Frauenbewegung ein weitgehendes Ende setzte, war jedoch der Selbstmord ihres 19jährigen Sohnes Heinz. Anlaß dazu war ein Liebesverhältnis mit Lina Loos, von dem Adolf Loos wußte. Aber obwohl er Lina, wie er in einem Brief an Heinz meinte, »freigegeben« hatte, »sie gehört von dem Momente, als ich dies schreibe, ganz Dir«, entschloß sich Lina trotzdem für ihren Mann und schrieb Heinz einen Abschiedsbrief. Für seinen anschließenden Selbstmord wird allgemein Peter Altenberg mitverantwortlich gemacht, der dem verzweifelten Heinz, als er sich an ihn um Rat wandte, geantwortet haben soll: »Was Sie tun sollten? Sich erschießen. Was Sie tun werden? Weiterleben, ruhig. Weil Sie ebenso feig sind wie ich, so feig wie die ganze Generation, innerlich ausgehöhlt, ein Lügner, wie ich. Deshalb werden Sie weiterleben und später einmal der dritte oder vierte Liebhaber der Frau werden.« Diesen Zynismus hat der junge Mann offenbar nicht verkraftet. Er hat sich tatsächlich 1894 erschossen.

Den Tod ihres Sohnes hat Marie Lang nie ganz verwunden. Sie, die sehr an ihren Kindern hing und für die Mutterschaft stets die höchste Berufung der Frau gewesen ist, machte sich schwere Vorwürfe, in einer Erziehung, die stets auf die freie Entfaltung der Persönlichkeit des Kindes ausgerichtet war, versagt zu haben. Sie hat dann auch das nachgeborene Kind ihres Sohnes mit einem Dienstmädchen in ihrem Haus aufgezogen und während des Ersten Weltkriegs das Kind des zweiten Sohnes Erwin mit der Tänzerin Grete Wiesenthal, die aus beruflichen Gründen haufig verreist war, zu sich genommen.

Ihre Aktivitäten in der Frauenbewegung fanden damit ein weitgehendes Ende. Lediglich ihre Arbeit im Wiener Settlement*, das auf ihre Anregung hin nach englischem Vorbild 1901 in Ottakring gegründet worden war, hat sie weiter geführt. Der Verein gehörte zu den ersten Einrichtungen dieser Art in Österreich. Er bot einen Vormittagskindergarten, Nachmittagsspielgruppen für Schulkinder,

---

* Die aus England kommende Settlement-Bewegung sollte helfen, Klassengegensätze abzubauen.

diverse Abendveranstaltungen und Mütter- und Schwangerenberatungsstellen. Außerdem gab es ein warmes Mittagessen für die Kinder berufstätiger Mütter, und regelmäßige Sommerferienlager für Kinder. Karl Renner, der Lang sehr bewunderte, war von 1901 bis 1903 Präsident des Vereins. Marie Lang selbst hatte von 1901 bis 1908 das Amt der Vizepräsidentin inne und leitete auch zeitweise die Mütterabende, die sehr erfolgreich gewesen sein sollen.

Eine Freundschaft mit Fickert und Mayreder kam nicht mehr zustande. Trotzdem meinte Mayreder nach Langs Tod 1934 in ihrem Tagebuch: »Ein Nachruf ... feiert sie als Rednerin und Schriftstellerin, die eine große Rolle in der Frauenbewegung gespielt habe – ganz unrichtig. Ihre Bedeutung lag nur in der Eigenart ihrer Persönlichkeit, durch die sie jedem, der dafür empfänglich war, zum Erlebnis wurde. Was sie mir war, bleibt unauslöschlich in meinem Leben.«

Obwohl also private Zerwürfnisse, die sich aus verschiedenen Ansichten, Charakteren und einer unterschiedlichen Herkunft ergaben, die Frauenszene häufig zersplitterten, bestand doch andererseits auch wieder ein dichtes Netzwerk von Beziehungen und Kontakten, die für die Frauenbewegung wichtig waren. *Therese Schlesinger-Eckstein* beispielsweise, die 1894 von Marie Lang als Mitglied für den AÖF angeworben wurde, war selbst dann noch mit Auguste Fickert befreundet, als sie aus dem Verein ausgeschieden und der Sozialdemokratie beigetreten war. Und die prominente Pädagogin *Eugenie Schwarzwald*, die eine Reihe von Privatschulen unter dem Aspekt einer »schöpferischen Erziehung« leitete, bezeichnete Rosa Mayreder als ihren Mentor und hatte auf ihrem Schreibtisch in der Schule zwei Aussprüche Mayreders aus der Essaysammlung »Zur Kritik der Weiblichkeit« aufgestellt. Sie lauteten: »Man erzieht mit dem, was man ist, nicht mit dem, was man weiß«, und: »Damit ein Mensch ganz er selbst werde, muß er vor allem die Einflüsse seiner Erziehung überwinden.« Tausenden Wiener Kindern, so behauptete Schwarzwald, hätte Mayreder damit eine glückliche Kindheit verschafft.

Eine der interessantesten und abenteuerlichsten Persönlichkeiten der Wiener Feministinnenszene um die Jahrhundertwende ist die Literatin und Philosophin Helene von Druskowitz.

Helene von Druskowitz (1856–1918)

Ihre Herkunft liegt weitgehend im Dunkeln, sind doch die Angaben eines Nachschlagewerks aus den Jahren 1905–1912, ihre Mutter Madeline sei eine Adelige von Biba gewesen und ihr Vater Fraune Druskowitz ein »Kaufmann, Gutsbesitzer und Kunstmäzen«, mit Vorsicht zu genießen, weil Helene gerne phantastische Geschichten über ihren Stand und ihre Herkunft verbreitete. In ihrer Krankengeschichte ist der Name ihres Vaters auf jeden Fall mit Lorenz Druskowitz angegeben.

Immerhin jedoch besaß ihre Mutter anscheinend genug Vermögen, um nach dem frühen Tod des Mannes – er starb an Lungenentzündung, als Helene zwei Jahre alt war – nicht nur den beiden Söhnen, sondern auch der hochbegabten Tochter eine gute Bildung zu ermöglichen. Helene wurde zunächst am Wiener Konservatorium zur Pianistin ausgebildet und schloß dort 1873 mit der Reifeprüfung ab. Weil es damals in der Donaumonarchie noch keine Mädchengymnasien gab, erhielt sie anschließend Privatunterricht und machte 1874 als Externe mit 17 Jahren die Matura am Piaristengymnasium in Wien. Im gleichen Jahr zog sie zusammen mit ihrer Mutter nach Zürich, um dort an der Universität, wo Frauen schon seit 1867 zum Studium zugelassen waren, Philosophie, Philologie, Archäologie, Orientalistik, Germanistik und moderne Sprachen zu studieren. Bereits mit 22 Jahren (1878) promovierte sie mit einer Dissertation über Lord Byrons »Don Juan« als zweite Frau und erste Österreicherin zum Doktor der Philosophie.

Es ist klar, daß sich Helene Druskowitz als extreme Außenseiterin empfinden mußte. Diese Situation verschärfte sich, als sie nicht jene Anerkennung fand, die sie sich erhofft hatte. Ihre radikalen Ansichten vor allem in der Geschlechterfrage haben nicht gerade dazu beigetragen, ihren literaturwissenschaftlichen, dramatischen und philosophischen Arbeiten den nötigen Erfolg zu sichern.

Obwohl sie der österreichischen Frauenbewegung nicht direkt angehörte – sie befand sich zur Zeit des Entstehens bereits in der psychiatrischen Klinik – hat sie sich doch in zahlreichen Abhandlungen damit auseinandergesetzt. Außerdem hielt sie zwischen 1878 und 1882 literaturhistorische Vorträge in Wien, München, Basel und

Zürich und veröffentlichte unter dem Pseudonym E. v. René ihr erstes literarisches Werk, das Trauerspiel »Sultanin und Prinz«, das ebensowenig wie ihre späteren Lustspiele aufgeführt wurde. Schließlich bewarb sie sich sogar um eine Professur für deutsche Literatur und Philosophie, ein in damaligen Zeiten für eine Frau beinahe tollkühnes Unterfangen, das natürlich scheiterte.

Conrad Ferdinand Meyer lobte ihren »klugen, logisch geschulten Verstand«, sprach ihr aber »die äußerliche Gestaltungskraft« ab. Die deutsche Dichterin Louise von François hingegen entrüstete sich über den unmoralischen Inhalt (Schwiegersohn liebt Schwiegermutter) von »Sultanin und Prinz«.

Zu ihrem Bekanntenkreis gehörten neben der Schriftstellerin und Frühfeministin Malvida von Meysenbug Rainer Maria Rilke, Lou Andreas-Salomé, Marie von Ebner-Eschenbach und Conrad Ferdinand Meyer sowie Friedrich Nietzsche, den sie nach anfänglicher Begeisterung scharf kritisierte. Er habe, so meint sie, »die großen philosophischen Probleme recht oberflächlich« behandelt und seine Philosophie sei insgesamt »als armseliges Strohfeuer« zu bezeichnen.

Natürlich hat sie sich mit derart provokanten Ansichten nicht gerade beliebt gemacht, und als sie gar eine Liebesbeziehung zu der Opernsängerin an der Dresdner Staatsoper Teresa Malten einging, begann man sich um ihre Zukunft zu sorgen. Conrad Ferdinand Meyer empfahl als allgemeines Heilmittel einen »tüchtige(n), kluge(n) Mann«, einen Ehmann, der ihrem »von Natur fröhlichem Herzen« rasch geben würde, wessen es bedarf. Hingegen ihr Louise von François Arroganz vorwarf, die sie daran gehindert hätte, dem »bescheidenen Erwerb … einer Lehrerin« nachzugehen.

Für Druskowitz sind allerdings diese beiden Möglichkeiten nie in Frage gekommen. »Die Ehe ist keine Institution für eine begabte Frau«, meint sie in ihrem Einakter »Unerwartet«, und in den »Pessimistischen Kardinalsätzen« bezeichnet sie »Ehelosigkeit« als »das vornehmste Zeichen für die geniale weibliche Verfassung«.

Nachdem sich Helene auf literarischem Gebiet nicht durchsetzen konnte, versuchte sie es mit literaturwissenschaftlichen Arbeiten. In einem 387 Seiten starken Buch, das 1884 unter dem Titel »Percy Bysshe Shelley« veröffentlicht wurde und das Meyer als »gewissenhafte Arbeit« bezeichnete, setzt sie sich mit Shelley als Mensch und Dichter auseinander. Ebenfalls 1884 erschien dann der Essayband »Drei englische Dichterinnen«, der sich George Eliot, Elisabeth Browning und der schottischen Dramatikerin Joanna Baillie widmet. Obwohl sich beide Arbeiten durch eine sehr sorgfältige Bearbeitung des Stoffes sowie brillante Schreibweise auszeichnen, konnte sich Helene von Druskowitz mit diesen Essays auch nicht als Literaturkritikerin etablieren. Der Beruf einer freien Schriftstellerin, noch heute ein äußerst riskantes Unternehmen, war damals ohne entsprechenden finanziellen Hintergrund nahezu unmöglich.

In der Folge veröffentlichte sie philosophische Abhandlungen wie etwa 1886 den Essay »Moderne Versuche eines Religionsersatzes«, der auch ihre Kritik an Nietzsche enthält, und ein Jahr später die Untersuchung »Wie ist Verantwortung und Zurechnung ohne Ausnahme möglich«, in der sie sich u. a. mit Kant, Schopenhauer und Herbert Spencer auseinandersetzt. Außerdem freundete sie sich mit dem Philosophen Eugen Dühring an, den sie 1884 in Berlin kennengelernt hatte und der sie in vielen seiner Thesen beeindruckte.

Der Tod ihrer Mutter, die 1888 an einem Lungenleiden starb, muß ein schwerer Schlag für Helene gewesen sein. Hatte sie doch damit ihre wichtigste Bezugsperson verloren. Bereits ein Jahr später konsultierte sie einen Facharzt für Nervenleiden in Berlin. Zuvor war sie nach Dresden übersiedelt, dann fuhr sie nach Rom und plante von dort aus eine Reise nach Nordafrika, die aber vermutlich aus Geldmangel nicht zustande kam. Wahrscheinlich hat sie bereits damals unter schweren finanziellen Problemen gelitten.

1891 wurde sie in das Städtische Irrenhaus in Dresden zwangseingeliefert, nachdem sie »schreiend und spuckend aus ihrem Zimmer in einer Dresdner Pension« gestürzt war und die Pensionswirtin ausgesagt hatte, daß sie bereits seit Monaten unter dem Einfluß von Wahnideen leide. Zwei Monate später wurde sie in die niederösterreichische Landesirrenanstalt Mauer-Öhling überstellt.

Für ihre FreundInnen war Druskowitz' Einlieferung keine wirkliche Überraschung, sie hatten sie schon zuvor für verrückt gehalten und setzten sich auch nicht für ihre Entlassung ein. An der Finanzierung ihres Anstaltsaufenthaltes haben sich allerdings ihr Bruder und etliche adelige Damen aus ihrem Bekanntenkreis beteiligt. Persönliche Geldspenden wies Helene von Druskowitz zurück. Sie bat niemanden um Hilfe und brach alle früheren Verbindungen ab.

27 Jahre hat sie noch abwechselnd in den psychiatrischen Anstalten Mauer-Öhling und Ybbs gelebt. Die Diagnose lautete zunächst »Verrücktheit«, später »Paranoia«. Sie sei, so heißt es in der Krankengeschichte, »von Kindheit an abnorm« gewesen. Außerdem würde sie an »Größenideen« ebenso wie am Mangel an Anerkennung leiden, werde von schweren Halluzinationen gepeinigt, sei jedoch ansonsten, »gutmütig und dankbar für jedes freundliche Wort«.

Druskowitz hat in der psychiatrischen Anstalt noch zahlreiche literarische und journalistische Abhandlungen verfaßt, die trotz »ihres wütenden Tones von frauenrechtlerischen Zeitschriften abgedruckt werden«, wie es in einem Krankenbericht nach bereits 13jähriger Zwangsinternierung eher unwillig heißt. In ihrer Schrift »Der Mann als logische und sittliche Unmöglichkeit und als Fluch der Welt. Pessimistische Cardinalsätze«, in der ihr Hang zu Ironie, Karikatur und Groteske deutlich wird, meinte sie noch 1905: »Der Mann führt höchst unbescheidener Weise überall das große Wort … Was in dieser Beziehung an Frauen wahrgenommen wird, ist nichts als schwaches Zirpen und Lallen. Es fehlt sogar sehr auffallend an der Partizipierung der Frauen an den täglichen Geschäften und in den öffentlichen Dingen, weshalb die Welt- und Tagesgeschichte, weil hauptsächlich von Männern ausgefüllt, den bekannten öden Eindruck macht. Die gesamte Historie ist, mit geringen Ausnahmen, einfach Männergeschichte und deshalb roh bis zum Äußersten und ein schlechtes Vorbild.« Und an anderer Stelle: »Der blinde Wille zur Macht, wie man den unsauberen Grundzug im Manne genannt hat, ist nach unserer Meinung das Verwerflichste und Törichste in der gesamten Natureinrichtung.«

Eine Feststellung, die keinesfalls konfus und wirr erscheint, sondern im Gegenteil erstaunlich realistisch. Ähnlich könnte – mit geänderter und moderner Wortwahl – auch eine heutige Feministin argumentieren.

»Der Wahnsinn von Frauen ist weniger ein psychiatrisches oder individuelles, als vielmehr ein gesellschaftliches Problem«, schreibt Sibylle Duda im Vorwort zu dem Buch »Wahnsinns Frauen«. Druskowitz war nicht die einzige hochbegabte, die üblichen Vorstellungen von Weiblichkeit verwerfende Frau, die an einer patriarchalen Gesellschaft gescheitert ist. Weitere Beispiele können von einer Théroigne de Mericourt über eine Camille Claudel oder eine Zelda Fitzgerald beliebig fortgesetzt werden.

Bertha von Suttner (1843–1914), die sicher berühmteste österreichische Frau um die Jahrhundertwende soll in diesem Zusammenhang nur kurz erwähnt werden. Hat sich die Begründerin der österreichischen und deutschen Friedensgesellschaft und erste Frau, die den Friedensnobelpreis erhielt, doch in erster Linie für den Frieden, nicht für Frauenrechte eingesetzt. Die Tochter eines pensionierten k. k. Feldmarschalls, die den um sieben Jahre jüngeren Arthur Gundaccar von Suttner heiratete und deren Roman »Die Waffen nieder« (1889) bereits 1910 in 30 Auflagen erschien und in fast alle europäischen Sprachen übersetzt wurde, hat zwar einerseits mit der Frauenbewegung sympathisiert. Andererseits jedoch war sie fast ängstlich bemüht, vor allem Männer für ihre Friedensbewegung zu gewinnen, da die Tatsache, daß sich eine Frau dafür einsetzte, von den Gegnern häufig mißbraucht wurde, um die ganze Bewegung als »unmännlich«, »feige« und »ängstlich« zu diskriminieren. Vor allem in der sich bereits anbahnenden Kriegseuphorie vor dem Ersten Weltkrieg (dessen Ausbruch sie nicht mehr erlebt hat) wurde sie als »Friedensbertha« verspottet und verlacht. Wohl auch aus diesem Grund widersprach sie der Ansicht von der angeblichen Friedfertigkeit der Frau, womit sie in Konfrontantion zu vielen Feministinnen geriet, die Friedensliebe und Weiblichkeit als identisch erklärten. Erst die beiden Weltkriege haben Bertha von Suttner recht gegeben.

Hedwig Dohm (1831–1919)

ist die älteste radikale Feministin in Deutschland. Sie hat sich bereits 1873 öffentlich für das Frauenstimmrecht ausgesprochen, also 15 Jahre bevor Fickert in Österreich ähnliche Forderungen stellte und etwa 18 Jahre bevor die SPD als erste und einzige politische Partei die Wahlrechtforderungen der Frauen in ihr Programm aufgenommen hat.

Daß sich die organisierte bürgerliche Frauenbewegung hier eher zurückhaltend verhielt, obwohl viele ihrer Vertreterinnen das Frauenstimmrecht prinzipiell befürworteten, hatte eine wesentliche Ursache in dem bereits mehrfach erwähnten und bis 1908 bestehenden Vereinsgesetz, das Frauen jede politische Beteiligung ver bot. Wohl auch aus diesem Grund ist Hedwig Dohm lange Zeit eine Einzelkämpferin geblieben, die sich erst spät mit Gleichgesinnten zusammenschloß.

Sie wird als eine zarte, eher scheue Frau beschrieben, der niemand ihre scharfzüngigen, ironischen Polemiken zugetraut hätte. Vielleicht sind die Wurzeln für ihr zurückhaltendes Wesen in ihrer Kindheit zu suchen, die sie inmitten einer riesigen Kinderschar (sie war das elfte von insgesamt 18 Kindern) in einem großen lauten Haus in Berlin verbrachte, das die Mutter »rasch, resolut, aufbrausend« beherrschte und in dem »herzhaft und mit gutem Gewissen … geprügelt« wurde. »Ich fürchtete mich vor meiner Mutter, vor ihren Gewaltsamkeiten«, schreibt Hedwig Dohm in ihren »Kindheitserinnungen einer alten Berlinerin«, die sie als alte Frau in einem Sammelband veröffentlichte und die neben dem weitgehend autobiographischen Roman »Schicksale einer Seele« zu ihren wichtigsten biographischen Quellen zählen. Briefe hat sie fast alle vernichtet, und auch ansonsten sind Selbstzeugnisse, die ihr privates Leben betreffen, eher selten.

Den Vater beschreibt sie als »Sonntagspapa … ein stiller, ergebener Herr. Wir wußten nichts von ihm, er wußte nichts von uns.« Nach der Liebe ihrer Mutter hat sie sich sehr gesehnt und diesen Mangel wohl lebenslang als schmerzhaft empfunden. Eigentlich war sie ein uneheliches Kind der Henriette Wilhelmine Jülich, die erst nach der Geburt ihres zehnten Kindes 1838 den jüdischen Tabakfabrikanten Gustav Adolph Schlesinger, Hedwigs Vater, geheiratet hat. Der evangelisch getaufte Jude Schlesinger änderte dann 1851 seinen Namen in Schleh, so daß Hedwig Dohm letztlich eine geborene Schleh gewesen ist.

Ihre Kindheit und Jugend verliefen im üblichen Rahmen. Mit 15 Jahren verließ sie die Schule, die ihr keine besonderen Anregungen, aber doch zumindest ein wenig Abwechslung bieten konnte. Ab nun verstärkt an das Haus gebunden und eingespannt in den hausfraulichen Arbeitsalltag, erfuhr sie die tödliche Langeweile, das Unbefriedigtsein eines wachen Geistes. Hedwig verkroch sich in sich selbst, flüchtete in die Welt der Träume, »still, versonnen, furchtsam, schüchtern«. Sie las, was ihr in die Hände geriet, von Shakespeare über Sue bis zur Marlitt. »Warum mußte ich soviel weinen, wurde immer gestraft und gescholten und tat doch nie Böses? Warum mußte ich heimlich, als wär's ein Verbrechen, lesen? Warum durfte ich nichts lernen? Meine Brüder wollten und mochten nichts lernen und wurden dazu gezwungen.«

Trotzdem wollte sie schon damals Dichterin werden, ihr »brechendes Herz in Verse« bringen, wie sie meinte. Ein Wunsch, der ihr selbst so vermessen schien, daß sie nie drüber sprach.

Dann kam die Revolution von 1848, und Hedwig erlebte sie als 17jährige wie eine »Offenbarung«. So wie viele Bürgermädchen, denen politische Hintergründe fremd bleiben mußten, weil sie nie darüber aufgeklärt worden waren, blieb auch Hedwigs Anteilnahme eine eher gefühlsmäßige. Auf der Seite der Revolutionäre war Widerstand, gab es die großen, bewegenden Gefühle, Freiheit, Taten, Heldentum. Ihre Romanfigur Marlene in »Schicksal einer Seele«, die stark autobiographische Züge aufweist, wird zur »blutroten Revolutionärin«, die für Freiheitshelden und die Herweghschen Gedichte schwärmt.

Wie sie mit der bald folgenden Reaktion fertig wurde, wissen wir nicht. Doch besuchte sie in dieser Zeit ein Lehrerinnenseminar, auf dem sie, wenngleich keine besonderen Kenntnisse, so doch die Fähigkeit zu unterrichten erwarb. Trotzdem wurde sie nicht Lehrerin, sondern heiratete 1852 den liberalen Demokraten und Redakteur des berühmten politischen Witzblattes »Kladderadatsch«, Ernst Dohm, vormals Theologe, später Journalist und für kurze Zeit auch Dramaturg des Königstädtischen Theaters. Diese Ehe, in der sie fünf Kinder zur Welt brachte, befreite Hedwig aus dem engen, spießbürgerlichen Dasein ihrer Familie und verschaffte ihr Kontakte zu den künstlerischen und intellektuellen Kreisen Berlins. Im Hause Dohm verkehrten u. a. Lasalle, mit dem Hedwig zumindest kurzfristig eine engere Freundschaft verband, Humboldt, Varnhagen, Hans von Bülow, Fontane und Fanny Lewald. Trotzdem scheint ihre Ehe – über die sie sich nie geäußert hat – keine glückliche gewesen zu sein, ihr Ehemann galt als leichtsinnig und untreu, und glaubt man dem autobiographischen Wert ihrer Romanfigur Marlene, so war der Hochzeitstag ein einziger Alptraum und die lediglich angedeutete Hochzeitsnacht traumatisch und verstörend.

Hedwig mühte sich in der Folge so recht und schlecht mit ihrer Hausfrauenrolle, auch mangelte es der schüchternen, träumerischen Frau am nötigen Durchsetzungsvermögen gegenüber dem oft recht resoluten Dienstpersonal. Ihr Versuch, sich über Konventionen hinwegzusetzen, brachte vorläufig wenig Erfolg. So etwa wagte sie sich eines Tages ohne Krinoline auf die Straße. Aber das Fehlen jenes mächtigen Gestells unter den Röcken, das Frauen an jeder normalen Bewegung hinderte, hatte ein ungeheures Aufsehen zur Folge: »Ich erregte einen wahren Jubel unter dem Volk und der Schuljugend, und wurde derartig ausgespottet und gehöhnt, daß ich mich nie wieder zu der maßlosen Lächerlichkeit, ohne den Umfang eines respektablen Tonnengewölbes auszugehen, hinreißen ließ.«

Dabei beschäftigte das sogenannte »Reformkostüm« damals bereits die Gemüter. Schon 1848, nach der berühmten Frauenkonferenz von Seneca Falls, hatte die Amerikanerin Amelia Jeks Bloomer eine neue Kleidermode vorgestellt, die Frauen aus ihrer Unbeweglichkeit befreien und ihnen das Gehen und Arbeiten erleichtern sollte. Aber diese sogenannten »bloomers« – ein wadenlanges Kleid über knöchellangen Hosen – konnten sich vorläufig nicht durchsetzen, sie galten als lächerlich und unanständig. Erst gegen Ende des Jahrhunderts führte die Kampagne von Frauen aus der Frauenbewegung ebenso wie von Ärzten zu einem gewissen Erfolg. Frauen konnten sich allmählich nicht nur normal bewegen, sondern wurden vor allem von der täglichen, äußerst gesundheitsschädlichen Tortur des Schnürens befreit.

In der Haartracht hingegen hat sich Hedwig emanzipiert. Sie trug ihre Haare weder »glatt über die Ohren gestrichen« noch »nach hinten stramm über den Kopf gezogen« und »am Hinterkopf in einer festen Flechte verknotet«, wie sie selbst es beschreibt, sondern in frei fallenden Locken bis auf die Schultern, und auch später als alte Frau hat ihr weißes Haar offen das Gesicht umrahmt.

Obwohl sie ihr ganzes Leben gelesen und gelernt hat, ist sie über den Mangel einer ordentlichen Grundausbildung nie hinweg gekommen. Zu schreiben begann sie erst, als sie auf die Vierzig zuging. In ihrer ersten polemischen Schrift »Was die Pastoren von den Frauen denken« (1872) entlarvt sie, die nie eine wissenschaftliche Ausbildung genossen hat, die Ansichten von zwei Pastoren über Frauen als dumm, widersprüchlich und unwissenschaftlich. Ein Jahr später wettert sie in ihrem Buch »Vom Jesuitismus im Hausstande« ironisch und bissig gegen tugendsame und engherzige Hausfrauen. »Ich, Madame Schulz, glaube von ganzem Herzen und mit allen meinen Kräften an mich und meine Küche, an meine Kinderstube und meinen Waschkeller, an meinen Trockenboden und meine Nähmaschine. Alles aber, was darüber ist, ist vom Übel.« Und wieder ein Jahr danach plädiert sie in »Die wissenschaftliche Emanzipation der Frau« für die Zulassung der Frauen an die Universitäten.

Damit hatte sich Hedwig Dohm bereits als radikale Frauenrechtlerin profiliert. Die heftigste Reaktion allerdings erfolgte nach ihrer Schrift »Der Frauen Natur und Recht« (1876) in der sie – wie übrigens bereits drei Jahre zuvor in »Jesuitismus im Hausstande« – das Stimmrecht der Frau forderte, was als ungeheuerliche Provokation empfunden wurde. Anders als die gemäßigten Frauen der bürgerlichen Frauenbewegung, die von der Annahme ausgingen, daß sie sich das Stimmrecht durch staatsbürgerliche Pflichterfüllung erst verdienen mußten, fordert Hedwig Dohm dieses Recht als eine Selbstverständlichkeit, die der Frau als Mensch, als Bürgerin des Staates zusteht. »Erhebt euch und fordert das Stimmrecht! … Ohne politische Rechte seid ihr, eure Seelen mögen von Mitleid, Güte und Edelsinn überfließen, den ungeheuren Verbrechen gegenüber, die an eurem Geschlecht begangen, machtlos …« Und dann jener berühmte, mit Hedwig Dohm inzwischen eng verbundene Satz: »Die Menschenrechte haben kein Geschlecht!«

Während die polemischen Schriften Hedwig Dohms von der zweiten Frauenbewegung inzwischen neu entdeckt wurden, blieb ihr schriftstellerisches Werk weitgehend vergessen. Ihre zahlreichen Romane, Novellen und Theaterstücke, die zu ihrer Zeit teilweise recht erfolgreich waren, lassen jene Direktheit, Ironie, den scharfen Witz und die Radikalität vermissen, durch die ihre Pamphlete noch heute interessant und lesenswert erscheinen. Und doch wird der Persönlichkeit Hedwig Dohms nicht gerecht, wer sich nur auf ihre Streitschriften konzentriert. Ist sie in ihren Romanen und Komödien, die meist von Liebe – der wahren, selbstbestimmten Liebe –, Heirat, Treue handeln, doch mit ihren anderen, träumerischen, schwärmerischen Eigenschaften präsent, die der Verfasserin der bissigen, kämpferischen Streitschriften nicht ohne weiteres zugetraut werden.

Erst nach dem Tod ihres Mannes im Jahre 1883 und der Verheiratung ihrer Töchter begann Hedwig sich innerhalb der progressiven bürgerlichen Frauenbewegung zu engagieren. Sie war Gründungsmitglied des 1888 entstandenen Frauenvereins »Reform« und von

1899 bis 1901 Beisitzerin des Vereins »Frauenwohl«, dem *Minna Cauer* vorstand. Außerdem beteiligte sie sich an Unterschriftenaktionen gegen den Paragraphen 218 und war Mitarbeiterin der Zeitschrift »Mutterschutz«, Vereinsorgan des von *Helene Stöcker* gegründeten »Bundes für Mutterschutz und Sexualreform«. Noch im hohen Alter – 1902 ist sie bereits über siebzig – setzt sie sich in einem Sammelband mit dem Titel »Die Antifeministen« mit den männlichen und weiblichen Gegnern der Frauenbewegung auseinander, und ein Jahr danach räumt Hedwig Dohm in »Die Mütter – Beitrag zur Erziehungsfrage« mit dem Mythos der Mutterliebe auf. Diese sei, so meint sie sehr modern, keinesfalls ein Naturinstinkt, sondern oft nur »Interessenliebe« im Zusammenhang mit der »Familienehre«. Hingegen sei jede »begabte Persönlichkeit von Intelligenz und Herzensgüte«, die ein Kind liebt, imstande, diese Funktion auch ohne Mutterschaft zu übernehmen.

Noch als 80jährige war sie ungeheuer aktiv, schrieb Rezensionen, Aufsätze und ihre Kindheitserinnerungen. In dem 1910 erschienenen Novellenband »Sommerlieben« setzt sie ihren zahlreichen Enkelinnen ein Denkmal – eine von ihnen, Katja, gelangte als Frau von Thomas Mann zu Berühmtheit. Nach Ausbruch des Ersten Weltkrieges verfaßte sie für die »Aktion« unter dem Titel »Senile Impressionen« eine Art politisches Testament, in dem sie sich abermals zu ihren Grundsätzen bekennt und trotz fassungslosem Entsetzen über den Krieg und die Kriegsverherrlicher einen hoffnungsvollen Ausblick in die Zukunft bietet. Der Schriftsteller Georg Hermann schildert sie in dieser Zeit als ein »Wesen mit dem Körper eines achtjährigen Mädchens und dem silberziserlierten, uralten Kindergesicht … Sie war nur noch eine tönende Stimme … eine fanatische, jugendliche Friedenskämpferin … eine Rebellin also, denn es war ja Krieg …«

Sie starb am 1. Juni 1919 an Lungenentzündung, »körperlich leidend und schmerzvoll, geistig von wunderbarer Frische«. Wie ihre Tochter Hedwig Pringsheim-Dohm meint. »›Das also war das Leben‹? fragte sie sterbend, und in ihren schon brechenden Augen lag nichts als maßloses Staunen.«

Minna Cauer (1841–1922)

Im letzten Jahrzehnt des 19. Jahrhunderts hat sich der »radikale Flügel« der bürgerlichen Frauenbewegung in Deutschland um die zehn Jahre jüngere Feministin Minna Cauer formiert. Die Pfarrerstochter aus Schlesien und ausgebildete Lehrerin hatte bereits ein bewegtes – vor allem aber leidvolles – Leben hinter sich, als sie, schon 47 Jahre alt, zur Frauenbewegung stieß. Ihr erster Mann, ein Arzt, den sie mit 21 Jahren geheiratet hat, wurde geisteskrank und starb bereits nach vierjähriger Ehe. Etwa zur selben Zeit starb das gemeinsame Kind. Auch ihr zweiter Mann, der gebildete Berliner Stadtschulrat Eduard Cauer, den sie als Lehrerin an einer Mädchenschule in Hamm kennengelernt hatte – er war damals Direktor dieser Schule – und der ihr erste Kontakte zu liberalen Politikern und Frauen aus der bürgerlichen Frauenbewegung ermöglichte, starb relativ früh, nämlich im 56. Lebensjahr. Minna war damals 40 Jahre alt und suizidgefährdet. Sie zog sich in die Provinz zurück, um dort über historische Frauenthemen zu schreiben. »Ich habe mich immer betäubt durch Arbeit. Gelang mir das, so war ich freudig, weil es mir half, zu überwinden«, notierte sie in ihrem Tagebuch.
Nach ihrer Rückkehr nach Berlin unterrichtete sie Geschichte in einem Pensionat für Amerikanerinnen, hielt jedoch weiter Kontakt zur Frauenbewegung. Als ihr in dem von der Frauengruppe der »Deutschen Akademischen Vereinigung« im Jahr 1888 gegründeten Verein »Frauenwohl« der Vorsitz angeboten wurde, sagte sie eher widerstrebend zu. Daß sie sich in späteren Jahren zur exponiertesten Vertreterin der radikalen Frauenbewegung entwickeln sollte und der Verein »Frauenwohl« zum Kristallisationspunkt des »linken Flügels«, war damals noch nicht absehbar.
Minna Cauer wurde geachtet und geschätzt, aber auch kritisiert und angefeindet. Im Kampf zwischen der gemäßigten und radikalen Richtung der Frauenbewegung stand sie meist im Zentrum gegenseitiger Angriffe. Vor allem Helene Lange soll – nach Cauers eigenen Worten – einen »glühenden Haß« gegen sie empfunden haben. Aber auch in den eigenen Reihen wurde sie von Kritik nicht verschont. *Lida Gustava Heymann* beispielsweise nennt sie »außerordentlich begabt und fähig, aber auch eitel ... ein labiler Mensch ... der sich letzten Endes selbst belog«. Heymann attestiert ihr auch

»großen Charme, den sie durch geschmackvolle Kleidung zu erhöhen wußte; sie trat in allen Lagen des Lebens ladylike auf.«

Auf einem Foto anläßlich ihres 70. Geburtstags wirkt Minna Cauer ein wenig maniert, fast theatralisch. Ihr weißes angestrahltes Gesicht ebenso wie ihre weißen Hände sind die einzigen Lichtpunkte, denn sie trägt ein schwarzes, hochgeschlossenes und langärmeliges Kleid vor einem ebenso schwarzen Hintergrund. Ihr skeptisch geneigter Kopf mit dem würdevollen, manche mögen gesagt haben hochmütigen Gesichtsausdruck kontrastiert mit feingliedrigen, beweglichen Händen. Minna Cauer, die eine ausgezeichnete Rednerin war, habe durch »lebhaftes Mienenspiel und durch die (Eleonore) Duse-Bewegungen der Hände« auf die Menschen gewirkt, meint ihre langjährige Mitarbeiterin Else Lüders.

Minna war als Vorsitzende des Vereins »Frauenwohl« ungeheuer aktiv und nahm sich kompromißlos sämtlicher drängender Frauenprobleme dieser Zeit an: der Mädchenschulreform, des Frauenstimmrechts, der Arbeiterinnen- und Dienstbotenfrage, der Erschließung neuer Frauenberufe, der rechtlichen Stellung unehelicher Mütter und ihrer Kinder, der Prostitution, der Mitwirkung von Frauen bei der Rechtssprechung u. a. Aus der Erkenntnis, daß Politik und Frauenfrage nicht voneinander zu trennen sind, funktionierte Minna Cauer den Verein »Frauenwohl« langsam in einen feministischen Kampfverein um, der bahnbrechende neue Wege ging und mit seinen Aktivitäten wesentlich zur Spaltung der bürgerlichen Frauenbewegung in eine gemäßigte und radikale Richtung beigetragen hat. 1894 initiierte sie in Berlin eine öffentliche Versammlung, auf der »Frauenwohl« als erster bürgerlicher Frauenverein das Frauenwahlrecht forderte, worauf viele Frauen die Vereinsmitgliedschaft aufkündigten. Auch für eine Zusammenarbeit mit der proletarischen Frauenbewegung ebenso wie mit der Friedensbewegung hat sich der Verein eingesetzt. Und gegen das leidige Vereinsgesetz, das Frauenvereinen politische Beteiligung verbot, gründete er den Verein »Frauenrecht«.

1889 war Minna Cauer Mitbegründerin des »Kaufmännischen Hilfsvereins für weibliche Angestellte« und übernahm die Verantwortung für die Kommissionen »Krankenhilfe und Unterstüzung« und »Bäder und Sommerfrischen«. 1893 regte sie zusammen mit dem Verein »Frauenwohl« die Gründung der »Mädchen- und Frauengruppen für soziale Hilfsarbeit« an. Außerdem saß sie von 1902 bis 1909 im Vorstand des »Hamburger Vereins für Frauenstimmrecht« und engagierte sich später als Vorsitzende des »Preußischen Landesvereins für Frauenstimmrecht«, dem sie auf zahlreichen Vortragsreisen zusammen mit *Toni Bretscheid* zwölf Provinzialvereine und 30 Ortsgruppen hinzugewann. Auch die Redaktion der »Zeitschrift für Frauenstimmrecht« leitete sie von 1912 bis 1918.

Aber schon viel früher, nämlich 1895, hat sie die Zeitschrift »Die Frauenbewegung« gegründet, die bis zu ihrer Einstellung 1919 (im gleichen Jahr trat Cauer auch als Vorsitzende des Vereins zurück) dank ihrer publizistischer Begabung zum Sprachrohr der radikalen Richtung der Frauenbewegung wurde.

Minna Cauer war es auch, die in der ersten Hälfte des Jahres 1896 den von ihren Gegnern abfällig »Frauenlandsturm« genannten Widerstand der Frauen gegen den neuen Gesetzesentwurf des »Bürgerlichen Gesetzbuches« (BGB) organisierte, der die Rechte der zweiten Hälfte der Menschheit abermals wenig berücksichtigt hatte.

Die Gründung eines Gegenverbandes zum gemäßigten »Bund Deutscher Frauenvereine« im Jahre 1899 war dann nur noch ein letzter Schritt in einer lang andauernden Entwicklung. Dem »Verband fortschrittlicher Frauenvereine«, dessen Vorsitz Minna Cauer innehatte, gehörten neben dem Verein »Frauenwohl« u. a. der »Bund für Mutterschutz und Sexualreform«, der »Deutsche Verband für Frauenstimmrecht« und der »Deutsche Zweigverein der Internationalen Abolitionistischen Föderation« an. Er erzielte trotz seines kurzen Bestehens große Aufmerksamkeit in Presse und Öffentlichkeit, die Konferenzen, die jährlich zweimal stattfanden, wurden zum Teil polizeilich überwacht. 1907, als der Verband seinen Beitritt zum BDF beschloß, lehnten viele seiner radikalsten Mitglieder – u. a. auch Minna Cauer – die Wiederwahl in den Vorstand ab. Gleichzeitig damit verschwand auch der Verband, dessen wichtigste Ziele wie etwa Abschaffung des Vereinsgesetzes und Öffnung der Universitäten inzwischen verwirklicht worden waren, langsam aus dem öffentlichen Bewußtsein.

Erstaunlich, daß Minna Cauer sich trotz dieser Fülle an Aktivitäten, ihren zahlreichen Vorträgen und Auslandsreisen zu internationalen Frauenkonferenzen auch noch schriftstellerisch betätigen konnte: 1893 veröffentlichte sie ein Buch über »Die Frauen in den Vereinigten Staaten von Nordamerika,« in dem sie sich mit der amerikanischen Frauenbewegung auseinandersetzte, und 1898 »Die Frau im 19. Jahrhundert«.

Daß Minna trotz der vielen Menschen um sie herum innerlich wohl ein einsamer Mensch gewesen ist, hat sie vielleicht selbst so gewollt: »Ich bedarf des Mannes nicht, auch nicht der Frau, denn ich bin einsam in meinem Innern und werde es auch bleiben«, schrieb sie in ihr Tagebuch. Trotzdem gab es Menschen um sie: *Else Lüders*, die langjährige Mitarbeiterin, *Clara Zetkin*, die sie trotz etlicher Meinungsverschiedenheiten menschlich schätzte, *Auguste Kirchhoff*, die sie häufig besucht hat. Lida Gustava Heymann beschreibt auch die zehnjährige Freundschaft Minnas mit der 16 Jahre jüngeren *Anita Augspurg* als »eine schöne Einheit. Die eine besaß Charme, Verbindlichkeit und politische Geschicklichkeit, die andere scharfen Verstand, umfangreiches Wissen und einen erfinderischen Geist, und beiden war köstlicher Humor eigen.« Sie schreibt nicht, warum diese Freundschaft schließlich in Brüche ging.

Cauer selbst bezeichnet auch ihre Arbeit mit Frauen gegen Ende ihres Lebens vielfach als enttäuschend: »Ich arbeite für die Frauensache noch, doch ohne Freudigkeit, ohne Enthusiasmus, ohne viel Vertrauen zu den Frauen. Ich habe zu sehr hinter die Kulissen geschaut. Phrasentum und Eitelkeit herrschte vor, die Führerinnen haben keinen großen Charakter.«

Der Kriegseuphorie zu Beginn des Ersten Weltkrieges ist auch sie erlegen, hat jedoch bald ihren Fehler erkannt und 1916 mit zwei anderen Frauen ein englisches Friedensgebet an 40 000 Geistliche beider Konfessionen geschickt, wofür sie vor Gericht gekommen ist.

Nach ihrem Tod wurde kurzfristig eine Kreuzberger Mädchenschule nach ihr benannt. Heute ist sie – so wie viele ihrer Mitstreiterinnen – weitgehend vergessen.

Anita Augspurg (1857–1943) und
Lida Gustava Heymann (1868–1943)

Weil diese beiden Frauen in einer jahrzehntelangen Lebensgemeinschaft wichtige Aktivitäten gemeinsam setzten, seien sie auch gemeinsam genannt.

Anita Augspurg gilt neben Minna Cauer als wichtigste Wortführerin des radikalen Flügels der bürgerlichen Frauenbewegung in Deutschland. Als junge Frau war sie mit Minna nicht nur befreundet, sondern auch ihre enge Mitarbeiterin. Augspurg saß im Vorstand des Vereins »Frauenwohl«, war eine Zeitlang neben Minna zweite Vorsitzende des Vereins und gehörte zu den Mitbegründerinnen des »Verbandes fortschrittlicher Frauenvereine«. Ab 1899 redigierte sie die »Parlamentarischen Angelegenheiten und Gesetzgebung«, die als Beilage zu Minna Cauers Zeitschrift »Die Frauenbewegung« erschien.

Anita Augspurg entstammte einer bürgerlich-liberalen Mediziner- und Juristenfamilie und war die erste Juristin Deutschlands. Heymann schildert sie in ihren Lebenserinnerungen als selbstbewußtes Kind mit einem ausgeprägten Gerechtigkeitssinn, eigenwillig, aber auch verträumt. Sie erlebte eine unbeschwerte Kindheit, wurde nach Beendigung der Schulzeit allerdings mit den üblichen, auch für sie qualvollen »Höhere-Töchter-Spielen« konfrontiert, einem »Drohnen-Dasein ohne sinnvolle Betätigung und Arbeit«. Keinesfalls aus Interesse, sondern um diesem Dasein zu entfliehen, beschloß sie daher, in Berlin den einzig möglichen Beruf für Frauen zu erlernen, und um ihren Aufenthalt dort bis zur Volljährigkeit zu verlängern, schloß sie nach dem bestandenen Lehrerinnenexamen eine Turnlehrerinnenausbildung an. Schließlich konnte sie über etwas Geld aus einem großmütterlichen Erbe selbständig verfügen und damit vom Elternhaus unabhängig werden.

Finanzielle Unabhängigkeit ist für beide – Augspurg und Heymann – wichtige Vorbedingung für ein selbstbestimmtes Leben gewesen. Es wird heute häufig übersehen, daß sich viele Frauen der bürgerlichen Frauenbewegung nur darum so intensiv für Frauenrechte einsetzen konnten, weil sie durch ein elterliches Erbe abgesichert waren – ein Vorteil, über den proletarische Frauen nicht verfügten.

Heymann betont in ihren Lebenserinnerungen mehrfach, daß es trotz mehrerer erlernter Berufe Anita nie darum gegangen sei, einen höheren Posten als Rechtsanwältin oder im Staatsdienst zu erringen. Sie beschreibt diese Tatsache als einen positiven und rühmenswerten Charakterzug Anitas, ohne hinzufügen, daß es sich dabei um einen Luxus der Begüterten handelte.

Anita konnte es sich auf jeden Fall leisten, nach Erlangung der Volljährigkeit eine bekannte Schauspielschule zu besuchen, um sich damit einen sehnlichen Wunschtraum zu erfüllen. Anschließend erhielt sie ein Engagement in der Provinz und ging auf Tournee nach Budapest und in das nördliche Riga. Bald jedoch verließ sie das Theater, zog nach München, ließ sich dort als Fotografin ausbilden und baute zusammen mit einer Freundin ein Fotoatelier auf, das so erfolgreich war, daß in Kürze eine Filiale in Augsburg errichtet werden konnte.

Die beiden selbständigen jungen Frauen mit dem modernen Kurzhaarschnitt – »Tituskopf« genannt – und dem freien Lebensstil, die in ihrem Haus anregende und interessante Gesellschaften pflegten, Rad fuhren und Sport betrieben, erregten ein nicht unbeträchtliches Aufsehen, es kam zu allerhand Klatschgeschichten, die beide jedoch wenig gestört haben dürften.

Schließlich jedoch faßte Anita Augspurg, die sich zunehmend für die Frauenbewegung interessierte, den Entschluß, an der Züricher Universität Jus zu studieren, um Frauen über ihre Rechte aufklären zu können. Immerhin bereits 40jährig, hat sie 1897, nach sieben Semestern, mit dem Dr. jur. das Studium abgeschlossen.

Aber bereits ein Jahr zuvor war sie in Berlin der fast zehn Jahre jüngeren *Lida Gustava Heymann* begegnet, die ihre Mitstreiterin und später ihre Lebensgefährtin wurde.

Auch Heymann stammte aus einer wohlhabenden bürgerlichen Familie. Aber anders als Anita erlebte sie ihre Kindheit als eingeschränkt und unglücklich, »weil mir jene Freiheit fehlte, die erst dem Leben des Kindes Inhalt und Wert verleiht … Wir Kinder waren nie uns selbst überlassen, konnten uns nicht frei eigene Spielgenossen wählen. Wir waren ewig umgeben von deutschen und französischen Bonnen und Gouvernanten …« Ihren Vater, einen Hamburger Großkaufmann, hat sie verehrt, doch stand der richtigen Liebe ein ausgeprägtes Autoritätsverhältnis entgegen. Sie beschreibt ihn als aufgeklärten, gescheiten, aber wortkargen Menschen, einen Sonderling, der jede Geselligkeit haßte und nur wenig Freunde hatte. Zu ihrer Mutter, einer Adele von Hennig, schön, wenig intelligent und sehr fromm, der absoluter Gehorsam gegenüber dem Gatten eine Selbstverständlichkeit war, hatte sie »überhaupt kein Verhältnis«. Erschöpft vom ständigen Kindbett – sie gebar neun Kinder in zwölf Jahren, von denen vier starben –, konnte sie den überlebenden fünf Töchtern keine Anregungen geben. So wie viele unausgefüllte »höhere Töchter« flüchtete auch Lida in »Traumländer«, in denen sie fand, was die Realität ihr verweigerte. Im Alltag hingegen galt sie als schwierig und unangepaßt. Sie empörte sich über das geistlose Geschwätz, dem sie in der Gesellschaft pommerscher Junker begegnete, in die ihre Schwestern eingeheiratet hatten, über deren Leben in Wohlstand und Überfluß, während die Landarbeiter in armseligen Hütten wohnten und ums Überleben kämpften. Den Tag ihrer Konfirmation schildert sie als den »unglücklichsten meines Lebens, ich kam mir wie eine Betrügerin vor«. Erst als ihr Vater versprochen hatte, sie in Hinkunft nicht mehr zwingen zu wollen, in die Kirche zu gehen, ließ sie die Zeremonie über sich ergehen. Auch Bälle, die sie als »Heiratsmarkt« empfand, interessierten sie nicht, dafür störte sie die »Selbstüberschätzung und eitle Überheblichkeit der Männer, ihre galante ebenso wie mißachtende Art, Frauen … zu begegnen.« Sie schwor sich, ihre persönliche Freiheit niemals einem Mann zu opfern, und diesem Grundsatz ist sie auch lebenslang treu geblieben.

Während eines eineinhalbjährigen Pensionsaufenthalts in Dresden, wo sie eine ausschließlich von Frauen geführte Lehranstalt mit Schülerinnen verschiedenster Nationen besuchte, fand sie endlich die nötigen Anregungen, und auch den folgenden elfjährigen Aufenthalt im Elternhaus versuchte sie sich durch ständiges Lesen, den Unterricht an einer sogenannten Armenschule und die Einrichtung einer Nähschule so erträglich wie möglich zu gestalten.

Nach dem Tod ihres Vaters – sie war 28 Jahre alt – konnte sie endlich das »Hamburger Höhere Töchterdasein im goldenen Käfig mit seinem unbefriedigten Leben« verlassen. Sie gründete einen Mittagstisch für arbeitende Frauen mit angegliedertem Kinderhort, und ein Jahr später, 1897, kaufte sie in Hamburg ein Haus, in dem sie eine Art Frauenzentrum einrichtete. Das Unternehmen fand so großen Anklang, daß nicht nur der tägliche Mittagstisch, diverse Vorträge und Unterhaltungsabende, sondern auch eine Beratungsstelle ständig überlaufen waren. Darüber hinaus gründete Heymann ein Auskunftsbüro für Sängerinnen und Schauspielerinnen, deren Lage durch extreme Ausbeutung geprägt war, propagierte in ihrem Haus die sogenannte Reformkleidung und gründete schließlich eine Handelsschule für Mädchen, die sie bis 1919 geleitet hat.

Sie engagierte sich auch in der sogenannten Sittlichkeitsbewegung, was damals als besonders schockierend galt. Die unter armen Frauen ständig zunehmende Prostitution wurde zwar als notwendiges Übel betrachtet, doch durfte darüber nicht gesprochen werden. Vor allem ehrbare Bürgersfrauen hatten dieses »unsittliche« Thema mit vornehmen Stillschweigen zu umgehen. Als etwa die Aristokratin und Sozialdemokratin *Gertrud Guillaume–Schack* bereits in den achtziger Jahren mit sehr fortschrittlichen Postulaten öffentlich gegen die Prostitution zu Felde zog, galt dies als absoluter Skandal. Ihre Vorträge wurden von der Polizei aufgelöst und sie selbst wegen »groben Unfugs« vor Gericht gestellt. Auch Heymanns Versammlungen zum Thema Prostitution wurden wegen »Erregung öffentlichen Ärgernisses« verboten. Sie hat einen jahrelangen Kampf mit den Hamburger Behörden gegen die an und für sich gesetzeswidrigen Bordelle geführt und schließlich den Hamburger Senat deswegen sogar verklagt, was entsprechendes Aufsehen erregte, aber zu keinem greifbaren Erfolg geführt hat. 1899 gründete das »verrückte Frauenzimmer«, wie Lida allgemein bei den Behörden genannt wurde, in Hamburg den ersten Zweigverein der Internationalen Abolitionistischen Förderation in Deutschland, dem sich bald Zweigvereine in anderen Städten anschlossen.

Erhebliche Schwierigkeiten erwarteten sie auch als Testamentsverwalterin eines Sechs-Millionen-Nachlasses, zu der sie ihr Vater eingesetzt hatte. Weigerten sich doch Behörden, Juristen und Geschäftsleute, eine weibliche Testamentsvollstreckerin anzuerkennen. Lidas kämpferischer Schluß: »Diese jahrelange Abwehrstellung lehrte mich, daß Frauen sich im geschäftlichen Verkehr, ebensowenig wie auch sonst, von Männern nichts bieten lassen dürfen. Man muß vor deren Anmaßung und Autoritätsdünkel dauernd auf der Hut sein.«

Aus der Überzeugung heraus, daß gesellschaftliche Veränderungen niemals durch private soziale Fürsorge erreicht werden können, übergab sie daher ihre Arbeit ihren Mitarbeiterinnen und begann, sich an den Universitäten von München und Berlin auf eine politische Arbeit vorzubereiten.

Damals verbrachten Lida und Anita bereits die meiste Zeit gemeinsam, im Sommer in Anitas Haus im Isartal, später in einem erworbenen Bauernhof in Oberbayern und im Winter in ihrer Stadtwohnung in Berlin. Beeindruckend ist das Organisationstalent der beiden Frauen, denen es anscheinend mühelos gelang, den Aufbau eines Bauernhofes – den sie nur mit weiblichem Personal bewirtschafteten – mit ihrer intensiven politischen Arbeit zu verbinden. Sie waren beide naturbegeistert und tierliebend, mußten allerdings in der Zeit der Inflation diesen – und auch noch einen weiteren Besitz verkaufen, womit sich ihr sehnlicher Wunsch nach einem Alterssitz auf dem Land nicht erfüllte. Dafür machten sie 1928 den Führerschein – Lida bereits 60, Anita an die 70 Jahre alt – und fuhren damit begeistert durch ganz Deutschland. Wie sie ja überhaupt sehr reisefreudig waren und nicht nur halb Europa, sondern u. a. auch USA, Kanada, Palästina, Ägypten, Algerien und Marokko bereisten.

1902 gründeten beide den »Deutschen Verein für Frauenstimmrecht«, und bis 1907 saßen sie im Vorstand des »Verbandes fortschrittlicher Frauenvereine«. Nach Ausbruch des Ersten Weltkriegs verlagerte sich das Schwergewicht ihrer Arbeit auf die Friedensarbeit. Sie waren beide überzeugte Pazifistinnen und regten 1915 – zusammen mit anderen Frauen – die Internationale Frauenfriedenskonferenz in Den Haag an. Außerdem gehörten sie zu den Mitbegründerinnen des »Internationalen Ausschusses für dauernden Frieden«, der 1919 in die »Internationale Frauenliga für Frieden und Freiheit« (IFFF) umbenannt wurde. Daß die zwei Feministinnen während des Krieges in vielen Städten Deutschlands »Nationale Ausschüsse für dauernden Frieden« ins Leben riefen, brachte beiden ein Auftrittsverbot ein. Der »Bund deutscher Frauenvereine« beschloß ihren Ausschluß, und Lida wurde aus Bayern ausgewiesen, lebte jedoch illegal weiter im Isartal.

Beide Frauen engagierten sich für die 1918 in München ausgerufene Räterepublik und traten, obwohl keine radikalen Sozialistinnen, dem »Bund sozialistischer Frauen« bei. Während jedoch Anitas

Kandidatur für den bayerischen Landtag keinen Erfolg brachte, wurde Lida mandatfreies Mitglied des Rätekongresses und beteiligte sich am Aufbau eines Referates für Frauenrecht.

1919 gaben sie die Zeitschrift »Die Frau im Staat« heraus, die es sich zur Aufgabe machte, »die wesentlichen Zusammenhänge von Frauenpolitik, Völkerverständigung und dauerndem Frieden« klarzulegen, wie es im ersten Heft heißt. Dieses Ziel haben Lida und Anita auch während der gesamten Weimarer Republik auf den zahlreichen vom IFFF veranstalteten Kongressen verfolgt.

Aber die große Zeit der Frauenbewegung war damals schon vorbei. Hatte bereits der Erste Weltkrieg die Energien der Frauen für Dienste am Vaterland absorbiert, so verhinderte nun trotz Frauenwahlrecht das Erstarken rechter, faschistoider Kreise die Verwirklichung minimaler Frauenforderungen. Anita und Lida haben diese Entwicklung sehr klar gesehen und genau analysiert. Vehement verurteilten sie die schon damals kolportierte Ansicht, vor allem Frauen hätten Hitler an die Macht gebracht, sondern machten vielmehr die von Männern geschaffenen politischen, wirtschaftlichen und gesellschaftlichen Verhältnisse dafür verantwortlich, die u. a. auch zu politischer Unwissenheit und Uninformiertheit der Frauen geführt hätten. Sie verurteilten den Versailler Friedensvertrag, in dem sie die Ursache für einen neuen Krieg erkannten, und sie waren strikt gegen einen Anschluß Österreichs an Deutschland. »Die Jahre 1919–1933 brachten der Welt, Europa und der deutschen Republik keinen Aufstieg, sondern menschenunwürdigen Niedergang«, schrieb Lida Gustava 1943, zwei Jahre vor ihrem Tod in ihren Erinnerungen. Sie befand sich damals bereits im Züricher Exil, in das beide nach der Machtergreifung Hitlers direkt aus ihrem Urlaubsort in Mallorca geflüchtet waren, da sie auf der Liste der zu liquidierenden Personen standen. Ihr gesamter Besitz wurde konfisziert, das umfangreiche, in jahrzehntelanger Arbeit zusammengetragene Frauenarchiv zerstört.

Sie haben noch weitere zehn Jahre in der Schweiz gelebt, unterstützt von Freunden (Lida betonte ausdrücklich eine überraschende Frauensolidarität), weniger von materiellen, als von psychischen Problemen gequält. Für sie, denen geistige Freiheit, Widerstand gegen Unrecht und Unterdrückung eigentlicher Lebensinhalt bedeutete, war Untätigkeit und Ausgeschlossensein im Exil kaum zu ertragen: »Häufig überkam uns die Empfindung, als hätten wir uns selbst überlebt, als wären wir lebend bereits gestorben, scheintot ...«

Und trotzdem sprechen diese Erinnerungen, die unter Mitarbeit Anita Augspurgs entstanden sind, immer wieder von Hoffnung, von Aufbruch, von einer neuen, einer besseren Zukunft. Sie sind in ihrer Direktheit und Unmittelbarkeit nicht nur ein wichtiges Nachschlagewerk für die Geschichte der deutschen Frauenbewegung, sie bewahrten auch zwei Frauen vor dem totalen Vergessen, die konsequent und kompromißlos für ihre Ziele kämpften und deren Forderungen und Erkenntnisse bis heute nichts von ihrer Aktualität verloren haben.

Nach dem Tod Anitas Augspurgs, die bereits jahrelang schwer leidend war, starb ihre Gefährtin Lida Gustava Heymann nur fünf Monate später im Kriegsjahr 1943. (Andere Angaben sprechen von einem gemeisamen Freitod im Dezember 1943.)

Helene Stöcker (1869–1943)

war eine weitere bedeutende Vertreterin des sogenannten radikalen Flügels der Frauenbewegung. Die zu ihren Lebzeiten sehr bekannte, wenn auch umstrittene Persönlichkeit hat sich mit ihrer Sexualreform- und Mutterschutzbewegung viele Freunde, aber auch viele Feinde geschaffen.

Ihr ungewöhnlicher Bekanntheitsgrad ist wohl auch darauf zurückzuführen, daß sie es verstanden hat, viele bedeutende Männer für ihr Anliegen zu gewinnen, wobei diese auffallende männliche Präsenz einerseits aus der Tatsache zu erklären ist, daß sexualreformerische Bestrebungen von vielen Frauen vor allem der gemäßigten Frauenbewegung abgelehnt wurden, andererseits Helene Stöckers »neue Ethik« der Theorie der Eugeniker und Rassenhygieniker nahestand, die damals zum üblichen gesellschaftlichen und politischen Diskurs gehörte und nicht mit der späteren Entwicklung während des Nationalsozialismus verwechselt werden darf. Stöcker unterhielt Kontakte u. a. zu Albert Einstein, Ivan Bloch, Stefan Zweig, Romain Rolland, Max Marcuse, Max Weber und dem Friedensnobelpreisträger Ludwig Quidde. Aber natürlich haben sich auch viele

Frauen zu ihrem Programm bekannt, wie etwa *Lily Braun, Clara Zetkin, Henriette Fürth, Maria Lischnewska,* die Pazifistin *Margarethe Selenka,* die ungarische Frauenrechtlerin *Rosika Schwimmer* und *Käthe Kollwitz.* Auch Rosa Mayreder hat sich zusammen mit Stöcker an verschiedenen Aktionen beteiligt, so als Unterzeichnerin zur Abschaffung des Homosexuellenparagraphen. Auch war Mayreder Mitglied des Unterstützungskommitees »Freunde der Neuen Generation«, das die Herausgabe von Stöckers Zeitschrift bis Anfang des Jahres 1933 ermöglichte.

Über die Kindheit Helene Stöckers in einem bürgerlich-kalvinistisch geprägten Elternhaus ist wenig bekannt. Ihr Vater, Peter Stöcker, der eigentlich Missionar werden wollte, betrieb ein Posamentiergeschäft, seine pietistische Frömmigkeit und puritanischen Moralvorstellungen dürften die Tochter früh zum Widerspruch gereizt haben. (Später ist Helene Stöcker aus der Kirche ausgetreten.) Das Verhältnis zu ihrer Mutter Hulda, geborener Bergmann, beschreibt sie als »ziemlich schwierig«, da diese durch die vielen Geburten ständig überanstrengt und gereizt gewesen sei.

Helene war das erste von acht Kindern, von denen jedoch nur fünf Mädchen das Erwachsenenalter erreichten. Nach dem Besuch der Höheren Mädchenschule zog sie trotz schwerer Bedenken des Vaters (er fürchtete den unmoralischen Einfluß einer Großstadt) 1892 nach Berlin, was für sie nach eigenen Angaben eine »unendliche Befreiung und ein großes Glück« bedeutete. Helene Stöcker besuchte dort einen Gymnasialkurs an der Schule Helene Langes und eine Lehrerinnenausbildung, obwohl sie keinesfalls beabsichtigte, den Beruf einer Lehrerin zu ergreifen. Vielmehr wollte Stöcker, die sehr früh – und gegen den Willen des Vaters – begonnen hatte, Novellen und Märchen zu schreiben, »schriftstellerisch tätig sein« und für die »Gleichberechtigung der Geschlechter« kämpfen.

Aber das von ihr angestrebte Studium war Frauen an den deutschen Universitäten damals noch untersagt. Helene, die sich an der Berliner Friedrich-Wilhelm-Universität unter den ersten Gasthörerinnen befand, wurde mit der ungeheuren Borniertheit männlicher Wissenschaft konfrontiert, die sie in ihren autobiographischen Aufzeichnungen ausführlich beschrieben hat. Sie arbeitete am Aufbau einer »Bibliothek zur Frauenfrage« mit und gründete mit einigen Kommilitoninnen den »Verein Studierender Frauen«. Im Herbst

1896 durfte sie dann endlich Veranstaltungen in den Fächern Literaturgeschichte, Philosophie und Nationalökonomie belegen, worauf »ahnungslose glückliche Jahre« folgten, erfüllt von »reichen Lebensmöglichkeiten« auch »der weiblichen Persönlichkeit.«

Sie setzte sich mit der Philosophie Nietzsches und dem Zeitalter der Romantik auseinander, wobei sie einerseits von Nietzsches emanzipatorischem Gedankengut profitierte, sich jedoch andererseits von seinen frauenfeindlichen Inhalten abgrenzte. An der Romantik beschäftigte sie vor allem der Liebesbegriff der Frühromantiker, in dem sie eine Verschmelzung geistig-seelischer und sexueller Ansprüche zu erkennen glaubte. Beide Studien sowie ihre Auseinandersetzung mit der Psychoanalyse, dem Sozialismus und der Frauen- und Friedensbewegung haben später ihr Konzept einer »Neuen Ethik«, das die Vereinigung von Sexualität und geistig-seelischer Liebe forderte, wesentlich beeinflußt.

Dieses uns heute selbstverständlich erscheinende Postulat war in den Zeiten der Konvenienzehen, als Mädchen »aus gutem Hause« jungfräulich in die Ehe gehen und den meist widerwillig akzeptierten Geschlechtsverkehr passiv über sich ergehen lassen mußten, durchaus revolutionär. Noch revolutionärer jedoch war es, daß sich eine Frau dem Thema Sexualität widmete, offen über sexuelle Aufklärung und die sexuelle Befreiung der Frau referierte und damit ein Gebiet ansprach, das sich bislang einem weiblichen Definitionsanspruch entzogen hatte.

Nach einem Studium in Berlin, Glasgow und Bern promovierte Helene Stöcker 1901 mit der Dissertation »Zur Kunstanschauung des 18. Jahrhunderts« zu einer der ersten weiblichen Dr. phil. in Deutschland. Anschließend arbeitete sie als Dozentin an der Berliner Lessing-Hochschule, wurde Vorstandsmitglied im von Minna Cauer geführten »Verband Fortschrittlicher Frauenvereine« und gab von 1903 bis 1904 die Zeitschrift »Frauenrundschau« heraus. 1905 gründete sie den »Bund für Mutterschutz und Sexualreform« (BfMS), zu dessen Gründungsmitgliedern bedeutende Sexualwissenschaftler der Zeit zählten und der Ortsgruppen in elf Städten und ca. 4 000 Mitglieder hatte. Der vom Bund 1911 in Dresden veranstaltete »Erste Internationale Kongreß für Mutterschutz und Sexualreform« führte zur Gründung der »Internationalen Vereinigung für Mutterschutz und Sexualreform«, die jedoch den Krieg nicht überlebte. Stöcker redigierte als erste Vorsitzende des Bundes auch das Vereinsorgan »Mutterschutz«, das später in »Die neue Generation« umbenannt wurde.

Der »Bund für Mutterschutz« gründete Heime für unverheiratete Mütter sowie Ehe- und Sexualberatungsstellen. Er forderte die Gleichbehandlung lediger und verheirateter Mütter, die rechtliche Besserstellung unehelicher Kinder sowie Erleichterung der Ehescheidung. Außerdem trat er für einen freieren Zugang zu Verhütungsmitteln ein, forderte Straffreiheit für Abtreibungen und die Abschaffung jener Paragraphen, die Homosexualität unter Strafe stellten. Es ist klar, daß diese zum Teil noch heute aktuellen Forderungen nicht nur Anhänger fanden. Der BfMS wurde von reaktionären Beamtenkreisen als »staatsgefährdend« und Stöcker als »weiblicher Apostel des Satans« bezeichnet, die sich für eine »salonmäßige Ausgestaltung der Prostitution« einsetze. Der Vorwurf der »freien Liebe«, welche die »Heiligkeit der Ehe« zerstöre, war auch aus den Reihen sogenannter gemäßigter Frauengruppen zu vernehmen, weshalb der »Bund deutscher Frauenvereine« dem BfMS die Mitgliedschaft verweigerte.

Helene Stöcker gehört mit ihren damals sehr radikalen Vorstellungen von einer humanen, gleichberechtigten Gesellschaft, die von den neuesten naturwissenschaftlichen, gesellschaftsphilosophischen und psychologischen Erkenntnissen bestimmt wird, zu den PionierInnen ihrer Zeit. Ihr ungeheurer Fortschrittsoptimismus, der sie an eine Weiter- und Höherentwicklung der Menschen glauben ließ, mag heute unverständlich erscheinen. Aber ein allgemeiner Fortschrittsglaube war charakteristisch für diese Zeit, nicht nur Stöcker, auch andere bedeutende Persönlichkeiten wurden davon geprägt.

Bezeichnend ist allerdings, daß Helene Stöcker, ähnlich wie Rosa Mayreder, ihre hochgesteckten Erwartungen in eine neue, vollkommenere Geschlechterliebe, wie sie in der »Neuen Ethik« zum Ausdruck kommen, in ihrem Privatleben nicht verwirklichen konnte. Ihre beiden Liebesbeziehungen scheiterten, sowohl jene zu dem verheirateten Germanisten und Philosophen Alexander Tille als auch zu ihrem langjährigen Lebensgefährten, dem Rechtsanwalt Bruno Springer. Tille, den sie 1897 kennengelernt hatte, erwartete nach dem Tod seiner Frau 1898 ganz selbstverständlich, daß ihm Helene nach Glasgow folgen, den zwei halbverwaisten Kindern eine gute Mutter und ihm selbst eine hingebungsvolle Gattin sein werde. Ihre Konflikte, die sich aus der Unvereinbarkeit von Tilles Wunsch und ihrem »Drang nach geistiger Entwicklung, nach Befreiung der Persönlichkeit, auch der weiblichen Persönlichkeit« ergaben, verstand er nicht. Schließlich, nachdem sie ein Wintersemester in Glasgow verbracht hatte, trennte sie sich von Tille, der, wie sie resignierend bemerkte, Frauen ebenfalls weniger Freiheit zugestand, als er für sich selbst beanspruchte. Auch ihre Vorstellung von einer Einheit seelischer und körperlicher Liebe ließ sich mit ihm nicht verwirklichen, die sexuelle Komponente, meinte sie später, sei auch bei ihm stärker gewesen.

Sie hat ihre Erfahrungen mit Tille in ihrem Sammelband »Die Liebe und die Frauen« (1905) ebenso wie in dem 1922 erschienenen Roman »Liebe« verarbeitet, die neben der 1928 veröffentlichten Essay-Sammlung »Verkünder und Verwirklicher«, die den Untertitel »Beiträge zum Gewaltproblem« trägt, zu ihren wichtigsten Buchveröffentlichungen zählen.

Auch Bruno Springer, mit dem sie über ein Jahrzehnt zusammenlebte und dessen Liebe sie nach der vorangegangenen Enttäuschung anfangs wie eine »Gnade« erlebte, erfüllte längerfristig ihre Erwartungen nicht. Zu den »Wesensverschiedenheiten«, wie Stöcker es in ihrem Nachruf nennt, waren auch »Weltanschauungsverschiedenheiten« gekommen. Seinen plötzlichen Tod im Jahr 1931 erklärt sie in ihren Erinnerungen mit den Spätfolgen eines Unfalls. Ihre Biographin Christl Wickert vermutet allerdings, daß er sich das Leben genommen hat.

Trotzdem waren es wohl nicht so sehr diese beiden gescheiterten Beziehungen, die zu einer Revision ihres Weltbildes führten, sondern die zwei Weltkriege, die ihre Ansicht von einer sich stetig aufwärts entwickelnden Menschheit schwer erschütterten. In der Folge widmete sie sich daher auch weniger der sexualreformerischen als der Friedensbewegung. Voll »Entsetzen« und »Empörung« über die Kriegsbegeisterung der Massen nach Ausbruch des Ersten Weltkrieges begrüßte sie die internationale Frauenfriedenskonferenz in Den Haag, an der sie persönlich teilgenommen hat, mit »großer Erleichterung.« Nach dem Krieg war sie neben Augspurg und Heymann (die sie in ihren Erinnerungen wohl wegen eines tiefgreifenden Zerwürfnisses nie erwähnt) sicher eine der aktivsten Frauen in der deutschen Friedensbewegung. 1919 wurde sie Vizepräsidentin der »Deutschen Friedensgesellschaft«, 1921 war sie Mitbegründerin der »Internationale der Kriegsdienstgegner« in Holland, und 1926 wurde sie Mitglied der »Gruppe Revolutionärer Pazifisten«. Weil radikaler Pazifismus damals als staatsgefährdend galt, gehörte sie zu jenen Personen, die vom »Reichskommissar für die Überwachung der öffentlichen Ordnung« observiert wurden. Im Zuge einer immer deutlicheren Kapitalismuskritik beteiligte sie sich zusammen mit Albert Einstein, dem Arzt Felix Boenheim und dem Reichstagspräsidenten Paul Löbe an der Gründung der »Gesellschaft der Freunde des neuen Rußland« und unternahm mehrere Reisen in die Sowjetunion, wo sie auch Clara Zetkin kennenlernte. Aber bereits Ende der zwanziger Jahre zeigte sie sich von der Entwicklung in der Sowjetunion enttäuscht, schwanden ihre Hoffnungen, die sie mit dem »großen ethischen Experiment«, dem Aufbau einer »gerechten« Gesellschaftsordnung, verbunden hatte.

An ihrem 60. Geburtstag im November 1929 stand sie am Höhepunkt ihrer Popularität. Viele Artikel und mehrere Rundfunksendungen im In- und Ausland würdigten ihre Lebensleistung, und Geburtstagsfeiern in Berlin und Wien fanden in völlig überfüllten Sälen statt. Gleichzeitig begann sie zunehmend unter schweren Krankheiten zu leiden, die Kuraufenthalte notwendig machten. Am 28. Februar 1933, einen Tag nach dem Reichstagsbrand, verließ Stöcker Deutschland. Der an den Folgen mehrerer Herzanfälle leidenden, schwer kranken Frau standen noch zehn Jahre eines unruhigen Lebens im Exil bevor, das sie allein und ohne einen Menschen, der ihr nahe stand, vorerst in die Schweiz, später nach England, Schweden und schließlich in die USA führte. Immer noch schrieb sie, von schweren Angina-pectoris-Anfällen und Arthritisschmerzen gequält, und setzte sich für andere Emigranten ein. Da jedoch ihr Vermögen von der Gestapo beschlagnahmt worden war und die gelegentlichen Veröffentlichungen in Schweizer oder österreichischen Zeitungen ihren Lebensunterhalt nicht sichern konnten, war sie auf Unterstützungen angewiesen. Die USA erreichte sie 1941, inzwischen krebskrank und mit dem Manuskript ihrer Autobiographie als einzigem Besitz, weil ihre Koffer auf der beschwerlichen Reise verlorengegangen waren. Sie arbeitete bis zuletzt an ihren Lebenserinnerungen, die fragmentarisch blieben, und starb am 23. Februar 1943 in New York in einer Zeit, die andere Probleme hatte als den Tod einer Frau zur Kenntnis zu nehmen, die für die Gleichberechtigung der Geschlechter gekämpft hatte. Auch in den folgenden Kriegs- und Nachkriegsjahren wollte sich niemand an sie erinnern, bis die zweite Frauenbewegung sie wiederentdeckte.

Sozialdemokratinnen

Weil sich auch die frühe Arbeiterbewegung der Arbeiterinnenfrage gegenüber ablehnend bis feindlich verhielt und die Genossen einen ausgeprägten Antifeminismus pflegten, konnte sich die proletarische Frauenbewegung erst relativ spät formieren. So etwa wollte der 1863 von Lasalle gegründete Allgemeine Deutsche Arbeiterverein das Verbot von Frauenfabrikarbeit erreichen und rief zu Streiks gegen die lohndrückende weibliche Konkurrenz auf, und noch 1872 sprach sich der Erfurter Gewerkschaftskongreß für die Abschaffung der Frauenarbeit aus. Ein weiterer Grund für den relativ spät erfolgten Zusammenschluß der Proletarierinnen lag in dem bereits mehrfach erwähnten sogenannten Vereinsgesetz, das dazu führte, daß viele der frühen Arbeiterinnenvereine aufgelöst wurden und ihre Mitglieder ins Gefängnis wanderten.

Erst 1875 wurde auf dem Gothaer Parteitag der SPD beschlossen, auch Frauen als Delegierte zuzulassen. 1890 kam es dann zur endgültigen Spaltung der proletarischen von den bürgerlichen Frauen, die sich in der Frühphase der Frauenbewegung für die Arbeiterinnen eingesetzt hatten, von denen sich die Proletarierinnen aber immer weniger verstanden und akzeptiert fühlten. 1892 bildete die Gründung des »Zentralvereins der Frauen und Mädchen Deutschlands« den Anfang einer Arbeiterinnenbewegung, die sich ab 1900 zu einer Massenbewegung entwickelte. Nach Aufhebung des »Preußischen Vereinsgesetzes« im Jahre 1908 konnte dann die Arbeiterinnenbewegung in die SPD eingegliedert werden.

Clara Zetkin (1857–1933)

war maßgeblich am Aufbau der proletarischen Frauenbewegung beteiligt.

Bereits 1889 hatte sie in ihrem Beitrag auf dem Gründungskongreß der Zweite Internationale ihre Theorie der Frauenemanzipation skizziert, der sie ein Leben lang treu bleiben sollte. Sie betont dabei die Vorrangigkeit ökonomischer Unabhängigkeit, die durch die Veränderung des Produktionssystems – Übernahme der Familienproduktion durch die Industrie – eintreten werde. Weil es der Proletarierin im Gegensatz zur bürgerlichen Frau nicht vornehmlich um einen Kampf gegen männliche Bevormundung, sondern um einen Kampf gegen das kapitalistische System gehe, sei die Frauenfrage nur ein Teil der sozialen Frage. Die Aufhebung des kapitalistischen Systems sei also die Voraussetzung für die Befreiung der Frau. Als logische Folge müßten Frauen und Männer gemeinsam kämpfen und nicht gegeneinander, wie es die bürgerliche Frauenbewegung praktiziere.

Wir wissen, daß Sozialdemokratinnen sehr lange an diesen Vorstellungen festgehalten haben, daß sie sehr lange bereit waren, die Parteidoktrin der Frauenfrage überzuordnen, auch als bereits klar war, daß es ebenso einen »proletarischen Antifeminismus« gab und sich die Bereitschaft der Genossen, Frauen eine gleichberechtigte Stellung einzuräumen, sehr in Grenzen hielt. Vor allem war die Ideologie von der Frau, die für Kinder und Haushalt zuständig ist, kaum zu erschüttern und eine Aufteilung unbezahlter Hausarbeit im Parteiprogramm nicht vorgesehen, was zu untragbaren Mehrfachbelastungen der Frauen führte, wie es auch in den kommunistisch regierten Ländern später zu beobachten war.

Auch in Clara Zetkins Konzept finden sich wenig Hinweise auf das Problem der Doppelbelastung, obwohl ihr dieses sehr bewußt gewesen sein muß. Trug sie doch vor allem in ihren Pariser Jahren mit zwei kleinen Kindern und einem schwerkranken Mann die gesamte Verantwortung.

Clara Zetkin ist in Wiederau geboren, einem kleinen Dorf zwischen Leipzig und Chemnitz. Ihr Vater, Gottfried Eißner, war dort Volksschullehrer, ihre Mutter, die aus einer französisch-italienischen Fa-

Clara Zetkin

milie stammende Josephine Vitale, bekannte sich zu den Ideen der
Französischen Revolution ebenso wie jenen des Jahres 1848, hatte
Kontakt mit den zwei Pionierinnen der Frauenbewegung, Louise
Otto-Peters und Auguste Schmidt, und besaß darüber hinaus die
ungeheure Kühnheit, in Wiederau einen Verein für Frauengymna-
stik zu gründen.

Clara wurde früh mit dem Elend der Heimarbeiterfamilien konfrontiert; die Not der Kinder, die den ganzen Tag am Webstuhl sitzen
mußten und sich trotzdem nicht ernähren konnten, ließ in ihr bald
ein Gefühl für soziale Ungerechtigkeit entstehen. Es erscheint daher
nur folgerichtig, daß das herzliche Verhältnis zu Auguste Schmidt,
in deren Lehrerinnenseminar sie mit 15 Jahren eingetreten war,
nicht allzulange dauerte. Schmidt konnte als Vertreterin der bürgerlichen Frauenbewegung ihrer begabten Schülerin, die damals bereits
von der Notwendigkeit gerechterer gesellschaftlicher Verhältnisse
überzeugt war, keine Lösungsmöglichkeiten bieten. Die fand sie eher

in einer Gruppe russischer Studenten, die sich in Leipzig, dem damaligen Zentrum der Arbeiterbildung, zusammengefunden hatte und an deren Diskussionen über Sozialismus und Kommunismus sie häufig teilnahm. Dort lernte sie auch ihren späteren Lebensgefährten und Vater ihrer zwei Kinder, den russischen Studenten Ossip Zetkin, kennen. Außerdem lud sie die russiche Freundin Warwara zu einem mehrmonatigen Besuch nach Petersburg ein, der sie ungemein beeindruckte. »Unter den Russen«, schrieb sie später aus der Erinnerung »habe ich jung meine Heimt gefunden.«

Claras Ansichten waren allerdings nicht nur Auguste Schmidt, sie waren auch ihrer ansonsten fortschrittlichen Mutter zu radikal. Es kam zu schwerwiegenden Meinungsverschiedenheiten, und Clara, eigenwillig und konsequent, akzeptierte den Bruch.

Weil sie nach Ablegung ihres Lehrerinnenexamens als Frau nicht an eine öffentliche Schule zugelassen war und der Anstellung an einer privaten Schule ihre politische Ausrichtung im Wege stand, nahm sie die schlecht bezahlte Stellung als Hauslehrerin an, wo sie als Pädagogin geschätzt, wegen ihrer politischen Einstellung jedoch abgelehnt wurde. Gleichzeitig hielt sie Kontakt mit Anhängern der Sozialdemokratischen Partei und mit Ossip, der inzwischen des Landes verwiesen worden war. Nach einem kurzen Aufenthalt in Zürich, wo sie sich gemeinsam mit Ossip an der Herstellung sozialistischer Literatur beteiligte, ging die inzwischen 25jährige mit ihm zusammen nach Paris, dem damaligen Zentrum der internationalen sozialistischen Bewegung. Hier erlebte sie sicherlich ihre härtesten, aber auch fruchtbare und wohl auch glückliche Jahre.

Vergegenwärtigen wir uns ihre Situation in zum Teil elenden Verhältnissen, ohne gesicherte Einkünfte, mehrmals infolge von Mietrückständen aus der Wohnung geworfen, dazu zwei kleine Kinder, die ordentlich ernährt werden mußten, und schließlich noch die Krankheit Ossips, so erhalten wir einen Eindruck von der Stärke dieser Frau, die selbst unter schwierigsten Umständen nie aufgegeben hat. In späteren Jahren von vielen als herrisch und autoritär bezeichnet, ist sie stets sich selbst und ihren Grundsätzen treu geblieben. Aber sie war auch liebesfähig und zu allen Opfern bereit, wenn es um geliebte Menschen ging. Das zeigt nicht nur ihr Verhalten Ossip und dem späteren Ehemann Friedrich Zundel, sondern auch ihren Kindern gegenüber, die sehr an ihr gegangen sind.

In Paris erlernte Clara Zetkin den Beruf einer Journalistin und Übersetzerin, sie verkehrte vor allem in den Kreisen der russischen Revolutionäre, machte die Bekanntschaft der Führer der deutschen und
französischen Arbeiterbewegung und war mit Laura, der jügeren
Tochter von Marx, befreundet. Sie widmete sich dem Studium der
marxistischen Theorie, las das »Kommunistische Manifest«, den ersten Band des »Kapitals« und Engels »Ursprung der Familie, des Pri-
vateigentums und des Staates«. Ossip, dessen Namen sie annahm
und der seine beiden Kinder anerkannte, hat sie nicht geheiratet, um
die deutsche Staatsbürgerschaft nicht zu verlieren. Tagsüber von Kin-
der- und Haushaltssorgen geplagt, konnte sie nur in der Nacht
schreiben, sofern sie dann nicht Versammlungen besuchte. 1886 stellte eine russische Ärztin den Beginn einer Tuberkulose fest, die sie allerdings durch einen Erholungsurlaub in Deutschland ausheilen
konnte. Dann wurde Ossip krank, es handelte sich um eine Erkrankung des Rückenmarks, gegen die es damals keine Medikamente gab.
Er starb 1889 in seinem 39. Lebensjahr. Clara versuchte nun allein,
sich und die Kinder mit journalistischen Arbeiten für französische,
deutsche und auch österreichische Blätter durchzubringen. Gleichzeitig begann sie sich mehr und mehr für die Frauenfrage zu interessieren, der sie sich dann nach ihrer Rückkehr nach Deutschland im Jahre
1890 (in diesem Jahr war das Sozialistengesetz aufgehoben worden)
voll und ganz widmete. Das war nicht so einfach in einem Land, in
dem Kaiser Wilhelm II. gegen eine Preisverleihung an die bekannte
Malerin Käthe Kollwitz mit dem Argument protestierte: »Aber meine Herren, eine Frau«, und noch 1910 die Ansicht vertrat, die Frau
habe nicht an Versammlungen teilzunehmen und Rechte zu fordern,
sondern in stiller Demut innerhalb der Familie zu wirken und die
neue Generation zu erziehen. Clara selbst meinte in einem Brief an
den führenden Sozialdemokraten Karl Kautsky 1901, daß bis zu ihrer
Rückkehr nach Deutschland niemand in der Partei daran gedacht habe, klare theoretische Vorstellungen zur Frauenfrage zu entwickeln.
Und in ihrer Schrift »Zur Geschichte der proletarischen Frauenbewegung Deutschlands« beklagt sie die nachhinkende Entwicklung der
deutschen Frauenbewegung im Vergleich zu jener in Frankreich und
England ganz allgemein.
Das begann sich jetzt zu ändern. Clara Zetkin kämpfte künftig für
den Ausbau von Schutzrechten für Arbeiterinnen, einen Achtstun-

dentag und die Einbeziehung der Arbeiterinnen in die Gewerkschaften. 1892 wurde ihr die Redaktion der »Gleichheit« angeboten, die sie 25 Jahre lang leitete. Diese einflußreiche Zeitschrift, die als Claras Lebenswerk bezeichnet werden kann, hat wesentlichen Anteil an ihrer nun rasch wachsenden Popularität, die sie zur Galionsfigur der proletarischen Frauenbewegung werden ließ. 1895 wurde sie als erste Frau in ein führendes Organ der Sozialdemokratie, in die Kontrollkommission, gewählt.

Ein Foto aus dieser Zeit zeigt die Mittdreißigerin in beherrschter und zugleich lässiger Haltung, selbstbewußt und mit einem jener unvermeidlichen großen Hüte, die damals getragen wurden. Ihre gesamte Erscheinung strahlt eine ungeheuren Selbstsicherheit aus, wie sie damals sicher wenige Frauen besaßen. Marie Juchaz hat in ihrem Porträt die Frage, ob Clara von Frauen geliebt wurde, eher verneint. Ihr scharfer Verstand, ihre Energie und ihr Ideenreichtum sei von allen anerkannt worden. Doch habe ihr Güte, Toleranz und menschliche Weisheit gefehlt. »Ihrem Temperament nach mußte sie herrschen ... die sie liebten und verehrten, waren wenige.« Es kann angenommen werden, daß Unstimmigkeiten zwischen Juchaz und Zetkin diese Sicht der Dinge begünstigt haben. Hat Juchaz doch die Redaktion der »Gleichheit« übernommen, nachdem Zetkin nach ihrem Beitritt zur USPD vom Redakteursposten abberufen worden war. Tatsache allerdings bleibt, daß es mit allen Frauen, die neben Clara Führungsrollen beanspruchten, wie etwa *Luise Zietz* und *Lily Braun* zu Kontroversen kam. Luise Zietz, neben Zetkin die bekannteste Vertreterin der proletarischen Frauenbewegung in Deutschland, warf sie zu große Anpassung an die Parteiführung vor, die schließlich auch dazu geführt habe, daß Luise als erste Frau in den Parteivorstand gewählt wurde, obwohl eigentlich Clara diese Position zugestanden wäre. Lily Braun hingegen war in ihren Augen zu wankelmütig, zu sehr von verschiedenen Leidenschaften hingerissen. »Entweder lebt und stirbt man für unsre Sache, dann hat man keine Wahl, man kann nicht dem Persönlichen leben oder aber, man stellt das Persönliche voran, dann wird man nie voll für unsere Idee wirken können.« Aus ihrer Sicht hatte Clara sicher recht: keine der Frauen konnte ihrem Absolutheitsanspruch genügen. Jenen Menschen allerdings, die sich so wie sie voll und ganz der Sache verschrieben haben, brachte sie sehr wohl Liebe und menschliche Wärme entgegen. Das beweist jener erschütternde Brief, den sie an ihre Freundin Rosa Luxemburg kurz vor deren Ermordung schrieb: »Meine liebste, meine einzige Rosa! Wird dieser Brief, wird meine Liebe Dich je noch erreichen? Ich schreibe trotzdem! Ach Rosa, welche Tage! Vor meinem Geiste steht die geschichtliche Größe und Bedeutung Deines Handelns. Aber das Wissen darum vermag die Stimme meines Herzens nicht zu übertäuben. Nicht zu übertäuben meine Qual voller Sorgen und Ängste um Dich. Das Gefühl des Schmerzes, der Schmach, daß ich nicht bei Dir bin, Deinen Kampf nicht teile …«

Rosa Luxemburg hat diesen Brief nicht mehr gelesen.

Die Versuche vor allem des radikalen Flügels der bürgerlichen Frauenbewegung, mit den proletarischen Frauen zusammenzuarbeiten – wie es etwa Lily Brauns Anliegen war –, hat Zetkin immer scharf von sich gewiesen. Eine Haltung, die auch von Frauen in ihren eigenen Reihen, wie z. B. Henriette Fürth, kritisiert wurde. Trotzdem hielt Clara Kontakt zu linken Frauen wie etwa Minna Cauer, die sie anläßlich ihres 70. Geburtstags besucht hat. »Welch eine Frau«, meinte Minna, »wenn wir viele solche Frauen unter uns hätten!« Auch in der Stimmrechtsbewegung haben sozialistische und fortschrittliche bürgerliche Frauen zusammen gearbeitet.

Daß die 39jährige Clara den um 18 Jahre jüngeren Maler Friedrich Zundel heiratete, zeigt einmal mehr, wie sehr sie sich über Konventionen hinweggesetzt hat. Die Trennung von ihm während des Krieges, in dem Zundel eine tiefe moralische Krise durchlebte, war für die alternde Clara ein schrecklicher Schlag, wahrscheinlich noch schmerzhafter als Osspis Tod. In einem Brief an eine russische Freundin meinte sie, daß sie »Zundel lebendig begraben mußte.«

Trotzdem hat sie weiter für den Frieden gekämpft, unermüdlich, in Angst nicht nur um Zundel, sondern auch um ihre beiden Söhne, die alle an der Front kämpften. Am härtesten traf es sie, als die sozialdemokratische Parlamentsfraktion im August 1914 die Kriegskredite bewilligte und sich damit für den Krieg entschied. Damals meinte sie, »wahnsinnig werden oder mich töten zu müssen«.

1915 organisierte Clara in Bern eine internationale Frauenkonferenz, die erste, die Sozialisten der kriegführenden Länder versammelte (an der Haager Frauenkonferenz hat Clara wegen grundsätzlicher Meinungsverschiedenheiten nicht teilgenommen). Nachdem die dabei ausgearbeitete Resolution, das sogenannte »Berner Flugblatt«, in allen europäischen Ländern verteilt worden war (allein in Deutschland 100 000 Exemplare in 40 Ortschaften und 30 000 in Berlin), wurde die inzwischen 58jährige Clara wegen »versuchten Hochverrats« verhaftet und in das Gefängnis nach Karlsruhe gebracht. Lediglich aufgrund ihres schlechten Gesundheitszustandes mußte sie bald wieder freigelassen werden. Denn Clara litt nicht nur an einer Herzkrankheit, die öfters dazu führte, daß sie auf politischen Versammlungen ohnmächtig zusammenbrach, sondern auch an einem Augenleiden, das im Alter fast völlige Blindheit zur Folge hatte. Außerdem zog sie sich in späteren Jahren eine Malaria-Infektion zu, und schließlich mußte sie auch noch wegen eines erfrorenen Fußes am Stock gehen.

Trotzdem hat eine ungeheure Willenskraft sie aufrecht gehalten. Ihren eigenen Angaben zufolge hielt sie zeitweise jährlich bis zu 300 Versammlungen ab und arbeitete oft Tag und Nacht bis zu 16 oder 20 Stunden.

Als nach Aufhebung des Vereinsgesetzes 1908, das Frauen jede politische Betätigung untersagte, der Antifeminismus innerhalb der Partei neuerlich zunahm, verschärfte sich der Konflikt zwischen der Parteiführung und Clara Zetkin. Nachdem sich die Führung 1910 geweigert hatte, die alle zwei Jahre stattfindende Frauenkonferenz einzuberufen, veröffentlichte die »Gleichheit« Proteste zahlreicher Gruppen von sozialistischen Frauen. Wie stark Frauenverachtung und Frauenhaß in der Partei verankert waren, zeigen Äußerungen führender Mitglieder wie etwa jene des österreichischen Sozialdemokraten Victor Adler, der im August 1910 an Kautsky schrieb: »Stell Dir vor, Clara hätte ihr Mandat schon und säße mit Rosa im Reichstag! Da würdet ihr erst etwas erleben! ... lächerlich.« Und auf der Frauenkonferenz von 1908 meinte ein sozialdemokratischer Führer aus Augsburg nach der Wahl einer Frau an die Spitze der Sektion: »Seid ihr so weit, daß ihr eine Frau für diese Arbeit nehmen müßt?« Daß die Forderung nach einem »gemeinsamen Kampf aller Proterarier ohne Unterschied des Geschlechts« einer Modifizierung bedarf, wurde Zetkin spätestens zu diesem Zeitpunkt klar. Weshalb sie auch die Notwendigkeit einer gewissen Autonomie der sozialdemokratischen Frauenbewegung hervorzuheben begann, die durch die psychologischen und kulturellen Besonderheiten der Frauen notwendig sei.

Zusammen mit Rosa Luxemburg und Karl Liebknecht hat sie die Spartakusgruppe gegründet, jene revolutionäre marxistische Partei, die sich 1916 zusammenschloß. 1917 trat sie aus Protest gegen die ihrer Meinung nach zu laue Haltung des Parteivorstandes der eben gegründeten Unabhängigen Sozialistischen Partei Deutschlands (USPD) bei, worauf ihr die Redaktion der »Gleichheit« entzogen wurde. Schließlich wurde sie Mitglied der KPD, Präsidentin der »Roten Hilfe« in Deutschland, später auch der »Internationalen Roten Hilfe«. Sie gab die Zeitschrift »Die Kommunistin« heraus und wurde auf der Zweiten Internationalen Frauenkonferenz in Moskau (1921) zur Leiterin des Westeuropäischen Internationalen Frauensekretariats in Berlin bestimmt. Von 1920 bis 1933 saß sie als Abgeordnete der KPD im Reichstag, und ein Jahr vor ihrem Tod, als 75jährige, gebrechlich und nahezu blind, kam sie aus Moskau angereist, um als Alterspräsidentin den Reichstag zu eröffnen. Von der Nazipresse als »kommunistische Jüdin«, »Moskowiterin« und »des Hochverrats schuldige« Frau beschimpft (Goebbels Zeitung »Der Angriff« nannte sie schlicht und einfach »Sau«), richtete sie einen leidenschaftlichen Appell an alle friedliebenden Deutschen und warnte vor der drohenden Machtergreifung der Faschisten.

Sie hat ihre letzten Jahre meist in der Sowetunion verbracht, mit Arbeit überhäuft bis zum letzten Atemzug. Weil beinahe blind, diktierte sie ihre Schriften in die Maschine. Lenin hat sie verehrt, und die Begeisterung, mit der sie in einem Schreiben des Jahres 1918 die Revolution begrüßte, ist heute, nach der Sowjetdiktatur und dem Zusammenbruch des Kommunismus, nicht mehr nachvollziehbar. Stalin hingegen hat sie gehaßt und die politische Entwicklung, die später in Rußland ebenso wie in Deutschland einsetzte, muß für sie, die ihr ganzes Leben dem Kampf für Frieden, Freiheit und der Emanzipation der Frau widmete, furchtbar gewesen sein. Trotzdem hat sie bis zuletzt an die Ideale des Sozialismus geglaubt, auch wenn sie seine Irrtümer verurteilte.

Nach ihrem Tod trugen führende Genossen der KPdSU und KPD die Urne mit ihrer Asche, rund 400 000 Menschen folgten. Sie wurde an der Kremlmauer beigesetzt.

Lily Braun (1865–1916)

war eine Gegenspielerin Clara Zetkins. Von ihr besitzen wir auch eine ausführlichere Lebensbeschreibung. In ihren »Memoiren einer Sozialistin« (1909–1911), die sich im Titel an Malvida von Meysenburgs »Memoiren einer Idealistin« anlehnten und so wie diese zum Bestseller avancierten, tritt sie uns als schillernde Persönlichkeit gegenüber, Aristokratin, Rebellin, Sozialdemokratin, die zwischen diesen divergierenden Polen hin und hergerissen wurde. Natürlich zeigen die Memoiren Lily Braun so, wie sie sich – und die Menschen ihres Umfelds – gesehen hat, aber gerade diese subjektive Betrachtungsweise machen die zwei Bände, die sie als »Roman« bezeichnete, interessant, weil sie sehr viel über die Autorin und ihre Sicht der Dinge aussagen. Ute Speck hat diese Erinnerungen, in denen die Namen tatsächlich existierender Personen vielfach geändert wurden, analysiert und dabei das widersprüchliche Bild einer Frau herausgearbeitet, die einerseits aufbegehrte, andererseits aber Konventionen verhaftet blieb. Wie anhand vorangegangener Biographien bereits deutlich wurde, ist diese Widersprüchlichkeit bei fast allen Frauen, die sich für Emanzipation eingesetzt haben, anzutreffen, waren sie doch alle in die gesellschaftlichen Bedingungen ihrer Zeit eingebettet.

Lily Braun war eine Vatertochter, die dem tyrannischen Vater Hans von Kretschmann, General der preußischen Armee, seine Schroffheit, Selbstherrlichkeit und seinen Jähzorn eher verzieh als der Mutter ihr strenges und demonstratives Pflichtbewußtsein. Während der Vater manchmal auch als zärtlich und verständnisvoll geschildert wird, mußte die Mutter der Tochter das eigene, freudlose Dasein als einzige Perspektive vermitteln. Sie war es, die ihr das Lesen verbot, sie zu verhaßten Handarbeiten anhielt und weibliche Tugendhaftigkeit predigte. Lily sieht klar die Tragödie dieser Frau, die – so wie damals üblich – unwissend und unberührt in die Ehe geschlittert ist und die Hochzeitsnacht als so traumatisch empfand, »daß sie in den ersten acht Tagen ihres Zusammenlebens mit ihrem Mann am liebsten davongelaufen wäre«, ja in ihrer Unwissenheit nicht einmal die ersten Anzeichen einer Schwangerschaft zu deuten wußte. Trotzdem versucht Lily keine Erklärungen für die Kühle und Distanziertheit der Mutter zu finden, und erst sehr viel später, als der Vater gestorben war und die Kinder das Haus verlassen hatten, registrierte sie mit Verwunderung und auch Erschrecken, wie sehr sich die Mutter zu verändern begann, wie glücklich und gelöst sie plötzlich erschien. Sie hat den gesamten Haushalt aufgelöst, die Möbel verkauft, sich in eine Pension eingemietet und ihr weiteres Leben damit verbracht, sich weiterzubilden, zu lesen und zu reisen.

So wie andere Vatertöchter auch hat Lily später die Verehrung und den Respekt, den sie trotz allem dem Vater entgegenbrachte, auf ihre Ehemänner übertragen, sie idealisiert und ganz im Sinne konventioneller Vorstellungen stets über sich gestellt: »Je stärker ich die Überlegenheit seines Willens empfand, desto mehr liebte ich ihn«, meinte sie über ihr Verhältnis zu Heinrich Braun, und »Weibesliebe ist Hingabe an den Höherstehenden, gleichgültig, ob das Herz, das sie empfindet, unter dem groben Hemd der Dienstmagd oder dem Talar der Doktorin beider Rechte schlägt.«

In solchen Äußerungen ist die engagierte Kämpferin für Frauenemanzipation, die ein so bedeutendes Buch wie »Die Frauenfrage, ihre geschichtliche Entwicklung und wirtschaftliche Seite« verfaßt hat, das noch heute zu den aktuellen Standardwerken zählt, nicht zu finden. Hier ist jene Bruchlinie zu erkennen, die das ganze Leben Lilys durchzieht.

Schon die Kindheit und Jugend Lily von Kretschmanns verlief widersprüchlich. Zum einen führte sie das luxuriöse Leben ihrer Klasse, nahm an glänzenden Festen des Kaiserhauses teil und genoß die Komplimente ihrer zahlreichen Verehrer, zum anderen fühlte sie sich unausgefüllt und unbefriedigt, einsam, traurig und auf der Suche nach einem sinnerfüllteren Dasein. Gegen den Konfirmationsunterricht hat sie rebelliert, übliche Erziehung empfand sie als entsetzlich langweilig. »Staub wischen, Hüte garnieren, Deckchen sticken, Strümpfe stopfen – soll das das Herz beruhigen, den Geist ausfüllen? Es ist nichts als eine tugendhafte Bemäntelung des Zeittotschlagens«, beklagte sie das Schicksal der höheren Tochter. Und weiter: »Ich lebe nicht einmal, sondern werde gelebt.«

Die 16jährige Lily hatte im Zusammenhang mit einer Wohltätigkeitsveranstaltung ihre erste Begegnung mit dem Proletariat. Sie beschreibt ihre Scham und ihr Entsetzen angesichts des Elends und das Unverständnis ihrer Verwandten, die sie als »überspannt« bezeichneten.

Dann verliebte sich Lily von Kretschmann in einen wirklichen Prinzen, einen Verwandten eines regierenden Hauses und Offizier beim feudalen Garde-du-Corps-Regiment in Berlin. Die gegenseitige Zuneigung war aufrichtig und echt, doch stand einer Heirat die schlechte Finanzlage dieser hochfürstlichen, aber verarmten Familie entgegen, die durch eine vermögende Fürstentochter aufgebessert werden sollte. Eine steinreiche Erbtante Lilys, von dieser um Hilfe gebeten, sagte ab: »Unser ganzes Leben ist Entsagung und Pflichterfüllung«. Auch Lilys Vater war empört über die »Ehrlosigkeit« des Prinzen. Als Lily schließlich dem Geliebten vorschlug, mit ihr in freier Beziehung zu leben, zeigte sich dieser entsetzt: »Mach mich doch nicht zum Schurken«, läßt ihn die Autorin in ihren »Memoiren« sagen, und »wie von Furien gepeitscht in der dunklen Allee« verschwinden.

Damit war diese Affäre, die viel Staub aufgewirbelt hatte, zu Ende. Sogar Lilys Vater hatte die Konsequenzen zu tragen: Er wurde in die kulturell öde Stadt Bromberg nahe der russischen Grenze »strafversetzt«. Lily selbst flüchtete zu ihrer Großmutter, der Goethe-Freundin und illegitimen Tochter von Jerome Napoleon, Jenny von Gustedt, wahrscheinlich die einzige Person in Lilys Verwandtschaft, die dem jungen Mädchen mit Verständnis entgegentrat. Kurz vor ihrem Tod, im Frühjahr 1890, hat sie ihrer Enkelin einen bedeutungsvollen Brief geschrieben, in dem sie vor einer »Versorgungsehe« warnt und auch die in Aussicht gestellte Erbschaft der reichen Tante nicht zu hoch bewerten will. Ihren Rat »Stell Dich auf eigene Füße« betrachtete Lily später als ihr Testament. 1909 hat sie unter dem Titel »Im Schatten der Titanen« eine Biographie der Jenny von Gustedt veröffentlicht, die stilistisch an ihre »Frauenfrage« allerdings nicht im entferntesten heranreicht. Eher erinnert sie an einen der damals üblichen Trivialromane, was wohl durch die damaligen finanziellen Schwierigkeiten des Ehepaars Braun zu erklären ist: damit sollte der dringend notwendige Verkaufserfolg gesichert werden.

Daß Lily eine standesgemäße Ehe verweigerte, wurde ihr auch deshalb zum Vorwurf gemacht, weil der Vater, nachdem er beim Kaiser in Ungnade gefallen war, aus dem militärischen Dienst entlassen

wurde, was eine empfindliche Einschränkung des bislang großzügigen Lebenstils zur Folge hatte. Jetzt plötzlich sollte Lily zum Unterhalt beitragen, sie veröffentlichte Artikel in Zeitschriften und verkaufte Malarbeiten, arbeitete jedoch auch im Haushalt mit und unterrichtete die jüngere Schwester. Schließlich fuhr sie nach Weimar,
um hier über das Thema »Goethe und die lebendige Klassik« zu arbeiten. Bald wurde ihr jedoch klar, daß Archivarbeit nicht ihre Le-
bensaufgabe sein konnte, und sie kehrte nach Berlin zurück. Dort
schien sich dann endlich ihre Sehnsucht nach einem sinnvollen Dasein zu erfüllen. Der Mann, der sie auf diesen Weg führte, hieß Georg von Gizyki, war Philosoph und Sozialethiker, außerdem jedoch
schwer krank und an den Rollstuhl gefesselt. Gizyki, ein radikaler
Liberaler, der eine »Ethische Gesellschaft« gegründet hatte, bot ihr
seine Bibliothek zum Studium an, führte sie in die Philosophie,
Psychologie und in sozialethische Werke ein, machte sie mit sozialistischen Theorien, mit Marx und Engels bekannt und interessierte
sie für die Frauenemanzipation. »Alles was aus mir geworden ist,
haben Sie aus mir gemacht«, schrieb ihm Lily in einem Brief. »Sie
können es nicht ermessen, was es für einen Menschen heißt, der
plötzlich er selbst sein darf … Sie haben mir eine neue Welt er-
schlossen.« Ihre Heirat 1893 mit dem in bescheidenen Verhältnissen lebenden Gizyki, dem »Kathedersozialisten«, der zu jenen Leuten gehörte, die, wie ihr Vater meinte, »das Vaterland verraten, den
Meineid predigen und den Fürstenmord«, bedeutete den endgültigen Bruch mit ihrem Elternhaus. »Für die Welt, der ich angehört
hatte, wie für meine Familie war ich tot. Mein Name durfte nicht
mehr genannt werden, meine Mutter und meine Schwester durften
mich nicht mehr sehen.«
Erst viel später kam es über Lily Brauns Sohn Otto zu einer Versöhnung mit dem Vater und in ihrem Buch »Kriegsbriefe von Hans
von Kretschmann« konnte sie sich wieder mit den väterlichen Idealen identifizieren.
Lily von Gizyki, die ihre Vergangenheit hinter sich gelassen hatte,
versuchte eine Zukunft zu finden. Zunächst engagierte sie sich in
Minna Cauers Verein »Frauenwohl«, wurde in dessen Vorstand gewählt und Redakteurin der Zeitschrift »Die Frauenbewegung«.
1895 hielt sie als erste deutsche Frauenrechtlerin eine Rede für das
Frauenstimmrecht, die sie als hinreißende Rednerin bekannt mach-

te. Gleichzeitig fühlte sie sich zu Vertreterinnen der Arbeiterinnenbewegung hingezogen, die sie vorbehaltlos bewunderte. Allerdings wurde bereits damals klar, daß die Aristokratin, diese schöne, elegant gekleidete Frau, die so wenig mit den abgearbeiteten, mangelhaft ernährten und in unbeschreiblicher Armut lebenden Arbeiterinnen gemeinsam hatte, im Grunde nirgends hingehörte. Nicht zur bürgerlichen Frauenbewegung, die ihr zu wenig radikal erschien, aber auch nicht zur SPD, der sie kurz nach dem Tod ihres Mannes im Jahr 1895 beitrat.

Der Konflikt mit der Sozialdemokratie, der bald einsetzte, vollzog sich vor allem über die Person Clara Zetkins, die in Lilys Memoiren von einer Achtung und Respekt gebietenden Führerin zu einer schrillen und uneinsichtigen Parteifunktionärin mutierte. Tatsächlich stand Zetkin der neuen Genossin nach anfänglich wohlwollender Aufnahme eher skeptisch gegenüber, die Bemühungen Lilys nach einer Zusammenarbeit zwischen bürgerlicher und sozialdemokratischer Frauenbewegung stießen bei ihr auf strikten Widerstand. Aber auch andere Pläne Lilys, wie etwa die Gründung einer sogenannten »Wirtschaftsgenossenschaft«, wurden von Clara abgelehnt. Der Gedanke an eine ausgedehnte, einige Häuserkomplexe umfassende Wohngemeinschaft, in der u. a. eine Zentralküche, Kinderbetreuungseinrichtungen und Spielplätze berufstätige Mütter entlasten sollten, wird Lily wohl aufgrund ihrer eigenen Situation gekommen sein. Litt sie doch nach ihrer zweiten Heirat mit dem SPD-Politiker und Revisionisten Heinrich Braun als Gattin und Mutter unter der Doppelbelastung, die auch zu Schuldgefühlen gegenüber ihrem kleinen Sohn führte. Dabei war die Situation Lily Brauns, die sich eine Hilfe leisten konnte, nicht vergleichbar mit anderen Arbeiterfrauen, die oft ihre Kleinsten ohne Aufsicht oder bestenfalls mit größeren Geschwistern zurücklassen mußten.

Aber nicht nur Zetkin lehnte diesen Vorschlag ab (sie befürchtete, daß wieder nur die Wohlhabenderen in den Genuß der Einrichtung kommen könnten), auch die bürgerliche Frauenbewegung lief dagegen Sturm, prophezeite eine »Auflösung der Familie«, einen »Zukunftskarnikelstall, wo sich das Familienleben auf das Schlafzimmer beschränkt«, und beschuldigte die Autorin, »alle Frauen aus der trauten Häuslichkeit in die Kaserne« treiben zu wollen. Lily Braun saß also wieder zwischen allen Stühlen.

Der Konflikt spitzte sich zu, als auf dem Parteitag der Sozialdemokraten im Jahr 1902 der Antrag gestellt wurde, interne Kritik an Genossen nur noch in parteieigenen Zeitungen zu erlauben. Damals stellte Braun die hellseherische Frage: »Die Diktatur des Proletariats – wird sie die Freiheit sein?« Auch als sie zusammen mit Heinrich Braun die Zeitschrift »Die neue Gesellschaft« gründete, kam der Streit zwischen »Radikalen« und »Revisionisten*« voll zum Ausbruch. Sie wurden beide mit schwersten persönlichen Verleumdungen konfrontiert und der Zusammenarbeit mit der Bourgeosie verdächtigt. Gleichzeitig entstanden Konflikte innerhalb ihrer Ehe. Heinrich Braun warf ihr vor allem Verschwendungssucht vor, wobei die Tatsache, daß es ihr Vermögen war, von dem beide lebten, ihre Schuldgefühle ihm gegenüber nicht verringerte. Auch für ihre Mehrfachbelastung wollte er kein Verständnis aufbringen. Nachdem Clara Zetkin Lily Brauns Buch »Die Frauenfrage« (1901) total verrissen, ihr die Mitherausgeberschaft der »Gleichheit« entzogen und dafür gesorgt hatte, daß sie nicht mehr in sozialdemokratischen Zeitungen publizieren konnte, zog sich Lily in ihr Privatleben zurück und widmete sich nur noch ihrer schriftstellerischen Tätigkeit. Daß sie sich schlußendlich für die allgemeine Kriegseuphorie vereinnahmen ließ, wird mit ihrem Bedürfnis nach Einigkeit, nach »Harmonie und Aufhebung aller Differenz« (Ute Frevert) erklärt: »Sie fühlten nur ein Vaterland … sie waren nur ein Volk. Und der Kopf keiner Frau war gesenkt, wie unter einer Last. Mit jedem neuen Feind, der uns heimtückisch überfiel, warf sie ihn – wie der Mann – nur noch stolzer, kraftvoller in den Nacken«. Hans Thiersch meint in seiner Biographie: »Es ist, als sei in Lily Braun etwas zerbrochen. Ihre Fähigkeit zu Solidarität, ihre Kraft der Begeisterung und der Hingabe an die Sache verlieren ihre protestativ-emanzipative Kraft«.
Am 6. August 1916 ist sie auf dem Weg zum Postamt, wo sie nach einem Brief ihres an der Front kämpfenden Sohnes fragen wollte, auf der Straße zusammengebrochen und zwei Tage später 51jährig an den Folgen des Schlaganfalls gestorben. Den Tod ihres Sohnes,

---

* Die Revisionisten wollten die Ziele der Sozialdemokratie nicht durch Revolution, sondern auf parlamentarischem Weg durch Reformen verwirklichen.

der bald darauf 17jährig im Krieg gefallen ist, hat sie nicht mehr erlebt.

Die radikale Sozialistin, Revolutionärin, Mitbegründerin der kommunistischen Partei Deutschlands und enge Freundin Clara Zetkins *Rosa Luxemburg* (1870–1919), die heute zu einer Symbolfigur der Frauenemanzipation geworden ist, wird häufig irrtümlich der Frauenbewegung zugeordnet. Sie soll daher in diesem Zusammenhang nur am Rande erwähnt werden. Rosa hat in erster Linie gegen die bestehenden Herrschaftsverhältnisse gekämpft und Zetkin die ausschließliche Konzentration auf Frauenfragen sogar verübelt. Als echte Marxistin war sie von der Vorrangigkeit gesellschaftlicher Veränderungen überzeugt, die automatisch auch die Gleichberechtigung der Frau bringen würden. Frauenemanzipatorische Bestrebungen schienen ihr daher überflüssig. Ihre große Bedeutung liegt vor allem in einer eigenständigen Theorie, die Lenins »Diktatur des Proletariats« abgelehnt und stattdessen eine wirkliche Demokratie angestrebt hat, die das direkte Mithandeln der Massen ermöglichen sollte. Die demokratische Gesinnung Rosas, einer Polin jüdischer Abstammung, die in Zürich promovierte, Chefredakteurin der »Sächsischen Arbeiterzeitung« und Mitbegründerin des Spartakusbundes war, beweist der Ausspruch: »Freiheit ist immer Freiheit der Andersdenkenden«, der zum geflügelten Wort geworden ist. Rosa war auch eine der wenigen Sozialdemokratinnen, die, so wie Clara Zetkin, dem Pazifismus treu geblieben ist.

Ihre »Briefe aus dem Gefängnis« zeigen sie außerdem als sensible, liebesfähige und humorvolle Frau, die früh vor den undemokratischen Tendenzen im revolutionären Rußland warnte. Ihre und Karl Liebknechts brutale Ermordung am 15. Januar 1919 hat weltweit Empörung ausgelöst.

Die Lage der *österreichischen Sozialdemokratinnen* unterschied sich wenig von jener ihrer Genossinnen in Deutschland. Auch hier gab es ein Vereinsgesetz, das besagte, daß »Ausländer, Frauenspersonen und Minderjährige« nicht »als Mitglieder politischer Vereine ... aufgenommen werden« dürfen. (Es blieb allerdings noch länger als in Deutschland, nämlich bis 1918, in Kraft.) Auch hier wurden laufend Versammlungen von Arbeiterinnen aufgelöst und Frauen, die daran teilgenommen hatten, ins Gefängnis gesperrt. Auch in

Österreich gab es einen proletarischen Antifeminismus, der zunächst Frauenarbeit, eine eigene Frauenorganisation und das Frauenwahlrecht abgelehnt hat.

1890 gelang es dann einer Gruppe von Frauen, mit dem »Arbeiterinnen-Bildungsverein« eine Organisationsform für Arbeiterinnen zu gründen, die zwar zunächst unter dem Einfluß bürgerlich-liberaler Frauen stand – Auguste Fickert und Ida Baumann haben hier wiederholt Vorträge gehalten –, sich aber allmählich davon löste und zu eigenen Aussagen fand. Der Verein, der nicht nur den katastrophalen Bildungsnotstand der Arbeiterinnen beheben, sondern ihnen auch die »Grundsätze und politischen Ziele der Sozialdemokratie … näher bringen« wollte, bildete den Grundstock für die nun enstehende sozialdemokratische Frauenbewegung.

Adelheid Popp (1869–1939)

geborene Dworschak, war in Österreich die herausragendste Persönlichkeit. Anders als die aus einem bürgerlichen Milieu stammende Clara Zetkin hatte sie das unglaubliche Elend einer proletarischen Kindheit am eigenen Leib erfahren. Ihre Erinnerungen mit dem Titel »Jugend einer Arbeiterin«, die erstmals 1909 anonym erschienen sind, sogleich mehrere Auflagen erlebten und in zehn Sprachen übersetzt wurden, haben nicht nur vielen Arbeiterinnen ihr eigenes Schicksal vor Augen geführt, sondern auch bürgerliche Kreise für das Elend dieser Unterschichtfrauen und -Männer sensibilisiert. August Bebel meinte in seinem Vorwort, er habe selten eine Schrift mit tieferer Regung gelesen, und noch heute, fast ein Jahrhundert später, berührt die Beschreibung dieser trostlosen Kindheit ebenso wie die Kraft und der Mut zur Veränderung und der Glaube an eine bessere Gesellschaft. Wahrscheinlich hat dieses Buch mehr zum Verständnis der arbeitenden Klasse beigetragen als viele gelehrte und hochwissenschaftliche Abhandlungen.

»Kein Lichtpunkt, kein Sonnenstrahl, nichts vom behaglichen Heim, wo mütterliche Liebe und Sorgfalt meine Kindheit geleitet hätte, ist mir bewußt«, beginnt Adelheid ihre Erinnerungen. Sie erzählt vom Vater, einem Weber, der gewalttätig war, trank, die Mutter oft schlug und vor dem sie ständig Angst hatte, und von der

Mutter, die für die Ernährung der Familie verantwortlich gemacht wurde, obwohl sie nie eine Schule besucht hatte, daher weder lesen noch schreiben konnte, dafür aber seit ihrem sechsten Lebensjahr zum Familieneinkommen hatte beitragen müssen. Ein Schicksal, das auch Adelheid beschieden war. Von ihren Kinderängsten und Kinderträumen, dem ersten Weihnachtsbaum der Fünfjährigen, den der Vater in einem Anfall von Zorn mit einer Hacke zusammenschlug, ihrem Besuch bei einer wohltätigen Herzogin, von der sie sich ein dringendes Paar Schuhe erhoffte und wo sie sich zum ersten Mal in ihrem Leben in einem Spiegel sah. Von einem im Sturm und Regen verlorenen Lesebuch, dessen Verlust dazu führte, daß sie eine Klasse wiederholen mußte, weil ihre Mutter nicht genügend Geld besaß, ein neues zu kaufen, von dem sogenannten »Bettgeher«, der sich eines Nachts über die Minderjährige hermachte, und von ihrer große Leselust, die sie in ein Traumland führte, in dem sie das Elend um sich herum vergessen konnte.

Popp erzählt sachlich und schlicht, in einer einfachen Sprache ohne jeden poetischen Anspruch. Sie habe, so meint sie in ihrem Vorwort zur dritten Auflage (die bereits unter ihrem Namen erschien), ihre Jugendgeschichte nicht deshalb geschrieben, weil sie diese als etwas individuell Bedeutsames einschätze, sondern weil sie gleichzeitig damit das Schicksal von Hunderttausenden Frauen und Mädchen schildere, die sich darin erkennen können.

Adelheid war das 15. und jüngste Kind des aus Böhmen eingewanderten Adalbert Dworschak und der damals schon 47-jährigen Anna, die in Inzersdorf bei Wien lebten. Von ihren Geschwistern starben zehn bereits im Säuglingsalter an Krankheit und Unterernährung. An ihrer Mutter ist sie sehr gehangen, auch wenn sich in späteren Jahren das Drama zwischen einer unemanzipierten Mutter und emanzipierten Tochter in besonders krasser Weise wiederholte.

Nach dem Tod des Vaters mußte das erst sechsjährige Kind neben der Schule durch Näharbeiten dazuverdienen, als Neujahrswünscher zu wohlhabenden Familien betteln gehen und zusammen mit anderen armen Kindern dem Sarg reicher Schulkinder in einem besonderen Zug folgen, wofür es die dringend benötigten paar Kreuzer gab. Bereits nach dem dritten Schuljahr wurde Adelheid aus der Schule genommen, weil die Mutter angesichts ständiger Not die

Adelheid Popp

Meinung vertrat, Bildung sei überflüssig und Geld verdienen wichtiger. Im Grunde war ein achtjähriger Schulbesuch damals in Österreich bereits obligatorisch und auch Kinderarbeit verboten. Aber diese Gesetze wurden häufig umgangen und beschäftigte Kinder vom Arbeitgeber angehalten, den Inspektoren gegenüber ein höheres Alter anzugeben.

Im Falle Adelheid Dworschak spielte ein durch Unwissenheit entstandenes Mißverständnis eine fatale Rolle: Da ihre Mutter nicht schreiben konnte, mußte Adelheid den Meldezettel ausfüllen, wobei sie es verabsäumte, sich selbst unter der Rubrik »Kinder« einzutragen, sie war Arbeiterin und fühlte sich daher erwachsen. So blieb sie polizeilich unangemeldet, weshalb weder von seiten der Behörden noch von sonst irgend jemandem ihre versäumte Schulpflicht und ihr früher Berufseinstieg auffielen.

Mit zehn Jahren, nachdem die Mutter mit den Kindern nach Wien gezogen war, wurde sie bereits als Lohnarbeiterin angestellt und arbeitete zwölf Stunden täglich in den verschiedenen Textilwerkstätten. »Wenn ich frühmorgens um 6 Uhr in die Arbeit laufen mußte, dann schliefen andere Kinder meines Alters noch. Und wenn ich um 8 Uhr abends nach Hause eilte, dann gingen die anderen gut genährt und gepflegt zu Bett.« Aber selbst zu Hause im Bett, das sie mit der Mutter und zeitweise mit einer anderen Arbeiterin teilte und in dem sie sich nicht einmal ausstrecken konnte, mußte sie noch weiter häkeln oder sticken, um sich ein wenig Geld dazuzuverdienen. Ihr größter Wunsch: einmal ausschlafen zu können. »Schlafen wollte ich, bis ich selbst erwachte, das stellte ich mir als das Herrlichste und Schönste vor.«

Bis zu ihrem 13. Lebensjahr arbeitete Adelheid in der Heimindustrie oder als Dienstmädchen, zweimal versuchte ihre Mutter sie in einer Lehre unterzubringen, um ihr einen ordentlichen Beruf zu ermöglichen. Aber die Lehrherren und -frauen kassierten zwar das mühsam aufgebrachte Lehrgeld, benutzten Adelheid jedoch als Mädchen für alles, so daß sie rein gar nichts lernte. Sie mußte also wieder auf Arbeitssuche gehen, an kalten Wintertagen ihr »Bitt' schön um Arbeit« herunterleiern, um sich schließlich verzweifelt in irgendwelche Kirchen zu flüchten, wo sie inbrünstig zur »Maria der Jungfrau« und allen Heiligen um Arbeit betete. Denn Adelheid war als Kind sehr fromm, ihren Glauben an den »lieben Herrgott« hat sie erst später abgelegt.

Dann begann für das 13jährige Kind ein Dasein als Fabrikarbeiterin, und nun rächte sich der ständige Raubbau an dem jungen Körper: Sie erlitt mehrere Ohnmachtsanfälle und wurde in eine psychiatrische Klinik eingeliefert, weil man ihr Leiden in einen Zusammenhang mit dem Alkoholismus ihres Vaters brachte. In dieser Klinik, so bemerkte sie lakonisch, ging es ihr so gut wie nie zuvor, sie bekam regelmäßiges Essen, besaß zum erstenmal in ihrem Leben ein eigenes Bett und saubere Wäsche. Die Ärzte besorgten ihr auch Lesestoff, womit ihr Glück eigentlich vollkommen war. Nach den bislang wahllos verschlungenen Kolportageromanen, Indianergeschichten und Berichten aus kaiserlichen und fürstlichen Häusern las sie jetzt Schiller und Daudet. Unter diesen Umständen ging es ihr auch bald so gut, daß sie als geheilt entlassen werden konnte. Nach einigen Wochen mit Arbeiten in den verschiedensten Fabriken stellte sich das Leiden allerdings neuerlich ein, und nun geschah etwas wirklich Furchtbares: Aufgrund der Annahme, daß ihr Leiden unheilbar sei, kam die 14jährige zu alten, siechen und verwirrten Frauen in das Armenhaus, wo ihr nach einigen Tagen mitgeteilt wurde, sie werde in ihr »Heimatland« Böhmen (aus dem ihr Vater stammte) abgeschoben werden, sofern nicht irgend jemand aus der Verwandschaft käme, um sie abzuholen.

Adelheid Popp hat später mehrmals die ungeheure Verstörung der 14jährigen beschrieben, die schließlich auf einer Karte ihre Mutter bitten mußte, sie abzuholen, weil sie sonst ausgewiesen würde. Die Angst vor neuerlichen Ohnmachtsanfällen und einer Wiederholung dieses Dramas hat sie viele Jahre begleitet und aus ihr ein ernstes und melancholisches Mädchen gemacht.

Trotzdem besserten sich langsam ihre Lebensverhältnisse, sie arbeitete in einer Fabrik, die einen guten Ruf besaß, und verdiente auch bald etwas mehr, so daß sie ihre Mutter, die auch durch die drei Brüder (ein vierter war an den Folgen eines Unfalls gestorben) wenig Unterstützung erhielt, entlasten konnte.

Und dann begann so etwas wie ein zweites Leben, das durch ihre Begegnung mit dem Sozialismus eingeleitet wurde.

Die Entwicklung dieses jungen Mädchens von einer halben Analphabetin zur Führerin der sozialdemokratischen Frauenbewegung Österreichs ist heute nicht mehr wirklich nachvollziehbar. Ausschlaggebend war dabei sicher neben einer wachen Intelligenz die Erkenntnis, daß selbsterlebtes Leid – und damit auch das Leid anderer – nicht als gottgewollt begriffen werden muß, sondern als gesellschaftlich bedingt und daher veränderbar.

Diese Erkenntnis kam langsam, durch allmähliche Zeitungslektüre (die sich vorerst auf konservative Blätter bezog), die erste Begegnung mit Sozialdemokraten (die meist Freunde ihrer Brüder waren), den ersten Besuch von Versammlungen (in denen sie oft die einzige Frau gewesen ist) und natürlich durch die Lektüre von Marx und Engels. 1891 hielt sie dann ihre erste spontane Rede in einer Gewerkschaftsversammlung. Da es sich dabei um eine Branche handelte, in der Frauenarbeit eine bedeutende Rolle spielte, waren unter den 300 Männern immerhin neun Frauen anzutreffen, von denen sich allerdings niemand zu Wort meldete, weshalb Adelheids Auftritt auch mit Jubel begrüßt wurde. »Als ich die Stufen zum Rednerpult hinaufging, flimmerte es mir vor den Augen, und ich spürte es würgend im Halse. Aber ich überwand diesen Zustand und hielt meine erste Rede. Ich sprach von den Leiden, von der Ausbeutung und von der geistigen Vernachlässigung der Arbeiterinnen ... Ich sprach über alles, was ich an mir selber erfahren und an meinen Kolleginnen beobachtet hatte. Aufklärung, Bildung und Wissen forderte ich für mein Geschlecht ...«

Das war der Auftakt zu Adelheids politischer Karriere, die sie vorerst gar nicht angestrebt hat, da sie die übliche Meinung vertrat, daß Politik Männersache sei. »Daß ich auch als Mädchen in der sozialistischen Bewegung oder im politischen Leben überhaupt etwas leisten könne, wußte ich damals noch nicht.« Sie wünschte sich, ein Mann zu sein, und hielt sich mit ihrem politischen Interesse für eine etwas kuriose Ausnahme. Auch von einer Frauenfrage war trotz inzwischen erfolgter Gründung des Arbeiterinnenbildungsvereins noch wenig die Rede. »Es schien alles nur Männerleid und Männerelend zu sein.«

Trotzdem wuchs sie langsam in ihre Aufgabe hinein: nicht nur auch Frauenleid bewußt zu machen, sondern ebenso mit allen zur Verfügung stehenden Mitteln dagegen anzukämpfen. Als am 1. Januar 1892 die erste Nummer der von Victor Adler gegründeten »Arbeiterinnen-Zeitung« erschien, verfaßte Adelheid den Leitartikel, und ein Jahr später wurde sie zur Chefredakteuerin ernannt. Das war eine glückliche Fügung, denn in der Fabrik war sie inzwischen aufgrund ihrer sozialistischen Agitation für ihren Arbeitgeber untragbar geworden. Aber auch als Journalistin hatte sie anfangs wegen ihrer mangelhaften Schulbildung mit Schwierigkeiten zu kämpfen und war für gelegentliches Korrekturlesen durch Adler und Jakob Reumann dankbar. Trotzdem behauptete die Zeitung ein hohes Niveau und wurde von Adelheid Popp bis zu ihrem Verbot im Jahr 1934 geleitet. 1893 beteiligte sie sich dann an der Organisation des ersten Frauenstreiks nach dem Jahre 1848, der von der jungen *Amalie Ryba*, später verheiratete *Seidel*, Arbeiterin einer Textilfabrik, initiiert worden war. Rund 600 bis 700 Wiener Arbeiterinnen kämpften drei Wochen gegen einen 12-Stunden-Tag mit niedriger Entlohnung und unmenschlichen Arbeitsbedingungen. Viele von ihnen mußten für lediglich drei bis fünf Gulden wöchentlich bei ihrer Arbeit nur halb bekleidet, mit bloßen Füßen im Wasser stehen, andere wieder bei Temperaturen von mehr als 40 Grad gesundheitsschädliche Dämpfe einatmen. Der Streik war ein voller Erfolg, er informierte nicht nur die Öffentlichkeit über die Zustände in den Fabriken, es wurde danach auch der 10-Stunden-Arbeitstag eingeführt, und der Fabrikherr versprach bessere Arbeitsbedingungen und Mindestlöhne.

Mühsam war die agitatorische Tätigkeit, die Adelheid häufig in die Provinz führte, wo sie nach einer oft 15- bis 17stündigen Bahnfahrt auch noch eine stundenlange Wanderung bei Schnee oder glühender Sonnenhitze vor sich hatte. Die Unterbringungsmöglichkeiten waren miserabel, nach anstrengenden Versammlungen mußte sie aus Geldmangel in »billigsten Wanzenburgen und Flohpalästen« absteigen oder günstigstenfalls bei Genossen wohnen, die zwar gastfreundlich waren, aber in sehr beengten Wohnverhältnissen lebten. Mehr als einmal ist Adelheid Popp mit einer Arbeiterfrau in einem Bett gelegen.

Ebenfalls 1893 heiratete sie dann den um 20 Jahre älteren sozialdemokratischen Funktionär Julius Popp, damals schon ein schwerkranker Mann. Er starb bereits nach neun Jahren Ehe. Adelheid hat diese Ehe, in der sie zwei Kinder zur Welt brachte, stets als beispielhaft hingestellt. Daß Julius sie nicht in ihrer politischen Arbeit behindert, sondern im Gegenteil dazu ermutigt hat, erschien ihr so außergewöhnlich und rühmenswert, daß der vielfach belasteten Frau, die wieder mit Ohnmachtsanfällen zu kämpfen hatte, der Gedanke an seine Mithilfe bei der Hausarbeit gar nicht gekommen ist. Er stand in dieser Zeit wohl auch nicht zur Debatte. Außerdem hatte Adelheid die ständigen Klagen ihrer Mutter zu ertragen, die von der politischen Tätigkeit ihrer Tochter nichts begriff und ihr deswegen Vorwürfe machte. Ehefrau – und Mutter – sein war in den Augen der alten Frau, die ihr ganzes Leben hart gearbeitet hatte, das höchste Glück, das ihrer Tochter beschieden sein konnte. Diese Haltung der Mutter belastete Adelheid schwer. Hatte ihr Leben doch durch ihre Arbeit, die sie mit ungeheurer Begeisterung erfüllte, einen neuen Inhalt bekommen.

Eine Episode, die sich noch vor Adelheids Heirat mit Popp zugetragen hat, wirft ein bezeichnendes Schlaglicht auf die Situation: August Bebel und Friedrich Engels, die zu dieser Zeit zufällig nach Wien gekommen waren, hatten sich bereit erklärt, Adelheids Mutter aufzusuchen, um ihr begreiflich zu machen, daß sie eigentlich auf ihre Tochter stolz sein konnte. Aber die des Schreibens und Lesens unkundige Frau, die keine Ahnung hatte, welche Berühmtheiten ihre bescheidene Wohnung aufsuchten, sagte nach diesem Besuch nur geringschätzig: »So Alte bringst du daher«. Handelte es sich doch in ihren Augen bei jedem Mann, den ihr Adelheid vorstellte, um einen potentiellen Freier, der ihre Tochter endlich in den von der Mutter sehnlichst gewünschten Ehestand führen würde. Der damals 73-jährige Engels und der 53jährige Bebel entsprachen nicht ganz ihren Vorstellungen.

Nach dem Tod ihres Mannes blieb Adelheid mit zwei Kleinkindern, der über 80jährigen Mutter und einer halbwüchsigen, ständig von Tuberkulose bedrohten Nichte, die alle in einem gemeinsamen Haushalt lebten, auf sich allein gestellt. Da sie selbst mit ihrer verantwortungsvollen Tätigkeit keinen Männerlohn ausbezahlt bekam (und anfangs auch zu bescheiden war, diesen einzufordern), hatte sie in den ersten Jahren mit schweren finanziellen Sorgen zu kämpfen, die sich erst langsam besserten.

Adelheid Popp, die innerhalb der SPÖ die revisionistische Richtung unter dem Einfluß von Victor Adler vertrat, hat von Anfang an für eine separate Frauenorganisation plädiert und für eine vermehrte Aufnahme von Frauen in die Gewerkschaft.

Sie kämpfte für das Recht der Frau auf freie Entfaltung in der Öffentlichkeit und am Arbeitsplatz, setzte sich für das Frauenwahlrecht ein und polemisierte gegen die »Heiligkeit der Ehe«, an der auch dann festgehalten werde, wenn ein Zusammenleben unerträglich geworden sei. Auch mußte sie wegen ihrer unverblümten und kompromißlosen Äußerungen mehrere Gefängnisstrafen absitzen.

Adelheid Popp war erste Vorsitzende des Lese- und Diskutierklubs »Libertas«, der die Aufgaben des Arbeiterinnen-Bildungsvereins übernommen hatte, gründete 1902 den »Verein sozialdemokratischer Frauen und Mädchen«, wurde 1918 Mitglied des sozialdemokratischen Parteivorstandes, des österreichischen Parlaments und des Wiener Gemeinderats und übernahm nach Clara Zetkin den Vorsitz im »Internationalen Frauenkomitee«. 1912 gab sie das »Gedenkbuch zwanzig Jahre österreichische Arbeiterinnenbewegung« heraus und veröffentlichte unter dem Titel »Hausklavinnen« eine Studie über die Situation der Dienstmädchen. 1922 erschien ihr Bericht »Frauenarbeit in der kapitalistischen Gesellschaft« und 1929

»Der Weg zur Höhe«, eine historische Darstellung der Frauenbewegung.

Schwere Schicksalschläge haben sie allerdings auch jetzt nicht verschont: Ihr Sohn Julius fiel mit 19 Jahren an der Front, der zweite Sohn Felix starb 24jährig an einer schweren Grippe.

Sie selbst nahm gegen den Krieg vom Anfang an eine distanzierte Haltung ein, paßte sich aber der Parteilinie an. Eine Einladung von Clara Zetkin zu der 1915 stattfindenden Frauenfriedenskonferenz in Bern mußte sie auf Druck der Parteiführung ablehnen. Auch auf der zweiten Friedenskonferenz 1917 in Stockholm durften die österreichischen Sozialdemokratinnen nicht teilnehmen. An den öffentlichen Friedenskundgebungen, die ab 1917 verstärkt einsetzten, hat sie sich allerdings regelmäßig beteiligt.

In ihren letzten Lebensjahren mußte sie mitansehen, wie das Verbot der Sozialdemokratischen Partei, die Niederlage der Arbeiterschaft und der Einzug Hitlers ihr Lebenswerk vernichteten. Nach ihrem Tod am 7. März 1939 – sie starb an den Folgen eines Schlaganfalls – durfte kein Nachruf auf sie veröffentlicht werden. Ihre Parteifreundin *Gabriele Proft* erinnert sich: »Als wir an ihrem Grab standen, riß der Sturm der Rednerin die Worte vom Munde, so als wäre auch dieser letzte Freundschaftsdienst verboten.«

Die Suffragetten

Keine Bewegung hat Frauen so zusammenzuschweißen vermocht, hat unter härtesten Bedingungen zu so konsequenter Solidarität geführt wie die Stimmrechtsbewegung der englischen Suffragetten. In ihr wurde die Vision von Frauen als Klasse verwirklicht, die Arbeiterinnen ebenso wie Bürgerinnen und Aristokratinnen vereinigte.

So wie in Amerika hat die Stimmrechtsbewegung auch in England eine lange Tradition. Schon 1825 war der Ökonom und Sozialreformer William Thompson zusammen mit Anna Wheeler, einer geistigen Wegbereiterin der englischen Frauenbewegung, für das Frauenstimmrecht eingetreten. 1866 wurde dann dem Unterhaus eine von 1 500 Frauen unterzeichnete Petition für das Wahlrecht eingereicht. Ein Jahr später wandte sich John Stuart Mill mit seiner bemerkenswerten Rede »Über die Zulassung der Frauen zum Wahlrecht« an das House of Commons. Er war damit der erste, der die Frage des Frauenwahlrechts von der theoretischen auf die politische Ebene verlagerte.

Beinahe vergessen ist heute die Tatsache, daß Mills feministisches Engagement, wie es auch in seinem berühmten Buch »Die Hörigkeit der Frau« (1869) zum Ausdruck kommt, nur durch den Einfluß und die über 20jährige Mitarbeit seiner Frau Harriet und später seiner Tocher Helen möglich war, die beide schon zu Lebzeiten als Feministinnen kritisiert und nach ihrem Tod von der traditionellen Wissenschaft übergangen wurden.

Nur aufgrund dieser historisch gewachsenen Situation ist es zu verstehen, daß die Suffragettenbewegung in England ein derartiges Ausmaß erreichte und Frauen mit beispiellosem Mut, Durchhaltevermögen und unter Nichtbeachtung der eigenen Gesundheit, sogar des eigenen Lebens für ihre Ziele gekämpft haben. Waren sie doch zutiefst davon überzeugt, daß bei einer Beteiligung von Frauen am politischen Geschehen, an der Entstehung von Gesetzen die allgemeine Diskriminierung ein Ende nehmen würde.

Die Suffragetten sind vor allem als militante, Fensterscheiben einschlagende, brandschatzende und die öffentliche Ordnung gefährdende Frauen in die Geschichte eingegangen. Sehr viel weniger bekannt ist das Leiden dieser Frauen, bevor sie zu derartigen Mitteln griffen, die ungeheure Brutalität, mit der sie von den sogenannten Gesetzeshütern behandelt wurden allein deswegen, weil sie demokratische Rechte für sich in Anspruch nahmen, von denen sie wegen ihres Geschlechts ausgeschlossen waren. Die großen Hoffnungen, die sie anfangs in das Mittel der Petition gesetzt hatten – allein im Jahr 1868 wurden dem Parlament 78 Bittschriften mit rund 50 000 Unterschriften vorgelegt –, zerschlugen sich, als Frauen feststellen mußten, daß das alte, bereits in der »Bill of Rights« festgelegte Petitionsrecht in seiner konsequenten Ausführung nur für Männer, aber nicht für sie selber galt. Denn obwohl dieses Recht besagt, daß Untertanen dem König (und später dem Premierminister) Bittschriften überreichen können, ohne deswegen verhaftet und verfolgt zu werden, wurden die Frauen, die in Gruppen immer und immer wieder zum Unterhaus pilgerten, um dort ihre Ansuchen zu überreichen, regelmäßig von meist berittener Polizei auseinandergesprengt, häufig verletzt und schließlich verhaftet. Erst als ihnen klar wurde, daß sie als Frauen von den allgemeinen Bürgerrechten ausgeschlossen waren, fühlten sie sich auch an bestehende Gesetze nicht mehr gebunden. Wobei sie allerdings streng darauf achteten, lediglich Sachwerte zu zerstören. »Denn das eigentlich bewegende Motiv ihres (der Suffragetten) Kampfes ist tiefe, achtungsvolle Ehrfurcht vor dem menschlichen Leben«, meint

Emmeline Pankhurst (1858–1928)

in ihren Memoiren, die 1914 erschienen sind. Sie und ihre Töchter Sylvia und Christabel waren die herausragenden Persönlichkeiten in der Suffragettenbewegung.
1858 als drittes Kind von Robert Goulden und Sophia Jane Crane in Manchester geboren, wuchs Emmeline in einer Familie mit radikaldemokratischen Ansichten auf. Beide Eltern kämpften in der Liberalen Partei für die Aufhebung der Sklaverei, gegen das Getreide-

Emmeline Pankhurst

zollgesetz, das die Großgrundbesitzer auf Kosten der Armen begün-
stigte, und für das Frauenwahlrecht. Bereits mit 14 Jahren nahm sie
an ihrer ersten Versammlung über das Frauenwahlrecht teil. Als
15jährige besuchte sie eine Mädchenschule in Paris, die damals als
sehr fortschrittlich galt. Nach Manchester zurückgekehrt, ging sie
1879 mit dem über 20 Jahre älteren Rechtsanwalt Richard Pankhurst eine Ehe ein, die nach eigenen Angaben glücklich und harmonisch gewesen ist. Pankhurst hat sich vom Anfang an für Frauenrechte eingesetzt und auch eine Gesetzesvorlage zur Verleihung des
Wahlrechts an Frauen entworfen.
Emmeline Pankhursts Erziehung und Umfeld unterscheidet sich also in vielen Aspekten von jenen der Frauen auf dem Kontinent. Bevor sie sich allerdings voll und ganz dem Kampf für Frauenrechte
widmen konnte, hat sie fünf Kinder, drei Töchter und zwei Söhne,
geboren und aufgezogen.(Ihr Sohn Frank ist fünfjährig an Diphte-
rie gestorben.)

Während eines achtjährigen Aufenthaltes in London wurden die Pankhursts trotz wachsender finanzieller Schwierigkeiten Mittelpunkt eines Zirkels linksradikaler Frauen und Männer. Sie waren auch an der Gründung der Liga für das Frauenwahlrecht beteiligt. Der Versuch Emmelines, mit einem Modeartikelgeschäft ihre finanzielle Lage aufzubessern, schlug allerdings fehl. Nach ihrer Rückkehr nach Manchester traten die Pankhursts der linken »Independent Labour Party« bei, und Richard bewarb sich zum zweiten Mal vergeblich um einen Unterhaussitz. Emmeline wurde in den städtischen Ausschuß für Armenrechtspflege gewählt, und nachdem ihr Mann 1898 gestorben war, versuchte sie, sich und ihre Kinder mit dem schmalen Gehalt einer Standesbeamtin für Geburts- und Todesfälle über Wasser zu halten. Die miserablen Verhältnisse in den Arbeitergegenden von Manchester, mit denen sie nun konfrontiert wurde und unter denen in erster Linie Frauen und Kinder zu leiden hatten, bestärkten sie in ihrer Überzeugung, daß nur durch die politische Mitarbeit von Frauen Änderungen zu erreichen sind. »Falls sich die Zivilisation in Zukunft überhaupt weiterentwickeln soll, dann kann das nur mit Hilfe von Frauen geschehen, von Frauen, die von ihren politischen Fesseln befreit sind, von Frauen mit dem vollen Recht, auch ihren Willen in der Gesellschaft durchzusetzen.«

Emmeline Pankhurst war eine schöne und sehr stolze Frau. Ihre glühende Begeisterung, ihre Selbstverleugnung und Opferbereitschaft, womit sie für andere Frauen beispielgebend gewesen ist, erklärt sich aus einem starken Bewußtsein der unterprivilegierten, ungerechten und demütigenden Situation der Frau, deren Aufhebung ihr oft wichtiger schien als das eigene Leben. (Emmeline Pankhursts Schwester etwa starb an den Folgen der unmenschlichen Bedingungen während der Haft.) Immer wieder betont sie in ihren Erinnerungen die Rechtmäßigkeit der weiblichen Forderungen und entlarvt mit einer klaren, logischen Argumentation die Regierung als eigentlichen Gesetzesbrecher und nicht, wie es in der Öffentlichkeit allgemein dargestellt wurde, die Suffragetten. »Es wurde mir schnell klar, daß Männer die Frauen als eine dienende Klasse in der Gesellschaft ansahen und die Frauen so lange in ihr bleiben würden, bis sie sich selbst daraus befreien.«

Diese Befreiung sollte vorangetrieben werden durch die Gründung einer militanten Wahlrechtsorganisation, der »Women's Social and

Political Union« (W.S.P.U.) im Jahre 1903, einem Parallelunternehmen zu der kurz vor der Jahrhundertwende entstandenen »National Union of Women's Suffrage Societies« (NUWSS) unter Leitung von Millicent Fawcett, die militante Aktionen ablehnte und statt dessen auf Geduld und Beharrlichkeit setzte.

Frauenstimmrechtsbewegungen hatte es allerdings schon früher gegeben, bereits 1867 erfolgte der Zusammenschluß der Frauenwahlrechtsgesellschaften Londons, Manchesters und Edinburghs zu einer nationalen Vereinigung. 1870 besaß dann die englische Frauenstimmrechtsbewegung in der von Lydia Becker herausgegebenen Zeitschrift »Women's Suffrage Journal« ein eigenes Organ. Die erste große Kundgebung für das Frauenwahlrecht im Jahre 1880 in der »Free Trade Hall« in Manchester machte klar, daß diese Frauenforderungen nicht nur als Wunsch einiger radikaler Feministinnen, sondern vielmehr einer breiten Masse zu verstehen sind. Weil auch immer mehr Abgeordnete dem Frauenwahlrecht positiv gegenüberstanden, mußte die Tatsache, daß trotz dieser günstigen Entwicklung diesbezügliche Gesetzesvorlagen regelmäßig zu Fall gebracht wurden, von den Frauen als besonders frustierend empfunden werden.

Während einer großen Wahlversammlung der Liberalen in Manchester im Jahre 1905 konfrontierte daher Annie Kenney von der W.S.P.U. die Anwesenden auf dem Podium mit der Frage: »Wird die Liberale Partei, wenn sie an die Macht kommt, Schritte unternehmen, um Frauen das Wahlrecht zu geben?«, während Christabel, Tochter von Emmeline, gleichzeitig eine kleine Fahne mit den Worten »Wahlrecht für Frauen«, dem künftigen Slogan der Frauenwahlrechtsbewegung, entrollte.

Die einem allgemeinen Demokratieverständnis entsprechende Vorgangsweise, die bei Männern durchaus toleriert wurde, löste in diesem Fall die unterschiedlichsten Reaktionen aus. Vorerst wurde das als Provokation empfundene Thema mit eisigem Schweigen übergangen. Als die Frauen jedoch nicht locker ließen und ihre Frage mehrfach wiederholten, wurden sie von der Menge niedergebrüllt, tätlich angegriffen, verletzt und schließlich von der Polizei festgenommen. Eine Geldstrafe von fünf Schilling bzw. drei Tage Gefängnis für Annie Kenney und zehn Schilling bzw. eine Woche für Christabel folgten. Beide Mädchen entschieden sich für das Gefängnis.

Diese Geschehnisse bildeten den Auftakt zu einer jahrelangen brutalen und menschenrechtsverletzenden Kampagne gegen Frauen, die vor allem eines zeigte: eine fast schon pathologisch zu nennende Angst der Männer vor dem politischen Mitspracherecht der Frauen. Sie wurden bei öffentlichen Kundgebungen, an denen auch prominente Pädagoginnen und Schriftstellerinnen teilnahmen, durch berittene Polizei auseinandergesprengt, verletzt und schließlich verhaftet. Aus geschlossenen Versammlungen, in denen sie ihre Wahlplakate entrollten, wurden sie hinausgeworfen, bei Demonstrationen von der Polizei geschlagen und immer wieder in das Gefängnis gesteckt, das von verhafteten Suffragetten – manchmal über 1 000 – bereits überquoll. Wobei sie allerdings keineswegs den wesentlich angenehmeren Status politischer Gefangener genossen, die nicht nur bessere Nahrung, eigenes Bettzeug, Zeitungen, Bücher und Schreibmaterial erhielten, sondern auch ihre eigene Kleidung anbehalten durften, sondern wie gewöhnliche Kriminelle behandelt wurden. Das Essen war miserabel, sie mußten alte, grobe Gefängniskleidung tragen, Einzelhaft in dunklen, schmutzigen, feuchten und im Winter sehr kalten Zellen ertragen, häufig sogar in Handschellen, ohne Lektüre und die Erlaubnis, Briefe zu empfangen. Emmeline berichtet, daß manche Frauen unter diesen beinahe mittelalterlichen Zuständen im berüchtigten Frauengefängnis Holloway verrückt, die meisten jedoch krank wurden und viele lebenslange gesundheitliche Schäden davontrugen. Schließlich griffen die Frauen, um diese Qual abzukürzen zum Mittel des Hunger-, später auch des Durststreiks, der in bemerkenswerter Solidarität von sämtlichen Inhaftierten befolgt wurde. Um den Tod der Frauen zu verhindern – die Regierung wollte keine Märtyrerinnen –, mußten sie nach wenigen Tagen entlassen werden. Auch das jedoch paßte der Regierung nicht ins Konzept, und so ging man daran, das Mittel der Zwangsernährung einzusetzen.

Um die ganze Ungeheuerlichkeit dieses Vorgangs zu begreifen, müssen die damals üblichen Methoden etwas näher beschrieben werden. Generell erlaubte das Gesetz diese Methode nur in »Fällen gerichtlich bestätigten Irreseins«, wobei nach Aussage von Ärzten Zwangsernährung entweder sofort oder aber im Laufe der Zeit zum Tod des Patienten führen konnte. Es kam vor, daß die Nahrung, die durch einen Schlauch durch die Nase geführt wurde, in die Lunge gelangte oder daß sich Zwangsernährte die Zunge, eingeklemmt hinter dem Schlauch, beim Widerstand abgebissen haben. Emmeline Pankhurst schildert die Zwangsernährung einer mit ihr befreundeten Suffragette so: » … zwei Ärzte und die Wärterinnen … drückten Mrs. Leigh auf ihr Bett nieder und hielten sie so fest. Zu ihrem Entsetzen holte ein Arzt einen zwei Meter langen Gummischlauch hervor und stopfte ihn in eines ihrer Nasenlöcher. Der Schmerz war so schrecklich, daß sie immer wieder schrie … der Schlauch wurde bis in den Magen gestoßen. Ein Arzt stand auf einem Stuhl, hielt den Schlauch hoch und goß durch einen Trichter flüssige Nahrung hinein, womit er das arme Opfer beinahe erstickte. ›Meine Trommelfelle schienen zu platzen‹, sagte sie später, ›ich konnte den Schmerz bis ins Brustbein spüren. Als endlich der Schlauch entfernt wurde, fühlte es sich an, als ob meine Nase und Kehle mit ihm herausgerissen würden‹. In fast bewußtlosem Zustand wurde Mrs. Leigh zurück in die Strafzelle gebracht.«

Dieser Behandlung wurden Frauen mehrmals am Tag ausgesetzt, bis ein Protestschreiben von 116 bekannten Ärzten an den Premierminister sowie wachsende Empörung in der Öffentlichkeit die Regierung zu wiederum neuen Mitteln greifen ließ: Sie erließ ein Gesetz, das bald allgemein das »Katze-und-Maus-Gesetz« genannt wurde. Danach mußten die im Hunger- und Durststreik befindlichen Frauen nach wenigen Tagen so lange in häusliche Pflege entlassen werden, bis sie sich wieder einigermaßen erholt hatten, worauf sie erneut eingeliefert werden konnten und so fort, bis die Strafe abgesessen war. Emmeline Pankhurst wurde als Folge dieser nicht sehr viel menschlicheren Methode bald so schwach und leidend, daß sie mehrmals in ihrer Zelle stürzte und so wie auch andere Frauen zu Versammlungen auf einer Bahre getragen werden mußte.

Dieses Vorgehen der Behörden sowie die inzwischen militanten Aktionen der Suffragetten führten zu einem großen Aufsehen in der Öffentlichkeit, was natürlich ganz im Interesse der Frauen lag. Die Mitgliederzahl der W.S.P.U. stieg von bescheidenen Anfängen in wenigen Jahren auf 260 000 in ganz England, und die machtvollen Demonstrationen brachten laut »Times« bis zu 500 000 Frauen auf die Straße. Weil es genügend wohlhabende Frauen gab, die sich für das Frauenwahlrecht engagierten, hatte die W.S.P.U. auch nicht mit Geldsorgen zu kämpfen. Bereits 1906 mietete sie ein großes Büro, das bis 1910 auf 37 Räume und eine Buchhandlung erweitert werden konnte. Außerdem gab es 105 örtliche Niederlassungen in England. Die Zeitschrift der Union »Stimmrecht für Frauen« erreichte bereits 1909 eine Auflage von 30 000 bis 50 000 Stück pro Woche. Emmelines Tochter Christabel, die den Bachelor of Law erworben hatte, war eine der ersten englischen Frauen mit fundierten Kenntnissen des Rechts und daher Rechtsexpertin der Union, Sylvia hingegen, die ursprünglich Kunst studieren wollte, gründete eine eigene Organisation mit stark sozialistischen Tendenzen im Londoner Armenviertel East-End. Christabel konnte sich während der großen Verhaftungswelle im März 1912 nach Paris absetzen, um von dort die Organisation zu leiten, während ihre Mutter samt führenden Mitgliedern der W.S.P.U. im Gefängnis saß.

Etwa zu diesem Zeitpunkt begannen die Aktionen der Suffragetten zu eskalieren. Die neuerlich betrogenen Frauen, die sich trotz vager Versprechungen der liberalen (!) Regierung unter Henry Asquit durch die Ankündigung, die Regierung beabsichtige, in der nächsten Sitzungsperiode einen Gesetzesentwurf über ein allgemeines Wahlrecht für Männer einzubringen, provoziert und gedemütigt fühlten, gingen endgültig in die Offensive: Am 1. März 1912 nachmittags um vier Uhr schlug eine disziplinierte Gruppe von etwa 200 Frauen in der vornehmen Einkaufsgegend um den Piccadilly Circus, in der Regent und Oxford Street fast sämtliche Scheiben ein. Von diesem Tag an setzten sich die Suffragetten verstärkt die Beschädigung von Eigentum zum Ziel. »Der Kampf hatte sich zu lange hingezogen«, kommentiert Emmeline die Ereignisse in ihren Memoiren. »Die Möglichkeiten, im Unterhaus in der Frage des Frauenwahlrechts etwas zu erreichen, waren ausgeschöpft«, und weiter: »Jahrelang hielten wir geduldig Beleidigungen und tätliche Angriffe aus. Frauen erlitten Schaden an ihrer Gesundheit. Frauen verloren ihr Leben ... Mit dem Zerbrechen von Glas erreichten wir bei geringerem Leid mehr, als wir je erreicht haben, wenn wir unsere Körper von ihnen zerbrechen ließen.«

In der Folge schlugen Suffragetten nicht nur Scheiben ein, sie verätzten auch Rasenflächen auf Golfplätzen, wo prominente Politiker ihre Freizeit verbrachten, zerstörten Briefkästen in den großen Städten Englands, durchschnitten Telefondrähte, brannten Gebäude nieder und deponierten Bomben in unbewohnten Gebäuden. Oberster Grundsatz war dabei immer der Schutz von Leben, und es heißt, daß Mahatma Ghandi durch diese Taktik der Suffragetten zu seinem gewaltlosen Widerstand angeregt worden sei. Die Politiker waren inzwischen höchst beunruhigt und die Strafen unverhältnismäßig hart. Frauen wurden bis zu fünf Jahren Zuchthaus verurteilt, Emmeline Pankhurst selbst erhielt als Anstifterin drei Jahre Zuchthaus, die sie jedoch, geschwächt von ständigen Hunger- und Durststreiks ebenso wie wegen des bald danach ausbrechenden Krieges, nicht abgesessen hat.

Im Herbst 1912 kam es dann unter Leitung von Mr. und Mrs. Pethik-Lawrence zu einer Abspaltung der »Women's Freedom League« von der W.S.P.U. Mr. Pethik-Lawrence war einer der wenigen Männer, die für das Frauenstimmrecht kämpften, doch schienen ihm und seiner Frau die Aktionen der W.S.P.U. allmählich zu radikal, weshalb seine WFL eine etwas gemäßigtere Haltung zwischen W.S.P.U. und NUWSS vertrat. Emmeline Pankhurst gab den Austritt des Ehepaars, mit dem sie ein sechsjähriger Kampf verbunden hatte, in dürren Worten bekannt, wobei sie ihre »Hochachtung und Dankbarkeit ... für die unschätzbaren Dienste« betonte, die beide »der militanten Frauenrechtsbewegung erwiesen haben.«

Trotz dieser internen Zwistigkeiten war die allgemeine Solidarität der um ihre Rechte kämpfenden Frauen beispiellos. Jeden Tag strömten Scharen von Suffragetten vor das Frauengefängnis, um dort Protestversammlungen abzuhalten und mit Sprechchören und Musik den Gefangenen Mut zuzusprechen. In den Kirchen Englands und Schottlands begannen während der Gottesdienste Frauen laut für das Leben und die Gesundheit der Gefangenen zu beten, manche Priester stimmten sogar ein, andere ließen die Fürbitterinnen aus der Kirche entfernen. »Gott rette Emmeline Pankhurst! Hilf uns mit Deiner Liebe und Stärke, sie zu behüten, schone die, die um ihres Gewissens willen leiden ...«, lautete ein Gebet in Westminster Abbey während einer der letzten Gefängnisaufenthalte Emmelines im Jahre 1913, worauf die betenden Frauen von einem Mann, der neben ihnen die Andacht verrichtete, sehr unchristlich geschlagen wurden.

Wie sehr die Situation inzwischen angeheizt war, zeigt die Selbsttötung der Emily Wilding Davison, Bachelor of Arts der Londoner Universität und seit 1905 aktiv in der Frauenbewegung tätig, die sich aus Protest gegen die Diskriminierung der Frau bei einem Pferderennen in Epson bei London vor ein Pferd warf, dessen Besitzer der König war, und nach wenigen Tagen an den Folgen des Unfalls starb. Ihr Begräbnis wurde zu einer der größten Kundgebungen in der Geschichte der Suffragetten.

Darüber, wie der Kampf der streitbaren Suffragetten weiter gegangen wäre, hätte ihm nicht der Ausbruch des Ersten Weltkriegs ein Ende gesetzt, kann heute nur spekuliert werden. Vielleicht wäre es doch einmal zu einem – ungewollten – Todesopfer gekommen, womit die »friedliche Militanz« ihre Stoßkraft verloren hätte. Denn die ursprünglich eher wohlwollende, vom Mitleid für die mißhandelten Frauen getragene Öffentlichkeit begann mit zunehmender Militanz in das Gegenteil umzuschlagen: Für die Freiheit kämpfende Männer mochten noch akzeptiert werden, kämpfende Frauen hingegen waren eine einzige Provokation.

Emmeline Pankhurst und die Frauen der W.S.P.U. so wie jene anderer Suffragettenvereinigungen haben sich nach Ausbruch des Krieges zurückgezogen. Der nationale Kampf an der Seite der Männer erschien ihnen jetzt wichtiger. »Wie in alten Zeiten werden die Frauen wieder zu nährenden Müttern der Männer, zu ihren Schwestern und klaglosen Gehilfinnen«, meinte Emmeline in ihrem Nachwort. Aber diese Art der Selbstlosigkeit hat die englischen Männer in Regierung und Politik nicht sonderlich beeindruckt: Anders als etwa in Österreich und Deutschland durften in England die Frauen 1918 erst ab dem 30. Lebensjahr wählen, und erst 1928, im Todesjahr Emmelines, wurde diese Altersklausel aufgehoben.

Emmeline ist nach einem mehrjährigen Aufenthalt in Amerika, wo sie als Mitarbeiterin einer Kampagne des Nationalen Rates zur Bekämpfung von Geschlechtskrankheiten gearbeitet hatte und nach einem – mißglückten – Versuch, ihren Lebensunterhalt mit einem Teeladen an der Côte d'Azur zu verdienen, kurz vor ihrem Tod der Konservativen Partei beigetreten, von der sie als Kandidatin aufgestellt wurde. Sie ist aber noch vor den Parlamentswahlen in ihrem 70. Lebensjahr gestorben. Die Gründe für diese – bei so vielen progressiven Frauen im Alter festzustellende – Kehrtwendung in das konservative Lager sind heute nicht mehr konstruierbar. Sie führten jedenfalls zu einer völligen Entfremdung von ihrer Tochter Sylvia, die den sozialistischen Idealen treu geblieben ist.

Die dunklen Jahre

H atte bereits der Erste Weltkrieg einen empfindlichen Rückschlag für die Frauenbewegung bedeutet, so machten Faschismus und Zweiter Weltkrieg frauenemanzipatorische Bemühungen überhaupt unmöglich. Die engagierten, meist bereits betagten Kämpferinnen gingen entweder ins Exil, wo viele von ihnen starben, wurden ermordet, oder aber sie verstummten, weil die demokratische Plattform fehlte. Junge kamen keine nach. Frauen ging es jetzt weniger um Gleichberechtigung als um den täglichen Kampf ums Überleben, und den besonders mutigen, selbstbewußten und politisch denkenden Frauen ging es um den Kampf gegen ein mörderisches Regime.

Der zahlenmäßig geringere Anteil an Widerstandskämpferinnen (in Deutschland betrug er etwa 15 bis 20 Prozent, eine Untersuchung österreichischer Verhältnisse spricht von 11,6 Prozent) rechtfertigt nicht ihr nahezu völliges Verschweigen durch die männliche Geschichtsschreibung, das erst in den siebziger Jahren des 20. Jahrhunderts aufgebrochen wurde.

Obwohl es diesen Frauen nicht in erster Linie um frauenspezifische Interessen ging, haben sie, ebenso wie Frauen in Revolutionen oder Befreiungskriegen, durch ihr selbständiges und gefahrvolles Handeln emanzipatorisch gewirkt.

Vor allem die Frauen bei den Partisanen, in Kärnten beispielsweise oder in Titos Nationaler Befreiungsarmee (letztere soll über 100 000 Frauen aufgenommen haben), die häufig mit der Waffe in der Hand kämpften, zerstörten das geschlechtsspezifische Rollenbild von der fügsamen, passiven und sanften Frau. Einen organisierten Widerstand von Frauen gegen die spezielle frauenfeindliche Politik der Nationalsozialisten und Faschisten hat es allerdings nicht gegeben.

Eine der wenigen Widerstandskämpferinnen, die klar die Zusammenhänge zwischen Faschismus und Frauenunterdrückung durchschaute und daher ihren Kampf gegen das Regime in gleicher Weise mit jenem um mehr Frauenrechte verband, war

Käthe Leichter (1895–1942)

Immer und immer wieder hat diese führende österreichische Sozialdemokratin, die in der Befreiung der Frau die Vorraussetzung für eine menschlichere Gesellschaft sah, dezidiert die frauenfeindliche Politik der Nazis angeprangert und Frauen vor den verheerenden Folgen dieser Politik gewarnt. Vergeblich, wie wir heute wissen. Frauen haben zwar Hitlers Sieg nicht herbeigeführt, wie er selbst – und später die Geschichtsschreibung – gerne behauptete (tatsächlich haben vor seiner Machtergreifung deutlich weniger Frauen als Männer für ihn gestimmt), aber sie haben ihm auch keinen Widerstand entgegengesetzt und sind schlußendlich ebenso wie die Männer in Scharen übergelaufen.

Marianne Katharina Pick entwickelte schon als Kind ein starkes Gefühl für soziale Gegensätze. Ihre Sympathie gehörte vornehmlich den Dienstboten im Haus ihrer Eltern, von denen sie sich Geschichten erzählen und das Zitherspiel zeigen ließ. Käthe, wie sie früh genannt wurde, kam aus dem liberalen jüdischen Großbürgertum, ihr Vater, der Hof- und Gerichtsadvokat Josef Pick, stammte seinerseits von deutsch-böhmisch-jüdischen Textilfabrikanten ab. Er war ein gebildeter, weitgereister Mann, an dem Käthe sehr gehangen ist. Ihre Mutter, unternehmungslustig, sprachbegabt, musikalisch und sehr ehrgeizig, scheint von etwas unausgeglichenem Temperament und im Umgang mit den Kindern komplizierter gewesen zu sein. Die zärtliche, differenzierte Schilderung ihrer Familie, des behaglichen Elternhauses, einer beschützten Kindheit verrät etwas von der Sehnsucht der politisch Verfolgten, die ihre »Lebenserinnerungen« als Inhaftierte im Wiener Landesgericht verfaßte, eineinhalb Jahre, bevor sie in das KZ Ravensbrück deportiert wurde. Der von ihrer Mutter oft zitierte Satz Jean Pauls: »Die Erinnerung ist das einzige Paradies, aus dem man nicht vertrieben werden kann«, hat sie dabei begleitet, ihr Selbstvertrauen und neuen Mut gegeben. Daß uns diese Aufzeichnungen, die nach Erika Weinzierl »an Menschlichkeit und stilistischer Schönheit z. B. Arthur Schnitzlers ›Jugend in Wien‹ bei weitem« übertreffen und gleichzeitig einen wesentlichen Beitrag zur Wiener Kultur- und Geistesgeschichte liefern, erhalten geblieben sind, verdanken wir der Solidarität etlicher Leidensgenossinnen. Sie haben sie unter großer persönlicher Gefährdung aus dem Gefängnis geschmuggelt und nach Kriegsende der langjährigen treuen Sekretärin Käthe Leichters übergeben, die in der Wiener Arbeiterkammer die Reinschrift durchführte.

Der Bildungsweg Käthes war vorerst jener einer höheren Tochter: Sie besuchte das Cottagelyzeum, galt dort als sehr begabt, gleichzeitig jedoch auch als aufmüpfig und als Rädelsführerin bei verschiedenen Protesten und Aktionen. Bald schloß sie sich der Wiener Jugendbewegung an, der zumeist junge Menschen aus bürgerlichen Kreisen angehörten, die gegen ihre Familien, Lehrer und bürgerlichen Konventionen protestierten. Im Herbst begann sie an der Wiener Universität Staatswissenschaften zu studieren, besuchte jedoch gleichzeitig auch noch Vorlesungen in Wirtschaftstheorie, Agrargeschichte, Agrarpolitik und Geschichte des Sozialismus. Nebenbei arbeitete sie drei Jahre lang in einem Hort für Arbeiterkinder als Erzieherin, wo sie mit den Problemen der Proletarier, ihren unhaltbaren Lebens- und Arbeitsverhältnissen konfrontiert wurde. Weil es jedoch immer noch nicht möglich war, als Frau an der Wiener Universität in den von Käthe gewählten Fächern die Abschlußprüfung abzulegen, inskribierte sie im Herbst 1917 in Heidelberg, wo sie sich auch einem Kreis aktiver sozialistischer Studenten anschloß. Das führte zur Ausweisung Käthes, die lediglich durch die Fürsprache des Vaters beim deutschen Generalkonsulat rückgängig gemacht wurde, so daß sie im Juli 1918 in Heidelberg zum Doktor der Philosophie promovieren konnte.

Aber auch in Wien, wo sie nach dem Krieg weitere Vorlesungen, darunter über Rechtsgeschichte und Privatrecht, besuchte, nahm sie mit linken Studenten Kontakt auf, wobei sie auch ihren späteren Mann Otto Leichter kennenlernte. Seit 1919 war sie provisorische wissenschaftliche Mitarbeiterin der Staatskommission für Sozialisierung unter der Leitung Otto Bauers, dann wurde sie Vertragsbedienstete bei dieser Kommission und zugleich Konsulentin im Finanzministerium. 1921 heiratete sie Otto Leichter – später Redakteur der »Arbeiter-Zeitung« –, 1924 wurde sie Mutter des Sohnes Heinz, und 1925 schied sie aus der Staatskommission für Sozialisierung aus.

Mit dem darauffolgenden Angebot der Wiener Arbeiterkammer, ein eigenes Frauenreferat aufzubauen, das sich mit den Problemen der

Frauenarbeit beschäftigen sollte, bot sich ihr erstmals die Möglichkeit, intensiv für Frauenangelegenheiten tätig zu sein.

Käthe Leichter leistete auf diesem Sektor Pionierarbeit. Bis zu ihrem Eintritt in die Arbeiterkammer waren die speziellen Probleme arbeitender Frauen weitgehend ignoriert worden. Der Widerstand gegen Frauen in leitenden Positionen war immer noch beträchtlich: Zeitweise arbeitete sie ohne eigene Sekretärin, später bekam sie nur mit großen Schwierigkeiten eine Halbtagskraft zugewiesen. Trotzdem veröffentlichte das neue Frauenreferat bereits 1926 die Ergebnisse der ersten Erhebung über die Lage der Hausgehilfinnen, die allgemeine Mißstände deutlich machte: Danach mußten zwei Drittel aller Dienstmädchen länger als die gesetzliche Arbeitszeit von 13 Stunden täglich arbeiten, erhielt fast die Hälfte nicht den zustehenden Urlaub und war ein Drittel in den letzten zwei Jahren arbeitslos gewesen. Eine Untersuchung über Heimarbeiterinnen zwei Jahre später brachte ähnlich erschütternde Ergebnisse: Von den Heimarbeiterinnen, die 95 Prozent aller in der Heimarbeit Beschäftigten ausmachten, wurden 60 Prozent unterdurchschnittlich bezahlt, und mehr als die Hälfte arbeitete täglich länger als elf Stunden.

Käthe arbeitete mit der Frauenabteilung der Gewerkschaften und dem Frauenkomitee der Sozialdemokratischen Partei zusammen und zählte zu den engsten Mitarbeiterinn von *Anna Boschek*, der ältesten Funktionärin der Gewerkschaftsbewegung. Ihre publizistischen Arbeiten waren vielfältig und rege. Neben den monatlichen »Mitteilungen über Frauenarbeit« gab sie in »Arbeit und Wirtschaft«, dem gemeinsamen Zentralorgan der Arbeiterkammer und der Freien Gewerkschaften, einen selbständigen Frauenteil heraus, schrieb für die »Arbeiter-Zeitung«, »Die Unzufriedene« und den »Kampf«. Es waren vornehmlich aber nicht nur Frauenprobleme, mit denen sie sich beschäftigt hat. Darüber hinaus wies sie immer wieder auf die Gefahren des Faschismus hin, warnte vor einem Versagen der Arbeiterbewegung, jener »gefährlichen Lähmung«, die es zu überwinden galt. 1928 nahm sie zusammen mit *Adelheid Popp* und *Gabriele Proft* an der dritten Internationalen Frauen-Konferenz der Sozialistischen Arbeiter-Internationale in Brüssel teil. 1930 erschien dann das von ihr redigierte »Handbuch der Frauenarbeit in Österreich«, in dem führende Funktionärinnen der Arbeiterbewegung zu Wort kamen. Es war als Gegenstück zu einem Sammelwerk gedacht, das die bürgerliche Frauenbewegung herausgebracht hatte, der Käthe Leichter von Anfang und ganz im Sinne sozialdemokratischer Doktrin recht skeptisch gegenüberstand: »... ihr Kampf bestand darin, Reformkleider zu tragen, bei dem Wort Mann mitleidig zu lächeln, den Parteien im Parlament Petitionen zukommen zu lassen, Frauenklubabende zu veranstalten ... im übrigen aber immer wieder zu versichern, daß sie gewiß nicht aufrührerisch seien, auf friedlichem Weg und ohne die bestehende Ordnung anzutasten zu ihrem Recht kommen wollten ...« Dieser oft zitierte Ausspruch mag in mancher Hinsicht zutreffend sein, trotzdem übersieht er die Verdienste der bürgerlichen Frauenbewegung vor allem auf dem Gebiet der Bildung (daß Käthe studieren durfte, hat sie nicht zuletzt dem Kampf bürgerlicher Frauen zu verdanken) und auch die vielfältigen Bemühungen vor allem des radikalen Flügels um eine konstruktive Zusammenarbeit mit den Sozialdemokratinnen.

Gleich nach Erscheinen des »Handbuchs« nahm Käthe Leichter eine Untersuchung der industriellen Frauenarbeit in Angriff, in der die Situation der Arbeiterinnen in den Betrieben, aber auch ihre Leistungen und Belastungen als Hausfrauen und Mütter behandelt wurden. 1933 verfaßte sie in mehreren Broschüren, die von der Sozialdemokratischen Partei gegen die nationalsozialistische Gefahr herausgegeben wurden, Texte mit Titeln wie: »1 000 000 Kinder auf einen Hieb – Die Frau als Zuchtstute im Dritten Reich« oder: »Ihr dummen Ziegen! Bilder vom Frauenparadies im Dritten Reich.«

Obwohl Käthe innerhalb der Partei keine hohe Funktion bekleidete, galt sie doch als eine der prominentesten Sozialdemokratinnen ihrer Zeit, weshalb es auch notwendig schien, nach dem Bürgerkrieg vom Februar 1934 zusammen mit ihrem Mann in den Untergrund zu gehen. Das Ehepaar flüchtete vorerst in die Schweiz, kehrte jedoch schon im September nach Österreich zurück, um von diesem Zeitpunkt an für die illegalen »Revolutionären Sozialisten« tätig zu sein. Bereits bespitzelt und verfolgt, referierte Käthe unter größter Gefahr als »Maria Mahler« bei einer Veranstaltung des Internationalen Frauenkomitees der Sozialistischen Arbeiter-Internationale in Brüssel über »Die Gewerkschaften im Faschismus«, wobei sie unmißverständlich darlegte, daß Faschismus und Gewerkschaftsfreiheit unvereinbare Gegensätze sind. Sie rief zum Widerstand gegen den Faschismus auf und appelliert an die sozialistischen Frauen, »alle Kräfte zu seiner Bekämpfung zu vereinigen.«

Das war Käthe Leichters letztes Auftreten vor einem internationalen Forum. Sie hat dann noch als Leiterin des »Informations- und Nachrichtendienstes der RS« (Revolutionären Sozialisten) zahlreiche illegale Flugblätter verfaßt, u. a. mit dem Titel: »Was den Proletarierfrauen droht« und »Muttertag?«, in denen sie unmißverständlich die Nazi-Strategien formuliert: » ... nicht für sich, *für das Vaterland* sollen die Frauen Kinder gebären. Für den kommenden Krieg, für einen Krieg der faschistischen Mächte gegen die Demokratien sollen Kinder gezeugt werden ... Kanonenfutter für die Angriffslust des italienisch-deutschen Faschismus«.

Nach der Annexion Österreichs im März 1938 flüchtete Otto Leichter in die Schweiz. Aber Käthe wollte ihre alte Mutter und ihre beiden Kinder nicht verlassen und blieb allen Warnungen ihrer Freunde zum Trotz vorerst in Wien, um eine legale Ausreise vorzubereiten. Nachdem sie die Vergeblichkeit dieses Vorhabens eingesehen hatte, wollte sie Ende Mai mit einem gefälschten tschechischen Paß Österreich verlassen. Aber ein enger Freund der Familie Leichter – ein gewisser Hans Pav – hatte sie bereits der Gestapo verraten, und als sie kurz vor ihrer Ausreise noch einmal bei ihrer Mutter anrief, meldete sich dort ein Gestapo-Agent und meinte, daß sie im Falle einer Abreise ihre Mutter nie wieder sehen werde.

Käthe Leichter ist also geblieben. Sie wurde vorerst in das Polizeigefängnis auf der Elisabethpromenade, dann in das Landesgericht Wien gebracht, wo ihr zusammen mit zwei weiteren Frauen der Prozeß wegen Kassiberschmuggels gemacht wurde. Gleichzeitig hat ihr die Universität Heidelberg den Doktorgrad aberkannt. Alle Bemühungen ausländischer Sozialdemokraten, ihre Freilassung und Ausreise zu bewirken, scheiterten. 1940 wurde sie in das berüchtigte Frauenkonzentrationslager Ravensbrück verschickt. Daß ihren zwei Söhnen die durch Freunde organisierte Flucht in die Schweiz geglückt ist, bedeutete in all dem Elend Erleichterung und großen Trost.

Die mutige, selbstlose Haltung Käthes in der Wiener Haft und schließlich im Konzentrationslager, ihre Hilfsbereitschaft und ihr Optimismus sind durch viele Zeitgenossen bezeugt. *Rosa*

Jochmann, mit der sie eng befreundet war und die kurze Zeit nach Käthe in das KZ gekommen ist, meinte: »Sie war ein selbstbewußter, aber dennoch ein bescheidener, gütiger Mensch.« Als prominenter Häftling mußte sie besonders schwere Straßenarbeit verrichten: »Ihre Hände waren blutig, eiterten und waren zerrissen.« An Sonntagen, wenn die Kontrollen durch die SS etwas nachließen, veranstaltete sie sogar literarische Nachmittage. Zusammen mit Hertha Breuer, einer Rechtsanwältin aus Wien, schrieb sie ein Theaterstück, das allerdings vernichtet werden mußte, weil es Spottlieder auf die SS und sozialkritische Passagen enthielt. Rosa Jochmann spricht von »unvergeßlichen Stunden, die uns der Hölle entrückten«.

Jochmann ist es auch, die uns über Käthe Leichters letzte Tage und Stunden informiert. Ein Lastwagenkonvoi sollte 1500 jüdische Häftlinge in ein anderes Lager bringen. »Am Vorabend waren Helene Potentz und ich – so wie stets zuvor – die ganze Nacht bei unseren Freunden im Judenblock gewesen. Die Szene dort kann man nicht schildern. Es war, als ob sie ihr Schicksal geahnt hätten. Nur Käthe blieb ruhig und ermahnte die anderen ... Dann kam der Morgen, und da ich Blockälteste war, durfte ich auf die Lagerstraße. Wir gingen Hand in Hand, eine stumme Masse ... niemals werde ich erfahren, ob sie wußte, daß es dem Ende zuging, sie war so gescheit, daß ich eher glaubte, daß sie zu uns barmherzig war und uns Mut zusprach und daß ihr klar gewesen sein mußte, daß sie nicht heimkommen sollte. Heute noch sehe ich Käthe auf dem Lastwagen sitzen, in der bittersten Kälte, die blauen Augen auf uns gerichtet: winkend verschwand sie für immer.«

Käthe Leichter wurde im Februar 1942 zusammen mit 1500 jüdischen Häftlingen auf dem Transport vergast.

Fast 50 Jahre später, 1991, wurde auf Anregung der Internationalen Tagung der HistorikerInnen der ArbeiterInnenbewegung von der damaligen Frauenministerin Johanna Dohnal der Käthe-Leichter-Staatspreis gegründet, der jährlich an Personen verliehen wird, die sich auf dem Gebiet der Frauenforschung zur Geschichte der ArbeiterInnenbewegung besonders verdient gemacht haben.

Die »neuen Frauen«

Nach dem zweiten großen Krieg war die Erinnerung an die Frauenbewegung nahezu ausgelöscht. Jetzt gab es die »Trümmerfrauen«, die im Sommer ebenso wie im bitterkalten Winter des Jahres 1945 meterhohe Schuttberge aus den Städten räumten, Ruinen notdürftig bewohnbar machten, sich um die überlebensnotwendige Nahrung kümmerten, aus altem, zerschlissenem Material Kleider nähten und in den Wäldern Brennholz sammelten, um sich, ihre Kinder und weitere, oft alte und schwache Familienmitglieder am Leben zu erhalten. Ihrer hat niemand besonders gedacht, ihnen wurden keine Denkmäler gesetzt. Auch die Tatsache, daß das sogenannte deutsche »Wirtschaftswunder« nur über die Totalverfügung der weiblichen Bevölkerung möglich war, die Ausbeutung ihrer meist unbezahlten Arbeitskraft, blieb unbedankt. Frauen wurden in ihrer politischen, ökonomischen Entwicklung um fast 100 Jahre zurückgeworfen und dann als »Nur-Hausfrauen« auch noch diskriminiert. Die Zwischenkriegszeit vor der Ausbreitung des Faschismus, in der die ersten Frauen studieren durften und sehr vereinzelt in führende Positionen gelangten, war zu kurz gewesen, um ein politisches Bewußtsein zu erzeugen, das diese »dunklen Jahre« überstand. Und die neuen Machthaber hatten nicht das geringste Interesse, diesen Zustand zu ändern. Ganz im Gegenteil: Die »demokratische Erneuerung« galt nur für ihn – das männliche – Geschlecht. Trotz der gesetzlich festgelegten Leerformel, daß »alle Menschen ... vor dem Gesetz gleich« sind, waren Frauen erneut nicht nur innerhalb der Parteien extrem unterrepräsentiert, sondern wurde auch das alte, patriarchale Ehe- und Familiengesetz wieder eingesetzt, das den Männern neuerlich das private Kontroll- und Verfügungsrecht über »ihre« Frauen und deren Vermögen einräumte.

Die neu heranwachsende Frauengeneration, konfrontiert mit der fast völligen Zerstörung der alten »Kultur des Abendlandes«, der Zerstörung hochgehaltener humanistischer Werte und Zielsetzun-

gen, konnte mit den Idealen der alten Frauenbewegung wenig anfangen. Wie auch sollte sie sich mit dem hohen Sendungsbewußt-
sein einer Helene Lange identifizieren, die, von der »weiblichen
Kulturkraft«, der »Weltmission der Frau« überzeugt, ein neues,
durch den Einsatz von Frauen ermöglichtes menschlicheres Zeitalter kommen sah? Wie mit dem tiefen Glauben an eine humanere,
gleichberechtigte Gesellschaft, von dem Helene Stöcker durchdrun-
gen war? Wie auch mit dem »visionären Feminismus« einer Rosa
Mayreder, die ebenfalls an eine kontinuierliche Höherentwicklung
der Menschheit und an eine bessere, »weiblichere« Zukunft geglaubt hat? Frauen die erlebt hatten, wie sehr dieses Sendungsbe-
wußtsein mißbraucht, vom Nationalsozialismus vereinnahmt wurde, wie nahe dem Faschismus die großen Worte der sich angeblich
einem Humanismus verpflichtet fühlenden Gertrud Bäumer standen, empfanden dieses alte Konzept als unglaubwürdig, verräte-
risch, ja, lächerlich. Es bot wenig bis nichts, an das anzuknüpfen, an
dem weiterzubauen war.
Die neue Generation war diesen »alten« Werten gegenüber zutiefst
skeptisch, unpolitisch und geschichtsbewußtlos. Wofür Frauen im
19. und auch noch zu Beginn des 20. Jahrhunderts gekämpft hatten,
wurde nicht als zukunftweisend empfunden und daher schnell und
gründlich vergessen.
Daß sich die Situation in anderen Ländern nicht wesentlich von jener in Deutschland und Österreich unterschied, beweisen die Un-
tersuchungen, die Betty Friedan als Journalistin für ihr bahnbrechendes Buch »Der Weiblichkeitswahn« in den fünfziger Jahren in
den USA durchführte. »Von den Redakteuren«, so meint sie dazu,
»wurde es … einfach für selbstverständlich gehalten … daß Frauen
sich weder für Politik, für das Leben außerhalb der Vereinigten
Staaten, für nationale Probleme, Kunst, Wissenschaft, Geistesleben,
Abenteuer, Erziehung noch für ihre unmittelbare Umwelt interessierten, es sei denn, ihre Emotionen als Ehefrauen und Mütter würden direkt angesprochen.«
Noch 1960 äußerten sich in der BRD zwei Drittel der Professoren
und Dozenten negativ, »sogar grundsätzlich ablehnend … zum
Frauenstudium«, und 80 Prozent »deutlich skeptisch, die Hälfte sogar deutlich ablehnend« hinsichtlich der Eignung von Akademikerinnen für Lehrstühle, da »intellektuelle Fähigkeiten bei Frauen an-

geblich geringer ... abstraktes Denken, u. U. Denken überhaupt, ihnen nicht liege ... es ihnen an Kritikfähigkeit, Urteilsvermögen und Sachlichkeit mangle ... an produktiv-schöpferischen Fähigkeiten gebräche« usw. Womit die antifeministische Haltung des 19. Jahrhunderts bruchlos weitergeführt wurde. Sogar 1972 konstatierte ein Hans Angerer noch die »auffallend weite Verbreitung« des Vorurteils, Frauen »als eine minderwertige Abart der Gattung des homo sapiens«, »mehr tierhaft als menschlich«, sozusagen »naturbedingt«, zu werten und fast ausschließlich als Sexualobjekte und »Mittel der Fortpflanzung« zu behandeln.

Ein neuer Aufbruch, ein neuer Aufruf an Frauen, ihre Sache selbst in die Hand zu nehmen, kam wieder einmal aus Frankreich:

Simone de Beauvoir (1908–1986)

veröffentlichte 1949 »Le deuxième sexe« (Das andere Geschlecht), das zur »Bibel« einer neuen Frauenbewegung werden sollte.
In ihr, der freien, unabhängigen Frau und Geliebten Jean-Paul Sartres, fand sich die neue Frauengeneration wieder. Sartre, der Guru der neuen Philosophie des Existentialismus, die den Verlust der alten Werte akzeptierte und angesichts der Erfahrung von Tod, Angst, Ekel und Nichts zu einer neuen Sinnfindung gelangen wollte, ermöglichte der jungen Generation neue Zielsetzungen. Simone hingegen war die »große Sartreuse«, sie war »Notre Dame de Sartre«, die Intellektuelle, »Existentialistin«, freie Liebende, die alte Vorstellungen über das Weib und seine Tugenden nicht nur radikal über Bord geworfen hat, sondern die darin auch erfolgreich war.
Das wirkte wie ein Magnet, das besaß ungeheure Anziehungskraft. Da war eine Frau, die wild entschlossen schien, das jahrhundertelange Leiden von Frauen zu ignorieren, »süchtig nach Glück«, nach Freiheit, Leben, Sinnerfüllung. Eine Generation von »neuen Frauen« hat sich an ihr orientiert und ihre Persönlichkeit, ihr Werk zum Fundament einer neuen Bewegung gemacht.
Und doch tritt uns auch in Simone de Beauvoir ein ungemein widersprüchlicher Mensch entgegen, der dem so bedeutsamen theoretischen Anspruch, den sie in ihrem einflußreichsten Buch, »Le

deuxième sexe«, stellt, weder in ihrem Werk noch in ihrem Leben wirklich gerecht wird. Die kulturhistorisch wichtige Feststellung von der Frau als der »anderen«, die immer am Mann als dem eigentlichen Subjekt gemessen wird, hat sie pardoxerweise durch ihr eigenes Leben bestätigt: das Leben einer Frau, die sich trotz hoher Intelligenz nicht aus dem Schatten des großen Philosophen Sartre befreien konnte. Daß sie ihr eigenes Leben in erster Linie durch die Brille Sartres sah, kommt deutlich in ihren umfangreichen Memoiren zum Ausdruck, die im Grunde eine einzige Huldigung und Mythologisierung des großen Meisters darstellen, obwohl er persönlich fast nicht vorkommt.

Wir müssen uns allerdings neuerlich klarmachen, daß sie als Frau, eingebettet in die Welt männlicher Kultur, männlicher Werte, männlicher Denkkategorien, die sie selbst so ausgezeichnet analysiert, gar keine andere Möglichkeit besaß, als mit einem der größten Philosophen dieser Zeit wenigstens Schritt zu halten. Daß ihr das gelungen ist, hat sie unendlich viel gekostet. Daß sie es als die größte Leistung ihres Lebens betrachtete, beweist einmal mehr, wie sehr sie Sartres Leben über ihr eigenes gestellt hat. Die Nachwelt urteilt anders. Für sie bleibt die Beauvoir in erster Linie die Mutter des Feminismus, Symbolfigur der neuen Frauenbewegung und eine der wenigen Denkerinnen, die unsere Weltsicht unmittelbar geprägt haben.

Sie war eine »Tochter aus gutem Hause«, die Mutter Françoise stammte aus einer reichen Bankiersfamilie, die sich allerdings ruiniert hatte, auch der Vater gehörte trotz seines Adelstitels dem gehobenen Bürgertum an. Ihre ersten Kindheitsjahre beschreibt Simone als glücklich und harmonisch, nach dem Ersten Weltkrieg jedoch begann das Familienleben zunehmend unter finanziellen Sorgen zu leiden. Die schöne Wohnung am Boulevard Raspail in Montparnasse mußte aufgegeben werden, das neue Zuhause empfand Simone als kalt und eng. Der Vater, ein gebildeter Anwalt, Freigeist und Atheist, der gerne das Leben eines kultivierten Aristokraten geführt hätte, trieb sich immer mehr in Cafés und zweifelhaften Lokalen herum, die Mutter, katholisch und von prinzipientreuer Strenge, wurde übellaunig und herrisch. Verständlich, daß Simone sich mehr dem charmanten, den schönen Künsten zugeneigten Vater zuwandte, während der eintönige Hausfrauenalltag

Simone de Beauvoir

der Mutter wenig Anziehungskraft besaß. (Erst nach ihrem Tod hat sie ihr ein berührendes litererarisches Denkmal gesetzt.) Wie so viele Vatertöchter lernte auch sie früh, daß die Welt der Männer die wesentlichere, interessantere war. Sie sollte es ihr Leben lang nicht vergessen.

Die kleine Simone war fromm, fleißig und eine sehr disziplinierte Musterschülerin. Schon früh wurde ihr vom Elternhaus vermittelt, etwas Besonderes zu sein, und bereits mit Fünfzehn wollte sie Schriftstellerin werden. Männern gegenüber fühlte sich das heranwachsende Mädchen hingegen unsicher und linkisch. Ihre prüde Erziehung – das Thema Sexualität war in ihrer Familie tabu – hat sie nicht nur während ihrer Pubertät belastet, sondern darüber hinaus für das ganze weitere Leben geprägt.

Weil ohne ausreichende Mitgift keine Chance auf eine standesgemäßge Heirat bestand, mußten sie und ihre etwas ältere Schwester einen Beruf erlernen – zum Leidwesen des Vaters, der sich aus diesem Grund als Versager empfand. Simone wählte den Beruf einer Lehrerin. Attraktive Alternativen gab es noch immer nicht. Als Studentin an der Sorbonne war sie unbestritten brillant. Sie hatte inzwischen endgültig begriffen, daß ihr intellektuelle und literarische Leistungen den Weg in die bewunderte männliche Welt geistiger Abenteuer öffneten, die sie sehr viel höher schätzte als den engen und begrenzten Bereich der Frau.

1927 beendete sie ihre Abschlußprüfung in Literatur und Philosophie und machte anschließend ihr Lehrerpraktikum als erste Philosophielehrerin an einem französischen Jungengymnasium. Nach einer unglücklich verlaufenen Liebesgeschichte mit ihrem Cousin Jaques Champigneulle, der das Leben eines Bohemiens führte, sie für die avantgardistischen Bewegungen in der Malerei begeisterte und in verruchte Nachtlokale einführte, setzte sie ihren Protest gegen eine bürgerliche Welt – und damit ihre Eltern – als Lehrerin fort: Die gutaussehende und inzwischen selbstsicherere junge Frau mit der rauhen Stimme, den hochhackigen Pumps, rot geschminkten Lippen und einem scharfen, analysierenden Verstand wurde zur exotischen Erscheinung, zur Ausnahmefrau, die sich von Männern als durchaus gleichberechtigt behandelt fühlte.

Eine »Scheinfrau« hat sie sich später genannt, aber damals empfand sie ihre Lage, »gerade insofern sie etwas Ungewöhnliches war, als privilegiert«. In dieser Zeit lernte sie Jean-Paul Sartre kennen, und damit begann jene berühmte Liebesgeschichte und Lebensgemeinschaft, die für beide schicksalhaft werden sollte. »Sartre«, meinte sie später, »entsprach genau dem, was ich mir mit fünfzehn Jahren gewünscht und verheißen hatte: Er war der Doppelgänger, in dem ich in einer Art von Verklärung alles wiederfand, wovon ich auch selbst besessen war. Mit ihm würde ich immer alles teilen können.«

Und doch konnte diese von beiden angestrebte »Gemeinschaft Gleicher«, in der sie sich völlige Freiheiten auch gegenüber dem anderen Geschlecht einräumten und gegenseitige uneingeschränkte Offenheit gelobten, keine wirkliche Gleichberechtigung bedeuten, ganz einfach deshalb, weil gesellschaftliche Verhältnisse, Sozialisation, Erziehung dem entgegenstanden. Es war Simone, die unter den ständigen Seitensprüngen Sartres mehr litt als umgekehrt, und es ist vornehmlich auf ihre Bemühungen zurückzuführen, daß diese Beziehung tiefe Krisen überstand. Im Grunde hat sie hier die traditionelle weibliche Rolle in einem größeren Ausmaß übernommen, als sie sich selbst eingestehen wollte. Ihre »zufälligen Lieben«, die sie neben der »notwendigen Liebe« zu Sartre pflegte, standen zahlenmäßig in keinem Verhältnis zu Sartres Affären, die ihm den Ruf eines Frauenhelden einbrachten. Trotzdem hat der Pakt, den beide im gegenseitigen Einverständnis schlossen, von ihr wesentlich mehr Mut gefordert: Er bedeutete für eine Frau ihrer Zeit, die sich bereits mit der Wahl eines Berufes von ihrer sozialen Schicht abgekehrt hatte, völliges Außenseitertum.

Zur Mutterschaft fühlte Simone sich nie berufen. Sie sah in ihr vielmehr einen wesentlichen Grund für die gesellschaftliche Benachteiligung der Frau. Auch Sexualität wollte sie als zweitrangig betrachtet wissen. Ihre eigene, oft sehr heftige Sinnlichkeit erschreckte sie. Auch darin kam sie Sartres äußerst zwiespältiger Einstellung gegenüber der weiblichen Sexualität entgegen. Obwohl es ihm wichtig war, Frauen zu erobern, ist sein philosophisches Werk geprägt von einem gewissen Ekel vor dem Körperlichen, Angst vor dem verschlingenden, auslöschenden, verderblichen Weiblichen. Im Grunde war Simone de Beauvoir gefangen in jenem Dualismus, wie er die gesamte patriarchale Kultur und Geschichte prägt, in jener Spaltung von Körper und Geist, Gefühl und Verstand, die vor allem über die Frau ausgetragen wird.

Als Simone de Beauvoir ihr bahnbrechendes Werk »Das andere Geschlecht« schrieb, war sie bereits um die 40 Jahre alt, hatte die Kriegsjahre hinter sich, die deutsche Besatzungszeit und jahrelange Schreibversuche. Zusammen mit Sartre, der 1941 aus der Gefangenschaft zurückgekehrt war, hatte sie die Widerstandsgruppe »Sozialismus und Freiheit« aufgebaut und die kulturpolitische Zeitschrift »Les Temps Modernes« gegründet, die radikal linksgerichtete Meinungen vertrat und die folgenden 25 Jahre das geistige Leben Frankreichs entscheidend mitbestimmte. 1943 war dann endlich ihr erster Roman »L'Invitèe« (»Sie kam und blieb«) erschienen, in dem sie die Dreiecksbeziehung zwischen Simone, Sartre und der 17jährigen Olga Kosakiewicz aufgearbeitet hat und der zu einem Überraschungserfolg führte. Zwei Jahre später kam dann »Le sang des autres« (Das Blut der anderen) heraus, in dem sie die Résistance beschreibt.

Paradoxerweise zählte sie sich damals keinesfalls zu den »Frauenrechtlerinnen«. »Ich habe lange gezögert, ein Buch über die Frau zu schreiben«, meint sie in ihrem Vorwort zu »Das andere Geschlecht«. »Das Thema ist ärgerlich, besonders für die Frau; außerdem ist es nicht neu. Im Streit um den Feminismus ist schon viel Tinte geflossen; zur Zeit ist er fast beendet: reden wir nicht mehr davon ...«

Das Erstaunliche an diesem Buch ist also, daß es in einer Zeit erschien, in der der Feminismus – wieder einmal – totgesagt wurde, und von einer Frau verfaßt war, die sich selbst gar nicht als Feministin bezeichnete. Es entstand aus der Frage: Wer bin ich, und was hat es für mich bedeutet, eine Frau zu sein? Der Mann, so stellt sie fest, ist der Grundtypus, an dem das Weibliche gemessen wird: »Die Menschheit ist männlich, und der Mann definiert die Frau nicht an sich, sondern in Beziehung auf sich; sie wird nicht als autonomes Wesen angesehen ... Sie wird bestimmt und unterschieden mit Bezug auf den Mann, dieser aber nicht mit Bezug auf sie; sie ist das Unwesentliche angesichts des Wesentlichen. Er ist das Subjekt, er ist das Absolute: sie ist das Andere.«

Noch nie wurde das Verhältnis der Geschlechter zueinander so klar und scharf analysiert. Aber de Beauvoir bleibt bei dieser Erkenntnis nicht stehen, sie geht weiter. Der Kernsatz: »Man kommt nicht als Frau zur Welt, man wird es«, hat die Vorstellungen der alten Frauenbewegung rigoros verworfen und die Möglichkeit der Veränderung deutlich gemacht. Indem sie Weiblichkeit als kulturelles Konstrukt entlarvt, schafft sie auch Hoffnung: »Kein biologisches, psychisches, wirtschaftliches Schicksal bestimmt die Gestalt, die das weibliche Menschenwesen im Schoß der Gesellschaft annimmt. Die Gesamtheit der Zivilisation gestaltete dieses Zwischenprodukt zwischen dem Mann und dem Kastraten, das man als Weib bezeichnet.« Ausgehend von der existentiellen Philosophie, die im Kampf um die Freiheit Verantwortung des einzelnen fordert, ruft sie Frauen auf, ihren Objektstatus abzulegen und zum Subjekt zu werden. Als Fallen bezeichnet sie Ehe und Mutterschaft, die Frauen an einer ökonomischen Unabhängigkeit hindern, sie spricht sich für Empfängnisverhütung und Abtreibung aus und greift den weiblichen Narzißmus an, die Sehnsucht nach der absoluten Liebe, die sie als Flucht vor Freiheit und Transzendenz versteht.

Die Reaktionen auf dieses ungewöhnliche, über 700 Seiten umfassende Buch, das sich auf sorgfältige philosophische und psychologische Studien gründet, eine umfangreiche Darstellung von Mythen und Geschichte enthält und sich mutig und offen mit Tabuthemen wie weibliche Sexualität, lesbische Liebe oder Masturbation auseinandersetzt, waren höchst unterschiedlich. In zahlreichen, zum Teil anonymen Briefen wurde Simone unterstellt, unbefriedigt, frigid, nymphomanisch und lesbisch zu sein. Die Presse bezeichnete sie als neidische, verbitterte Frau, die nie dem »richtigen« Mann begegnet sei. Der katholische Romancier François Mauriac schrieb an einen der Mitarbeiter von »Les Temps Modernes«: »Nun weiß ich alles über die Vagina Ihrer Chefin«, und die Kirche setzte das Buch auf die schwarze Liste. Gleichzeitig jedoch erhielt Simone zahllose Dankesbriefe von Frauen aus der ganzen Welt, und die Büros von »Les Temps Modernes« wurden mit Bitten um Adressen von Ärzten, die Abtreibungen vornahmen, überschwemmt.

Sartre, der inzwischen zu einem führenden Philosophen avanciert war, und de Beauvoir standen jetzt im Mittelpunkt des öffentlichen Interesses und beschäftigten nicht nur seriöse, kulturpolitische Abhandlungen, sondern auch die Klatschspalten. Sie wurden zum exzentrischen Paar, um das sich Legenden rankten, Protagonisten des Existentialismus, die zum Vorbild der Jugend wurden, gleichzeitig aber auch Vertreter der freien Liebe, zügellose Verrückte, umgeben von einer anrüchigen Aura aus Lebensekel und Verworfenheit. Tatsächlich haben beide kaum in jenen Kneipen in Saint-Germain-des-Prés verkehrt, in denen Juliette Greco ihre traurigen Lieder sang und junge Leute in schwarzen Pullovern wilden Boogie-Woogie tanzten. Sie waren nicht glücklich über diesen Versuch, sie für eine Modeerscheinung zu vereinnahmen, die die Ernsthaftigkeit ihres Werks gefährdete.

Während einer Vortragsreise durch die Vereinigten Staaten im Jahr 1947 verliebte sich Simone in den Romancier Nelson Algren. Zuvor war sie eine Beziehung zu dem attraktiven Jacques-Laurent Bost eingegangen, einem Schüler und Freund Sartres. Allerdings hatte es sich dabei wohl weniger um Liebe als um einen Racheakt gegen Sartre gehandelt, dessen endlose Affären sie bereits acht Jahre ertragen hatte. Aber diesmal war es echte Leidenschaft zu diesem unkonventionellen Außenseiter, der wie ein Einsiedler in einem heruntergekommenen Stadtteil Chicagos lebte. Als Algren sie allerdings heiraten wollte, lehnte sie ab. Das Leben in Paris an der Seite Sartres, mit dem sie inzwischen eine reine Arbeitsgemeinschaft ohne sexuellen Kontakt verband, erschien ihr wichtiger. Immerhin jedoch hat die Liebesbeziehung zu Algren fünf Jahre gedauert, während denen sie mehrmals in die USA reiste und Algren auch nach Paris gekommen ist. Er hat dann später, gedemütigt und gekränkt, die Problematik der Beziehung Beauvoir-Sartre, die stets auf den Rücken anderer ausgetragen wurden, thematisiert: »Jeder Mensch, der eine bedingte Liebe leben kann, muß übergeschnappt sein. Wie kann die Liebe bedingt sein? ... Zu heftig zu lieben ist ein geringeres Leiden als die Fähigkeit, nur bedingt zu lieben. Weil das bedeutet, daß sie auch nur bedingt leben kann.«

1954 veröffentlichte sie ihren bedeutendsten Roman, »Les Mandarins«, der das Geistesleben im Nachkriegsfrankreich beschreibt und für den sie mit dem angesehendsten französischen Literaturpreis, dem Prix Goncourt, ausgezeichnet wurde. So wie in ihren anderen Romanen auch bleiben die weiblichen Romangestalten weit hinter Simones emanzipatorischen Forderungen zurück, es sind keine positiven »Heldinnen«, sondern kleinmütige, unentschlossene und auf den Mann fixierte Wesen, die sich mehr oder weniger treiben lassen, während die attraktiver dargestellten Männer das Geschehen bestimmen. Hier wird deutlich, was Simone de Beauvoirs gesamtes Werk auszeichnet: Sie hat Mißstände aufgezeigt, aber keine – weibliche – Gegenwelt geschaffen. Und daran war ihr auch nicht gelegen. Frauen, so war sie überzeugt, sollen diese männliche Welt vorerst einmal in Besitz nehmen und dann daran gehen, sie in ihrem Sinn zu verändern. »Das Ewigweibliche ist eine Lüge«, und der Rückzug ins »Weiberghetto« bedeutet eine Gefahr. Sie spricht damit eine ähnliche Problematik an, wie sie in der heutigen Frauenbewegung diskutiert wird. Eine Antwort in der Beschreibung von Frauenbildern, die diesen Anforderungen entsprechen, sucht frau in ihren Romanen allerdings vergebens.

Nach der Trennung von Algren begann sie noch einmal eine Beziehung zu dem 17 Jahre jüngeren Claude Lanzmann, ehemaliger Widerstandskämpfer, Marxist und Philosoph, die sieben Jahre dauerte, aber zu keiner Zeit die Gemeinschaft mit Sartre in Frage stellte. Daß Simone de Beauvoir darüber hinaus auch gleichgeschlechtliche Beziehungen hatte, ist aus Andeutungen zu entnehmen.

Bereits Ende der fünfziger Jahre begann sich der Gesundheitszustand Sartres zu verschlechtern, und Simone wurde mehr und mehr in die Rolle der Fürsorgerin und Krankenschwester gedrängt. Dazu kam die Verzweiflung über den Algerienkrieg. »Meine Landsleute wurden mir unerträglich«, schreibt sie angesichts der Greueltaten französischer Soldaten. Nach der Veröffentlichung des »Manifests der 121« in »Les Temps Modernes« im Jahre 1960, in dem sich die Unterzeichnenden gegen die französische Algerienpolitik wandten, marschierten 5 000 Kriegsveteranen die Champs-Elysée hinunter und riefen: »Tötet Sartre«. 1961/62 wurden die Wohnungen, die Sartre und de Beauvoir ständig wechselten, mehrfach Ziel von Bombenanschlägen. Diese Erlebnisse haben aus der ursprünglich recht unpolitischen Simone endgültig eine politisch denkende Frau gemacht. In den sechziger Jahren reisten beide dann als Kulturbotschafter ihres Landes um die halbe Welt, ständig auf der Suche nach dem wirklichen Sozialismus und am Ende von den Modellen, mit denen sie in der Sowjetunion, China, Kuba, Brasilien und anderen Ländern Bekanntschaft machten, allesamt enttäuscht.

Konfrontiert mit Sartres zunehmendem Verfall und dem eigenen Alter, setzte sich Simone in dieser Zeit auch zunehmend mit dem Tod auseinander. »Wir tragen den Tod in uns, nicht wie den Kern einer Frucht, sondern als den Sinn unseres Lebens.« In ihrem berührendsten Buch, »Une mort trés douce« (Ein sanfter Tod), beschreibt sie die letzten Tage im Leben ihrer Mutter.

In den siebziger Jahren, als die revolutionäre Linke in Frankreich an Einfluß verlor und die Frauenbewegung an Bedeutung gewann, wurde Simone de Beauvoir erst wirklich zur Feministin. Die Hoffnung, daß der Sozialismus automatisch die Befreiung der Frau herbeiführen wird, hatte sie aufgegeben. »Es ist ... unbedingt notwendig, daß die Frauen selbst ihr Schicksal in die Hand nehmen.« Sie unterstützte zahllose feministische Aktivitäten mit ihrem Namen, führte einen Sonderteil in »Les Temps Modernes« mit dem Titel »Le sexisme quotidien«, Sexismus im Alltag, und unterschrieb aus Solidarität ein Manifest: »Ich habe abgetrieben und fordere dieses Recht für alle Frauen.« Sie las die feministische Literatur aus der ganzen Welt, führte einen regelmäßigen Briefwechsel mit führenden Feministinnen vieler Länder, traf Betty Friedan und Alice Schwarzer und verbrachte einige Tage auf der Farm von Kate Millett. Schließlich regte sie die Gründung der »Liga für Frauenrechte« an, der sie viele Jahre vorstand, und wurde zur Vorsitzenden eines Regierungsausschusses zur Frage Frauen und Kultur ernannt.

Ein schwerer Schlag stand ihr noch bevor: Sartre hatte 1965 seine damals etwa 27jährige Geliebte, die Algerierin Arlette Alkaim, nicht nur adoptiert, sondern auch zu seiner Nachlaßverwalterin eingesetzt. Eine schöne und intensive Freundschaft der alternden Beauvoir zu der 30 Jahre jüngeren Philosophielehrerin Sylvie Le Bon, die sie ebenfalls adoptierte, hat ihr darüber hinweggeholfen. Nach Sartres Tod, 1980, verfiel sie in eine tiefe Depression, die sie nur durch ihre Arbeit an »Le Cérémonie des adieux« (Die Zeremonie des Abschieds) bewältigen konnte, in der sie die letzten zehn Lebensjahre Sartres mit einer Genauigkeit und Akribie schildert, die vielfach als abstoßend empfunden wurde. Danach ist sie nicht mehr schriftstellerisch tätig gewesen. Ihr aktives Leben mit Reisen und feministischem Engagement allerdings hat sie bis zu ihrem Tod im April 1986 weitergeführt.

Die neue Frauenbewegung

die Ende der sechziger, Anfang der siebziger Jahre in Europa und den USA einsetzte, hat wiederum viele Frauenpersönlichkeiten hervorgebracht, deren vollständige Biographien erst geschrieben werden müssen.

Betty Friedan beschrieb in den USA das »Problem ohne Namen«, dessen Formulierung wie eine Bombe einschlug, obwohl es von ihren vergessenen Vorgängerinnen bereits zahllose Male formuliert worden war. *Kate Millett* veröffentlichte mit ihrem Bestseller »Sexual Politics« eine bahnbrechende Studie zur Frauenunterdrückung, *Marilyn French* beschäftigte sich in zahlreichen Werken mit Herrschaftsverhältnissen und dem »Krieg gegen die Frauen«, und die Psychologin *Carol Gilligan* hat erstmals die moralische Urteilsbildung mit der Frage der Geschlechtsidentität verknüpft. Die französische feministische Philosophin *Luce Irigaray* sieht eine ursprüngliche, geschlechtliche Differenzierung aufgehoben, weil die Frau lediglich als Negation oder Spiegelung des männlichen Subjekts erscheine, die deutsche Feministin *Alice Schwarzer* hat die Situation in Deutschland entscheidend geprägt, *Heide Göttner-Abendroth* setzte mit akribischen Forschungen die Grundlage zu einer ausgedehnten Matriarchatsdebatte, und in Österreich hat die SPÖ-Politikerin und Frauenministerin *Johanna Dohnal* die politisch-rechtliche Situation der Frauen in den siebziger Jahren grundlegend verbessert.

Die neue Frauenbewegung unterscheidet sich vielfach von der alten, aber sie stimmt auch in so manchem mit ihr überein, was vor allem darauf zurückzuführen ist, daß viele der Forderungen nach über 150 Jahren noch immer auf ihre Verwirklichung warten. So etwa jene nach gleichem Lohn für gleiche Arbeit, nach einem gerechten Sozialversicherungssystem und gleichen Berufs- und Aufstiegschancen. Auch die Möglichkeit der Abtreibung ist noch keinesfalls zufriedenstellend realisiert. Neu ist die Forderung nach Aufteilung der unbezahlten Hausarbeit auf beide Partner. Diese Vorstellung war selbst radikalen Vertreterinnen der alten Frauenbewegung fremd, weil das Festhalten am angeblich naturbedingten geschlechtsspezifischen Rollenbild ein derartiges Ansinnen absurd erscheinen ließ. Die Erkenntnis, daß die den Frauen auferlegte unbezahlte Hausarbeit und Kindererziehung zu den wesentlichen Ursachen weiblicher Benachteiligung zählt, hängt eng mit der Erkenntnis vom Geschlecht als sozialem Konstrukt zusammen, wie es die Gender-Forschung beschreibt. Simone de Beauvoir – wir sagten es bereits – hat diese Entwicklung eingeleitet, die die eigentliche Leistung, das eigentlich Neue an der Frauenbewegung der siebziger Jahre darstellt.

Die »neuen Frauen« möchten auf »Führerinnen«, wie sie die alte Frauenbewegung besaß, verzichten. Sie bevorzugen das demokratische Modell, setzen auf Basisarbeit und Bewußtseinsveränderung. Sie haben erkannt, daß in einer veränderten, gleichberechtigten Gesellschaft neue Werte und Maßstäbe geschaffen werden müssen, die nicht mehr am Männlichen orientiert sind. Innerhalb eines Zeitraums von nur etwa 30 Jahren haben »neue Frauen« begonnen, diese Wertmaßstäbe in unser kulturelles, politisches, wirtschaftliches und religiöses Leben einzubringen. Gibt es doch erst seit den sechziger, siebziger Jahren des 20. Jahrhunderts so etwas wie einen wissenschaftlichen Feminismus, der es ermöglicht, an einer feministischen Ethik, einer feministischen Ökologie und Theologie, einer feministischen Wissenschaftskritik, Wissenschaftstheorie und »Weiberwirtschaft« zu arbeiten. »Neue Frauen« haben mit ihren zahlreichen Zusammenschlüssen und Gruppierungen, mit Frauenprojekten, Frauenberatungsstellen, Selbsterfahrungs- und Selbsthilfegruppen, mit Frauenkunst, Frauenverlagen, Frauenbuchläden, mit ihrer Diskussion über Gewalt gegen Frauen und damit im Zusammenhang mit Frauenhäusern, mit Frauenarchiven und Frauenforschung an den Universitäten sehr viel bewirkt. Was ihnen allerdings nach wie vor fehlt, ist politische Macht. Die großen politischen, wirtschaftlichen, kulturellen Entscheidungen werden immer noch woanders gefällt, in den Männergremien, in die Frauen selten oder gar nicht Zutritt finden.

Die neuen – jungen – Frauen geben sich gerne erfolgreich, gestylt, sie möchten, nach einer Phase der Abstinenz wieder mit Männern zusammenarbeiten. Sie sprechen nicht mehr von Unterdrückung, sondern lieber von Benachteiligung. Die neuen – alten – Feministinnen der siebziger Jahre, deren Auflehnung, Wut und damit verbundenen Verzicht heute niemand mehr so richtig begreift, sind bereits Geschichte. »Ich bin aus der Mode in der derzeitigen akademischen Nobelindustrie des Feminismus«, urteilt Kate Millett, Jahrgang 1934 und feministische Erfolgsautorin der siebziger Jahre, bitter. Und sie meint, »daß Pionierinnen einen hohen Preis sinnloser Einsamkeit dafür zahlen, was ihre Nachkommen für selbstverständlich erachten«. Die »neuen« – jungen – Frauen wachsen in eine Situation hinein, die ihnen die alten »neuen« Frauen geschaffen haben, aber oft scheint es tatsächlich so, als seien auch diese Pionierleistungen bereits vergessen. Das Zeitgedächtnis ist kurz, und warum sich mit diesen alten Geschichten belasten, wenn es Wichtigeres zu tun gibt? Die neuen »jungen« Frauen ergreifen unbekümmert, was ihnen geboten wird, sie sind geschmeidiger, die alte Wut ist verflacht. Aber auch sie müssen sich mit einem Backlash auseinandersezten, der die neuen – uralten – Töne von »Heim an den Herd« und gepriesener »Mütterlichkeit« wieder aufleben läßt, ganz wie gehabt, denn jetzt braucht ja der Staat infolge steigender Arbeitslosenzahlen wieder das treu sorgende Hausfrauen- und Mutterbild. Diese Wiederholungen sind unendlich ermüdend, sie beweisen die Beharrlichkeit und Veränderungsunwilligkeit der breiten Masse, die gern ideologisch verbrämt, was wirtschftlich motiviert ist. Denn neuerlich übersteigt die Zahl der weiblichen Arbeitslosen jene der Männer, neuerlich beginnt die Schere zwischen weiblichen und männlichen Einkommen weiter auseinanderzuklaffen, neuerlich wird die Frage der Abtreibung diskutiert und damit ein mühsam errungenes Grundrecht der Frau – nämlich ob und wie viele Kinder sie haben will – in Frage gestellt. Immer noch gibt es keine Chancengleichheit im Beruf, immer noch haben Frauen keine eigene Pension oder gar keine Pension und ist die Armut weiblich. Eingeklemmt zwischen Globalisierung und EU-Politik, die den Ländern neue Sparmaßnahmen auf Kosten der sozial Schwachen und damit der Frauen beschert, und gefangen in einem Neo-Liberalismus mit freier Marktwirtschaft und einem radikalen Sozialabbau werden Frauen wiederum zurückgeworfen und in die Abhängigkeit ihrer (Ehe-)Männer gebracht.

Wobei diese »neuen« jungen Frauen nicht nur an die »gläserne« Decke stoßen – sie versinken auch in den wortreichen Versprechungen der Männerwelt, die sich meist als haltlos erweisen und gegen die so schwer anzukämpfen ist. Denn auch die »neuen« jungen Männer haben inzwischen dazugelernt, der alte Antifeminismus ist nicht mehr gefragt. Der moderne Mann gibt sich frauenfreundlich, er betont sein Entgegenkommen, aber letztendlich bleibt er lieber unter seinesgleichen.

Diese neuerliche Bedrohung der Frauen, wie sie im Zuge einer allgemeinen Wirtschaftsrezession weltweit zu beobachten ist, führte in Österreich zu einem entscheidenden Schritt:

Das erste Frauenvolksbegehren

in der Geschichte fand 1997 statt. Am internationalen Frauentag des Jahres 1996, angesichts der Kürzung des Karenzgeldes, Aufhebung der Geburtenbeihilfe, Reduzierung des Pflegegeldes und weiterer Sparmaßnahmen auf Kosten der Frauen schien das Maß wieder einmal voll: die Kabarettistin *Barbara Klein* rief die unzufriedenen Frauen zu einem Treff in ein Wiener Kaffeehaus, wo eine neue Revolte ihren Anfang nahm.

Die Idee zu einem Frauenvolksbegehren kam der Journalistin und Autorin *Elfriede Hammerl*, seit vielen Jahren unermüdlich und konsequent für die Sache der Frauen im Einsatz. Es schien von den durchdiskutierten Möglichkeiten – Frauenpartei, Fraueninitiativen, Frauenplattform – die effizienteste zu sein. In regelmäßigen Treffen, bei denen ursprünglich etwa 20 bis 30 Frauen anwesend waren, wurde das allgemeine Vorgehen diskutiert. Der Themenschwerpunkt sollte sich auf die reale ökonomische, politische und kulturelle Situation der Frau beziehen. Ideologiediskussionen wurden ausgeklammert. Trotz Betonung der eigenen Parteiunabhängigkeit sollte die Zusammenarbeit mit allen politischen Parteien (ausgenommen die rechtspopulistischen Freiheitlichen) eine breite Unterstützung des Volksbegehrens sichern. Seit Juni 1996 gab es dann einen eigenen Verein »Unabhängiges Frauen Forum« (UFF).

Die Akzeptanz in der Bevölkerung und in den Parteien schien relativ hoch, wenngleich es natürlich auch Gegenstimmen gab. Zustimmung signalisierten die SPÖ, die Grünen und die Liberalen, hingegen verhielten sich die Frauen der ÖVP distanziert bis ablehnend. Unterstützung kam außerdem von Ex-Frauenministerin *Johanna Dohnal*, die sich auch aktiv daran beteiligt hat.

In den Sommermonaten 1996 entwickelten UFF-Frauen gemeinsam den ersten Text zum FVB, der von der Juristin, Journalistin und Autorin *Eva Rossmann* formuliert und von Expertinnen überprüft wurde. Er enthielt zum Teil uralte Forderungen in etwas modifizierter Form. »Wenn es um Frauenrechte geht, müssen wir immer wieder bei Adam und Eva anfangen«, kommentierte Johanna Dohnal diesen »Aufbruch« von Frauen, der im Grunde keiner war, sondern lediglich eine gebetsmühlenartige Widerholung. Was nichts daran änderte, daß er die zuständigen Herren und häufig auch Damen in einen neuen alten Aufruhr versetzte, wobei das am häufigsten gebrauchte Gegenargument diesmal kein moralisches, sondern ein wirtschaftliches war: Die Wirtschaft, heißt es jetzt, würde die Forderungen der Frauen nach Gleichberechtigung nicht verkraften.

Im Herbst 1996 verfügte das UFF, das bislang seine Treffen in Kaffeehäusern und Wohnungen von Aktivistinnen abhalten mußte, dank diverser Subventionen endlich über ein eigenes Büro und mit *Brigitte Mandak* über eine halbtags arbeitende Bürokraft. Die Zahl der Mitglieder, die zu den wöchentlichen Treffen kamen, hatte sich inzwischen auf etwa zehn bis zwölf eingependelt, und dabei sollte es auch bleiben. Ebenfalls im Herbst wurde nach der bisherigen UFF-Obfrau *Veronika Ewald* die Psychologin *Christa Pöltzlbauer* und zu ihrer Stellvertreterin *Regina Kern* gewählt.

Es waren Frauen jeden Alters und jeder Berufsrichtung, die regelmäßig zusammentrafen. Ich selbst stieß im August 1996 zur Gruppe. Wir haben in den Monaten vor dem Frauenvolksbegehren, das zusammen mit dem Gen-Volksbegehren in der Woche zwischen dem 7. und 14. April 1997 stattfand, hart gearbeitet. Bereits im Herbst 1996 wurden Kontakte zu Frauen und Frauengruppen in den Bundesländern aufgenommen und in der Folge in rund 400 Veranstaltungen durch Österreich und allein 120 Präsentationen in Wien Anliegen und Ziele des FVB vorgestellt. Die Medienpräsenz war dank des Totaleinsatzes der zwei Promi-Frauen Hammerl und Rossmann überdurchschnittlich gut. Viele von uns haben in dieser Zeit Kinder und Beruf vernachlässigt. Für persönliche Gespräche, Freundschaften blieb wenig Zeit.

Das Ergebnis der Bemühungen konnte sich allerdings sehen lassen: Mit 644 977 Stimmen zählt das Frauenvolksbegehren zum sechstbesten Volksbegehren der Zweiten Republik. Die Unzufriedenheit der Frauen war evident, die PolitikerInnen zeigten sich aufgestört. Kaum je haben Frauen so viele schöne, zustimmende Worte von kompetenter Seite vernommen, die in der kühnen Feststellung Bundeskanzler Viktor Klimas gipfelten: »Das Frauenvolksbegehren wird Punkt für Punkt umgesetzt.«

Spätestens zu diesem Zeitpunkt schien es angebracht, ein, wie sich später herausstellte, nur allzu begründetes Mißtrauen zu zeigen. Denn das Ergebnis der darauf folgenden mehrmonatigen Verhandlungen im Parlament war nicht nur empörend, es konfrontierte darüber hinaus unmißverständlich und klar mit der Heuchelei und Unglaubwürdigkeit politischen Handelns: Von den elf Forderungen des Frauenvolksbegehrens wurde keine einzige verwirklicht. Lediglich der in einer Präambel vorangestellten Aufforderung, die Gleichstellung von Frauen und Männern im Bundes-Verfassungsgesetz zu verankern, wurde stattgegeben. Ein politisches Feigenblatt, das nichts kostete und mit der die inzwischen aufgestaute Wut der Frauen zumindest teilweise besänftigt werden sollte. Trotzdem wäre es grundfalsch, dem FVB jeden Erfolg abzusprechen.

Noch nie wurden Frauenanliegen so umfangreich in den Medien ebenso wie im Parlament diskutiert, noch nie war so viel von frauenspezifischen Problemen die Rede.

Gleichzeitig wurde vielfach die Entstehung einer neuen, dritten Frauenbewegung konstatiert. Prognosen sind hier allerdings noch verfrüht. Die Politikwissenschafterin und spätere Obfrau des UFF, *Traude Kogoj*, hat in ihrer Dokumentation auf jeden Fall recht interessante Unterscheidungsmerkmale zur autonomen Frauenbewegung der siebziger Jahre herausgearbeitet, die mir für die gesamte gegenwärtige Frauenszene charakteristisch erscheinen: Zum einen das Bemühen der UFF-Bewegung, einen Brückenschlag zwischen staatlicher Frauenpolitik und »bewegten« Frauen herzustellen (der von den autonomen Frauen bewußt abgelehnt wurde) und damit im Zusammenhang die Inanspruchnahme staatlicher Mittel und Ressourcen, und zum anderen die Bildung einer überparteilichen Plattform, in die Frauen aller politischen und religiösen Richtungen eingebunden werden sollen, sofern sie die Grundforderungen mitzutragen bereit sind. Ebenso ist eine Auflösung des »Weiberghettos« festzustellen, Männer sollen künftig eher als Verbündete gewonnen werden. Und schließlich und endlich wurde die Wichtigkeit einer entsprechenden Medienpräsenz von den UFF-Frauen erkannt und voll genutzt.

Trotzdem muß angesichts des mageren Ergebnisses auf höchster politischer Ebene, angesichts der Ignoranz und geradezu erschütternden Unfähigkeit der PoitikerInnnen, notwendige, gerechte und von allen anerkannte Frauenforderungen in die Realität umzusetzen, neuerlich die Frage gestellt werden, inwieweit es sinnvoll ist, sich auf eine Zusammenarbeit mit einem profit-und machtorientierten, gewalttätigen System einzulassen, das unter diesen Voraussetzungen eine wirkliche Gleichberechtigung der Frau – und damit wirkliche Demokratie – nicht zulassen wird bzw. kann.

Das UFF hat sich auch nach dem Volksbegehren nicht aufgelöst. Wir wurden nicht nur zu einer Anlaufstelle für frauenpolitische Anliegen, wir beobachten auch die kulturpolitische Szene und greifen nach Möglichkeit dort ein, wo es allzu frauenfeindlich zugeht. Unter dem Motto »Lauter! Frauen« haben wir ein knappes Jahr lang jeden ersten Samstag im Monat einen Aktionstag veranstaltet, um den einzelnen Forderungen unseres Katalogs Nachdruck zu verleihen. Außerdem betreiben wir seit Sommer 1998 ein eigenes UFF-Radio, und schließlich haben wir im Zusammenhang mit einer UFF-Frauenkonferenz im November 1998 auch noch ein Frauennetzwerk gegründet, dem sich bislang (Stand vom Juni 1999) rund 60 Frauengruppen angeschlossen haben und in dessen Charta Frauen vorrangig »Die Hälfte des öffentlichen Einflusses, der Macht und des Geldes« und »gerechte Verteilung der bezahlten und unbezahlten Arbeit« fordern.

Eine neue (neue) Frauenbewegung? Vielleicht! Die Zeit mit ihren neuen Einschränkungen gegen Frauen verlangt auf jeden Fall danach.

Es ist nur zu hoffen, daß die Verwirklichung jener Ziele, auf die wir in einer bereits recht langen Tradition hinarbeiten, nicht noch einmal 200 Jahre dauern möge.

Literatur

Geburtsstunde des Feminismus:
Die Französische Revolution

»Frauen erwachet«: Olympe de Gouges (1748–1793)

Blanc Olivier: Olympe de Gouges, Wien 1989
Burmeister Karl: Olympe de Gouges. Die Rechte der Frau, Bern 1999
Peine Sibylle: Ohne Furcht ins Weite hinaus. Biographien streitbarer Frauen, Düsseldorf 1995
Petersen Susanne: Marktweiber und Amazonen. Frauen der französischen Revolution, Köln 1991
Schmidt-Linsenhoff Viktoria: Sklavin oder Bürgerin. Französische Revolution und Neue Weiblichkeit (1760–1830), Frankfurt/M. 1989
Schröder Hannelore (Hg.): Olympe de Gouges. Mensch und Bürgerin. »Die Rechte der Frau« (1791), Aachen 1995
Dies.: Die Frau ist frei geboren. Texte zur Frauenemanzipation, Bd. I. München 1979

Wir wollen »keine dienenden Frauen, keine Haustiere« sein

Grubitzsch Helga / Cyrus Hannelore / Haarbusch Elke (Hg.): Grenzgängerinnen. Revolutionäre Frauen im 18. und 19. Jahrhundert, Düsseldorf 1985
Oppitz Claudia: Der Dritte Stand des Dritten Standes. War die Französische Revolution auch eine für Frauen? in: Journal Geschichte, Weinheim, April 1988
Petersen Susanne: Marktweiber und Amazonen, Köln 1991
Schmidt-Linsenhoff Viktoria: Sklavin oder Bürgerin, Frankfurt/M. 1989

Der Marsch der Marktfrauen nach Versailles

Grubitzsch Helga u. a.: Grenzgängerinnen, Düsseldorf 1985
Petersen Susanne: Marktweiber und Amazonen, Köln 1991
Dies.: Die Große Revolution und die Kleinen Leute. Französischer Alltag 1789 / 95, Köln 1991
Dies.: Lebensmittelfrage und revolutionäre Politik in Paris 1792–1793, München – Wien 1979
Zweig Stefan: Marie Antionette. Bildnis eines mittleren Charakters, Frankfurt/M. 1948

»Heldin der Freiheit« und »blutrünstige Furie«: Théroigne de Méricourt (1792–1817)

Grubitzsch Helga / Bockholt Roswitha: Théroigne de Méricourt. Die Amazone der Freiheit, Pfaffenweiler 1991
Dies. u. a.: Grenzgängerinnen, Düsseldorf 1985

Méricourt Théroigne de: Aufzeichnungen aus der Gefangenschaft, Salzburg 1988
Schmidt-Linsenhoff Viktoria: Sklavin oder Bürgerin, Frankfurt/M. 1989

»Drahtzieherin« der Politik ihres Mannes: Manon Roland (1754–1793)

Chaussinand-Nogaret Guy: Madame Roland, Stuttgart 1988
Peine Sibylle: Ohne Furcht ins Weite hinaus. Biographien streitbarer Frauen, Düsseldorf 1995
Roland Manon: Memoiren aus dem Kerker; eine Jugend im vorrevolutionären Frankreich, Zürich und München 1987

»Ich habe Gott, meinen Vater und die Freiheit geliebt«: Germaine de Staël (1766–1817)

Barudo Günter: Madame de Staël und Benjamin Constant. Spiele mit dem Feuer, Berlin 1996
Pichler Caroline: Denkwürdigkeiten aus meinem Leben, Bd. 2, München 1914
Pulver Corinne: Madame de Staël. Biographie, München 1980
Staël Madame de: Gedanken, Briefe, Memoiren, Bern 1951
Dies.: De L'Allemagne. Übersetzung und Nachwort von Albert Erich Brinkmann, Hamburg 1941

Auswirkungen der frauenemanzipatorischen Ansätze in Deutschland und Großbritannien

Zwei Emanzipationsschriften in Deutschland

Grubitzsch Helga u. a.: Grenzgängerinnen, Düsseldorf 1985
Jacobi Juliane: Der Polizeidirektor als feministischer Jakobiner. Theodor Gottlieb von Hippel und seine Schrift »Über die bürgerliche Verbesserung der Weiber«, Berlin 1892, in: Schmidt-Linsenhoff Viktoria: Sklavin oder Bürgerin, Frankfurt/M. 1989
Möhrmann Renate: Die andere Frau. Emanzipationsansätze deutscher Schriftstellerinnen im Vorfeld der Achtundvierziger Revolution, Stuttgart 1977
Schmölzer Hilde: Die verlorene Geschichte der Frau. 100 000 Jahre unterschlagene Vergangenheit, Bad Sauerbrunn 1990
Dies.: Die Frau, das gekaufte Geschlecht. Ehe, Liebe und Prostitution im Patriarchat, Bad Sauerbrunn 1993
Schröder Hannelore: Die Frau ist frei geboren. Bd. 1, München 1979

Die ersten literarischen Salons in England

Maschkan Maria Theresia: Lebens- und Berufsformen bürgerlicher Frauen im England des 18. Jahrhunderts unter besonderer Berücksichtigung der Werke Hannah Mores und Mary Wollstonecrafts. Dipl. Arbeit, Wien 1996

»Hyäne in Unterröcken«: Mary Wollstonecraft (1759–1797)

Maschkan Maria Theresia: Lebens- und Berufsformen bürgerlicher Frauen im England des 18. Jahrhunderts. Dipl. Arbeit, Wien 1996
Möhrmann Renate: Die andere Frau, Stuttgart 1977
Tomalin Claire: The Life and Death of Mary Wollstonecraft. Weidenfeld and Nicolson, London 1974

Emanzipationsversuche in der deutschen Romantik und im Biedermeier

Berliner und Wiener Salons

Baader Renate: Dames de lettres. Autorinnen des preziösen hocharistokrati-
schen und »modernen« Salons (1649–1698), Stuttgart 1986
Drewitz Ingeborg: Berliner Salons, Berlin 1965
Schröder Hannelore (Hg) : Olympe de Gouges, Aachen 1995
Stern Carola: »Ich möchte mir Flügel wünschen«. Das Leben der Dorothea
Schlegel, Reinbek b. Hamburg 1990

Beispielgebend für ihre Geschlechtsgenossinnen: Henriette Herz (1764–1847)

Arendt Hannah: Rahel Varnhagen. Lebensgeschichte einer deutschen Jüdin aus
der Romantik, München 1959
Drewitz Ingeborg: Berliner Salons, Berlin 1965

Die »Selbstdenkerin«: Rahel Varnhagen (1771–1833)

Drewitz Ingeborg: Berliner Salons, Berlin 1965
Arendt Hannah: Rahel Varnhagen, München 1959
Lüthi Kurt: Feminismus und Romantik, Wien – Köln 1985
Möhrmann Renate: Die andere Frau, Stuttgart 1977
Schultz Jürgen (Hg.): Frauen-Porträts aus zwei Jahrhunderten, Stuttgart 1981
Susman Margarete: Frauen der Romantik, Köln 1960
Stern Carola: Der Text meines Herzens. Das Leben der Rahel Varnhagen, Rein-
bek b. Hamburg 1994

Eine Preußin in Wien: Fanny Arnstein (1758–1818)

Spiel Hilde: Fanny Arnstein oder Die Emanzipation, Frankfurt/M. 1962
Wallner Viktor: Zwischen Fächer und Bubikopf, Baden 1993

»Madame Biedermeier«: Karoline Pichler (1769–1843)

Pichler Karoline: Denkwürdigkeiten aus meinem Leben, hg. v. Emil Blümml,
München 1914, 2 Bd.
Prohaska Gertrud: Der literarische Salon der Karoline Pichler, Diss. Univ. Wien
1946
Pulver Corinne: Madame de Staël. Biographie, München 1990
Wallner Viktor: Zwischen Fächer und Bubikopf, Baden 1993
Winkler Brigitte: Karoline Pichler (1769–1843), »Denkwürdigkeiten aus mei-
nem Leben«. Aspekte eines Frauenlebens in Wien zwischen Aufklärung und
Romantik, Dipl. Arbeit, Wien 1991

»Lucinde« und der Jenaer Kreis

Lüthi Kurt: Feminismus und Romantik. Wien – Köln 1985
Dischner Gisela: Friedrich Schlegels Lucinde und Materialien zu einer Theorie
des Müßiggangs, Hildesheim 1980
Möhrmann Renate: Die andere Frau, Stuttgart 1977

Stern Carola: »Ich möchte mir Flügel wünschen«. Reinbek b. Hamburg 1990

Dorothea Schlegel (1763–1839)

Dischner Gisela: Friedrich Schlegels Lucinde und Materialien zu einer Theorie des Müßiggangs, Hildesheim 1980
Stern Carola: »Ich möchte mir Flügel wünschen«, Reinbek b. Hamburg 1990

Caroline Schlegel (1763–1809)

Dischner Gisela: Caroline und der Jenaer Kreis. Ein Leben zwischen bürgerlicher Vereinzelung und romantischer Geselligkeit, Berlin 1979
Drewitz Ingeborg: Berliner Salons, Berlin 1965
Lüthi Kurt: Feminismus und Romantik, Wien – Köln 1985
Otto Louise: Frauenleben im deutschen Reich. Erinnerungen aus der Vergangenheit mit Hinweis auf Gegenwrt und Zukunft, Paderborn 1988
Schultz Jürgen (Hg.): Frauenporträts aus zwei Jahrhunderten, Stuttgart 1981
Susman Margarethe: Frauen der Romantik, Köln 1960
Stern Carola: »Ich möchte mir Flügel wünschen«, Reinbek b. Hamburg 1990

Zwischen den Zeiten: Bettina von Arnim (1785–1859)

Arnim Bettina von: Aus meinem Leben, Frankfurt/M. 1982
Dies.: Bettina von Arnims Armenbuch. Hg. Werner Vortriede, Frankfurt/M. 1969
Bäumer Konstanze / Schultz Hartwig: Bettina von Arnim, Stuttgart – Weimar 1995
Böttger Fritz: Frauen im Aufbruch. Frauenbriefe aus dem Vormärz und der Revolution von 1848, Darmstadt und Neuwied 1979
Drewitz Ingeborg: Bettina von Arnim. Romantik, Revolution und Utopie, Düsseldorf – Köln 1969
Dies.: Berliner Salons, Berlin 1965
Hirsch Helmut: Bettine von Arnim, Reinbek b. Hamburg 1987
Linnhoff Ursula: »Zur Freiheit, oh, zur einzig wahren«. Schreibende Frauen kämpfen für ihre Rechte, Köln 1983
Lüthi Kurt: Feminismus und Romantik, Wien 1985
Möhrmann Renate: Die andere Frau, Stuttgart 1977
Schmölzer Hilde: Die verlorene Geschichte der Frau, Bad Sauerbrunn 1990
Susman Margarethe: Frauen der Romantik, Köln 1960

»Emanzipation des Fleisches«: Saint-Simonistinnen

Gerhard Ute: Unerhört. Die Geschichte der deutschen Frauenbewegung, Reinbek b. Hamburg 1990
Groult Benoit: Wie die Freiheit zu den Frauen kam. Das Leben der Pauline Roland, München 1992
Linnhoff Ursula: »Zur Freiheit, oh, zur einzig wahren«, Köln 1983
Möhrmann Renate: Die andere Frau, Stuttgart 1977

»Verrückte ... Märtyrerin ... Heilige: Pauline Roland (1805–1852)

Groult Benoit: Wie die Freiheit zu den Frauen kam. Das Leben der Pauline Roland, München 1992

Frühfeministinnen des Vormärz

Möhrmann Renate (Hg.): Frauenemanzipation im deutschen Vormärz, Stuttgart 1978

Widersprüche in Leben und Werk: Fanny Lewald (1811–1891)

Böttger Fritz: Frauen im Aufbruch, Darmstadt und Neuwied 1979
Lewald Fanny: Meine Lebensgeschichte, Hg. Ulrike Helmer, Frankfurt/M. 1989, 3 Bd.
Dies.: Politische Schriften für und wider die Frauen. Hg. Ulrike Helmer, Frankfurt/M. 1989
Linnhoff Ursula: » Zur Freiheit, oh, zur einzig wahren«, Köln 1983
Möhrmann Renate (Hg.): Frauenemanzipation im deutschen Vormärz, Stuttgart 1978
Dies.: Die andere Frau, Stuttgart 1977
Schultz Jürgen (Hg.): Frauenporträts aus zwei Jahrhunderten , Stuttgart 1981
Schröder Hannelore: Die Frau ist frei geboren, Bd. I. München 1979

Die »tolle Gräfin«: Ida Hahn-Hahn (1805–1880)

Geiger Gerlinde: Die befreite Psyche. Emanzipationsansätze im Frühwerk Ida Hahn-Hahns, Massachusetts 1984
Hahn-Hahn Ida: Gräfin Faustine, Bonn 1986
Lewald Fanny: Meine Lebensgeschichte. Hg. Ulrike Helmer, Frankfurt/M. 1989, Bd. 3.
Möhrmann Renate (Hg.): Frauenemanzipation im deutschen Vormärz, Stuttgart 1978
Oberembt Gert: Ida Gräfin Hahn-Hahn. Weltschmerz und Ultramontanismus. Studien zum Unterhaltungsroman im 19. Jahrhundert, Bonn 1980

»Mannweib mit der Männerkleidung«: George Sand (1804–1876)

Brender Irmela: Vor allem die Freiheit. Die Lebensgeschichte der George Sand, Weinheim und Basel 1992
Linnhoff Ursula: »Zur Freiheit, oh, zur einzig wahren«, Köln 1983
Möhrmann Renate: Die andere Frau, Stuttgart 1977
Sand George: Geschichte meines Lebens. Auswahl aus ihrem autobiographischen Werk. Hg. Renate Wiggershaus, Frankfurt/M. 1978
Dies.: Indiana, Frankfurt/M. 1988
Dies.: Ein Winter auf Mallorca, Frankfurt/M. 1974
Dies.. Lelia, München 1985

»Ich bin eine Paria«: Flora Tristan (1803–1844)

Attaler Birgitta: Flora Tristan als Schriftstellerin und Feministin, Dipl. Arbeit, Wien 1986
Leo Gerhard: Aufruhr einer Paria. Das abenteuerliche Leben der Flora Tristan, Berlin 1990
Peine Sibylle: Ohne Furcht ins Weite hinaus, Solothurn und Düsseldorf 1995
Schröder Hannelore: Die Frau ist frei geboren, München 1979 Bd. 1 und 2
Tristan Flora: Fahrten einer Paria, 3 Bd. Zürich 1983–1987

Dies.: Meine Reise nach Peru. Übersetzt, hg. und eingeleitet von Friedrich Wolfzette, Frankfurt/M. 1983
Dies.: Die Arbeiterunion. Sozialismus und Feminismus im 19. Jahrhundert, Frankfurt/M. 1988

»Das Recht der freien Persönlichkeit ist in mir beleidigt«: Louise Aston (1814–1871)

Aston Louise: Meine Emancipation, Verweisung und Rechtfertigung, Brüssel 1846
Blos Anna: Frauen der deutschen Revolution 1848, Dresden 1928
Gerhard Ute: Unerhört. Die Geschichte der deutschen Frauenbewegung, Reinbek b. Hamburg 1990
Goetzinger Germaine: Für die Selbstverwirklichung der Frau. Louise Aston, Frankfurt/M. 1983
Grubitzsch Helga u. a.: Grenzgängerinnen, Düsseldorf 1985
Linnhoff Ursula:»Zur Freiheit, oh, zur einzig wahren«, Köln 1983
Möhrmann Renate (Hg.) Frauenemanzipation im deutschen Vormärz, Stuttgart 1978
Dies.: Die andere Frau, Stuttgart 1977
Schultz Jürgen (Hg): Frauenporträts aus zwei Jahrhunderten, Stuttgart 1981

Die Amazonen

Blos Anna: Frauen der deutschen Revolution 1848, Dresden 1928
Böttger Fritz: Frauen im Aufbruch, Darmstadt u. Neuwied 1979
Gerhard Ute: Unerhört. Die Geschichte der deutschen Frauenbewegung, Reinbek b. Hamburg 1990
Grubitzsch Helga u. a.: Grenzgängerinnen, Düsseldorf 1985
Herwegh Emma: Zur Geschichte der deutschen demokratischen Legion aus Paris. Von einer Hochverräterin, Paris 1849
Hummel-Haasis Gerlinde (Hg.) Schwestern, zerreißt eure Ketten. Zeugnisse zur Geschichte der Frau in der Revolution von 1848/49, München 1982
Linnhoff Ursula: Zur Freiheit, oh, zur einzig wahren«, Köln 1983
Schmidt-Linsenhoff Viktoria (Hg.)· Sklavin oder Bürgerin, Frankfurt/M. 1989
Struve Amalie: Erinnerungen aus den badischen Freiheitskämpfen, Hamburg 1850
Wagner Hasel Beate: Amazonenmythen, in: Journal Geschichte, April 1988, Weinheim

Mathilde Franziska Anneke (1817–1884)

Anneke Mathilde Franziska: Mutterland. Memoiren einer Frau aus dem badisch-pfälzischem Feldzuge 1848/49, Münster 1982
Dies.: Die gebrochenen Ketten. Hg. und mit einem Nachwort versehen v. Maria Wagner, Stuttgart 1983
Blos Anna: Frauen der deutschen Revolution 1848, Dresden 1928
Gerhard Ute: Unerhört. Die Geschichte der deutschen Frauenbewegung, Reinbek b. Hamburg 1990
Hummel-Haasis Gerlinde (Hg.): Schwestern, zerreißt eure Ketten, München 1982
Linnhoff Ursula:»Zur Freiheit, oh, zur einzig wahren«, Köln 1983

Möhrmann Renate (Hg.): Frauenemanzipation im deutschen Vormärz, Stuttgart 1978

Der erste Arbeiterinnenaufstand in Wien, 1848

Die Frau im Korsett. Wiener Frauenalltag zwischen Klischee und Wirklichkeit. Sonderausstellung des Historischen Museums der Stadt Wien, 14. April 1984–10. Februar 1985
Grubitzsch Helga u.a.: Grenzgängerinnen, Düsseldorf 1985
Hauch Gabriela: Frau Biedermeier auf den Barrikaden, Wien 1990
Hummel-Haasis Gerlinde (Hg.): Schwestern, zerreißt eure Ketten, München 1982

»Unweibliche Geliebte eines Demagogen«: Karoline Perin (1806–1888)

Hauch Gabriela: Frau Biedermeier auf den Barrikaden, Wien 1990
Hummel-Haasis Gerlinde: (Hg.): Schwestern, zerreißt eure Ketten, München 1982
Grubitzsch Helga u. a.: Grenzgängerinnen, Düsseldorf 1985

Der organisierte Kampf für Frauenrechte: Die Frauenbewegung

Die Anfänge in den USA

Barth Eva Maria: Die Frauenbewegung in Frankreich, England, Deutschland, USA und Österreich – damals und heute. Dipl. Arbeit, Linz 1986
Davis Angela: Rassismus und Sexismus. Schwarze Frauen und Klassenkampf in den USA, Berlin 1982
Schmölzer Hilde: Der Krieg ist männlich. Ist der Friede weiblich? Wien 1996
Schröder Hannelore: Die Frau ist frei geboren, Bd. 1 u. 2. München 1979

Deutsche und österreichische Frauenrechtskämpferinnen
  Der »gemäßigte Flügel«

Louise Otto-Peters (1819–1895)

Blos Anna: Frauen der deutschen Revolution 1848, Dresden 1928
Gerhard Ute: Unerhört. Die Geschichte der deutschen Frauenbewegung, Reinbek b. Hamburg 1990
Juchaz Marie: Sie lebten für eine bessere Welt. Lebensbilder führender Frauen des 19. und 20. Jahrhunderts, Hannover 1955
Linnhoff Ursula: »Zur Freiheit, oh, zur einzig wahren«, Köln 1983
Otto Louise: Frauenleben im Deutschen Reich. Erinnerungen aus der Vergangenheit mit Hinweis auf die Gegenwart und Zukunft, Paderborn 1988
Möhrmann Renate (Hg.): Frauenemanzipation im deutschen Vormärz, Stuttgart 1978
Nagelschmidt Ilse / Johanna Ludwig: Louise Otto-Peters. Politische Denkerin und Wegbereiterin der deutschen Frauenbewegung, Dresden 1996
Schultz Jürgen (Hg.): Frauenporträts aus zwei Jahrhunderten, Stuttgart 1981

Semming Jeanne Berta: Louise Otto-Peters. Lebensbild einer deutschen Kämpferin, Berlin 1957
Schröder Hannelore: Die Frau ist frei geboren, Bd. 1. München 1979

Helene Lange (1848–1930)

Beckmann Emmy (Hg.): »Was ich hier geliebt«, Briefe von Helene Lange.
Gerhard Ute: Unerhört. Die Geschichte der deutschen Frauenbewegung, Reinbek b. Hamburg 1990
Lange Helene: Lebenserinnerungen, Berlin 1928
Schultz Jürgen (Hg.): Frauenporträts aus zwei Jahrhunderten. Stuttgart 1981
Weiland Daniela: Geschichte der Frauenemanzipation, Deutschland und Österreich, Düsseldorf 1983

Gertrud Bäumer (1874–1954)

Bäumer Gertrud: Lebensweg durch die Zeitenwende, Tübingen 1933
Dies.: Im Licht der Erinnerung, Tübingen 1953
Beckmann Emmy: Gertrud Bäumer: Des Lebens wie der Liebe Band. Briefe, Tübingen 1956
Fels Orla Maria: Die Deutsche Bürgerliche Frauenbewegung als juristisches Phänomen, dargestellt an der Erscheinung Gertrud Bäumers, Diss. an der Univ. Freiburg i. Breisgau, Stuttgart 1959
Gerhard Ute: Unerhört. Die Geschichte der deutschen Frauenbewegung, Reinbek b. Hamburg 1990
Höllinger Gertrud: Frauen schreiben über ihr Leben. Bürgerliche Autobiographie (Gertrud Bäumer) und Proletarische Selbstdarstellung (Adelheid Popp). Ein Vergleich, Dipl. Arbeit, Salzburg 1989
Huber Werner: Gertrud Bäumer. Eine politische Biographie, Augsburg 1970
Schultz Jürgen (Hg): Frauenporträts aus zwei Jahrhunderten, Stuttgart 1981

Marianne Hainisch (1839–1936)

Anderson Harriet: Vision und Leidenschaft. Die Frauenbewegung im Fin de Siècle Wiens, Wien 1994
Berger Lydia: Begegnung mit Marianne Hainisch, Mürzzuschlag 1986
Laessig Hildegard: Marianne Hainisch und die österreichische Frauenbewegung, Diss. Wien 1949
Schmölzer Hilde: Die verlorene Geschichte der Frau, Bad Sauerbrunn 1990
Wallner Viktor: Zwischen Fächer und Bubikopf, Baden 1993

Der »radikale Flügel«

Auguste Fickert (1855–1910)

Anderson Harriet: Vision und Leidenschaft, Wien 1994
Auernig Carola: Die Briefe der Stefanie Kummer an Auguste Fickert, Dipl. Arbeit, Wien 1994
Neues Frauenleben. 22. Jg., Wien, Juli 1910, Nr. 7
Renate Flich: Der Fall Auguste Fickert.Wiener Geschichtsblätter, 45. Jg., Wien 1990

Rosa Mayreder (1858–1938)

Anderson Harriet: Vision und Leidenschaft, Wien 1994
Aufbruch in das Jahrhundert der Frau. Rosa Mayreder und der Feminismus in
Wien um 1900. 125. Sonderausstellung des Historischen Museums der Stadt
Wien 1989/90
Mayreder Rosa: Das Haus in der Landskrongasse. Jugenderinnerungen, Hg. v.
Eva Geber, Wien 1998
Dies.: Zur Kritik der Weiblichkeit, Hg. v. Eva Geber, Wien 1998
Dies.: Mein Pantheon. Lebenserinnerungen, Vorwort von Susanne Kerkovius,
Dornach 1988
Dies.: Tagebücher, Hg. v. Harriet Anderson, Frankfurt/M. 1988
Prost Edith: Weiblichkeit und bürgerliche Kultur am Beispiel Rosa Mayreder-
Obermayer, Diss., Wien 1983

Marie Lang (1858–1934)

Anderson Harriet: Vision und Leidenschaft, Wien 1994
Aufbruch in das Jahrhundert der Frau. Wien 1989/90
Mayreder Rosa: Tagebücher, Hg. v. Eva Geber, Wien 1998
Sparholz Irmgard: Marie Lang und ihre Bedeutung für die Sozialreform in
Österreich im ausgehenden 19. Jahrhundert, Dipl. Arbeit, Wien 1986

Helene von Druskowitz (1856–1918)

Druskowitz Helene v.: Der Mann als logische und sittliche Unmöglichkeit und
als Fluch der Welt. Pessimistische Kardinalsätze. Hg. v. Traute Hensch, Freiburg
1988
Duda Sibylle und Pusch F. Luise: Wahnsinns Frauen, Frankfurt/M. 1992
Fischer Lisa und Brix Emil: Die Frauen der Wiener Moderne, Oldenbourg 1997
Gürtler Christa, Schmidt-Bortenschlager Sigrid: Eigensinn und Widerstand.
Schriftstellerinnen der Habsburger Monarchie, Wien 1998

Hedwig Dohm (1831–1919)

Brandt Heike: »Die Menschenrechte haben kein Geschlecht«. Die Lebensge-
schichte der Hedwig Dohm, Weinberg und Basel 1989
Dohm Hedwig: Die wissenschftliche Emanzipation der Frau, Berlin 1874
Dies.: Der Frauen Natur und Recht, Berlin 1876
Dies.: Die Mütter. Beitrag zur Erziehungsfrage, Berlin 1903
Dies.: Der Seelenretter. Lustpiel in 1 Act, Wien 1876
Gebhard Ute: Unerhört. Die Geschichte der deutschen Frauenbewegung, Rein-
bek b. Hamburg 1990
Schultz Jürgen (Hg.): Frauenporträts aus zwei Jahrhunderten, Stuttgart 1981
Schröder Hannelore: Die Frau ist frei geboren, Bd. 2, München 1979

Minna Cauer (1841–1922)

Heymann Lida Gustava unter Mitarbeit v. Anita Augspurg: Erlebtes, Erschautes. Deutsche Frauen kämpfen für Freiheit und Frieden. 1850–1940, Frank-
furt/M. 1992
Gerhard Ute: Unerhört. Die Geschichte der deutschen Frauenbewegung, Reinbek b. Hamburg 1990

Jank Dagmar: »Vollendet, was wir begonnen«. Anmerkungen zu Leben und Werk der Frauenrechtlerin Minna Cauer (1841–1922), Berlin 1991
Weiland Daniela: Geschichte der Frauenemanzipation, Düsseldorf 1983

Anita Augspurg (1857–1943) und Lida Gustava Heymann (1868–1943)

Gerhard Ute: Unerhört. Die Geschichte der deutschen Frauenbewegung, Reinbek b. Hamburg 1990
Hervé Florence / Nödinger Ingeborg: Lexikon der Rebellinnen, Dortmund 1996
Heymann Lida Gustava unter Mitarbeit v. Anita Augspurg: Erlebtes, Erschautes, Frankfurt/M. 1992
Jürgen Schultz (Hg.): Frauenporträts aus zwei Jahrhunderten, Stuttgart 1981
Weiland Daniela: Geschichte der Frauenemanzipation, Düsseldorf 1983

Helene Stöcker (1869–1943)

Bockel Rolf von: Philosophin einer »Neuen Ethik«: Helene Stöcker (1869–1943), Hamburg 1991
Gerhard Ute: Unerhört. Geschichte der deutschen Frauenbewegung, Reinbek b. Hamburg 1990
Hervé Florence / Nödinger Ingeborg: Lexikon der Rebellinnen, Dortmund 1996
Weiland Daniela: Geschichte der Frauenemanziption, Düsseldorf 1983
Wickert Christl: Helene Stöcker 1869–1943. Frauenrechtlerin, Sozialreformerin und Pazifistin, Bonn 1991

Sozialdemokratinnen

Clara Zetkin (1857–1933)

Badia Gilbert: Clara Zetkin. Eine neue Biographie, Berlin 1994
Hohendorf Gerold: Clara Zetkin, Berlin 1965
Gerhard Ute: Unerhört. Die Geschichte der deutschen Frauenbewegung, Reinbek b. Hamburg 1990
Juchaz Marie: Sie lebten für eine bessere Welt, Hannover 1955
Schultz Jürgen (Hg.): Frauenporträts aus zwei Jahrhunderten, Stuttgart 1981
Weiland Daniela: Geschichte der Frauenemanzipation, Düsseldorf 1983
Zetkin Clara: Zur Geschichte der proletarischen Frauenbewegung Deutschlands, Berlin 1958

Lily Braun (1865–1916)

Borkowski Dieter: Rebellin gegen Preußen. Das Leben der Lily Braun, Frankfurt/M. 1984
Braun Lily: Memoiren einer Sozialistin, 2 Bd. München 1909–1911
Dies.: Die Frauenfrage. Ihre geschichtliche Entwicklung und ihre wirtschaftliche Seite, Leipzig 1901
Dies.: Im Schatten der Titanen. Ein Erinnerungsbuch an Baronin Jenny v. Gustedt, Stuttgart 1914
Dies.: Die Frauen und der Krieg, Leipzig 1915
Domoradzki Lydia: Lehrjahre der Weiblichkeit. Widersprechen und entsprechen. Eine Annäherung an die Autobiographik von Lily Braun und Gabriele Reiter, Diss. Innsbruck 1990

Gerhard Ute: Unerhört. Die Geschichte der deutschen Frauenbewegung, Reinbek b. Hamburg 1990

Juchaz Marie: Sie lebten für eine bessere Welt, Hannover 1955

Schultz Jürgen (Hg.) Frauenporträts aus zwei Jahrhunderten, Stuttgart 1981

Speck Ute: Ein mögliches Ich. Selbstreflexion in der Schreiberfahrung zur Autobiographik der Politikerinnen Lily Braun, Hedwig Dohm und Rosa Luxemburg, Frankfurt/M. 1997

Adelheid Popp (1869–1939)

Aufbruch in das Jahrhundert der Frau. 125. Sonderausstellung des Historischen Museums der Stadt Wien 1989/1990

Die Frau im Korsett. Wiener Frauenalltag zwichen Klischee und Wirklichkeit, Wien 1984

Halwax Isabelle: Die gesellschaftliche Stellung der Frau und die Anfänge der Frauenbewegung in Österreich (1866–1918), Dipl. Arbeit, Wien 1994

Juchaz Marie: Sie lebten für eine bessere Welt, Hannover 1955

Krispin Gudrun: Hetzerin, Wunderkind, Vorzeigefrau. Adelheid Popp. Dipl. Arbeit, Graz 1989

Popp Adelheid: Jugend einer Arbeiterin, Bonn 1991

Wisinger Marion: Land der Töchter. 150 Jahre Frauenleben in Österreich, Wien 1992

Die Suffragetten

Pankhurst Emmeline: Ein Leben für das Recht der Frauen, Göttingen 1996

Prohaska Brigitte: Geschichte der Frauenbewegung von den Anfängen bis zur Erlangung des Wahlrechts in Frankreich, den USA und England, Dipl. Arbeit, Wien 1989

Schröder Hannelore. Die Frau ist frei geboren, Bd. 1. München 1979

Emmeline Pankhurst (1858–1928)

Pankhurst Emmeline: Ein Leben für das Recht der Frauen, Göttingen 1996

Schröder Hannelore: Die Frau ist frei geboren, Bd. 2. München 1979

Snellgrove L.E.: Suffragettes and Votes for Women, London 1964

Trevor Lloyd: Suffragetten. Die Emanzipation der Frau in der westlichen Welt, Lausanne 1970

Die dunklen Jahre

Grisold Margit: Das Bild der Rolle der österreichischen Frau im Widerstand von 1934–1945. Dipl. Arbeit, Wien 1996

Strobl Ingrid: »Sag nie, du gehst den letzten Weg«. Frauen im bewaffneten Widerstand gegen Faschismus und deutsche Besatzung, Frankfurt/M. 1989

Wickert Christl (Hg.) Frauen gegen Diktatur – Widerstand und Verfolgung im nationalsozialistischen Deutschland, Berlin 1995

Käthe Leichter (1895–1942)

Brauneis Inge: Widerstand von Frauen in Österreich gegen den Nationalsozialismus 1938–1945, Diss. Univ. Wien 1974

Schuh Claudia: Österreichische Frauen im Widerstand, Dipl. Arbeit, Wien 1994
Steiner Herbert (Hg.): Käthe Leichter. Leben und Werk, Wien 1973
Weinzierl Erika: Emanzipation? Österreichische Frauen im 20. Jahrhundert,
Wien 1975

Die neuen Frauen

Friedan Betty: Der Weiblichkeitswahn oder die Selbstbefreiung der Frau, Reinbek b. Hamburg 1970
Schröder Hannelore: Olympe de Gouges, Aachen 1995

Simone de Beauvoir (1908–1986)

Appignanesi Lisa: Simone de Beauvoir. Eine Frau, die die Welt veränderte,
München 1989
Beauvoir Simone de: Memoiren einer Tochter aus gutem Haus, Reinbek b.
Hamburg 1960
Dies.: Das andere Geschlecht. Sitte und Sexus der Frau, Hamburg 1952
Dies.: Der Lauf der Dinge, Reinbek b. Hamburg 1966
Dies.: Ein sanfter Tod, Reinbek b. Hamburg 1965
Dies.: Das Blut der anderen, Reinbek b. Hamburg 1963
Dies.: Die Mandarins von Paris, Hamburg 1955
Dies.: Sie kam und blieb, Hamburg 1953
Dies.: Die Zeremonie des Abschieds, Reinbek b. Hamburg 1974
Foner Karin: Simone de Beauvoir und der Feminismus, Dipl. Arbeit, Univ.
Wien 1988
Peine Sibylle: Ohne Furcht ins Weite hinaus. Biographien streitbarer Frauen,
Solothurn und Düsseldorf 1995

Die neue Frauenbewegung

Kate Millett: On the (every life) economics, London, 23. Juni 1988. In: [Sic] 26.
August 1998

Das erste Frauenvolksbegehren

Kogoj Traude: Lauter Frauen. Hintergründe und Perspektiven des Frauenvolksbegehrens, Wien 1998

Bildnachweis

FRAUEN
BÜRO
MAGISTRAT DER STADT WIEN

Rosa Jochmann

19.7.1901 Wien - 28.1.1994 Wien

Arbeiterin und Politikerin. Mit 15 Jahren Fabriksarbeiterin. Mit 19 Jahren Betriebsrätin, Weiterbildung an der Arbeiterhochschule. 1931 Frauenzentralsekretärin der Sozialdemokratischen Partei. 1933 als jüngstes Mitglied in den Parteivorstand bestellt. Zwischen 1934 und 1940 aufgrund ihrer politischen Gesinnung mehrfach in Polizeihaft, von 1940 bis 1945 im Konzentrationslager Ravensbrück. Nach der Befreiung von 1945 bis 1967 Abgeordnete zum Nationalrat. Von 1959 bis 1967 Frauenvorsitzende der SPÖ. Vorsitzende des Bundes sozialistischer Freiheitskämpfer und Opfer des Faschismus.

EINE INITIATIVE DER FRAUENSTADTRÄTIN